Découvrez l'histoire par les archives de presse

RETRONEWS

Le site de presse de la BnF

www.retronews.fr

La Revue Syndicaliste

Quatrième année Mai 1906 — Mai 1909

La Revue

Syndicaliste

TOME IV

PARIS

PUBLICATIONS DE LA SOCIÉTÉ NOUVELLE DE LIBRAIRIE ET D'ÉDITION

(Anc. 17, rue Cujas)

ED. CORNÉLY et Cie, ÉDITEURS

101, RUE DE VAUGIRARD, 101

MENSUELLE

SOMMAIRE

PARIS

PUBLICATIONS DE LA SOCIÉTÉ NOUVELLE DE LIBRAIRIE ET D'ÉDITION

(Anc¹ 17, rue Cujas)

ED. CORNÉLY et Cⁱᵉ, ÉDITEURS

101, RUE DE VAUGIRARD, 101

venus contrarier notre effort.

Notre numéro d'avril était à demi composé, à l'imprimerie à laquelle nous avons confié l'impression de notre modeste périodique, lorsque la grève des typographes a éclaté. Voici bientôt cinq semaines qu'elle dure à Lille. Notre imprimerie nous a plusieurs fois assuré que des négociations étaient engagées, qu'une entente était prochaine. Nous attendrions encore, si nous n'avions pris la résolution de faire composer ailleurs notre numéro de **Mai.**

Ce sont les camarades d'une Imprimerie ouvrière, qui vient de se fonder à Villeneuve-Saint-Georges, qui ont entrepris de composer et imprimer notre premier numéro de l'année nouvelle.

Dès que la grève de Lille sera terminée, nous achèverons de mettre en pages notre numéro d'avril et nos abonnés le recevront aussitôt. Il contient la table de l'année 1905-1906, puisqu'aussi bien c'est une année nouvelle que nous inaugurons dans ces circonstances plutôt pénibles.

Nous demandons donc à tous nos amis, à tous ceux qui nous suivent avec sympathie depuis une année, de **renouveler leur abonnement.** Nous leur enverrons prochainement un rappel amical, avec un mandat-carte pour leur faciliter la besogne. Qu'ils songent, à cette occasion, à l'abonné nouveau que nous demandons à chacun de faire. Qu'ils nous donnent des adresses : nous enverrons des spécimens. Qu'ils nous demandent des bulletins d'abonnement : nous leur en adresserons autant qu'ils le désirent. Qu'ils fassent tous autour d'eux une active propagande.

C'est à ce prix que nous vivrons et grandirons.

A lire

Dans " **Pages libres** " du 28 avril 1906, une vivante et objective étude de Francis Delaisi sur les huit heures dans le Jura. Delaisi a fait une intéressante enquête chez les diamantaires et dans les usines de la Société des Forges de Franche-Comté.

Deuxième Année.   **N° 13.**   **Mai 1906.**

La Revue Syndicaliste

ABONNEMENT ⁂	Paraissant le 15 de chaque mois.	ABONNEMENT ⁂
Un an......... 2 fr. 40	Le numéro : 0 fr. 20	Un an......... 2 fr. 40
Six mois....... 1 fr. 20		Six mois....... 1 fr. 20

LE CONTRAT COLLECTIF
DE TRAVAIL

Avec le développement et le perfectionnement du machinisme, avec la disparition du petit atelier, absorbé par les grandes usines modernes réunissant, pour les assujettir aux mêmes conditions de travail, souvent des centaines et des centaines d'ouvriers, devait logiquement disparaître le contrat individuel de travail.

S'il avait, en effet, sa raison d'être quand l'ouvrier, le compagnon, travaillait seul ou avec quelques camarades en nombre très limité, en compagnie du patron qui n'occupait guère, dans la hiérarchie sociale, un rang plus élevé que ses subordonnés qu'il connaissait, avec lesquels il vivait, le contrat individuel ne se comprend plus, ne s'explique plus avec l'industrie modernisée, avec les sociétés anonymes qui, de plus en plus, se multiplient et rendent aussi de plus en plus étrangers l'un à l'autre l'ouvrier et le patron.

Un contrat suppose des obligations réciproques, une discussion des clauses à y insérer. En est-il ainsi, peut-il en être ainsi aujourd'hui pour le contrat individuel de travail ?

L'ouvrier à la recherche d'un emploi peut-il prétendre faire modifier à son profit les conditions de travail imposées à ceux de ses camarades déjà dans l'usine ?

Pour peu que cet ouvrier soit sans emploi depuis quelque temps déjà, il signera sans les lire, sous l'aiguillon de la nécessité, les règlements les plus draconiens, les plus contraires à toute dignité humaine.

Un contrat conclu ainsi n'est pas un contrat au sens strict du mot, puisqu'il laisse à une seule des parties contractantes toutes les charges de la convention, tandis qu'il en assure tous les bénéfices à l'autre partie, au patron.

Il est cependant légal et le code civil qui, en de nombreux articles, sauvegarde les droits de la propriété et spécifie les conditions dans lesquelles les obligations contractuelles doivent être établies, n'y trouve rien à reprendre.

On comprend dès lors facilement qu'un patronat routinier, bouffi d'orgueil, jaloux à l'extrême d'une autorité quand même chancelante et qu'il n'en affirme qu'avec plus de force en répétant à tout propos le vieil adage qui veut que charbonnier soit maître chez lui, on comprend, dis-je, que ce patronat marque sa préférence pour cette forme individuelle du contrat de travail qui lui livre sans merci son pseudo-contractant.

Et cet état d'esprit de nos grands usiniers ne se rencontre pas seulement chez des individus pris isolément. On le retrouve encore dans les grandes organisations syndicales du patronat, parmi ceux-là mêmes qui, ayant bénéficié des avantages de la loi de 1884 sur les syndicats professionnels, entendent être seuls à s'en servir et s'emploient de leur mieux à en priver leurs salariés.

Lors de l'enquête parlementaire sur les conditions dans lesquelles s'effectuait, vivait l'industrie textile, l'*Union des Syndicats patronaux du textile*, qui représente l'ensemble des syndicats intéressés, avait rédigé d'avance, en une circulaire confidentielle, le canevas des réponses que ses adhérents devaient faire au questionnaire de la Commission parlementaire.

Au sujet du règlement des salaires et aux questions : « Est-il survenu des difficultés relativement au contrôle des comptes ou à la fixation du taux des salaires ? Ces difficultés ont-elles donné lieu à des conventions et ces conventions ont-elles été respectées ? », l'Union donnait aux industriels les conseils suivants : « Il vaudrait mieux, pour les syndicats, ne pas répondre et laisser le soin de le faire, individuellement, à leurs adhérents, si ceux-ci le jugent utile, *de façon à ne pas légitimer la substitution des conventions collectives aux contrats individuels.* »

On reste confondu à l'idée que ce sont ces hommes, animés de sentiments aussi rétrogrades, ayant une mentalité adéquate à une situation à jamais disparue, qui, devant le monde industriel, représentent l'industrie française. Et l'on s'étonne moins de la supériorité chaque jour plus affirmée des industries anglaise et américaine, dirigées par des hommes nouveaux, actifs, audacieux, ayant su se débarrasser des routinières coutumes qui ne répondent plus aux nécessités des temps présents.

Le contrat collectif de travail est la forme naturelle des relations qui se doivent établir entre employeurs et employés dans l'état actuel de l'industrie. Il s'est imposé en Angleterre et dans la plupart des États de l'Amérique, partout où les industriels ont été assez clairvoyants pour discerner leurs véritables intérêts, partout aussi, il faut le dire, où les ouvriers ont su s'organiser avec méthode et offrir quelque surface à ceux avec lesquels ils se proposaient de contracter.

Les industriels de ces pays ont fait ainsi l'économie de bien des réclamations individuelles, d'un temps dont, plus que tous autres, ils apprécient la valeur, souvent même de grèves.

L'industrie y a gagné en sécurité et partant a pu mieux se développer. Les ouvriers, eux, ont vu leurs salaires se maintenir en rapport constant avec la prospérité de l'établissement ou de l'industrie auxquels ils sont attachés.

Moralement, ils ont aussi obtenu, de ce chef, une situation plus élevée, car ils ont été obligés de se tenir au courant de l'état du marché, de s'inquiéter de ses fluctuations ; ils sont devenus de véritables collaborateurs dont on apprécie les services, au lieu de demeurer des salariés qu'on dédaigne ou méprise.

* * *

Mais, qu'est au juste le contrat collectif de travail et quelles sont les formes qu'il peut revêtir, qu'il revêt le plus souvent?

MM. Fontaine et Picquenard, dans leur excellent *Répertoire de droit administratif*, le définissent ainsi : « Le contrat collectif de travail est proprement le contrat par lequel un groupe d'individus, agissant simultanément et *de concert*, engage ses services envers un employeur ou un groupe d'employeurs. »

Et plus loin ils ajoutent : « Ce qui caractérise le contrat collectif, ce n'est pas la similitude des conditions de travail qui y sont fixées, mais la simultanéité, c'est-à-dire le fait que les conditions de travail du groupe qui engage ses services, ont été réglées en même temps et le *concert* existant entre les membres de ce groupe en vue de régler simultanément ces conditions. »

Voilà qui est net. Les conditions du travail, d'un même travail grâce à ce contrat collectif, sont identiques pour tous les ouvriers ; elles pèsent d'un poids égal sur tous les employeurs, et à ce titre elles contribuent à régulariser la marche de l'industrie en restreignant, en limitant la concurrence que trop souvent les patrons sont tentés de se faire entre eux sur le dos de leurs ouvriers, surtout dans les industries où la concentration des capitaux n'est pas encore un fait accompli.

Toutefois, le contrat collectif, ainsi défini, constitue plutôt une règlementation contractuelle des conditions du travail, qu'un contrat proprement dit, puisqu'aucun ouvrier nommément désigné n'est indiqué comme devant travailler pour un patron déterminé.

C'est le groupe des ouvriers, par ses délégués, qui a contracté avec les délégués du groupe patronal, et les conditions stipulées dans la convention doivent être appliquées à tous et par tous, même à ceux et par ceux qui s'embaucheraient ou embaucheraient postérieurement à la ratification de ladite convention.

En fait, ce sont des usages locaux nouveaux qui s'établissent, qui se substituent aux usages anciens, et ils doivent faire la loi des parties si des difficultés surgissent, si des patrons — même n'ayant pas été parties ou représentés à la discussion — tentaient de se soustraire aux obligations contractées.

Et c'est dans ce sens que le juge de paix de Narbonne interprétait la convention passée entre le syndicat ouvrier des vignerons et celui des propriétaires de Narbonne, lorsque dans un jugement récent il inscrivait cet attendu :

« Attendu qu'aujourd'hui cette convention acceptée par les syndicats de Narbonne, c'est-à-dire la presque totalité des propriétaires et des ouvriers agricoles de la ville, doit faire la loi commune des parties et cela en vertu de l'unification établie par l'usage, et *même à l'égard des personnes non syndiquées*, à moins de conventions contraires entre les propriétaires et les ouvriers. »

Tout autre est la thèse adoptée par le juge de paix des deuxième et quatrième cantons de Reims, présidant, en vertu de la loi nouvelle, le conseil des prud'hommes de cette ville, dans un cas analogue.

Pour lui, les conventions collectives n'ont de valeur qu'autant qu'elles ont été passées en présence du juge de paix et en vertu de la loi du 27 décembre 1892 sur la conciliation et l'arbitrage. Encore n'engagent-elles que les patrons et les ouvriers, parties ou représentés.

« Attendu, dit-il, que c'est à lui (le juge de paix), que le législateur impose l'obligation de consigner dans un procès-verbal de conciliation l'accord des parties intéressées, c'est-à-dire les conventions qu'elles ont librement contractées devant lui, et de leur donner ainsi un caractère authentique ; que sa *présence est donc nécessaire* pour la validité des contrats intervenus par application des dispositions inscrites dans la loi du 27 décembre 1892.

« Attendu que les conventions ainsi actées par le juge de paix dans un procès-verbal de conciliation constituent un contrat collectif de travail qui est parfait et dès lors obligatoire pour toutes les parties qui y ont pris part, soit en personne, soit par leurs délégués ou mandataires choisis suivant les règles édictées par l'article 2, dès l'instant même où ils y ont apposé leur signature...

« Attendu que les conventions et sentences contractées ou rendues en vertu des articles 6 et 7 de la loi du 27 décembre 1892, ne lient que les parties qui y ont pris part, soit en personne, soit par leurs délégués, c'est-à-dire d'un côté les chefs d'industrie et, de l'autre, les ouvriers de ces mêmes chefs d'industrie qui travaillaient dans leurs établissements ou chantiers au jour de la mise en vigueur des modifications apportées au contrat de louage de service ou d'industrie par la convention ou la sentence arbitrale ; mais qu'en aucun cas ces conventions ne peuvent être opposées à des chefs d'entreprise qui n'y ont point été parties... encore bien qu'ils en aient profité d'une manière quelconque. »

J'aime à croire que cette thèse, soutenue par des attendus véritablement inattendus, ne fera point jurisprudence ; que le contrat collectif de travail s'implantera de plus en plus dans nos mœurs et que sa validité ne sera pas subordonnée à la présence du juge de paix.

Qu'elles s'appellent contrats collectifs ou conventions syndicales, les ententes collectives entre patrons et ouvriers sont également souhaitables. Leur généralisation est seule susceptible de mettre un peu d'ordre dans l'actuel désordre industriel.

Elles ne trouveront peut-être pas toujours dans la loi écrite — au moins pour quelque temps encore — les sanctions nécessaires aux manquements, aux engagements pris, à la parole donnée, mais elles peuvent, elles doivent les trouver dans la force toujours accrue des organisations ouvrières.

On peut, au bas d'un contrat collectif, inscrire, comme l'ont fait les travailleurs agricoles à Arles, que les parties « se sont engagées sur l'honneur à appliquer loyalement ces conventions (celles qui venaient d'être signées le 24 mai 1904) dans l'intérêt supérieur de l'agriculture, du bien-être de la classe ouvrière et de la prospérité »; le mieux encore pour les travailleurs est d'être fortement organisés pour en imposer le respect et n'avoir pas à en réprimer les violations.

C'est vers cette organisation forte, féconde, que doivent tendre tous les efforts des travailleurs. Lorsque cette organisation sera réalisée ou sur le point de l'être, le contrat individuel de travail aura vécu et, légalement ou non, s'imposera le contrat collectif, avec ou sans l'assentiment de la Confédération patronale du travail.

E. GUERNIER.

LE PARTI OUVRIER
EN ANGLETERRE

Il y a à peu près six ans que les trade-unionistes et les socialistes du Royaume-Uni décidèrent que le moment était venu pour le parti ouvrier d'affirmer ses prétentions à une part légitime de représentation dans le Parlement. Pensant que cela ne pouvait se faire qu'en unissant les Trade-Unions et les groupements socialistes dans un commun mouvement, on inaugura cette union, en février 1900, sous le nom de *Comité pour la représentation ouvrière*.

Cet effort fut immédiatement suivi de succès, puisqu'en l'espace de quatre ans on arriva à grouper des organisations comprenant près d'un million de membres, et quatre candidats obtinrent un siège à la Chambre des Communes — témoignage du plus grand succès qui ait jamais été obtenu en unissant la classe ouvrière pour des desseins politiques.

Confiant dans l'espoir qu'un effort systématique et une complète orghnisation pouvaient donner plus encore, le Comité mit cinquante candidats en campagne. C'était la première fois que, dans l'histoire anglaise, un parti ouvrier représentant non seulement les différentes industries, mais représentant vraiment la classe ouvrière et tout un ensemble cohérent d'opinions proprement ouvrières, entreprenait sérieusement et méthodiquement la tâche de gagner des sièges parlementaires. Alors, les hommes politiques de tous les partis furent forcés de comprendre qu'un nouveau facteur était apparu ; et ce facteur était propre à troubler les gentlemen endormis qui avaient monopolisé à l'avance les bancs de Westminster, car il manifestait la résolution concertée de tous les travailleurs de ne pas se résigner plus longtemps à rester sujets d'une classe dont la prétention principale à l'honneur législatif était la possession de la richesse. Les trade-unionistes avaient enfin compris la folie qu'il y avait à envoyer leurs patrons faire des lois pour eux, et, de leur côté, les socialistes comprenaient que le temps était venu de conquérir le contrôle du mécanisme législatif de la nation, contrôle sans lequel il leur serait impossible de hâter la réalisation de la propriété collective dans l'intérêt général.

Ainsi préparé, et avec une réserve de plus de 10.000 livres sterling obtenue par un prélèvement de 0 fr. 10 par an sur tous les membres des organisations adhérentes, le mouvement put être engagé pour les élections générales de janvier 1906. Le résultat est connu : tandis que le parti ouvrier n'avait que quatre membres dans le Parlement sortant, il revenait à la nouvelle Chambre des Communes avec trente membres élus, dont plusieurs étaient arrivés en tête dans des circonscriptions à double siège, et dont trois avaient battu les candidats du parti libéral et des tories dans des circonscriptions à siège unique.

Un nouveau parti qui peut se glorifier d'une aussi splendide victoire, lors de sa première tentative, a, sans aucun doute, un grand avenir devant lui, un avenir plein d'espérances pour les masses déshéritées et foulées aux pieds.

Il n'y a point de doute : ce succès du parti ouvrier est l'événement le plus significatif des élections. Le parti ouvrier est maintenant reconnu par la nation, et ses batailles seront livrées non seulement sur la plate-forme électorale, mais aussi sur le plancher de la Chambre des Communes.

Après les élections, le titre de *Comité pour la représentation ouvrière* fut changé en celui de « Parti ouvrier » (*Labour Party*), nom sous lequel le mouvement sera connu dans l'avenir. Chacun des membres élus sous les auspices du Parti ouvrier reçoit de sa caisse 200 livres par an.

Naturellement, le principal intérêt de la classe ouvrière, depuis les élections générales, s'est trouvé concentré dans la Chambre des Communes où siège pour la première fois un Parti ouvrier défini et indépendant. L'influence qu'exerce ce petit groupe indépendant est énorme, et ce n'est pas trop prétendre que de dire que sa présence a déjà modifié en fait l'attitude du gouvernement sur plusieurs questions sociales pressantes. Sa tactique indépendante force à l'examen et à l'attention, et souvent la direction qu'il donne se trouve suivie par un certain nombre de membres sympathiques, radicaux et autres.

Si le Parti ouvrier n'existait pas, ces opinions resteraient inexprimées, et le gouvernement persévérerait encore, comme naguère, dans sa vieille politique et ses méthodes traditionnelles qui ont toujours noyé et étouffé les tendances de progrès qui se manifestaient dans ses rangs.

Des concessions ont été obtenues du Ministre de la Guerre et de l'Amirauté en ce qui concerne l'emploi des ouvriers dans les chantiers et dans les arsenaux : le taux des salaires sera mis au niveau des tarifs unionistes et les ouvriers auront, dans l'avenir, le droit de se faire entendre près du gouvernement par l'intermédiaire des fonctionnaires syndicaux. Ces droits avaient été antérieurement refusés aux ouvriers. C'est donc déjà un résultat obtenu par le nouveau parti ouvrier.

C'est encore une grande victoire qui a été remportée, lorsque le Parti réussit à faire passer en seconde lecture son bill pour la nourriture des écoliers nécessiteux, et lorsqu'il obtint du gouvernement la promesse que, lorsque le bill retournerait du Select Committee, auquel il avait été renvoyé, à la Chambre des Communes, on lui accorderait des faveurs spéciales pour franchir rapidement les dernières étapes de la procédure législative.

Ainsi, déjà, le Parti s'acquitte d'une des promesses faites au peuple et accomplit un acte de justice à l'égard des milliers d'écoliers mal nourris dont l'existence a si longtemps déparé notre riche nation.

Le triomphe le plus sensationnel du Parti fut celui qu'il remporta à l'occasion de son bill sur les conflits industriels, bill dont l'objet était d'amender la loi des coalitions, de légaliser le *pickeling* et de protéger les caisses syndicales contre les revendications patronales pour dommages résultant des conflits. Le gouvernement chercha à le devancer en introduisant son propre projet trois jours avant que le Parti ouvrier ait pu soumettre le sien à la Chambre. Le projet du Gouvernement ne donnait pas l'affranchissement tant désiré des atteintes possibles aux caisses des Trade-Unions. Le Gouvernement fut immédiatement informé que son bill rencontrerait l'opposition vigoureuse du Parti ouvrier, et, quand ce dernier introduisit son projet qui était plus complet, le Gouvernement capitula et consentit à son acceptation. Si l'on se souvient que le Gouvernement a une grosse majorité sur tous les autres partis combinés, sa décision est des plus significatives et semble marquer une reconnaissance des desseins et des facultés du Parti ouvrier.

Un débat sur les retraites pour la vieillesse a eu lieu à la demande des représentants du travail, et, quoique rien de définitif n'en soit résulté jusqu'ici, le Parti prétend persister dans cette revendication, pour qu'une aide soit accordée aux travailleurs âgés dès la présente législature.

Des questions comme celle du truck-system, etc., ont réclamé l'attention du Parti. Un amendement au bill sur l'éducation, introduit récemment dans le but de limiter le rôle de l'État à l'enseignement laïque, a été déposé au nom du Parti. Ainsi, on le voit, si le Parti ouvrier a déjà attesté son existence par ce qu'il a obtenu, il est destiné en outre à laisser une impression indélébile sur la vie de la nation par les réformes splendides qu'il aura inaugurées, tant en matière d'enseignement qu'en matière sociale et industrielle.

Ce résumé des six brèves années d'existence du Parti ouvrier montre une tentative heureuse pour organiser des éléments, jusqu'ici opposés, en un solide parti dirigeant lui-même sa marche et poursuivant sa tactique, indépendamment des autres partis dans l'État. Son succès aux élections, les 330.000 votes obtenus par ses cinquante candidats et la conquête de ses trente sièges marquent la formation en Angleterre d'un parti fondé sur la solidarité du travail et destiné à occuper une place éminente dans le grand mouvement international, socialiste et ouvrier, qui travaille dans tous les pays et sous tous les climats à la rédemption du genre humain.

G.-H. ROBERTS,
Membre de la Chambre des Communes.

LE MOUVEMENT EN FRANCE

Un mois d'effort

Avril 1906 aura été pour le prolétariat français un mois d'action intense et de pénible effort. Des mouvements corporatifs, qui auraient pu porter les plus beaux fruits dans un pays de liberté et de démocratie politique vraie, ont été détournés de leur sens par d'odieuses campagnes de presse, entravés et faussés par un gouvernement que guidaient uniquement des préoccupations électorales. La journée du 1er mai, qui ne devait être signalée que par une vigoureuse action ouvrière, a été l'occasion de mesures policières et militaires odieuses.

Et si le mouvement que mènent avec vigueur, depuis le 2 mai, les ouvriers de diverses corporations, n'aboutit pas à des réductions nombreuses et sensibles de la journée de travail, il est indéniable que la responsabilité en retombera en grande partie sur le gouvernement, sur la police et sur les perfides campagnes de la presse réactionnaire qui a systématiquement affolé l'opinion.

Un gouvernement démocratique avait le devoir de rassurer l'opinion, et autrement que par des déploiements de troupes ou des arrestations scandaleuses d'arbitraire. Il avait le devoir de *protéger le mouvement ouvrier contre la manœuvre politique des réactionnaires*. Il s'est plu, au contraire, pour servir ses élections, à confondre l'un et l'autre. Il a imaginé la sotte et vieille histoire d'un complot anarchico-révolutionnaire. Et c'est par cette manœuvre criminelle qu'il a pu prendre une attitude de réaction sociale, qu'il a pu entraver l'exercice de droits légaux, comme le droit de grève.

Mais, cela dit, une question se pose devant la classe ouvrière, devant les militants des syndicats, celle qui se pose après toute grande lutte, victorieuse ou non : la tactique suivie a-t-elle été la meilleure ? Avons-nous obtenu tous les résultats que nos forces et les circonstances nous permettaient d'espérer ?

A l'heure où nous écrivons, la plupart des mouvements corporatifs qui ont commencé à l'occasion du 1er mai ne sont pas encore terminés. Et il appartiendra à chaque militant, dans l'intérieur de chaque organisation, de faire cet examen critique.

Mais il est des questions qui se posent pour l'ensemble du mouvement, et ce sont celles sur lesquelles nous voudrions attirer d'abord l'attention de nos camarades :

1° L'expérience de mai a-t-elle démontré qu'il est d'excellente tactique de fixer à l'avance une date déterminée pour un mouvement corporatif d'ensemble ? Une telle fixation présente — c'est entendu — d'incontestables avantages. Elle oblige les diverses organisations, poussées par leurs sentiments de solidarité, à se mettre, pour ainsi dire, en règle avec leurs sœurs. Elle contraint d'intensifier la propagande ; elle augmente l'élan général. Mais ne présente-t-elle pas aussi d'indéniables inconvénients ? Si toutes les forces ouvrières doivent se dresser au même jour contre le patronat, le patronat et le gouvernement ne prendront-ils pas, toujours pour ce même jour, toutes leurs dispositions ? Une date unique est-elle, d'autre part, également favorable pour toutes les corporations ? Enfin et surtout, les appréhensions éveillées par son approche se traduiront-elles par des concessions aux revendications ouvrières ou par des appels à la force publique ?

2° Si l'on fixe une date, ne faut-il point tenir compte de coïncidences comme la coïncidence prévisible d'une campagne électorale ? Quelques socialistes, dès le lendemain du Congrès de Bourges, s'étaient, à leur point de vue, préoccupés de cette coïncidence. Ils s'étaient demandé si un fort mouvement économique ne nuirait pas à l'ardeur politique et électorale de la classe ouvrière. Tranchons le mot : ils avaient craint un développement de l'antiparlementarisme, cher à quelques-uns de nos camarades de la C. G. T. Il est de fait qu'à Bourges personne n'y songea. Mais il faut se demander aujourd'hui si, *d'un point de vue strictement syndical,* il ne faut point, au contraire, s'en soucier vivement. L'expérience dernière démontre combien un gouvernement capitaliste, déjà hostile en principe aux revendications ouvrières, le devient tout à fait en période électorale, quand un mouvement ouvrier lui semble devoir servir à ses adversaires ? Et le reproche de mal défendre « la société », de mal conserver « l'ordre » étant aujourd'hui le plus vigoureux reproche que puisse adresser au parti au pouvoir le parti d'opposition, il s'en trouvera toujours quelqu'un pour user de cette plate-forme et pousser le gouvernement à des mesures de réaction. Si l'on ne veut pas seulement de l'agitation, mais aussi les résultats immédiats qui développent et rendent durable une action ouvrière, ne faut-il point éviter des coïncidences presque fatalement fâcheuses à la classe ouvrière ? Le bon marché de l'affichage et les facilités de la propagande électorale compensent-ils les inconvénients qui peuvent résulter de la dispersion des efforts ?

3° A-t-on su prendre l'opinion publique ? S'en est-on assez soucié pendant toute la période de propagande intensifiée qui devait aboutir au mouvement de mai ? A-t-on créé un courant de sympathie assez fort pour protéger contre les manœuvres des patrons menacés dans leurs privilèges le mouvement de revendications de la classe ouvrière. Les syndicats américains ont, dans leurs luttes économiques, le plus grand souci de la sympathie publique. Ils informent l'opinion de leurs efforts, ils demandent au public son appui, ils lui disent même l'intérêt qu'il trouvera, lui, public, au succès de leurs revendications. Beaucoup de nos camarades ont-ils eu ce souci de l'opinion? Certains ne se sont-ils pas plu, au contraire, à l'inquiéter? Valait-il mieux rassurer le public ou lui donner un petit frisson de peur? C'est une question. Elle vaut d'être sérieusement examinée. Lorsqu'une grève éclate dans une corporation, les patrons des autres métiers ne manquent pas de voir la paille dans l'œil de leur voisin et proclament que ceux-là pourraient bien céder. Le caractère révolutionnaire que la presse se plaisait à donner au mouvement, et contre lequel on n'a peut-être point assez protesté, a poussé les patrons à faire bloc. Ils se sont dit en présence d'un mouvement révolutionnaire. Ils ont fait pression les uns sur les autres pour s'empêcher mutuellement de céder. Les patrons de l'automobile ont menacé des patrons imprimeurs de leur couper toute commande s'ils accordaient la journée de neuf heures à leurs ouvriers. Ils ont pu arguer devant l'opinion du caractère révolutionnaire du mouvement. Avons-nous tout fait pour leur enlever un prétexte de ce genre?

Je crois utile d'examiner ces trois questions de tactique. Et c'est, je crois, guidé par des préoccupations de ce genre qu'il faudra examiner l'histoire de cet étrange mois d'avril. Nous avons tenté de faire, le plus objectivement possible, un résumé succinct des événements qui s'y sont produits. Nous avons pensé qu'un résumé de ce genre serait utile aux camarades qui souhaiteraient de s'orienter au milieu de faits multiples et complexes.

* *

A la fin de mars, les esprits étaient encore tout occupés de la catastrophe de Courrières. Mais on ne prévoyait guère l'influence indirecte énorme qu'elle allait exercer sur le mouvement ouvrier en général et sur le moument du 1er mai en particulier. C'était la recherche des responsabilités qui s'imposaient à la réflexion; c'était le retour de Némy, des « treize rescapés » — ce fut un peu plus tard celui de Berthon (4 avril) — qui passionnait. La grève des mineurs se poursuivait dans un calme relatif. A Montigny-en-Gohelle, cependant, on avait eu à déplorer encore une fois le meurtre, par un jaune, d'un de ses camarades ouvriers. —Dans la Seine, les jardiniers, après une grève de deux semaines, obtenaient le 1er avril une augmentation moyenne de 50 centimes par jour, la limitation

de la journée à onze heures et demie de travail et le repos hebdomadaire.
A Toulon, une grève des limonadiers causait une assez vive agitation. Ici
encore, un nouveau meurtre était causé par un jaune : un ouvrier qui persistait à travailler frappait d'un coup de stylet un gréviste qui, sans menaces, le lui reprochait.

Mais, en dépit de ces graves incidents, le mouvement ouvrier semblait
se développer, tranquille et puissant, pendant les deux premières semaines
d'avril. Les Congrès qui se réunissaient alors attestaient tout à la fois la
force grandissante des organisations, la conscience des militants et l'influence qu'exerçait la propagande dans les divers métiers.

Le 1er avril, le Congrès des **Ouvriers-Peintres** réunissait à Saint-Quentin
23 délégués représentant 50 syndicats. Le Congrès adoptait un projet d'unité
fédérative tendant à grouper dans une seule organisation toutes les Fédérations ou métiers se rattachant au bâtiment. Il entendait les déclarations des
divers délégués au sujet du mouvement du 1er mai. Il envoyait des délégués
auprès du gouvernement pour le prier de hâter le vote de la loi contre le
blanc de céruse. La cotisation fédérale était portée de 5 à 20 centimes par
mois et par membre fédéré (15 centimes pour l'administration, la propagande
et le journal ; 5 centimes pour une caisse de grève).

Le 5 avril, se réunissait à Paris le 17e Congrès national des **Chemins de
fer** ; 89 délégués y représentaient 113 groupes. Le Congrès se prononçait, en
principe, contre le système actuel des économats, pour leur transformation en
coopératives et, dès maintenant, pour leur gestion par des délégués élus du
personnel. Après la discussion du rapport du Conseil et des questions administratives, il abordait le débat sur les huit heures. Par l'ordre du jour adopté,
il « repoussait à la majorité l'application de la journée de huit heures au
1er mai 1906, cette date lui paraissant prématurée ; il demandait à la Confédération d'employer tous ses efforts à la propagande exclusivement syndicale,
de façon à augmenter le nombre des militants » et à hâter la diminution des
heures de travail par une propagande méthodique. Enfin, le Congrès invitait
à soutenir, moralement et pécuniairement, les groupes qui appliqueraient
eux-mêmes la journée de huit heures au 1er mai. Le Congrès réglait ensuite
les rapports de l'Orphelinat et du syndicat, maintenait à l'unanimité, comme
avant-projet de loi, le projet transactionnel par lequel les travailleurs des
chemins de fer, allant au bout des concessions, ont remplacé, pour obtenir
enfin un vote, l'ancienne proposition Berteaux-Rabier-Jaurès concernant les
conditions de travail et les retraites du personnel des chemins de fer. Le
Congrès repoussait enfin un projet de « sou d'adieu » et maintenait la subvention, de 10 0/0 des cotisations, du syndicat à l'Orphelinat.

Pendant les mêmes journées, du 5 au 7 avril, l'Union des **Agents des
contributions indirectes** tenait son Congrès à Paris et, après une vive discussion, décidait « qu'il y avait lieu d'étudier la possibilité de placer l'Union

générale sous l'égide de la loi de 1884 ». Cette décision attestait que l'hostilité gouvernementale contre les syndicats n'arrêtait pas les fonctionnaires dans le mouvement qui les pousse vers cette forme d'organisation.

Enfin, les 5 et 6 avril, s'étaient réunis, à la Maison des Fédérations, les délégués de la plupart des Fédérations d'industries et de métiers. 32 organisations étaient représentées par 52 délégués. Les délégués exposèrent l'état du mouvement, la propagande faite et la disposition de chaque Fédération. Après deux jours de discussion, tant sur la tactique à employer que sur les revendications à présenter, la Conférence adoptait la résolution suivante :

La Conférence des Fédérations corporatives, après examen de l'active propagande faite depuis 18 mois, en conformité avec la résolution du Congrès de Bourges tendant à la conquête de la journée de huit heures ; après avoir entendu, tant des Bourses du Travail que des Fédérations, l'exposé de leurs situations respectives, la conférence, appelée à délimiter dans quelle forme l'action doit s'ouvrir, décide :

D'engager les travailleurs à dresser — si ce n'est déjà chose faite — leurs cahiers de revendications portant sur la diminution du temps de travail et sur toutes autres améliorations particulières à leur corporation, pour être soumis aux patrons, leur fixant un délai qui ne devra pas dépasser le 1er mai 1906 ;

D'inviter les travailleurs à participer le jour du 1er mai à un chômage de solidarité qui sera une manifestation de la puissance d'action du prolétariat organisé.

D'autre part, la Conférence indique aux organisations, comme mode d'action pour la réalisation de leurs cahiers de revendications, les deux formes suivantes :

Ou bien la cessation du travail la huitième heure accomplie — ou bien arrêt complet du travail le 1er mai, jusqu'à satisfaction.

Dans le premier cas, les travailleurs, les huit heures faites, quitteront l'usine, l'atelier ou le chantier. Dans le second cas, c'est la grève se poursuivant jusqu'à complète satisfaction.

Entre ces deux tactiques, la Conférence laisse le choix aux organisations qui auront pu s'inspirer des nécessités de leur milieu. Mais elle leur rappelle que la diminution du temps de travail ne doit pas entraîner une diminution du salaire.

La Conférence compte sur l'activité des militants et des organisations ouvrières pour apporter au mouvement tous leurs efforts et leur rappelle que les résultats acquis seront proportionnés à l'énergie déployée. Elle compte ainsi que les travailleurs élèveront leur conscience à la hauteur de leurs intérêts et que, dans un puissant et solidaire effort, ils arracheront au patronat un peu de mieux-être et de liberté.

Ainsi, le mouvement allait se développer, on pouvait l'espérer, avec force et surtout avec cette souplesse, cette autonomie bien comprise des divers métiers, que nous nous plaisions à signaler dans notre numéro de mars. C'était l'impression qui se dégageait de la Conférence et de ses résolutions. Le Congrès des Travailleurs de l'État, réuni le 9 et 10 avril ; celui des ouvriers des magasins administratifs de la guerre, à la même date ; celui enfin des instituteurs, les 12 et 13 avril, accentuaient cette impression, ajoutaient à l'espoir, pour le 1er mai, d'un vaste mouvement corporatif, soutenu par un sentiment de solidarité unanime dans toute la classe ouvrière, mais où chacun, de toutes ses forces, poursuivrait l'effort le plus immédiatement utile, qui les huit heures, qui les neuf heures, qui la suppression des heures supplémentaires, qui le droit syndical.

Nous sommes au 12 avril. C'est ici que l'opinion va commencer à s'émouvoir sérieusement et que des facteurs étrangers vont intervenir pour gêner ou entraver le mouvement corporatif qui se développe.

C'est le 7 avril que l'*Écho de Paris* a dégagé les « conclusions nécessaires » de sa « campagne » contre « la révolution qui vient ». Les autres journaux, d'information ou de réaction, commencent à marcher derrière lui, les uns pour passionner leur public, les autres pour le faire « bien voter ». Le 7 avril, un incident de grève, un de ces faits fréquents dans l'histoire syndicale, l'incendie du château d'un patron insolent et hautain par une population longtemps courbée sous le joug et soudain révoltée, fournit un nouvel aliment à la campagne politicienne. On représente les grévistes de Fressenneville comme poussés par des émissaires de la Confédération. C'est la Confédération sans doute qui, de Paris, a commandé l'incendie ! N'est-ce point la guerre sociale qui commence ?

Or, voici que brusquement, le 11, les facteurs d'imprimés se mettent en grève à Paris. On avait bien eu, les jours passés, une grève de cochers-postiers, mais elle n'avait duré qu'un jour (le 6 avril) et les grévistes avaient obtenu pleine satisfaction. Les services n'avaient point longtemps souffert ; et, après tout, ce n'était que des salariés de M. Payot de Montagnac, adjudicataire, et non des salariés de l'État, des fonctionnaires, qui avaient eu l'audace de se mettre en grève. Mais le 11 avril, c'étaient bien les facteurs, les subordonnés de M. Bérard et de M. Barthou, les fonctionnaires qui, depuis des mois, osaient réclamer le droit syndical, qui faisaient grève, qui suspendaient les services publics. N'était-ce point là une manœuvre anarchique, un nouveau symptôme de la Révolution qui venait ?

On oublia les promesses, vingt fois faites et jamais tenues, d'une amélioration des salaires. On oublia le vote du budget des Postes, cause de la grève. On oublia le refus du ministre de recevoir les délégués syndieaux qui venaient préciser les revendications du personnel. On ne comprit point que la grève était fatale parmi un personnel doté de salaires misérables et constamment déçu. On ne vit, on ne voulut voir que la grève des fonctionnaires, la révolte des agents de l'État. Le 12, à la Chambre, lorsque les députés Sembat et Rouanet interpellèrent le gouvernement, ce fut la thèse ministérielle : « Nous sommes en présence d'un acte de révolte, d'un acte de pression sur les pouvoirs publics... Il est intolérable qu'un service public soit mis à la merci d'agents indisciplinés et révoltés ».

Le 13 avril, le travail n'ayant pas repris, le ministre révoquait brutalement trois cents facteurs, « les fortes têtes », les meneurs. Une nouvelle tentative d'interpellation, une démarche du Conseil municipal étaient inutiles. Obstinément, et malgré la menace de nouvelles coupes sombres, les facteurs non révoqués continuaient la résistance. Le 19, cependant, ils cédèrent. Les non-révoqués reprirent le travail.

Mais la grève des facteurs n'était qu'un incident. Des événements autrement graves allaient fournir des aliments aux campagnes réactionnaires et à la politique gouvernementale. Les grèves du Nord allaient prendre une allure tragique.

C'était à prévoir. Le retour de Berthon, le 6 avril, surexcita les esprits. La colère renfermée, inexprimée, vague, de la malheureuse population décimée le 10 mars, éclata. Les cris : « A mort les ingénieurs ! » retentirent dans les corons. Les femmes surtout étaient furieuses. On pouvait redouter quelque « watrinade ». L'enquête judiciaire, ouverte par le gouvernement, ne pouvait satisfaire les malheureuses veuves. Les grévistes étaient nerveux. Les compagnies, pressées par le gouvernement, offrirent quelque semblant de concessions. Elles avaient consenti, dès l'abord, à un relèvement de la prime de 10 0/0, ce qui la portait à 40 0/0. Elles acceptèrent d'incorporer dans le salaire de base 20 0/0 de la prime et d'ajouter à ce nouveau salaire de base une prime de 17 0/0. Mais que valaient ces concessions et d'autres, sans un contrôle possible des salaires, par les ouvriers mêmes ? C'était là, surtout, la principale revendication ouvrière, celle dont dépendaient les autres.

Les ouvriers réunis en congrès à Lens réclamaient une entrevue. Peut-être, à ce moment, si les Compagnies avaient accordé des moyens de contrôle sérieux, une solution aurait-elle été possible. Peut-être aussi des troubles graves auraient-ils été évités. Les mineurs menaient bien leurs patrouilles accoutumées. Parfois même aussi, quelque cartouche de dynamite éclatait, faisant plus de bruit que de dégâts. Rien qui sortit des habitudes des grèves minières.

Le 14 avril, une assemblée des patrons et des ouvriers eut lieu à Paris :

les Compagnies refusaient tout moyen de contrôle un peu sérieux, toute concession nouvelle. Les délégués ouvriers sortirent outrés de l'entrevue. L'un d'eux me le disait en repartant : « Que va-t-il se passer maintenant ? Tout est à craindre ».

Les jours suivants, dans les réunions qui avaient lieu dans les diverses localités, les grévistes maintenaient leurs revendications : 7 fr. 18 et non 6 fr. 74, qu'offraient les Compagnies. Les nuits devenaient mouvementées. Les colères grondaient. Le 17, des bagarres se produisaient à Liévin. Le 18 avril, à Lens, la maison de M. Reumaux, directeur des mines de Lens, était saccagée ; les grévistes assaillirent les troupes, le long de la voie du chemin de fer. M. Clémenceau se rendait le soir à Lens. Un lieutenant de dragons, grièvement blessé, mourait pendant la nuit. A Denain, pendant les mêmes journées, une vive agitation se produisait. Cependant les troupes affluaient de toutes parts : 40.000 hommes arrivaient dans le bassin. Le 20, à Haveluy, près de Denain, un cortège de grévistes était arrêté par des troupes et une violente bagarre se produisait. Le 21, une nouvelle collision avait lieu à Trith, dans les mêmes conditions, les troupes attirant les cortèges dans de véritables guet-apens. A Denain, les métallurgistes se joignaient au mouvement : une grève générale semblait imminente. Le calme peu à peu, cependant, se rétablit.

Mais alors commença une « odieuse répression ». Que M. Clémenceau le veuille ou non, il n'y a point, en effet, d'autre terme pour qualifier le système d'arrestations en masse, inauguré le 23 avril parmi une population terrorisée, et poursuivi pendant des semaines et des semaines, alors que la vindicte bourgeoise devrait être satisfaite. Deux militants, Monatte et Moinier furent arrêtés. Arrêtées également et traitées avec brutalité d'innombrables personnes, accusées d'avoir pris part aux troubles. « Des instructions étaient ouvertes ». Mais la misère était immense après cinquante jours de grève. La répression achevait d'abattre les mineurs. Anzin reprenait le travail le 28 et, quelques jours plus tard, le Nord, puis le Pas-de-Calais. L'obstination patronale, aidée des troupes, avait été plus forte que la catastrophe de Courrières.

Cependant le mouvement général pour la réduction des heures de travail s'affirmait. Depuis le 18 avril, les typographes parisiens faisaient grève pour les neuf heures. Le 23, les bijoutiers-joailliers décidaient la grève à leur tour pour les huit heures. Des grèves partielles se produisaient parmi les terrassiers. Les lithographes, la voiture, les diverses branches de l'industrie métallurgique et de la mécanique posaient des revendications. Mais les craintes grandissaient dans la bourgeoisie parisienne : beaucoup s'épouvantaient de l'approche du 1er mai. Et à Paris, comme quelques jours auparavant dans le nord, les troupes affluaient.

Le 27, coup de théâtre : on perquisitionne chez des bonapartistes, des royalistes... et à la Confédération générale du Travail. Il paraît qu'il y a complot contre la République. Pendant plusieurs jours, on en entretient les journaux. Le 30 avril, Griffuelhes et Lévy sont arrêtés. Et le 1ᵉʳ mai se passe dans l'énervement. Paris est en état de siège ; M. Lépine opère en maître absolu ; les arrestations arbitraires se multiplient ; le soir, les bagarres fatales que devaient amener les policiers et les troupes se produisent. En province, la classe ouvrière, manifeste un peu partout sa volonté de réduire les longues journées de travail. Le 2 mai, de beaux mouvements corporatifs se produisent, mais l'arbitraire déchaîné a continué de sévir. Et les grèves actuelles portent le poids de toute l'agitation politique que le gouvernement a su développer du 14 avril au 1ᵉʳ mai.

Nous ne nous attarderons pas à la monstrueuse comédie du complot. Pas une preuve n'a été apportée contre Monatte, contre Griffuelhes, contre Lévy. Nous sommes en droit de conclure qu'il n'y a contre eux **rien, absolument rien**, et que les poursuites, les emprisonnements dont ils ont été victimes sont la honte d'un ministre qui affectait d'être le plus zélé défenseur de la liberté individuelle. S'il y a en France des partis politiques soucieux de cette liberté, ils doivent demander des comptes au ministre qui a inventé le complot. Quant à des menées réactionnaires qui se seraient produites dans le Nord, je veux bien ! mais rien n'établit que les ouvriers en aient jamais été complices. Si les gouvernants veulent se rendre compte des causes vraies de l'agitation et des violences, qu'ils regardent simplement vers les cimetières agrandis de Billy-Montigny et de Sallaumines.

Nous ne pouvons nous étendre. Tous ceux qui participent, de près ou de loin, à la lutte ouvrière ont été unanimes pendant ces jours pleins d'impressions pénibles. Que de vilenies et de lâchetés commises contre la classe ouvrière !...

Mais j'en reviens aux questions pratiques que je demande à nos camarades d'examiner. Est-il possible de prévenir de semblables manœuvres ? Est-il possible de donner moins de prise aux hypocrisies gouvernementales ou aux campagnes politiques ?

A. T.

✦ ✦ ✦ ✦

LE MOUVEMENT A L'ÉTRANGER

Deux Expositions de la misère.

Le travail à domicile doit vivement préoccuper les syndicats. Il est l'obstacle à une application étendue de la législation protectrice ; il est un obstacle aussi au développement syndical et à une action efficace, durable, des organisations ouvrières.

Mais comment le combattre? La législation l'atteint difficilement : le domicile privé passe pour inviolable. Quant à la propagande syndicale, comment peut-elle se faire entre ces travailleurs isolés? Les syndiqués allemands ont eu recours à la force de l'opinion. Ils ont voulu, par elle, contraindre les pouvoirs publics à agir. Aidés de plusieurs professeurs d'économie politique, ils ont organisé à Berlin une exposition de la misère.

C'est dans quatre salles de la Vieille-Académie, sous les Tilleuls, c'est-à-dire dans le quartier le plus aristocratique et le plus officiel de la capitale allemande, qu'elle a été installée. Elle se compose d'une exposition des produits du travail à domicile, recueillis dans toutes les régions industrielles d'Allemagne, et souvent présentés aux différents stades de la production. Mais, à chaque produit, à chaque objet, une brève et claire notice se trouve ajoutée : elle indique d'où vient l'objet, elle indique le temps de travail, la peine qu'il a coûté, — elle indique le salaire gagné et le gain moyen qu'il représente pour une heure de travail, puis pour une semaine de travail, — elle indique le salaire payé en atelier, en fabrique, pour une même besogne, elle indique enfin le prix de vente, en gros ou en détail, de l'objet exposé. Les Allemands sont bons organisateurs, bons démonstrateurs aussi, si j'ose dire : des guides de l'exposition sont placés là par les divers groupements qui l'ont organisée et répondent aux questions des visiteurs. De courtes brochures, éditées par les syndicats de chaque métier et gratuitement distribuées, systématisent les renseignements. Des photographies, enfin, montrent les intérieurs familiaux où le métier, l'établi ou la machine à coudre voisinent avec le fourneau et le lit, le galetas de la couturière berlinoise où les intérieurs du Harz, ateliers, chambres et cuisines tout à la fois, où toute la nombreuse famille, du plus petit au plus grand, travaille, travaille, travaille, sans répit, d'interminables heures.

La haute société berlinoise, les riches, les heureux, les gens de la cour, l'impératrice même sont venus voir cette exposition. Ils y ont appris la vie de ceux qui fabriquent des merveilles ; ils y ont appris aussi les dangers que cette exploitation honteuse du prolétariat leur faisait courir.

Il est inutile de nous étendre sur les prix payés ni sur les interminables journées de travail dont sont victimes les travailleurs à domicile, en Allemagne comme dans les autres pays. L'enquête faite par l'Office du Travail belge a révélé des faits identiques ; et celle que mène actuellement l'Office du Travail français, sur le travail à domicile à Paris, ne sera pas moins féconde en scandaleuses révélations.

Mais il importe de montrer à l'opinion, d'une manière tangible, l'horreur de ce genre de travail. Et c'est en cela que des expositions comme l'exposition de Berlin sont précieuses.

Les Anglais l'ont si bien compris que, suivant l'exemple donné, ils en ont organisé une. Mais il faut regretter qu'ici les Trade-Unionistes n'aient point pris cette initiative et qu'ils aient laissé ce soin au grand journal libéral-social le *Daily News*.

Souhaitons que, chez nous aussi, l'exemple soit suivi ; mais que les syndicats ne laissent pas accaparer l'idée par un *Malin* quelconque. Pour qu'un outil soit utile au prolétariat, il faut d'abord que ce soit lui qui le manie... Mais, de grâce, qu'il ne laisse point se rouiller ceux qu'il trouve.

La grève des mineurs américains.

Le premier lundi d'avril est entrée en vigueur la suspension générale du travail dans les charbonnages américains sur l'ordre du comité exécutif des mineurs d'Amérique, que préside le camarade Mitchell. Le compromis signé en 1903, à la suite d'un long conflit, arrivait à échéance. Les ouvriers avaient demandé aux compagnies l'abandon de la réduction de salaires de 5 0/0 environ opérée en 1903 ; les compagnies avaient refusé. Plus de 500.000 ouvriers cessèrent le travail dans les exploitations englobant quinze États ou territoires.

Au bout de trois semaines, il restait encore en ligne 300.000 grévistes. Des arrangements étaient en effet intervenus avec diverses compagnies qui s'étaient scindées en deux groupes. Les « opérateurs » (directeurs de compagnies) qui exploitent l'anthracite avaient résisté aux demandes de leur personnel, mais les opérateurs des mines de houille bitumineuses avaient cédé.

Mais, si c'est là la règle à peu près générale, il faut noter que les négociations ont été engagées d'une manière indépendante dans chaque compagnie. Les journaux américains se sont plu, d'ailleurs, à souligner l'habileté consommée du stratégiste habile qu'est Mitchell. Mitchell, en effet, sait user de l'existence des deux groupes et les opposer l'un à l'autre. Nous reviendrons dans notre prochain numéro sur l'issue du conflit. Les détails précis manquent encore.

Pour la journée de six heures.

Tandis que les travailleurs de l'Europe occidentale agissent pour conquérir la journée de huit heures, les travailleurs australiens qui, depuis longtemps, jouissent de cette réforme, songent à un nouveau progrès : la journée de six heures.

Les mineurs de la Sidney Harbour Colleries-Mine, à Balmain (Nouvelles-Galles du Sud), ont cessé le travail parce que les patrons refusaient d'accorder la journée de six heures. A Melbourne, dans le commerce, une propagande semblable a été inaugurée.

VARIÉTÉS

UN PLEUR SUR LE FER

Nous avons publié déjà deux poésies de Morris Rosenfeld, le poète du sweating-system. Qu'on nous permette d'en publier une troisième. A l'heure où, dans les divers États, on se préoccupe encore une fois du travail à domicile, à l'heure où les plus indifférents s'émeuvent du sort des malheureuses Jenny, tuées par les nuits sans sommeil, ou s'attendrissent sur l'enfance triste des petits qui fabriquent les jouets en Forêt-Noire, les strophes de Rosenfeld feront sentir tout le navrant désespoir qui accable les victimes des *sweaters*.

Hélas ! l'atelier est froid et sombre !
Je tiens le fer et, debout, je le presse.
Mon cœur est faible, je gémis et je tousse !
Ma poitrine souffrante se soulève avec peine.

Je gémis et je tousse, j'appuie le fer et je songe ;
— Mes yeux se mouillent, un pleur tombe ;
le fer est brûlant ; mon petit pleur
bout, bout et ne sèche pas.

Je ne me sens plus aucune force, ma vigueur est usée ;
le fer échappe à ma main ;
pourtant le pleur, le pleur muet,
le pleur, le pleur bout toujours et toujours.

Ma tête bourdonne, mon cœur se brise,
je demande avec détresse, avec anxiété :
« Dis-moi, ami de ma misère et de ma peine,
ô pleur, pourquoi ne sèches-tu pas ? »

« Peut-être es-tu l'avant-coureur
M'annonçant que d'autres te suivent.
Je voudrais bien le savoir, dis :
Quand finira la grande calamité ? »

J'aurais volontiers interrogé encore et encore
l'infatigable, la folle larme ;
mais alors est survenu un torrent
de pleurs, de pleurs sans nombre,
et j'ai aussitôt compris
combien est intarissable la source des pleurs.

Morris Rosenfeld.

Brochures Belges

Beaucoup de nos camarades nous demandent souvent des brochures. Nous leur indiquons chaque mois toutes celles dont nous apprenons l'apparition et qui nous semblent utiles, qu'elles nous soient ou non envoyées. Mais la liste est souvent bien mince : notre littérature syndicale n'est pas, en somme, très fournie.

Pour répondre au désir de quelques camarades, nous nous permettons de signaler dans la collection *Germinal*, publiée depuis deux ans par la société coopérative « Volksdrukkerij » de Gand (29, rue Hautport), les brochures suivantes qui concernent les questions syndicales :

Ire année, n° 8. — *La réduction des heures de travail et la journée de huit heures*, par E. Vinck.

I — n° 14. — *Le repos hebdomadaire*, par Jules Destrée.
II — n° 3. — *La loi belge sur les accidents du travail*, par J. Destrée.
II — n° 7. — *Les syndicats ouvriers en Angleterre*, par Ch. Rist.
II — n° 15. — *Histoire des syndicats des ouvriers bronziers en Belgique.*

Les abonnements à la collection *Germinal* coûtent 1 franc par an pour la Belgique, 2 francs pour l'étranger. Moyennant quoi, l'abonné reçoit une quinzaine de brochures par an.

Signalons également, à la coopérative gantoise, une brochure à un sou, simple, ardente et fort instructive, de Ferdinand Hardyns, sur les *Syndicats professionnels.*

Au Brésil

Le mouvement syndical n'est pas seulement né, mais il est notablement développé au Brésil. De nombreux groupes ont été nouvellement fondés. Toute politique électorale en est exclue. Leur programme contient communément les points suivants : amélioration des conditions de travail, relèvement des salaires, propagande éducatrice, émancipation de la classe ouvrière, création de secrétariats syndicaux permanents.

En République Argentine

Un de nos camarades, résidant en République Argentine, nous envoie sur le mouvement syndical à Santa-Fé et dans la République les curieux renseignements suivants :

Non seulement à Santa-Fé, mais dans toute la République, vous trouvez dans tous les ateliers, des ouvriers de toutes nationalités, et il est admirable de voir l'accord et l'entente qui régnent parmi eux. C'est justement ce qui fait leur force pour combattre le capitalisme.

Dans les Sociétés de résistance, les bureaux sont formés par des camarades de toutes nationalités qui laissent de côté tout préjugé patriotique. Nous sommes arrivés à obtenir ce que nos camarades de l'ancien monde n'ont pas encore : les huit heures.

Ici, à Santa-Fé, la Fédération peut être fière des résultats acquis, car presque tous les corps de métier adhérents ont obtenu ce qu'ils demandaient. Voici le nom des sociétés adhérentes à la Fédération ouvrière de Santa-Fé :

SOCIÉTÉS DE RÉSISTANCE

Ajusteurs et tourneurs sur métaux : 250 sociétaires. Secrétaire, Esposito (argentin).

Charpentiers : 200 sociétaires. Secrétaire, Cazeneuve (fils de français).
Fondeurs : 50 sociétaires. Secrétaire, Barbier (français).
Chaudronniers : 70 sociétaires. Secrétaire, Silva (italien).
Peintres : 50 sociétaires. Secrétaire, Dupuy (français).
Forgerons : 55 sociétaires. Secrétaire, Zamboni (italien).
Tailleurs : 70 sociétaires. Secrétaire, Literia (argentin).

Boulangers : 80 sociétaires. Secrétaire, Lagrecca (argentin).

Cuisiniers et garçons de café et d'hôtel : 90 sociétaires. Secrétaire, Fernando Toues (espagnol).

Selliers et bourreliers : 50 sociét. Secrétaire, François Moncamp (français).

Fabricants de voitures : 70 sociétaires. Secrétaire, Lagarrigue (français).

Garçons de magasins et employés : 150 sociétaires.

Travailleurs des tabacs : 110 sociétaires. Secrétaire, Souchez (argentin).

Travailleurs des tabacs de San-Justo : 40 soc. Secrétaire, Godoy, (argentin).

Fabricants de vermicelle : 50 sociétaires.

Divers corps de métiers réunis : 70 sociét. Secrétaire, Alvarez (argentin).

Cordonniers : 40 sociétaires.

Travailleurs du port de Santa-Fé : 200 sociétaires.

Travailleurs des égouts : 150 sociétaires. Secrétaire, Balbini (italien).

Déchargeurs du port Colastine (sud) : 500 soc. Secrét., Gonzalès (argentin).

Déchargeurs du port Colastine (nord) : 200 sociétaires.

Comme on le voit, à Santa-Fé, presque tous les corps de métier sont organisés en Sociétés de résistance qui adhèrent à la Fédération de Santa-Fé, laquelle adhère elle-même à la Fédération ouvrière régionale argentine à Buenos-Ayres. Cette dernière a pour mission de faire le plus de propagande possible pour former la grande Fédération internationale.

En plus de la Fédération, nous avons aussi l'Union générale des Travailleurs et la Confédération des Chemins de fer. Mais ces trois institutions marchent presque toujours d'accord dans les mouvements ouvriers : grèves, manifestations, boycottages, etc. Ce sont les boycottages qui ont donné le plus de résultats. Voici les grèves qui ont été déclarées depuis décembre 1905 :

Grève des déchargeurs du marché aux fruits du pays de Buenos-Ayres ; durée, 11 jours : triomphe complet.

Grève des charretiers ; durée, 6 jours : favorable aux ouvriers.

Grève des conducteurs de tramways électriques ; durée, 10 jours : arrangement et augmentation de salaire.

Grève des cochers de place (contre un arrêt de l'intendant municipal de Buenos-Ayres). Cette grève dure depuis deux mois, mais elle n'a lieu que les dimanches et jours fériés.

Grève des garçons de café de Santa-Fé ; durée, 28 jours. Cette grève a été perdue par nos camarades, et ceci par manque d'énergie et d'organisation. La Fédération n'a pas appuyé les garçons de café, attendu qu'ils avaient retiré leur adhésion. Après cet échec, ils sont d'ailleurs revenus se faire inscrire.

Les ouvriers et ouvrières de la manufacture de tabac (marque Calmena et marque l'Asturiane) sont en grève depuis 17 jours. Ces camarades méritent vraiment l'appui que leur prêtent tous les autres corps de métier et doivent servir d'exemple aux autres corporations. En octobre 1904, ils ont soutenu une grève de 35 jours et un boycottage, en même temps, contre la marque des cigarettes « la Colmera » sans une défaillance. Au bout de ce laps de temps, les patrons se sont inclinés devant les revendications justes de nos camarades et un arrangement a été pris. Les patrons ont été obligés de payer à cette société 500 piastres (ce qui équivaut à 1.132 francs) pour frais de boycottage. En ce moment, les ouvriers viennent de lancer un nouveau boycottage et sont décidés à ne revenir au travail qu'après une complète victoire.

La Fédération ouvrière de Santa-Fé vient de renouveler son comité administratif. Ont été nommés :

Zamboni, secrétaire général ; Lagrecca, secrétaire-adjoint ; Camille Passini, trésorier.

Ces camarades ont été nommés pour un an.

Le comité administratif précédent, composé de Genera, Berthoud, Durand, Moncamp, a refusé d'être renommé afin que tous les camarades puissent s'initier à l'administration de la Fédération.

Le Gérant : L. Gervaise

Imp. coopérative ouvrière
de Villeneuve-St-Georges (S.-et-O.)

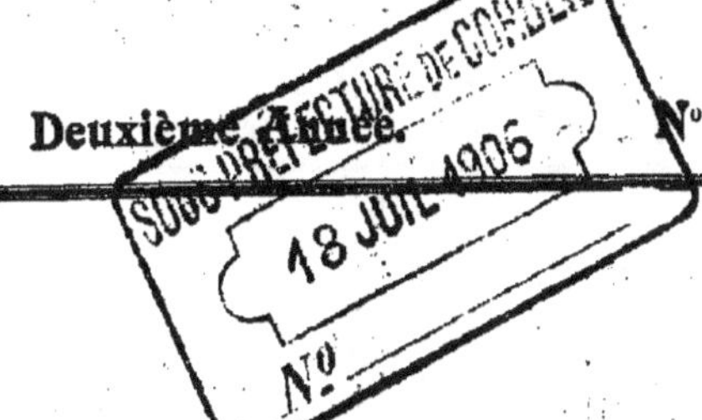

Deuxième Année.   N° 14.   Juin 1906.

VINGT CENTIMES

La Revue Syndicaliste

MENSUELLE

SOMMAIRE

Les Grèves de mai. — La Grève de la Mécanique (*Pierre Conpal*). - La Grève de la Voiture.

De la participation aux bénéfices. — Georges FRÉVILLE.

Le Mouvement en France. — Le Congrès de l'A. G. des Agents des Postes et Télégraphes (*Un délégué*). — La Fédération ouvrière des Teinturiers-dégraisseurs (*R. Montélimard*). — Les Résiniers des Landes (*Paul Arvei*).

Le Mouvement à l'étranger. — Les grands conflits. — Dans l'Internationale économique. — Le mouvement aux États-Unis.

Variétés. — La première idée des Bourses du Travail.

PARIS

PUBLICATIONS DE LA SOCIÉTÉ NOUVELLE DE LIBRAIRIE ET D'ÉDITION

(Anc¹ 17, rue Cujas)

ED. CORNÉLY et Cⁱᵉ, ÉDITEURS

101, RUE DE VAUGIRARD, 101

Paraissant le 15 de chaque mois.

France : Un an . . . . . . 2 fr. **40** | Étranger : Un an . . . . . . 3 fr.
  —   Six mois. . . . . . 1 fr. **20** | —   Six mois. . . . . 1 fr. **50**

Les abonnements partent de mai et de novembre.

Nous serons reconnaissants aux camarades de nous envoyer le montant de leurs abonnements par mandat-poste, pour éviter les frais de recouvrement.

Prière d'adresser tout ce qui concerne la rédaction ou l'administration au camarade Albert Thomas, administrateur-délégué de la *Revue Syndicaliste*, 101, rue de Vaugirard, Paris.

Administration

Nous ne sommes pas encore sortis des ennuis où nous a plongés la grève des typographes, coïncidant avec le renouvellement du plus grand nombre de nos abonnements. La grève de Lille a duré jusqu'au 23 juin : c'est dans quelques jours seulement que nos abonnés de l'année dernière recevront le numéro d'avril contenant la table des matières de nos douze premiers numéros.

Le présent numéro, celui de juin, est lui-même fort en retard. Nous ferons tout le possible pour que juillet paraisse à sa date, et pour que les relations régulières des éditeurs et des lecteurs se trouvent rétablies.

Mais nous ne nous lasserons pas de demander à nos abonnés de nous aider dans nos efforts. Le moment n'est guère favorable aux publications syndicalistes. Nous n'avons pas reçu *une* lettre de lecteur nous disant qu'il se désabonne, parce que notre Revue ne lui plaît pas ou parce qu'elle l'a déçu. Mais, par contre, plusieurs de nos camarades et assez nombreux, des typographes, des mécaniciens, des ouvriers du bois, tous appartenant à des corporations ou à des groupements où les luttes récentes ont été vives, nous écrivent qu'ils ne peuvent point renouveler tout de suite leur abonnement, qu'ils sont sans place, qu'ils doivent attendre des jours meilleurs.

Nous prions donc encore une fois tous nos abonnés de vouloir bien nous chercher des abonnés nouveaux. Nous avons à notre disposition de nombreux bulletins d'abonnement : qu'ils nous en demandent. S'ils pensent que tel article peut intéresser tel ou tel groupement, qu'ils nous en donnent l'adresse : nous enverrons des spécimens. Qu'ils nous indiquent les camarades susceptibles de nous faire de la propagande. Nous leur écrirons; nous nous entendrons avec eux. Nous tapons toujours sur le même clou, c'est vrai, mais le bois où nous tentons de l'enfoncer est décidément bien dur et bien noueux.

Deuxième Année. N° 14. Juin 1906.

La Revue Syndicaliste

ABONNEMENT	Paraissant	ABONNEMENT
❦	le 15 de chaque mois.	❦
Un an.......... 2 fr. 40	Le numéro : 0 fr. 20	Un an.......... 2 fr. 40
Six mois....... 1 fr. 20		Six mois....... 1 fr. 20

LES GRÈVES DE MAI

Nous l'indiquions dans notre dernier numéro : dès que furent franchies les heures troubles de la fin d'avril, dès que la lucidité des masses ouvrières eût déjoué l'intrigue gouvernementale, dans un grand nombre de corporations, un vaste mouvement se produisit pour la réduction des heures de travail. Les énergies accumulées depuis des mois de propagande et d'organisation se déployèrent. Étaient-elles suffisantes ? Furent-elles bien employées ? C'est ce que nous avons demandé aux camarades de diverses corporations de bien vouloir dire. Nous commençons aujourd'hui par un article de Coupat et quelques notes sur le mouvement de la voiture. Nous continuerons en juillet par d'autres articles, au fur et à mesure que toutes les luttes seront terminées.

Les Grèves de la Mécanique

Ces grèves sont à peine terminées : il manque un peu de recul pour en examiner très objectivement les résultats. En ce qui concerne notre organisation, trois villes seulement, Paris, Lunéville et Saint-Etienne, prirent part au mouvement du 1er mai tendant à réduire les heures de travail — nous disons *réduire*, car à l'exception d'un ou deux ateliers qui réclamaient la journée de huit heures, les 25.000 grévistes parisiens et stéphanois bornèrent leurs revendications à la semaine de 54 ou 55 heures, dite anglaise, c'est-à-dire que la réduction des heures de travail, sans diminution de salaire, devait porter surtout sur le repos de l'après-midi du samedi. Ce repos permet à l'ouvrier de faire ses achats dans les grands magasins, le samedi ; il assure ainsi son repos complet le dimanche, et, par répercussion, celui des employés de commerce.

La nouvelle plate-forme de revendications des ouvriers mécaniciens, — la semaine anglaise — rapidement substituée en plein mouvement à la journée de huit heures, prit quelques gros patrons au dépourvu. Certains d'entre eux accueillirent favorablement les délégations de leur personnel et accordèrent immédiatement satisfaction. Trente-trois chefs d'entreprises mécaniques, occupant environ 6.000 ouvriers, agirent ainsi. Bien d'autres auraient cédé, s'ils n'avaient obéi aux suggestions de M. de Dion, particulièrement connu pour son hostilité à toute réduction du temps de travail, comme à toute revendication ouvrière, quelle qu'elle soit. Ce marquis voulait, à tout prix, rester maître dans ses ateliers et ne connaître que sa volonté pour loi ou règlement. La faute essentielle commise par les grévistes parisiens, fut d'engager le personnel de Dion-Bouton à faire cause commune avec le reste de la corporation. Si cet industriel n'avait eu aucun prétexte pour faire lock-out, il se fut très probablement désintéressé, dans son égoïsme et sa fatuité, des grèves qu'avaient à soutenir ses confrères. Et il se peut qu'alors nous eussions pu nous aboucher avec les représentants du patronat de la mécanique et discuter de nos revendications. Il n'en fut pas ainsi, malheureusement, mais ce ne fut là qu'une cause secondaire de l'échec de notre grève parisienne.

La principale cause fut certainement la faible proportion de syndiqués parmi les grévistes : la plupart d'entre eux n'avaient jamais vu les ouvriers réunis autrement qu'à l'atelier et obéissant à leurs chefs. Ces grévistes s'imaginaient que les syndicats leur viendraient régulièrement en aide, bien qu'ils n'aient jamais contribué par leurs cotisations à l'organisation d'une caisse de résistance. Aussi, dès la troisième semaine de grève, constations-nous une sensible reprise du travail, et peut-être eût-il été prudent alors de noter purement et simplement la cessation de la grève. Cela aurait évité en partie les coupes sombres auxquelles se sont livrés les patrons. Car les ouvriers qui se présentaient les derniers étaient les victimes désignées de cette grève.

Non contents de frapper ainsi plusieurs centaines d'ouvriers, les patrons organisèrent un système de renseignements, de fiches, destiné à empêcher leur embauchage. Un constructeur d'automobile, qui fut quelques jours seulement candidat *radical-socialiste* dans un département du Sud-Est, eut même le cynisme de déclarer à un de ses anciens ouvriers, gréviste, que « s'il voulait travailler pour vivre, il lui faudrait abandonner sa profession de mécanicien ». Les fiches dont se plaignirent naguère certains officiers retardèrent peut-être momentanément leur avancement : celles des patrons mécaniciens de la Seine condamnent les ouvriers visés à la misère noire.

A l'heure où paraissent ces lignes, plusieurs centaines d'anciens grévistes parcourent les rues de Paris et les différentes communes du département de la Seine pour chercher du travail, et ils n'en trouvent point, malgré son abondance. Un constructeur d'automobiles de Puteaux, M. Charron, a eu même la cruelle ironie, après la cessation de la grève, d'exiger douze heures de travail de son personnel.

A l'exception des trente-trois ateliers où les mécaniciens ont obtenu la semaine de cinquante-cinq heures, la situation, comme après tous les échecs, est bien plus tendue. Des règlements draconiens sont substitués aux anciens ; la huitaine de délai-congé est supprimée. Il n'est pas de vexations que n'aient imaginées les auteurs du nouveau règlement-type, imposé dans un grand nombre d'ateliers d'automobiles et de mécanique, et que sont contraints de signer les ouvriers qui veulent être embauchés.

*
* *

A Lunéville, les ouvriers des ateliers de construction d'automobiles Dietrich firent plutôt grève par solidarité, afin de soutenir leurs camarades des ateliers de wagons, dont certains avaient été spoliés du *boni* de leur travail aux pièces. Cependant, un tarif avait été établi lors d'une des précédentes grèves : celle-ci était en effet la troisième dans une période de deux années.

Les syndicats auraient dû, à ce moment, conseiller aux intéressés de soumettre le règlement de leurs travaux au Conseil des prud'hommes. Le Conseil ne pouvait que leur donner raison, attendu que les tarifs étaient affichés dans les ateliers et déposés à la sous-préfecture, ainsi que le *contrat général* qui avait été adopté dans l'avant-dernière grève.

Les ouvriers de Lunéville, grisés par leurs précédents succès, crurent qu'ils n'avaient qu'à faire grève une fois de plus — et ce fut là leur erreur, — pour faire céder leurs patrons. Ils avaient, dans l'intervalle de la première et de la deuxième grève, négligé l'organisation syndicale ; les réunions, dont on abuse trop quelquefois, étaient moins suivies. C'était là des indications précieuses pour la direction Dietrich qui provoqua habilement les ouvriers, sachant bien que le flottement constaté dans leurs rangs les empêcherait de résister longtemps pour conserver les améliorations acquises antérieurement. Après quelques jours de grève, les ouvriers reprenaient le travail en signant au préalable un engagement qui les privait de toutes leurs conquêtes acquises de haute lutte et par de longues privations.

La direction Dietrich se refusa à reprendre plus de 200 ouvriers qui, tous, durent quitter Lunéville. Enfin, MM. les barons Turquem, administrateurs de cette société, ont essayé d'organiser un syndicat jaune, mais qui n'a reçu, nous assure-t-on, qu'un nombre restreint d'adhérents. Après avoir frappé de renvoi tous les organisateurs du syndicat, depuis quatre ans environ, ces messieurs ont compris que leurs ouvriers ne resteront plus isolés : usant de ruse et cherchant à donner le change sur leurs *mauvaises intentions*, ils exigeraient maintenant que le syndicat fût obligatoire, mais à condition de le diriger eux-mêmes. Combien de leçons semblables les ouvriers devront-ils recevoir pour comprendre qu'ils doivent faire leurs affaires eux-mêmes et ne jamais se désintéresser de l'administration des syndicats exclusivement ouvriers ?

* *

Dès que les ouvriers de la construction du cycle et de l'automobile de St-Etienne connurent les résultats, obtenus dans quelques établissements, à la suite de la grève parisienne de la mécanique, ils présentèrent à leur tour les mêmes revendications. Leurs patrons, moins hautains que ceux de Paris, discutèrent, employant, il est vrai, tous les moyens dilatoires pour faire échouer le mouvement qui se dessinait. Ils s'offraient, en particulier, à organiser un referendum. L'idée fut réalisée par les ouvriers : sur 1.583 votants, une majorité de 180 voix se prononça pour la grève qui commença le 21 mai. Malheureusement, les ouvriers de l'atelier le plus important, l'*Auto-Molo*, reprenaient le travail le 30. Néanmoins, plus de 1.200 grévistes continuaient la lutte et, à la date du 10 juin, une transaction intervenait dans trois ateliers, occupant 800 ouvriers. Aux termes de la convention adoptée entre les ouvriers et les trois chefs d'établissements : 1º la journée était fixée à 10 heures jusqu'à fin juin avec majoration de 25 p. 100 pour les heures supplémentaires ; 2º à dater du 1er juillet, la journée de 9 heures 1/2 sera payée au prix de celle de 10 heures ; 3º à partir du 1er janvier 1907, la journée de 9 heures sera payée au prix de celle de 10 ; 4º à partir de la même date, les heures supplémentaires, c'est-à-dire celles faites en plus de 9 heures, seront payées avec majoration de 25 p. 100 en plus ; 5º la majoration se rattachant aux travaux aux pièces sera proportionnée à celle dont bénéficient ceux travaillant à la journée.

Un tiers des ouvriers du cycle et de l'automobile bénéficieront à Saint-Etienne d'une réduction du temps de travail. C'est le meilleur résultat que nous connaissions dans notre corporation.

* *

Il est encore trop tôt pour dégager la leçon que comportent ces mouvements, attendu que la grève n'est pas complètement terminée.

Cependant, nous pouvons dire dès maintenant qu'il est démontré que la spontanéité, l'élan d'un mouvement ne suffisent pas pour faire aboutir des revendications quelconques. La caractéristique des mouvements spontanés, c'est d'entraîner des masses sans cohésion. Le moindre incident les émeut et permet aux moins résolus de se détacher des combattants. Combien sont supérieurs, même en France, les résultats obtenus par les typographes, sérieusement groupés et encadrés dans leur Fédération ? Ils ne se sont pas posé, dès la première semaine, le problème de la recherche des subsides pour soutenir leurs grévistes, voire même les non-syndiqués. Ils étaient prêts à affronter une grève qui dure encore à Paris.

Dans la mécanique, au contraire, nous avions une faible proportion de syndiqués et, en face de nous, des patrons sérieusement organisés, faisant abstraction de leurs opinions monarchistes ou républicaines pour opposer, *sans discussion*, une fin de non-recevoir à toutes les revendications de leurs ouvriers et pour les obliger à réintégrer les ateliers sous leurs conditions.

Puisse cette dure leçon nous servir et nous apprendre qu'on ne fait rien, qu'on n'obtient rien sans sacrifices préalables, c'est-à-dire sans de fortes cotisations dans les syndicats, sans une assiduité de tous les instants aux assemblées délibérantes.

Il faut que tous les ouvriers sachent que s'ils veulent faire respecter leurs droits, ils doivent s'imposer des devoirs et strictement les remplir : sinon ils n'auront même pas le droit de se plaindre.

Pierre Coupat.

La Grève de la Voiture

Les corporations dans lesquelles le mouvement a été le plus général au 1er mai, et basé uniquement sur la décision du Congrès de Bourges, sont certes celles qui touchent à l'industrie de la carrosserie, dans toutes ses spécialités.

Forgerons et ferreurs en voiture, menuisiers, charrons, selliers, peintres en voiture, ont été, à un moment donné, plus de 20.000 en grève sur la place de Paris.

Et cette grève était une grève de principe s'il en fut jamais une !

Tous nos camarades se rappellent le magnifique mouvement qui, l'année dernière, avaient abouti, dans la voiture, à des avantages professionnels considérables : la grève des ferreurs d'abord, puis celle de la maison Védrine, puis la cessation de travail dans toutes les petites et grandes carrosseries de la capitale, enfin la révolte unanime de tous ces travailleurs contre le système du marchandage, qui atteignait dans leur profession son maximum d'iniquité.

. Après une grève de sept semaines, le marchandage était supprimé et remplacé partout par ce merveilleux outil d'émancipation : la commandite. Les heures supplémentaires supprimées radicalement, la journée ramenée à un maximum de dix heures, avaient abouti à la disparition presque absolue, l'hiver dernier, d'un chômage intensif, jusqu'alors chronique dans la voiture.

Les camarades se crurent assez forts pour tenter, le 1er mai, un mouvement général en faveur des huit heures.

Malgré, il faut le dire, l'opposition d'un grand nombre de militants, notamment de ceux qui, l'année dernière, avaient dirigé le mouvement, la grève fut proclamée à l'assemblée générale du 29 avril.

La section syndicale de Puteaux-Courbevoie et les militants du comité de grève de 1905, désireux d'unifier l'action de la voiture et celle de la mécanique, avaient vainement demandé qu'on s'en tînt à la revendication des 54 heures : il fut décidé de prendre les 8 heures comme base du mouvement.

Cette divergence de vues causa une certaine hésitation qui empêcha la généralisation de la grève dès le 1er mai.

C'est, en réalité, l'attitude imbécile et provocatrice du gouvernement et de la police, la mise des centres industriels en état de siège qui fut cause de la généralisation progressive du mouvement qui atteignait le 7 mai toute son intensité.

Malheureusement, il était voué à un échec. C'est sans entrain que la plupart des intéressés, encore fatigués par la grève de 1905, avaient quitté les ateliers.

D'autre part, les esprits avisés et si remarquables qui avaient conduit le précédent mouvement à la victoire, les Poncet, les Moreau, les Dherbécourt, étaient, par suite de circonstances spéciales, écartés de la direction de celui-ci. Le dévoué Marius Frontier, secrétaire de l'*Union de la Voiture*, qui avait tant contribué au succès l'année dernière, s'était exilé en Belgique à la suite de sa condamnation pour l'affiche antimilitariste.

Peu à peu, surtout après l'échec du mouvement de la mécanique, les rentrées s'effectuèrent et il ne resta dehors que les principaux militants que le patronat n'avait pu frapper en 1905 et sur lesquels il se venge aujourd'hui.

L'heure est critique pour les travailleurs de la voiture : le patronat vainqueur est de plus en plus arrogant et il prétend annuler la convention de 1905 qu'il accuse les ouvriers d'avoir rompue. Il a réussi à dissoudre les Conseils d'ateliers et, dans quelques usines, à reprendre la pratique des heures supplémentaires ! Malgré tout, il a encore à compter avec une force syndicale puissante qu'il serait périlleux pour lui de pousser à bout.

Dans tous les cas, par un système de fiches savamment combiné, il prétend réduire par la famine les militants qui ont eu le courage de lui résister.

Nous avons eu entre les mains des certificats émanant de grosses carrosseries, portant des marques significatives équivalant pour le porteur à la mise à l'index immédiate.

La maison Védrine, dont Parisot et Voilin portèrent, l'année dernière, les exploits à la tribune du Conseil général, est particulièrement cynique.

Il nous est tombé, par hasard, entre les mains une demande de renseignements qu'elle adresse à une autre carrosserie, au sujet d'un militant. En voici le texte intégral :

CARROSSERIE DE LUXE
AUTOMOBILE
A. VÉDRINE ET Cie
7, quai de Seine

Courbevoie, le

Monsieur,

Nous vous serions reconnaissants de bien vouloir nous donner quelques renseignements sur M.   qui nous dit avoir travaillé dans vos ateliers en qualité de   du   au   .

Vous pouvez être assuré que les renseignements que vous voudrez bien nous donner seront considérés comme absolument confidentiels et que, dans un cas semblable, nous nous mettrons à votre entière disposition pour vous rendre le même service.

Avec nos remerciements, veuillez agréer, Monsieur, nos salutations distinguées.

A. VÉDRINE ET Cie.

Veuillez avoir l'amabilité de nous indiquer le salaire à l'heure qu'il recevait.

DE LA PARTICIPATION AUX BÉNÉFICES

A peine les radicaux et radicaux-socialistes commencent-ils à préciser quelques points de leur programme de législation sociale, qu'aussitôt s'accentuent les différences fondamentales de point de vue qui les séparent des socialistes et des syndicalistes, et que déjà on peut leur retourner la qualification d'utopistes, dont ils gratifient si généreusement leurs adversaires de gauche.

Les événements de Courrières, la révélation des bénéfices scandaleux des grandes compagnies minières, le récent mouvement gréviste ne paraissent leur avoir inspiré qu'un vague désir de paix sociale. Pour calmer une agitation qui a sa source dans les conditions essentielles de notre organisation économique, ils ont demandé aux partis rétrogrades la plus utopique de leurs conceptions sociales, cette participation aux bénéfices qui, si souvent expérimentée par des patrons philanthropes, n'a jamais donné de résultats appréciables.

On peut s'étonner de voir des esprits avertis qui acceptent, presque avec enthousiasme, le projet de M. Barthou, introduisant la participation aux bénéfices dans les concessions minières futures, ou qui prennent au sérieux les projets patronaux dans lesquels se combinent la participation aux bénéfices et une savante organisation du lock-out.

**

La participation aux bénéfices est une utopie bourgeoise, car il y a des utopies bourgeoises. Elle est aussi obscure, inintelligible et impraticable que les plus fantaisistes descriptions de l'an 2000.

La notion de bénéfices est loin d'être claire. On entend couramment par bénéfices ce qui reste au propriétaire après qu'ont été effectués tous les prélèvements nécessaires à la marche de son entreprise. Mais on est loin d'être d'accord sur la nature et la quantité de ces prélèvements. Tel industriel fera entrer dans ses frais généraux une somme assez forte représentant la rémunération de son travail de direction; il y ajoutera l'intérêt des capitaux qu'il a engagés, puis il pourra estimer utile de constituer une très forte réserve. Et en dosant savamment tous ces prélèvements, on arrivera à réduire singulièrement le bénéfice. La notion de bénéfices n'a pas d'existence propre, elle est relative à certaines formes de comptabilité et varie avec elles.

Dès lors, voudrait-on instituer sérieusement une participation des ouvriers aux bénéfices de l'entreprise, qu'il faudrait fixer ces bénéfices, habiles à se dissimuler, en imposant aux industriels une forme réglementaire de comptabilité qui serait soumise à une publicité et à un contrôle qui feraient crier au socialisme d'État. Il est fort douteux que nos réformateurs soient prêts à suivre aussi loin les conséquences de leur principe. La solution admise par les patrons philantropes qui pratiquent la participation aux bénéfices leur agréerait davantage. Les ouvriers ne doivent exercer aucun contrôle sur la comptabilité et s'en rapportent purement et simplement aux déclarations brèves d'un comptable assermenté qui, en distribuant les parts de bénéfices, certifie que la répartition s'est faite régulièrement.

La participation aux bénéfices n'est pas seulement un trompe-l'œil, elle est souvent injuste. Y a-t-il quelque rapport entre le travail des ouvriers et les bénéfices d'une entreprise? La prospérité d'une entreprise dépend de causes économiques générales, d'une direction plus ou moins habile, des aptitudes commerciales des administrateurs. Le travail est-il moins pénible et moins actif dans les entreprises chancelantes que dans les entreprises prospères? Le gain des travailleurs, dans un système de participation aux bénéfices, devient, en partie, aléatoire; il est subordonné à la chance qu'ils ont de tomber sur une entreprise plus ou moins florissante. Il est vrai que les plus avancés des théoriciens de la participation croient atténuer cet inconvénient en admettant, pour une part, les ouvriers à la direction de l'usine. Le patron y consentirait-il que la situation ne serait pas changée sensiblement. Dans notre régime de division du travail, de spécialisation des fonctions, trouverait-on, parmi les producteurs spécialisés des aptitudes commerciales et financières nécessaires pour diriger de grandes entreprises? N'irait-on pas aussi contre certaines tendances de notre activité économique qui paraissent révéler que la direction de l'industrie prend un caractère social? Dans un moment où, sous la poussée des idées démocratiques, on semblerait devoir affranchir le consommateur de la tyrannie du producteur, où l'on voudrait orienter la production sociale dans le sens de l'intérêt du plus grand nombre, ne serait-il pas d'un esprit rétrograde de s'efforcer de créer une multitude de petits patrons, âpres à poursuivre leurs intérêts individuels?

Et en multipliant les détenteurs d'une illusion de puissance patronale, on n'aurait même pas la satisfaction de faire régner « la paix sociale ». En supposant que les ouvriers oublient leurs intérêts de salariés, qu'ils fassent taire leurs revendications, absorbés par l'espérance du beau dividende de fin d'année, et qu'ils acquièrent la mentalité du parfait actionnaire, du capitaliste à l'affût de beaux bénéfices, croit-on que la paix va régner à l'usine? Les ouvriers ne se plaindront plus des bas salaires ou des longues journées de travail, mais leur mécontentement sera-t-il moins vif, les années de faibles dividendes, qu'il ne l'est aujourd'hui, lors d'une baisse de salaires. Ils accuseront les directeurs de mauvaise gestion ou de déloyauté avec autant de vigueur qu'ils les accusent aujourd'hui de rapacité. Admettront-ils, dans une année de prospérité, qu'on diminue les bénéfices en vue de constituer des réserves qui permettront de développer l'entreprise? Eux qui vivent au jour le jour, qui ne possèdent que leur force de travail, accepteront-ils les sacrifices qu'exigent les entreprises à longue échéance? Voudront-ils sacrifier le présent qui absorbe tout leur effort et toute leur attention à un avenir rempli d'aléas? Ne soupçonne-t-on pas les conflits qu'engendrerait le désir de grands bénéfices? Les luttes que suscite la poursuite de l'intérêt individuel ne diminueraient pas le jour où tous les travailleurs seraient capitalistes. Elles se transformeraient et se compliqueraient.

⁎

Les radicaux reprochent souvent aux socialistes de ne pas préciser leurs idées, de ne pas donner à leur politique un caractère pratique, ou, lorsqu'ils passent aux réalisations, de se borner à suivre servilement le programme radical. Il suffit de rappeler l'attitude des socialistes dans cette question de la participation aux bénéfices pour mettre en évidence la fausseté de cette critique.

Les socialistes repoussent la participation aux bénéfices parce qu'elle maintient et cherche à consolider le régime du patronat, parce qu'elle consacre le principe de l'appropriation individuelle d'une part de la richesse sociale, qu'elle ne change pas l'orientation de la production et répand, dans les masses productives, le sentiment de l'intérêt personnel.

Dans un régime socialiste, chaque travailleur aurait la vie assurée, il recevrait une juste rémunération et serait garanti contre les risques qui le menaceraient; mais il ne saurait prétendre accaparer une part de la richesse sociale, c'est-à-dire réaliser un *bénéfice* aux dépens de la collectivité. Dans une organisation sociale des forces de production, les différentes industries, se soutenant mutuellement, seraient soumises en définitive aux consommateurs qui seraient appelés à recueillir, sous forme d'amélioration de leur bien-être, *le bénéfice général* d'une organisation plus rationnelle.

Sans parler des lois qui tendent à organiser la production sociale, toute notre législation ouvrière, tous les projets socialistes sont conçus dans cet esprit. Assurer au travailleur plus de sécurité, plus de bien-être, un salaire suffisant pour vivre, tel est le sens de nos lois d'hygiène industrielle, des lois réduisant la journée de travail, des lois et projets d'assurance sociale contre tous les risques qui menacent la force de travail des ouvriers. Du même esprit s'inspirent les décrets du 10 août 1899 relatifs aux conditions du travail des ouvriers dans les entreprises concédées par l'État, les départements et les communes, les propositions de loi sur le salaire minimum, les tentatives pour faire fixer le taux des salaires par régions, à l'aide de conseils de travail, ou par professions, à l'aide de conventions syndicales.

Peut-être M. Barthou, dans son projet de refonte de la loi sur les mines pourrait-il s'inspirer plutôt de ces tendances. Il ne s'agit plus de donner aux travailleurs une part des bénéfices. On s'efforce de leur assurer plus de bien-être et de sécurité, et cela, il faut le dire, aux dépens des bénéfices patronaux. La législation démocratique du travail, telle que la conçoivent les socialistes, doit rester indifférente aux considérations de bénéfices. Elle n'est pas un palliatif aux misères des travailleurs, mais une préparation d'un régime où la production sociale sera dirigée dans l'intérêt du plus grand nombre.

Il semble bien que toute cette législation qui tend à l'établissement d'un salaire minimum élevé et intangible soit susceptible de satisfaire les revendications des travailleurs. Ils n'attachent pas une grande importance à la participation directe aux bénéfices de l'entreprise. S'ils parlent souvent de ces bénéfices, c'est pour opposer l'élévation de leur taux à la modicité de leurs salaires. Ils cherchent ainsi à démontrer que leur patron, en leur accordant une rémunération plus élevée, ne courrait pas à sa ruine. Mais leur revendication essentielle est l'augmentation de salaire. C'est parce qu'ils veulent être assurés d'un salaire minimum qu'ils s'opposent au travail aux pièces, qu'ils n'acceptent pas volontiers dans les mines l'échelle mobile qui fait varier le taux du salaire avec le prix du charbon, que, dans les conflits relatifs à la réduction de la journée de travail, ils veulent rendre la rémunération du travail indépendante de sa durée. Ils veulent avoir la vie largement assurée et il ne leur convient pas de voir leur salaire varier au gré de circonstances dont la plupart leur sont étrangères. Et ils demandent que, grâce à un système d'assurances sociales, ce minimum d'existence leur soit garanti toutes les fois qu'une cause fortuite les prive de ce salaire quotidien.

Telles paraissent être les aspirations des ouvriers de la grande industrie. Les socialistes les reflètent très exactement dans leurs projets législatifs. Il est vrai que MM. Sarrien, Barthou, Maujan, Biétry, Mildé peuvent invoquer en faveur de leurs projets la haute opinion de Napoléon III qui, en 1849, préconisait en ces termes la participation aux bénéfices : « Ne faisons pas « naître de vaines espérances, mais tâchons d'accomplir toutes celles qu'il « est raisonnable d'accepter : manifestons par nos actes une constante sollicitude pour les intérêts du peuple ; réalisons, au profit de ceux qui travaillent, le vœu philantropique d'une part meilleure dans les bénéfices et « d'un avenir plus assuré ».   Georges FRÉVILLE.

LE MOUVEMENT EN FRANCE

LE CONGRÈS DE L'ASSOCIATION GÉNÉRALE
DES AGENTS DES POSTES ET TÉLÉGRAPHES

Cette année, le Congrès de l'Association générale des agents des Postes, qui s'est tenu à Paris les 7, 8 et 9 juin, a présenté un intérêt considérable. De nombreuses questions étaient à l'ordre du jour; mais celle de la transformation de l'Association en syndicat les dominait toutes.

Pendant les deux premières journées les délégués s'occupèrent de l'avancement, des retraites, des remises, des feuilles signalétiques, du repos hebdomadaire, de l'hygiène des bureaux, etc. La dernière journée fut entièrement consacrée à la question syndicale, posée depuis le jour où M. Rouvier fit, à la tribune de la Chambre, les fameuses déclarations concernant les groupements professionnels des salariés de l'État.

En commission, la discussion fut très vive entre les délégués partisans d'attendre le bon vouloir des pouvoirs publics et ceux qui voulaient la transformation immédiate de l'Association en syndicat, sans l'apostille officielle. Il faut dire que les premiers représentaient la majorité.

En séance plénière, les débats prirent une belle ampleur. Le rapporteur de la majorité vint, il est vrai, apporter en faveur de sa thèse, des arguments qui n'étaient certainement pas ceux d'un syndicaliste bien fervent. Ce délégué ne peut admettre que l'on s'insurge contre la loi, que l'on viole la loi. Pourtant, il devrait savoir que les syndicats ouvriers ne s'embarrassent pas de la légalité bourgeoise et que le droit ouvrier est la négation constante du droit patronal.

Le rapporteur de la minorité n'eut pas de peine à montrer que ce respect de la légalité n'était nullement justifié. « Le gouvernement, dit-il, est l'adversaire du syndicat intégral et ne veut, en fusionnant les lois de 1884 et de 1901, nous donner qu'un syndicat bâtard. On veut que nous restions hors du droit commun. Des syndicalistes conscients ne peuvent accepter cela. Si nous voulons jouir des prérogatives, des libertés que les salariés de l'industrie privée ont conquises, si nous voulons le syndicat intégral, prenons-le ! »

D'autres orateurs de la minorité firent une critique véhémente et parfaitement fondée des tendances qui se sont manifestées jusqu'ici dans l'Association générale. Pour eux, le syndicat donnera plus de liberté d'action. Mais le droit ne réside pas dans les textes législatifs, il est dans les aspirations, dans les énergies, dans les volontés, dans les consciences des adhérents. Le droit doit s'incorporer à l'individu; il doit pénétrer la personnalité tout entière. Le droit ne saurait être dispensé par une puissance extérieure, par un parti politique quelconque. Le droit ne se donne pas : on le conquiert.

Or, pour conquérir un droit, il faut en avoir, avant tout, une claire conscience, une parfaite représentation ; il faut ensuite constituer des moyens d'action capables de le faire triompher.

Telle fut la thèse développée par les orateurs de la minorité. Ils montrèrent que, jusqu'ici, les questions d'ordre matériel, seuls, avaient intéressé les adhérents capables de créer une agitation sérieuse pour enrayer le surmenage, pour faire respecter les règles de l'avancement, capables d'exercer, lorsqu'il s'agit de sauvegarder leurs intérêts pécuniaires, une pression directe et puissante sur les pouvoirs publics, mais incapables de revendiquer la liberté de conscience, la liberté d'opinion et de protester contre les passe-droits et les dénis de justice, si nombreux dans l'administration des Postes.

Ils déclarèrent que les questions de dignité, de liberté morale, d'indépendance, les préoccupaient avant tout, et que le but du syndicat devait être de soustraire les adhérents à l'arbitraire de l'État, omnipotent et autoritaire, au despotisme de l'État qui s'arroge des droits personnels sur les salariés qu'il emploie.

Nous voulons, affirmèrent-ils, être traités comme des salariés ordinaires; nous voulons nous dépouiller de la livrée officielle; nous ne voulons plus appartenir corps et âme à l'État; nous voulons être considérés comme des producteurs libres, comme des citoyens libres et non plus comme des représentants, comme des délégués directs de l'État-pouvoir, de l'État de classe, ennemi-né de toutes les organisations ouvrières.

Afin de résister à l'arbitraire de cet **État de classe,** afin d'entrer en lutte avec les forces formidables qui asservissent tous les producteurs, ils préconisèrent la fusion intime de tous les groupements de travailleurs des Postes et l'adhésion de ce syndicat unique à la **Confédération générale du Travail.**

Pour la première fois, on peut dire, les agents des Postes prirent conscience de leur état de subordination au regard des pouvoirs publics et de leur solidarité avec la classe ouvrière, car, il faut le dire, le programme tracé par la minorité fut, ainsi que l'affirme un journal professionnel, ratifié par l'unanimité des délégués présents. « Cette approbation sans réserve de l'orientation de notre groupement, dit le *Professionnel des Postes* donnera plus de forces encore à ceux qui mènent le bon combat, et montrera aux dirigeants qu'ils ne sont pas en face de quelques énergumènes, mais bien de tous les salariés de l'État, sans exception. » La minorité n'a pas eu gain de de cause en ce qui concerne la transformation immédiate de l'Association générale en syndicat, mais elle a révélé aux délégués, un idéal nouveau : elle leur a donné conscience de la réalité et du but qu'ils doivent poursuivre clairement, elle a affirmé un droit nouveau. C'est pourquoi le Congrès a pris tant d'importance. — *Un délégué au Congrès de l'A. G. des Agents des Postes.*

LA FÉDÉRATION OUVRIÈRE DES TEINTURIERS-DÉGRAISSEURS.

La Fédération ouvrière de l'industrie de la Teinture, apprêts et similaires, s'est transformée dernièrement en Fédération de métier, groupant exclusivement des teinturiers-dégraisseurs.

Cette transformation s'est faite à la suite de la démission de plusieurs syndicats de teinturiers en fibre textile, qui préfèrent se rattacher à la Fédération du textile.

Les camarades de ces syndicats nous ont fait remarquer que, dans le Nord surtout, les ateliers de teinture sont la plupart du temps dans les mêmes bâtiments que les ateliers de tissage, qu'ils sont au compte du même patron, que l'arrêt de travail des uns occasionne aussitôt l'arrêt des autres et qu'il est donc logique qu'ils soient tous groupés ensemble.

La corporation des teinturiers-dégraisseurs, au contraire, est un des rares métiers ayant une autonomie corporative complète. On sait que ce métier consiste dans la teinture, le nettoyage et l'apprêt des vêtements confectionnés, depuis le paletot jusqu'à la robe de soirée. Quoique la similitude du titre paraisse la même, ce métier est complètement à part des autres spécialités de la teinture, et c'était afin d'avoir plus de force (vu le petit nombre des membres de notre corporation), que nous avions invité nos camarades teinturiers à se grouper avec nous. La majorité de ceux-ci s'y refusant, nous aurions eu tort de vouloir continuer à représenter une industrie au nom d'une minorité des ouvriers organisés y appartenant. Aussi, d'accord avec nos camarades de Paris, Bordeaux, Toulouse, de Belgique et de Suisse, nous avons transformé notre Fédération d'industrie en Fédération de métier.

Pour donner satisfaction à nos camarades de Belgique et de Suisse (les deux seuls pays étrangers où notre métier soit assez développé pour permettre la création de syndicats), nous avons ajouté le titre d'*internationale* à notre Fédération.

Ces dernières années, notre métier a pris un développement considérable, et, avant peu, nous espérons que nous aurons un noyau d'ouvriers suffisant dans plusieurs grandes villes de France pour y créer de nouveaux syndicats régionaux.

En attendant, ce n'est pas notre petit nombre qui nous empêchera de marcher de pair avec les autres organisations centrales à la conquête d'une société meilleure et à l'amélioration des mauvaises conditions actuelles de la situation de la classe ouvrière. — *R. Montélimard.*

LES RÉSINIERS DES LANDES.

Un très intéressant mouvement syndicaliste nous est signalé dans la région forestière des Landes. Le travail, dans cette région, consiste surtout dans l'extraction de la résine de l'arbre-pin.

Ce produit est favorisé, depuis déjà plusieurs années, par une plus-value considérable : une barrique de 320 litres de résine qui était vendue, il y a dix ans, au prix moyen de 50 francs, atteint actuellement les prix de 105 et 110 francs.

Les résiniers qui travaillent les pins pour le compte des propriétaires-terriens, sont payés d'après le nombre de barriques qu'ils ont récoltées. Lorsque la barrique se vendait 50 francs, le résinier touchait 25 francs, c'est-à-dire la moitié du prix de vente. Et à ce prix, le travail du résinier est bien modestement rémunéré, car un ouvrier très laborieux et très alerte ne peut guère dépasser une récolte de 25 barriques, ce qui, à 25 francs, lui fait un gain annuel de 625 francs.

Si parfois le prix de la barrique de résine baissait jusqu'à 40 ou même 35 francs, le salaire du résinier était diminué d'autant, jusqu'à 20 ou 17 fr. 50. Mais la même règle de proportionnalité, les propriétaires n'ont pas jugé bon de l'appliquer à la hausse comme ils l'appliquaient à la baisse.

Avec cette générosité qui caractérise tout capitaliste, ils ont pensé que trop d'argent nuirait à l'ouvrier qui doit être maintenu dans une sage et saine (!) pauvreté ; ils ont donc, d'un accord tacite, sous l'unique mais solide lien de leur commune cupidité, limité à un prix « raisonnable » le salaire du résinier.

La plupart des propriétaires ont payé 30 francs par barrique pour un prix de vente moyen de 100 francs ; les salaires de 35 et même de 40 francs qui ont été spontanés et qu'il est juste de signaler, étaient malheureusement compensés par d'autres de 28 et même de 25 francs.

A 30 francs, la part à la plus-value octroyée par le capital au travail est de 1/10 ; car pour une plus-value de 50 francs, le résinier ne touche qu'un supplément de 5 francs ; les neuf autres dixièmes, le capital se les attribuait du droit du plus fort, sinon du plus juste.

Les propriétaires mettaient vraiment trop de confiance dans la passivité séculaire de leurs ouvriers ; leur avidité a dépassé les bornes, et contre l'égoïsme injuste du maître, l'âme simple du travailleur s'est révoltée.

Suivant une loi bien générale, le mal a créé le remède ; l'injustice a créé le besoin de s'allier contre elle ; elle a fait naître et a fait grandir dans des esprits jusqu'alors isolés et ignorants de toute conception sociale, des idées d'association, de groupements corporatifs pour la défense d'intérêts identiques, pour la revendication et la conquête de justes améliorations.

C'est ainsi qu'est éclos spontanément et avec une rapidité que nul n'eût osé prédire dans un pays si éloigné des grands mouvements ouvriers, le syndicat landais.

Dans l'espace de deux mois, et dans presque toutes les communes d'une même région appelée le Marensin, les résiniers se sont constitués en syndicats, en suivant rigoureusement les prescriptions de la loi : élaboration de statuts, leur dépôt à la mairie, etc., etc.

Puis, serrés en groupes compacts, ils ont attaqué. Oh ! d'une façon très digne et très polie, comme en font foi les lettres qu'ils adressaient aux propriétaires et aux maires (ces derniers comme représentants des biens communaux), afin de les inviter à des réunions où seraient discutées les augmentations de salaire qu'ils demandaient.

A ces lettres, les propriétaires, avec un ensemble parfait, ont opposé un dédaigneux silence : ils n'estimaient point devoir discuter avec leurs ouvriers, même du salaire de ces derniers.

Cependant les maires, sur les conseils mêmes de leurs supérieurs administratifs ont dû se mettre en rapport avec les résiniers ; mais ils conservaient à la mairie la même intransigeance qu'ils avaient comme propriétaires.

C'est cette intransigeance, n'admettant pas la discussion, qui fut cause de plusieurs incidents, dont les plus méchants amenèrent certains maires et propriétaires à être cernés dans leur mairie ou chez eux et à y être menacés d'une totale suppression de vivres.

Parquet, gendarmerie, armée se transportent dans ces communes révolutionnaires (!) et enfin, sous l'heureuse impulsion, il faut le dire, des autorités officielles, la loi reprend son cours par l'interposition de l'arbitrage du juge de paix et, avec ce dernier, par la discussion sérieuse et raisonnée des réclamations ouvrières.

Il a donc fallu que les propriétaires apprennent que la classe ouvrière est une force avec laquelle il faut compter, et la leçon leur a été assez dure, car, d'une manière générale, les juge de paix ont donné raison aux résiniers dans leurs revendications en adoptant un tarif plus justement rémunérateur du travail : la moitié jusqu'à 60 francs et le quart en sus, ce qui veut dire que pour un prix de vente de 100 francs, le résinier touche $30 + 10 = 40$ francs ; et sa part à une plus-value comptée sur un prix de 50 francs comme précédemment est alors les 3/10 de cette plus-value ; le capital n'a plus pour lui que les 7/10, et c'est l'abomination de la désolation !

Cependant, les propriétaires, ayant appris, à leur corps défendant, les dispositions de la loi de 1884 sur les syndicats professionnels, ne se tiennent pas pour battus. Ils n'ont plus qu'un souci : c'est de désagréger par la désunion la force de cohésion qui s'est dressée devant eux.

Et à cet effet, ils se mettent en mesure d'organiser des syndicats mixtes ; sous couleur de paix et de concorde, ils s'apprêtent à absorber tout effort d'émancipation ouvrière. Là est le danger et on ne saurait trop conseiller aux résiniers landais de garder leur indépendance.

Tel est, jusqu'à cette heure, le mouvement syndicaliste landais et, comme tout effort de la classe ouvrière pour se libérer des étreintes du capital, il ne doit pas être perdu de vue. Paul ARVEL.

LE MOUVEMENT A L'ÉTRANGER

Les grands conflits

La grève des mineurs américains s'est terminée sur la plupart des points à l'avantage des ouvriers. Dans l'Illinois, l'échelle des salaires établie en 1903 a été maintenue, ce qui représente une augmentation de salaire par tonne de 5 1/2 p. 100. La grève des mineurs d'anthracite s'est terminée le 14 mai, par le maintien des conventions de 1902 jusqu'en 1909.

En Allemagne, les grèves des ouvriers en métaux de Dresde, de Breslau et de plusieurs autres villes, éclatant au milieu de l'activité générale, avaient suscité la colère des outranciers allemands. L'Union des patrons métallurgistes avait menacé leurs ouvriers d'un lock-out général. On allait donc voir enfin à l'œuvre, dans toute une industrie, cette grande Confédération du capital que nos patrons français rêvent, paraît-il, d'imiter. Les ouvriers ne se sont pas laissés intimider par ces rodomontades, et ils ont eu raison. Le lock-out annoncé pour le 2 juin n'a pas éclaté. Les mouleurs-fondeurs, dont les revendications avaient été l'origine du conflit, sont même rentrés à l'atelier avec des avantages.

Dans l'internationale économique

Il y a quelques semaines, paraissait le deuxième rapport international sur le mouvement syndical. Il est rédigé, on le sait, en trois langues, allemand, anglais, français, par les soins du secrétaire international des centres nationaux des syndicats. Ce secrétaire est actuellement le camarade Legien.

Il faut déplorer, dans le présent recueil, l'absence d'un rapport sur le mouvement en France. Le rapport général indique « que le centre national des syndicats français n'a point fait connaître les raisons » de son silence. Nous souhaitons que les récentes discussions entre le secrétaire international et le secrétaire de la C. G. T., au sujet de la conférence d'Amsterdam, n'y soient pour rien. Et si, l'année dernière, certaines assertions contenues dans le rapport du camarade Griffuelhes ont été vivement et même dédaigneusement critiquées en Allemagne ou ailleurs, ce n'est point là une raison suffisante pour décider la suspension des relations internationales, en ce qui concerne, du moins, les syndicats français.

.*.

Le rapport donnait, sur les forces syndicales des différents pays en 1904, les indications suivantes :

Angleterre	1.889.590	Hongrie	53.169
Pays-Bas	37.221	Serbie	2.932
Danemark	89.788	Bulgarie	1.672
Suède	104.999	Suisse	41.862
Norvège	16.227	Italie	260.102
Allemagne	1.466.625	Espagne	56.900
Autriche	205.651		

Ajoutons les 250.000 adhérents de notre C. G. T. et les syndiqués belges adhérents à la Commission syndicale du parti ouvrier ; ajoutons encore les héroïques syndiqués russes qui, au milieu même de leur mouvement révolutionnaire, ont commencé de fonder des organisations syndicales centralisées, en vue de la défense professionnelle. Cela fait certainement plus de *cinq millions* de syndiqués, dans les pays européens, à la fin de 1904.

*
* *

Pour établir des relations entre les syndiqués européens et les syndiqués d'Amérique ou d'Australie, le secrétaire international a fait preuve d'une louable activité. Les syndiqués de Victoria, des Nouvelles-Galles du Sud et du Queensland, ont adhéré au secrétariat international. D'autre part, il apparaît comme certain que des relations régulières vont pouvoir être établies avec l'*American Federation of Labor*. Elle demandait que les conférences internationales eussent lieu désormais en septembre, au lieu de juin, et que les représentants des diverses organisations à cette conférence fussent des délégués élus. Or, le Congrès d'Amsterdam a satisfait à ces deux demandes.

A la veille des luttes commerciales qui, fatalement, s'élèveront entre les États européens rapprochés et les États-Unis d'Amérique, ce n'est pas un événement de peu d'importance que ces relations plus étroites établies entre les classes ouvrières des deux continents. Jusqu'à ces dernières années, les syndiqués américains se tenaient plutôt à l'écart. A peine deux délégués passaient-ils la mer pour assister aux Congrès des Trades-Unions anglaises. Et l'on sait, d'autre part, quelles difficultés soulevaient pour les syndiqués mêmes l'entrée dans une Union américaine. Désormais, la glace est rompue. Depuis 1904, des délégués américains assistent aux Congrès internationaux des mineurs. Au dernier Congrès de l'*American Federation of Labor*, le Comité central a été chargé de négocier avec les organisations européennes des contrats de réciprocité supprimant, pour les syndiqués européens, les droits d'entrée souvent très hauts des Unions américaines (quelques-uns s'élèvent, on le sait, à 250 francs). L'adhésion au secrétariat international rendra plus faciles ces négociations.

Le mouvement aux États-Unis

C'est, on le sait, l'*American Federation of Labor* qui groupe aux États-Unis le plus grand nombre de syndicats. Fondée en 1881 à Pittsburg, elle comptait dès la première année 262.000 membres ; mais elle végéta longtemps. L'essor économique des dernières années accrut considérablement ses forces, et la dépression de 1904-1905 ne l'entama que fort peu. Au demeurant, les chiffres suivants permettront d'en juger. Ils indiquent le nombre des membres dans les dernières années :

1896.	272.315	1901.	787.537
1897.	264.825	1902.	1.024.399
1898.	278.016	1903.	1.465.800
1899.	349.422	1904.	1.676.200
1900.	548.321	1905.	1.513.200

A l'intérieur même de la Fédération, l'Union la plus importante est celle des mineurs qui comptait, en 1905, 261.900 membres. Venaient ensuite les charpentiers avec 143.200 membres, les cochers et charretiers avec 78.000 membres ; les peintres, les employés de commerce, les mécaniciens et les imprimeurs, avec environ 50.000. Plus de trente-cinq organisations comptaient plus de 10.000 membres.

Toutes ces organisations se sont montrées, en 1905, particulièrement actives, et c'est, il faut le noter, à des grèves malheureuses, que certaines d'entre elles doivent une sensible diminution de leurs membres. Les membres de la Fédération ont eu à soutenir, en effet, 1.157 grèves, dont les frais se sont élevés à 2 millions et demi de dollars, soit 11 millions et demi de francs.

Les œuvres de solidarité, ou, comme on aime à dire chez nous, de mutualité, étaient relativement peu développées. Les hauts salaires sont évidemment pour quelque chose dans cette négligence de la mutualité. Mais beaucoup de militants américains font en ce moment une active propagande en faveur de ces œuvres. Ils estiment que les nombreux travailleurs qui s'assurent pour la vie à des compagnies souvent véreuses et, en tous cas, exploitrices, feraient mieux de s'assurer mutuellement dans le syndicat, dont ils augmenteraient ainsi la puissance. Dans l'état actuel, les Unions adhérentes ont payé en 1905, en divers secours d'assurances mutuelles, 1.503.316 dollars, chiffre fort inférieur, on le remarquera, au total des sommes dépensées pour les grèves. C'est aux secours en cas de décès (sorte d'assurance pour la vie) et de maladie que les parts les plus importantes ont été consacrées : 85.050 dollars seulement ont été versés en secours de chômage. Mais des secours assez importants sont établis dans les Unions locales.

Le budget de l'*American Federation of Labor*, en 1905, s'établissait ainsi : recettes, 207.418 dollars ; dépenses, 196.170. La plus grande partie des recettes provient des cotisations régulières des membres (*per capita tax*) des organisations adhérentes (113.978 dollars), de la vente du journal, l'*American Federationist*, de souscriptions extraordinaires. Les principales dépenses étaient : l'organisation et la propagande (61.694 dollars), les secours à des syndicats (44.385), le traitement du président, du secrétaire, du trésorier (5.700), les traitements des employés (19.885).

Parmi les organisations professionnelles non adhérentes à la Fédération, les plus importantes sont les Fraternités d'employés de chemin de fer (*Railway Brotherhoods*), dont la plus forte a 75.000 membres. Elles sont surtout remarquables par leurs œuvres d'assurances, en vue des accidents nombreux qui coûtent souvent la vie à ces travailleurs.

La vieille organisation, mi-politique, mi-professionnelle, des Chevaliers du Travail (*Knigts of Labor*) ne compte plus aujourd'hui que 100.000 membres. Mais, à côté de l'American Federation, s'est fondée, en 1905, comme nous l'avons annoncé, une deuxième organisation confédérale à laquelle se trouvaient adhérer, lors de son premier Congrès à Chicago, 51.430 membres. Les *Industrial Workers of the World* ont un caractère nettement socialiste et politique et s'opposent ainsi à la neutralité absolue de l'*American Federation of Labor*.

Peut-être est-ce à cette création d'un groupement adverse qu'il faut rapporter l'envoi du *Bill des griefs*, adressé le 21 mars 1906 par Samuel Gompers au président Roosevelt. L'*American Federation of Labor* demande le strict maintien de la loi contre les Chinois, la journée de huit heures, des mesures contre les trusts et la limitation de l'émigration.

On compte, au total, 1.943.278 syndiqués aux États-Unis.

VARIÉTÉS

LA PREMIÈRE IDÉE DES BOURSES DU TRAVAIL

Voici une page curieuse d'un ouvrier mutuelliste de Lyon, en 1833. C'est du premier en date de nos journaux corporatifs, de l'*Écho de la Fabrique* qu'elle est extraite (n° du 1er décembre 1833). Si les économistes peuvent revendiquer l'idée de la Bourse du Travail, uniquement vouée au placement, l'idée de la commune économique, groupée autour de la Bourse, comme la commune du moyen-âge autour de son église, est une idée ouvrière et qui date de l'origine même du mouvement.

« ... Que des ouvriers tombent malades, la monarchie dîne et passe outre.

Qu'ils meurent, laissant leur famille dans la misère, la monarchie dîne et passe outre.

N'est-il pas temps de créer une institution qui préserve vos semblables de la faim ?

Vous organisez magnifiquement le culte, vous avez tout organisé pour gagner la vie éternelle que nous vous souhaitons, mais vous n'avez rien fait pour la vie actuelle que nous tenons et que nous voudrions garder, ne vous en déplaise.

Quel fonctionnaire est *pour le travail* ? Cette anarchie dans la *propriété du travail* ne peut durer.

Le temps approche où ces paroles vont s'accomplir : « On verra par commune un administrateur industriel pour les travailleurs comme on y voit un curé pour les dévots ; on y verra un Temple et une Bourse, comme on y voit une église ; une liste, dans un cadre doré, contenant les noms, non pas de messieurs de la confrérie du Saint-Sacrement, mais de messieurs les ouvriers et leur genre de talent et, au lieu de messes, homélies, sermons, *benedicat vos*, etc... on ouïra un bel et bon journal, aux frais du pays, notant le prix de tous les objets travaillés, le taux et le mouvement des marchandises en tous lieux, les endroits où manque le travail et où il regorge, les réclamations de tous, enfin tout ce qui concerne l'industrie et l'œuvre ; et le prêtre commercial, élu des siens, tiendra registre exact des intérêts industriels de sa commune, saura chaque jour ceux qui sont privés de moyens d'existence. A lui viendront les pauvres ouvriers et les négociants qui sollicitent et offrent la façon, et de chaque commune, constamment, on tiendra prêts des travaux utiles à tout le monde, faciles, et toujours accroissant la prospérité de l'endroit : travaux à bon prix, de manière que l'industriel s'y livrant y gagne sa vie et puisse dire au capitaliste qui voudrait le serrer à la gorge dans les temps mauvais et lui marchander la journée : Merci, je m'en vais à mon prêtre : il saura, lui, ce que vaut mon travait, il saura à quel taux il doit être rétribué. »

De plus, à côté de cela, vous élèverez des établissements de secours public pour les vieillards, les infirmes, les malades, les enfants abandonnés, que le prêtre industriel vous fera connaître, et vous serez délivrés du paupérisme, des monts-de-piété et des bureaux de bienfaisance, trois fléaux, les deux premiers surtout, qui vont corrompant le peuple et l'excitant au mal.

Ainsi se réaliseront les saintes inspirations de la Convention dans les décrets du 28 juin et 8 messidor 1793. Car elle avait eu souci des malheurs du Peuple, cette grande Convention que messieurs les doctrinaires méprisent, eux, petits, ne pouvant saisir l'immensité de son œuvre ».

Congrès internationaux

Le 18 avril a eu lieu, à Londres, le Congrès international des employés. Le 7 juin, à Londres également, s'ouvrait le 17e Congrès international des mineurs. Enfin, le 24 juin et jours suivants, a été tenu le 5e Congrès international des travailleurs des transports. Ce Congrès était précédé d'une Conférence internationale des travailleurs des transports. L'abondance des matières nous a contraints de remettre à notre prochain numéro le compte rendu de ces importantes assemblées.

Résultats

La statistique a parfois du bon. Elle permet de se rendre un compte exact des progrès accomplis pendant une longue période, de noter avec précision les résultats obtenus.

L'Union des Charpentiers d'Allemagne, fondée en 1883, a récemment publié, pour ses 44.000 membres, un tableau des résultats obtenus par l'action ouvrière, depuis l'année de sa fondation, en 1885, jusqu'en 1905.

Le tableau suivant, portant sur 30 localités, vaut d'être publié. Il atteste ce qu'a donné, au point de vue des heures de travail et du salaire, une action méthodique, une propagande continue.

LOCALITÉS	TEMPS DE TRAVAIL		SALAIRE PAR HEURE EN PFENNIGS	
	en 1885	en 1905	en 1885	en 1905
Arnswalde	11	10 1/2	18	34
Augsburg	10 1/2	10	27	39
Bergedorf	10	9 1/2	30	65
Berlin	10	9	42 1/2	73
Bochum	11	10	30	50
Bremen	10 1/2	9	29	62 1/2
Breslau	11	10	28	50
Bromberg	11	10	25	44
Danzig	10 1/2	10	33	46
Dresden	11	10	25	51
Dusseldorf	10	9 1/2	35	60
Erfurt	11	10	22	46
Essen	11	10	25	51
Görlitz	11	10	23	40
Gumbimen	12	10	18	32
Hamburg	10	9	50	75
Hannover	10 1/2	9	29	55
Karlsruhe	11	10	25	44
Königsberg	11	10	26	52
Leipzig	10 1/2	9	30	60
Lubeck	10	9 1/2	32	57
Ludwigshafen	10 1/2	10	29	50
Nürnberg	11	9 3/4	23	49
Potsdam	10	9	30	60
Rostock	10	10	32	48
Saarbrücken	11	11	25	45
Strasburg i. G.	11	10	26	44
Stuttgart	11	10	25	46
Wilhelmshaven	10	9	30	60
Zwickau	12	10 1/2	23	36

Si l'on fait la moyenne des résultats obtenus en vingt années, au milieu de difficultés de toutes sortes, le temps de travail a passé de 10 h. 07 à 9 h. 77 et le salaire moyen de l'heure a passé de 27 pfennigs 9 à 50 pfennigs 8 (1).

En d'autres termes, le charpentier allemand de 1905 gagne, avec des journées de travail diminuées de près d'une heure, 13 mark 42 (soit 16 fr. 77) de plus par semaine que le charpentier de 1885. Cela ne compense-t-il pas avantageusement la cotisation de 1 franc la semaine (80 pfennigs) que les charpentiers versent à leur caisse syndicale ?

(1) Le mark allemand vaut, rappelons-le encore, 1 fr. 25. Le pfennig est la centième partie du mark, soit 1 centime 25.

Nous avons reçu dans les dernières semaines un grand nombre de volumes et de brochures ; nous aurions voulu, comme de coutume, tenter de dire avec précision quelles indications, quels documents les militants syndicalistes pouvaient y puiser, de quel secours ils pouvaient être pour la propagande. La place nous manque : force nous est de signaler seulement les nouvelles publications que nous avons reçues, quittes à revenir ensuite sur les plus importantes.

Publications syndicales.

Secrétariat international des centres nationaux des syndicats. — *Deuxième rapport international sur le mouvement syndical, 1904.* — Berlin 1906, *Commission générale des syndicats allemands.* In-18, 156 p.

Fédération nationale des syndicats d'ouvriers peintres. — *Conférence d'Abel Craissac à Saint-Quentin, le 19 août 1905, sur l'empoisonnement des ouvriers peintres par le blanc de céruse.* S. l. n. d., in-16, 136 p.

Rapport du Comité fédéral aux comités centraux et aux sections de la Fédération suisse des syndicats professionnels, comprenant la période du 1er janvier 1904 au 31 décembre 1905. Bâle, imprimerie du Typographenbund, 1906, in-16, 74 p.

Publications officielles.

Ministère du Commerce : Direction du Travail. — *Statistique des grèves et des recours à la conciliation et à l'arbitrage survenus pendant l'année 1905.* Paris, Imprimerie nationale, 1906, in-8, xix-684 p.

Ministère du Commerce : Direction du Travail. — *L'apprentissage industriel. Rapport sur l'apprentissage dans les industries de l'ameublement.* Paris, Imprimerie nationale, 1906, in-8, xxiii-655 p.

Ministère du Commerce : Conseil supérieur du Travail. — *15e session. Novembre 1905. (Délai-congé). Compte rendu.* Paris, Imprimerie nationale, 1906. in-4, xviii-170 p.

Ministère du Commerce : Direction de l'Assurance et de la prévoyance sociales. — *Recueil de documents sur les accidents du travail.* N° 19 : *Deuxième rapport sur l'application de la loi du 9 avril 1898*, Paris, Berger-Levrault, mars 1906, in-8, 175 p.

Id. N° 20 : *Jurisprudence, tome VI.* Paris, Berger-Levrault, mars 1906, in-8, 212 p.

Sur les retraites ouvrières.

Georges Fréville. — *Les retraites ouvrières.* Bibliothèque socialiste, n° 38. Paris, Publications de la Société nouvelle de Librairie et d'Edition, Ed. Cornély et Cie, éditeurs. 1906, in-16, 93 p.

Paul Poutet. — *Étude sur la question des retraites ouvrières. Solution. Proposition de loi.* Paris, Bonnefoy, 1905, 85 p.

P. Persil et G. Barbier. — *Les retraites ouvrières*, avec une introduction par A. Millerand. Paris, Édouard Cornély et Cie, 1906, 87 p.

La journée de travail.

Bureau socialiste international. — *La manifestation internationale du 1er mai.* Bruxelles, 1906, in-8, 90 p.

Marcel Lecoq. — *Vers la journée de huit heures.* Paris, Chevalier et Rivière, 1906, in-16, 165 p.

Louis Bertrand. — *Une réforme urgente. La limitation de la durée du travail* Brochure de la collection *Germinal.* Gand, Volksdrukkerij, 1906, 22 p.

Le Gérant : L. Gervaise      Imp. coopérative ouvrière de Villeneuve-St-Georges (S.-et-O.)

Deuxième Année.   N° 15.   Juillet 1906.

VINGT CENTIMES

La Revue Syndicaliste

MENSUELLE

SOMMAIRE

PARIS

PUBLICATIONS DE LA SOCIÉTÉ NOUVELLE DE LIBRAIRIE ET D'ÉDITION

(Anc¹ 17, rue Cujas)

ED. CORNÉLY et Cⁱᵉ, ÉDITEURS

101, RUE DE VAUGIRARD, 101

La Revue Syndicaliste

Paraissant le 15 de chaque mois.

France : Un an . . . . **2 fr. 40** | Étranger : Un an . . . . **3 fr.**
— Six mois . . . . . . **1 fr. 20** | — Six mois . . . . . **1 fr. 50**

Les abonnements partent de mai et de novembre.

Nous serons reconnaissants aux camarades de nous envoyer le montant de leurs abonnements par mandat-poste, pour éviter les frais de recouvrement.

Prière d'adresser tout ce qui concerne la rédaction ou l'administration au camarade Albert Thomas, administrateur-délégué de la *Revue Syndicaliste,* 101, rue de Vaugirard, Paris.

Administration

Voici la régularité à peu près retrouvée pour notre publication. Notre numéro d'avril va enfin paraître ! Nous n'attendons plus que l'épreuve mise en pages. Nous n'y avons rien changé. Il reste tel qu'il fut rédigé, à la fin de ce mois, déjà agité par l'approche du 1er mai, au milieu de la grève des mineurs, au lendemain de la catastrophe de Courrières. Il complètera bien notre première année, dont il apporte la table des matières détaillée.

Malgré nos efforts, le présent numéro paraît encore en retard. Nous nous en excusons. Tant que notre revue ne sera pas assez forte pour être l'occupation constante et unique d'un camarade, nous sommes exposés à de semblables accrocs.

Nos recouvrements sont à peine terminés. Par suite des difficultés de mise en train de la Revue, nous avons eu quelques erreurs. Nous nous sommes attiré des reproches sévères de camarades: Nous en tenons compte. On peut être assuré que des erreurs semblables ne se produiront plus. Nous n'avons aucune honte à avouer que, par suite de l'échec de plusieurs grèves de mai, le nombre de nos abonnés a diminué. Par un travail incessant, nous comptons bien le rétablir. Mais, encore une fois et instamment, nous demandons à tous de nous aider.

Livres reçus

Ch. Benoist. — *L'organisation du Travail.* Tome I, Paris, Plon, 1905, in-8°, 496 pages.

Werner Sombart. — *Sozialismus und Soziale Bewegung.* 5e édition, Fischer, Iéna, 1905, in-8, 329 pages.

Raoul d'Harcourt. — *Le repos hebdomadaire en France.* Laval, Barnéoud et Cie, imprimeurs, 1905, in-8, 300 pages.

Louis Ropers. — *La crise sardinière.* Condition économique et sociale des pêcheurs sardiniers. Améliorations et réformes. Paris, Bonvalot-Jouve, 1906, in-8, 300 pages.

Achille Rey. — *Notice sur l'histoire des classes ouvrières en France.* Cavaillon, Mistral, 1906, brochure, 62 pages, 0 fr. 25.

R. Gonnard. — *La femme dans l'industrie.* Colin, 1906, in-18, 284 p., 3 fr. 50.

Philippe de Las Cases. — *L'assurance contre le chômage en Allemagne.* Paris, Girardet et Brière, 1906, in-8, 190 pages.

Picquenard et Fontaine. — *La réglementation nouvelle des bureaux de placement.* Paris, Librairie administrative Paul Dupont, 1905, in-12, 140 pages.

Deuxième Année. Nº 15. Juillet 1906.

La Revue Syndicaliste

ABONNEMENT	Paraissant	ABONNEMENT
✾	le 15 de chaque mois.	✾
Un an.......... 2 fr. 40		Un an.......... 2 fr. 40
Six mois....... 1 fr. 20	Le numéro : 0 fr. 20	Six mois....... 1 fr. 20

LES GRÈVES DE MAI

II

Dans l'Industrie du Livre

J'ai été prié de faire connaître aux lecteurs de la *Revue Syndicaliste* les résultats obtenus dans la corporation du Livre, à la suite du mouvement en faveur de la journée de neuf heures. J'avais spontanément accepté cette tâche; mais, à la réflexion, j'ai estimé qu'il était plus raisonnable d'attendre quelques semaines, car les échos des luttes soutenues ne sont pas encore éteints, les émotions bonnes ou mauvaises provoquées par la bataille ne sont pas apaisées. Les lecteurs ne perdront rien pour attendre : des événements de cette importance provoquent trop d'observations, de critiques et d'enseignements pour que le temps en diminue l'importance et en fasse perdre le souvenir. Je me contenterai aujourd'hui de me livrer à quelques considérations générales.

Depuis de longues années, j'ai suivi les congrès socialistes et corporatifs et j'ai participé même activement à leurs travaux. J'ai constaté que tous les camarades qui y assistent, qui y collaborent, sont des citoyens qui affectent d'être des esprits émancipés, jouissant de leur entière liberté d'opinion, attaquant vigoureusement tous les dogmes théologiques ou autres et prétendant n'être soumis qu'aux seules influences que suggèrent leurs observations. En un mot, ils se considèrent comme subordonnés exclusivement à leur raison, n'agissant que sous l'influence de leur esprit individualiste. Ils proclament leur indépendance, leur liberté dans la critique.

Ceci bien établi, j'ai fait une autre constatation : c'est la facilité avec laquelle les mêmes hommes considèrent les congrès comme de véritables conciles, dont les décisions constituent des articles de foi, vouant à l'excommunication celui qui se permettrait la moindre critique ou qui voudrait se soustraire aux prescriptions qui en découlent. Presque toutes les divisions dans le monde ouvrier, politique ou syndicaliste ont cette origine.

Autant que quiconque, et par expérience, je sais que le respect des décisions des congrès corporatifs ou socialistes est le meilleur moyen d'établir la discipline volontaire dans les organisations ouvrières, où chacun est tenu de se conformer aux résolutions pratiques votées par les représentants autorisés pour assurer la convergence des efforts et la subordination de tous à une règle et à une action communes.

Mais peut-il en être ainsi des congrès qui réunissent toutes les corporations et à propos de toutes les questions générales qui y sont étudiées et votées : telle la revendication de la journée de huit heures, pour le 1ᵉʳ mai 1906, décidée par le congrès de Bourges ? Ne l'a-t-on pas, pendant près de dix-huit mois, proclamée, affirmée, répandue comme le dogme intangible qui devait inspirer, guider tous les travailleurs français dans leur action syndicaliste ?

*
* *

Tous ceux qui ont suivi les différents congrès ouvriers ont pu, aussi bien que moi, constater que les questions proposées et acceptées comme une vérité essentielle, étaient abandonnées, rayées du programme d'action deux ou trois années plus tard. Ce qui démontre que les congrès servent à l'étude, à la discussion des questions portées à l'ordre du jour, mais qu'il est impossible de considérer les résolutions prises comme des principes scientifiques, comme des lois sociales irréfutablement établies, inaccessibles à toute critique.

*
* *

C'est ce qui explique que la Fédération du Livre a tout de suite, dès le congrès de Bourges, pris une attitude contre la rigueur de la décision qui fixait au 1ᵉʳ mai 1906 l'application générale de la journée de huit heures. Cette attitude a été approuvée par le Congrès typographique de Lyon en 1905. Si les délégués à ce Congrès se sont prononcés en faveur du principe de la journée de huit heures, ils en ont reconnu la difficulté d'application et se sont prononcés, à une très forte majorité, quoi qu'en aient dit les coupeurs de poils en quatre, en faveur de la journée de neuf heures, à appliquer en avril ou mai 1906; c'était violer la décision du Congrès de Bourges. Quel flot d'injures et que de perfides insinuations a valus aux travailleurs du Livre cette décision, marquée au coin du bon sens, mais en audacieuse contradiction avec la doctrine infaillible votée au congrès de Bourges !

Il nous a fallu démontrer par la parole, par la plume, que la vérité, au point de vue pratique et pour les diverses corporations, n'était pas dans la seule proclamation du principe de la journée de huit heures. La résolution du congrès de Bourges avait réellement pour but la réduction des heures de travail, subordonnée dans son application aux moyens, aux ressources, à la puissance d'action des organisations corporatives. Et les événements ont prouvé d'une façon éclatante la justesse de cette conception ; les organisations « qui le pouvaient » ont tenté la lutte ; les unes ont obtenu quelques résultats modestes et s'en sont contentées, les autres ont échoué et leurs membres ont repris le travail aux conditions antérieures. Nous sommes donc loin de la journée de huit heures et même de celle de neuf heures, malgré la véhémence avec laquelle certains militants proclamaient leur inébranlable volonté « d'arracher » la journée de huit heures.

La vérité, c'est qu'à propos de la revendication si légitime de la réduction des heures de travail, il faut agir sans relâche, obtenir tout ce que l'on peut et arriver graduellement à réaliser la journée de huit heures. C'est l'opinion que je n'ai jamais cessé de défendre : les événements m'ont donné raison.

*
* *

L'immixtion arbitraire d'une autorité ou d'une influence quelconque, si haute soit-elle, dans l'action corporative peut devenir néfaste : il ne suffit pas de proclamer un principe absolu, de préconiser l'introduction d'une réforme générale dans toute l'industrie, sans tenir compte des conditions spéciales à telle ou telle profession.

Le droit d'une corporation de s'organiser reste entier, car ses membres connaissent mieux que n'importe qui, fussent-ce les plus éminents, les plus *énergiques* bergers du prolétariat, les conditions économiques de leur industrie, leurs moyens d'action, les résistances auxquelles elle est exposée, soit du côté ouvrier, soit du côté patronal. Et vouloir soumettre toutes les corporations à une règle uniforme, leur imposer les mêmes conditions de combat pour atteindre simultanément le même but, c'est une dangereuse erreur, pleine de périls.

Mon opinion, constamment affirmée depuis le congrès de Bourges, s'est encore raffermie depuis l'important mouvement qui vient de se produire.

De différents côtés, ma manière de voir a été attaquée ; dans certaines corporations on a accusé la Fédération du Livre, par sa méthode, par sa revendication de la journée de neuf heures, d'empêcher dans d'autres métiers la réussite du mouvement en faveur de la journée de huit heures.

Il s'en fallait de peu que la Confédération s'associât à ces accusations. Mais heureusement qu'on a fini par comprendre qu'il fallait respecter l'autonomie des corporations. Je n'ai qu'un regret, c'est que les dirigeants influents de la Confédération se soient prononcés un peu tard pour faire connaître aux organisations ouvrières qu'elles étaient libres d'agir au mieux de leurs intérêts, suivant leurs moyens, pour arracher aux patrons ce qu'elles pourraient, que toute amélioration serait bonne à prendre.

Cette déclaration venue plus tôt nous aurait épargné bien des ennuis et de bien injustes appréciations.

En tout cas, les accusations dirigées contre la Fédération du Livre ont été réduites à néant par les faits eux-mêmes; je considère qu'il est inutile d'insister.

*
* *

L'opinion que j'ai exprimée, cette manière de voir, est partagée par nombre de camarades, dans divers milieux; mais on ne l'affirme pas parce que l'on craint de ne pas être orthodoxe, de ne pas paraître fidèle aux principes. Cette détestable peur des mots, la crainte de ne pas paraître aussi *avancés* que les autres militants, de ne pas paraître aussi énergiques, empêche beaucoup de braves gens de dire franchement leur façon de penser. Que de fâcheuses hésitations sont dues à ce mesquin respect humain qui assure le succès aux plus violents, encouragés, soutenus par des théoriciens pontifiant.

En tout cas, je ne dissimulerai pas ma pensée, je considère au contraire comme un devoir de la faire connaître, malgré les intrigues qui se trament pour dénaturer la vérité aux yeux de ceux qui ignorent les procédés d'adversaires sans scrupules. Ce sera plutôt pour moi un encouragement à persévérer.

La tactique la plus efficace, celle qui assurera le plus de résultats avec le minimum de risques, dans notre état social, c'est de poursuivre l'application d'améliorations successives, partielles, mais dont profiterait une corporation entière.

Il est dangereux de marcher à l'aventure, de poursuivre à l'aveuglette, en gaspillant les forces combatives ouvrières, en épuisant des ressources précieuses, si péniblement amassées.

Ce n'est pas une action convulsive, temporaire, souvent suivie de réaction, qu'il faut produire; c'est une action continue, sans régression, assurant des améliorations constantes, avec des forces toujours prêtes à défendre ce qui est acquis, toujours disposées à conquérir plus de mieux-être, de dignité, de meilleures conditions de travail. Voilà la tactique la plus sûre !

Dans un prochain article, j'examinerai les résultats acquis dans la Fédération du Livre par le mouvement en faveur de la journée de neuf heures.

(A suivre)   A. KEUFER.

DANS L'INSTRUMENT DE PRÉCISION

Bien avant la date du 1ᵉʳ mai, notre Chambre syndicale avait organisé pour nos ouvriers de nombreuses réunions d'atelier, au sujet de la journée de huit heures. Bien que les auditeurs n'aient jamais été très nombreux et qu'il parût que la grande majorité des mécaniciens de précision se désintéressait de l'application immédiate de cette réforme, le Conseil syndical envoya néanmoins, à tous les patrons, une lettre leur demandant de vouloir bien faire connaître leur avis sur la question.

Les réponses qui nous parvinrent furent à peu près toutes semblables : « La situation de l'industrie ne permettait pas, étant donnée la concurrence étrangère, d'augmenter la main-d'œuvre de 20 0/0, à moins d'une entente internationale réglant la question. »

Seule, une maison avait mis en pratique la journée de neuf heures et s'en déclarait contente.

D'autre part, l'Association des ouvriers avait adopté, depuis le 15 avril 1905, la journée de huit heures, et, grâce aux modifications entraînées, par suite, dans l'organisation du travail, elle n'avait eu qu'à se louer de son initiative, tant dans son intérêt, puisque les bénéfices progressèrent pendant la période qui suivit, que dans l'intérêt des ouvriers associés. Ceux-ci touchent, en effet, un salaire de 1 fr. 25 de l'heure, soit 10 francs pour 8 heures, ce qui représente le salaire le plus élevé payé au travailleur mécanicien de précision.

Les réponses patronales provoquèrent des entrevues entre industriels et représentants du syndicat, mais on ne put s'entendre, et, le 1ᵉʳ mai arrivant, notre organisation ouvrière laissa à nos camarades la liberté d'agir comme bon leur semblerait, en accordant toutefois une indemnité de 5 francs par jour à tout syndiqué gréviste, en lutte pour obtenir la réduction des heures de travail.

La grève fut déclarée dans une douzaine de maisons, dont la plus importante occupe un personnel global d'environ 1.000 ouvriers. Elle ne réussit que dans une seule usine de 75 ouvriers, après 3 jours ; nos camarades obtinrent la journée de neuf heures avec le même salaire que pour dix heures. Partout ailleurs, la grève s'éternisa et l'ouvrier dut rentrer, sans avoir obtenu aucun avantage, ou se vit dans l'obligation de quitter l'atelier.

En somme, les résultats n'ont guère été satisfaisants; cependant le mouvement du 1er mai ne sera pas sans lendemain. L'attention des parlementaires a été attirée sur la loi de 1848 qui fixe à douze heures le maximum de la durée du travail pour les adultes. La loi de dix heures s'impose. Or, cette loi de dix heures entraînera dans toutes les usines à feu continu la création d'équipes de huit heures, ce qui constituera un acheminement vers la journée de huit heures pour tous.

Pour notre profession, cette loi impliquerait, dans un temps très rapproché, l'imposition, dans le cahier des charges pour la construction des appareils de télégraphie et de téléphonie, des huit heures de travail.

Il appartient au syndicat d'aider de toutes ses forces à hâter le dépôt de la loi nouvelle, et, de cette façon, l'effort de ceux qui ont été vaincus hier n'aura malgré tout pas été inutile.

E. Briat.

PHILANTHROPIE PATRONALE

L'an dernier, une grève se produisait dans une entreprise industrielle de la banlieue parisienne. Elle se terminait à l'avantage des ouvriers. Toutefois, les militants, qui avaient organisé le syndicat et dirigé le mouvement, ne profitaient pas longtemps de la victoire. En quelques mois, dix d'entre eux étaient congédiés sous des prétextes divers.

Or, tandis qu'il s'efforçait ainsi de briser l'organisation syndicale, le directeur de l'usine se découvrait soudain des sentiments philanthropiques. Il songeait à fonder une caisse de retraites en faveur de ses ouvriers. Beaucoup plus généreux que ne se montrait alors la Chambre des députés, qui achevait de voter le projet de loi sur les retraites ouvrières, il accordait à ses salariés des pensions, sans leur demander la moindre cotisation. Et, voulant montrer que ce n'était pas là de vaines promesses, il gratifiait la nouvelle caisse d'une large dotation. Il faudrait envier le sort des ouvriers de ce patron modèle, si, pour être retraités, il ne leur fallait justifier d'une vingtaine d'années de présence à l'usine. Les « caractères indépendants », qui se laissent parfois aller à faire grève, pourront-ils contracter un si long bail ?... Déjà, il n'a pas été donné aux promoteurs du mouvement syndical d'atteindre cette terre promise.

La caisse de retraites instituée par ce patron philanthrope semble un merveilleux instrument de paix sociale. Elle est le remède lénifiant qui achèvera de guérir, dans ce petit coin de banlieue parisienne, la maladie syndicale, dont une vigoureuse opération chirurgicale avait extirpé le germe le plus dangereux.

.*.

Qu'on ne croie pas que cette forme un peu spéciale de la philanthropie soit un fait unique dans les milieux patronaux. On pourrait citer telle caisse de retraites, organisée par un grand syndicat industriel, qui ne fonctionne pas autrement. A-t-elle donné beaucoup de bien-être aux ouvriers et rétabli la paix dans les usines? On ne saurait le dire. Elle s'est bornée jusqu'ici à recueillir une récompense à l'exposition de 1900 et à se faire couvrir d'éloges dans un rapport officiel, quelque peu suspect d'esprit conservateur. Détail assez plaisant, ces institutions si vantées sont pour la plupart illégales. L'attention du législateur avait été appelée naguère sur les agissements assez peu corrects de certaines de ces caisses; la loi du 27 décembre 1895 intervint, qui en règle le fonctionnement. Nous croyons savoir qu'aucune caisse patronale n'a reçu l'autorisation administrative prescrite par la loi.

Leurs fondateurs peuvent-ils alléguer que leurs préoccupations éminemment humanitaires les mettent au-dessus des lois? Il ne semble pas, car ils auraient un moyen fort simple de mettre d'accord leurs soucis philanthropiques et leur respect de l'ordre légal. Qu'ils prennent, comme le font d'ailleurs certains industriels, des livrets de la Caisse nationale des retraites, au nom de chacun de leurs ouvriers, et qu'ils y effectuent régulièrement des versements : ils se déchargeront ainsi de l'ennui d'être leurs propres assureurs et ils mettront leur bonne foi hors de cause. Il est vrai que l'ouvrier, propriétaire de son livret de retraite, n'est plus rivé à l'usine par l'appât de la pension, récompense de longues années de sages services. Il peut se mettre en grève, sans craindre de perdre sa retraite. Si la retraite est le vrai souci du patron, cela importe peu, puisqu'aussi bien le but de l'institution qui est de préparer une retraite au travailleur, est assuré... Mais, est-ce que, par hasard, les patrons philanthropes auraient quelque autre idée derrière la tête quand ils fondent des caisses de retraites?

.*.

Et, de même, est-ce que les patrons n'obéiraient pas à leurs seuls sentiments humanitaires, lorsqu'ils prennent quelque intérêt au logement de leurs ouvriers? Dans son dernier rapport au Conseil supérieur des habitations à bon marché, M. Cheysson, qui n'est certes pas suspect de nourrir de mauvais sentiments à l'égard des patrons, a laissé tomber une phrase un peu inquiétante : « Les patrons de la grande industrie, écrit-il, *obéissant à la double incitation de l'intérêt bien entendu et du devoir social*, ont fait de grands efforts pour améliorer le logement de leur personnel. »

Est-ce que la Société du Creusot obéit à son intérêt bien entendu lorsqu'elle fait des avances à ses ouvriers pour leur permettre d'acquérir de petites maisons et de petits jardins? Se soucie-t-elle uniquement du bien-être de ses ouvriers, ou songerait-elle à les attacher à l'usine par leur dette et à la région par la possession d'un petit bien?

N'écoutait-il que son intérêt bien entendu, cet industriel dont les journaux racontaient récemment la conduite? Des ouvriers, logés dans des maisons appartenant à son usine, se mirent en grève : il leur fut bientôt enjoint d'avoir à déménager dans un délai de trois semaines; et, comme pour donner aux travailleurs un sentiment plus net de sa puissance, le patron philanthrope expulse en même temps une pauvre veuve, qu'il logeait depuis longtemps et qui, pour son malheur, avait son fils parmi les grévistes.

*
* *

Ces simples anecdotes expliquent une certaine anomalie qu'on remarque dans la conduite des patrons. On nous les représente souvent comme de généreux philanthropes et on étale avec complaisance le bilan de leurs largesses. A la vue des richesses que ces hommes compatissants abandonnent aux travailleurs, on s'étonne même qu'ils deviennent si récalcitrants quand il s'agit de répondre aux demandes d'augmentation de salaire que formulent leurs ouvriers. Mais c'est qu'en donnant satisfaction aux salariés, ils reconnaîtraient le bien fondé de leurs demandes et verraient sans doute surgir plus tard de nouvelles réclamations. L'argent versé aux œuvres philanthropiques est au contraire *une prime d'assurance contre la grève*, c'est un placement de père de famille.

Déposant le 2 juin 1883 devant la Commission extra-parlementaire des associations ouvrières, l'un des directeurs des magasins du Bon-Marché exposait très clairement cette tactique patronale :

« Les grèves sont impossibles, disait-il, dans notre maison, parce que les chefs de comptoirs et de service sont intéressés dans les bénéfices réalisés. En outre, les employés qui font partie de la caisse de prévoyance ont, pour la plupart, un capital trop important dans cette caisse pour faire quoi que ce soit qui le leur ferait perdre, et, de plus, le chiffre des appointements qui leur sont alloués relient encore les employés dans la maison. »

La Fontaine nous avait raconté une histoire du même genre dans la fable du chien et du loup.

LE CONFLIT DES MOULEURS ALLEMANDS (1)

Le Comité de l'Union des ouvriers en métaux d'Allemagne a publié un tableau d'ensemble du mouvement des mouleurs et fondeurs, récemment organisé par lui, et des résultats obtenus à ce jour. Les revendications formulées étaient les suivantes : le temps de travail ne peut pas dépasser

---

(1) Nous avions signalé, dans notre dernier numéro, le conflit qui avait éclaté dans la métallurgie allemande, en mai. Notre camarade Quist, un des rédacteurs du journal corporatif, *L'Ouvrier Métallurgiste*, d'Allemagne, nous a envoyé à ce sujet l'intéressant article qu'on va lire.

dix heures ; les heures supplémentaires doivent être évitées le plus possible ; lorsqu'elles sont inévitables, le salaire doit être augmenté de 25 p. 100 ; pour le travail de nuit ou celui du dimanche, le salaire doit être augmenté de 50 p. 100 ; le salaire de début des mouleurs ne doit pas être inférieur à 3 marks 50, celui des aides à 3 marks ; en ce qui concerne le travail aux pièces, le prix doit être établi avant le commencement du travail ; ces prix ne peuvent être changés que si un changement dans les procédés du travail ou dans le travail même en font une nécessité ; si les prix aux pièces ne permettent pas à un travailleur d'atteindre le salaire journalier, convenu avec lui, ce salaire doit cependant lui être payé ; les prix aux pièces doivent être affichés dans un endroit où les travailleurs les puissent voir ; si des contestations surgissent à ce propos, ces contestations doivent être soumises à une commission composée de représentants du travailleur et du patron ; si la fonte ne réussit pas, sans qu'il y ait faute du travailleur, le temps employé par lui à ce travail doit lui être payé ; une commission composée de représentants du travailleur et du patron décidera si un travail doit être considéré comme raté ou non ; enfin d'autres revendications concernaient la fourniture d'outils suffisants, les installations de chauffage ou d'aération, l'éclairage, les lavabos, les armoires à vêtements et les cabinets.

Ces revendications furent soumises aux patrons dans 231 fonderies, employant 13.783 ouvriers. Un nombre important de patrons les acceptèrent aussitôt, mais à Breslau, à Dresde, à Hanovre, à Braunschweig et à Francfort-sur-le-Mein, on en vint à la grève. A cette grève, les patrons répondirent dans les quatre premières villes par le lock-out. A Francfort, au bout de quelques semaines, on aboutit à une entente. Des négociations plusieurs fois répétées, dans les autres villes, échouèrent par l'obstination des outranciers qui dirigent l'Union générale des patrons métallurgistes allemands, alors qu'une partie des patrons aurait accepté les revendications des ouvriers.

On crut alors pouvoir intimider ces derniers par des menaces inouïes. D'abord l'Union générale menaça de renvoyer, le 10 mai, 320.000 ouvriers métallurgistes, si à cette date une entente n'était pas intervenue dans les quatre villes. Les ouvriers accueillirent cette menace avec tranquillité, mais une partie des patrons montrèrent qu'ils n'étaient point satisfaits des mesures des outranciers. Puis une autre menace fut faite : celle de renvoyer, le 12 mai, 30 p. 100 des ouvriers. Celle-ci non plus ne fut pas exécutée. Le 14 mai eut lieu de nouveau une séance de l'Union générale des patrons métallurgistes. Celle-ci résolut que le 2 juin, 60 p. 100 des ouvriers, principalement les membres de l'Union des ouvriers en métaux d'Allemagne, seraient renvoyés, si, à cette date, on n'était pas arrivé à une entente dans les quatre endroits. Au cas où cette mesure n'aurait pas l'effet souhaité, on devait en venir au lock-out général.

Ces menaces manquèrent complètement leur effet. Bientôt, il fut facile de reconnaître que l'influence des outranciers dans l'Union générale des patrons métallurgistes allemands était fort ébranlée. Les patrons qui avaient crié le plus haut après le lock-out devaient maintenant s'employer à faire valoir leur influence auprès des autres patrons pour qu'ils allassent au-devant des revendications ouvrières. Les ouvriers étaient naturellement, après comme avant, prêts à négocier.

Mais il fallut encore maintes négociations pour obtenir un résultat qui fût acceptable pour les ouvriers. D'abord on aboutit à une entente à Dresde. Lorsque celle-ci fut obtenue, quelques représentants des patrons de cette ville partirent pour Hanovre, pour déterminer leurs confrères à des dispositions plus favorables à l'égard de leurs ouvriers. Puis la paix fut conclue à Braunschweig. A Hanovre, les patrons, dominés par les outranciers, firent longtemps les récalcitrants ; à la fin, cependant, ils durent faire des concessions aux ouvriers. Comme cependant le 2 juin, date à laquelle le grand lock-out devait être accompli, approchait, tels représentants du patronat qui, auparavant, avaient fait la plus ardente propagande pour l'expulsion des ouvriers réfractaires, durent consacrer toute leur influence à amener leurs confrères à céder. Cela se produisit quelques jours avant le 2 juin. A Breslau aussi, jusqu'à ce jour, tous les essais d'entente s'étaient heurtés à l'entêtement d'un seul directeur de fabrique. Bien qu'alors, à prendre à la lettre les menaces de l'Union générale des métallurgistes allemands, le lock-out des 60 p. 100 des ouvriers eût dû être un fait accompli, cela n'arriva pas. Peu de temps après, l'entente fut aussi réalisée à Breslau.

Curieuse est l'hypocrisie dont firent preuve les représentants des patrons. Pour justifier devant l'opinion publique leurs plans de lock-out, ils affirmèrent que l'Union des ouvriers en métaux d'Allemagne avait demandé d'être reconnue comme représentant des ouvriers. La vérité est qu'en tous lieux les revendications ont été d'abord présentées par les représentants de l'Union, mais qu'aussitôt après le refus de les examiner opposé par les entrepreneurs, des commissions élues par les ouvriers prirent la place des délégués de l'Union. Ce n'est nulle part à cause de la non-reconnaissance de l'organisation qu'il fut fait grève, — et partant que le lock-out fut proclamé. Les patrons affirmaient encore qu'un minimum de salaires partout égal leur avait été réclamé. Cela aussi est un mensonge. *Les revendications de salaires étaient partout différentes.* Elles avaient ce seul point commun que, pour les mouleurs, nulle part il n'était demandé moins de 3 marks 50 et pour les aides moins de 3 marks par jour.

C'est ainsi qu'en répandant le bruit mensonger que l'Union des ouvriers en métaux avait posé principalement ces deux revendications au début du mouvement des mouleurs, puis les avait laissées tomber devant la menace d'un lock-out général, les patrons espéraient donner au public l'idée que le mouvement des mouleurs avait abouti à une grave défaite de l'Union des ouvriers en métaux. Ce qu'il faut penser réellement de cette défaite, on le verra par l'examen même superficiel des résultats qu'a publiés précisément l'Union des ouvriers en métaux. D'après ces documents, une réduction du temps de travail a été obtenue dans 71 fonderies occupant 5.100 ouvriers, réduction totale de 16.300 heures par semaine. L'augmentation de salaires pour les heures supplémentaires, pour le travail de nuit ou le travail du dimanche, a été accordée partout pour les travailleurs à la journée, et dans la plupart des cas pour les travailleurs aux pièces. La reconnaissance de salaires minimum a été obtenue dans 52 fonderies occupant 3.100 ouvriers. Dans 78 fonderies, occupant 4.800 ouvriers, une convention collective a été établie. Les salaires ont été révisés par un commun accord dans 132 entreprises, occupant environ 6.000 ouvriers. Les augmentations consenties pour les salaires à l'heure représentent par semaine un total de 15.780 marks. Dans plus de 200 fonderies, occupant 7.200 ouvriers, les prix du travail aux pièces sont établis d'accord avec les ouvriers avant le début du travail, le salaire à l'heure garanti et les *ratés* dont l'ouvrier n'est pas responsable, payés. Les autres revendications ont été approuvées dans de très nombreux cas.

Des défaites de ce genre peuvent réjouir les syndicats. Beaucoup des autres résultats de cette lutte ne peuvent d'ailleurs pas du tout s'exprimer en chiffres. Plus que tous les autres ouvriers sur métaux, les mouleurs avaient à souffrir de l'arbitraire des maîtres. A ce mal, il a été remédié désormais pour une grande part.

Ces résultats ont été obtenus, malgré les syndicats Hirsch-Duncker et les syndicats chrétiens qui ont joué dans ce mouvement des mouleurs le même rôle que les syndicats jaunes en France. Néanmoins, l'Union des ouvriers en métaux d'Allemagne a fourni la preuve, dans ce mouvement des mouleurs, qu'un fort et solide syndicat n'a aucune raison de craindre un patronat brutal et bien organisé. En outre, il ressort de ces événements qu'il est impossible de lock-outer d'un coup tous les ouvriers en métaux, puisque, par cette mesure, la vie économique tout entière se trouverait si fortement atteinte que même les patrons n'oseront plus songer à un lock-out général. Les effets des lock-out antérieurs sont assez instructifs : à Breslau, uniquement par suite du lock-out des ouvriers sur métaux, un magasin a dû déposer son bilan.

Quist.

LE MOUVEMENT EN FRANCE

HENNEBONT

Les luttes pour la réduction des heures de travail se sont poursuivies en juin pour un grand nombre de corporations. D'après le *Bulletin de l'Office du Travail,* sur les 247 grèves commencées en mai, 188 seulement avaient pris fin le 31 mai. Les études qu'ont commencé de publier ici quelques camarades permettront de se faire une idée assez exacte de toutes ces luttes. Mais il nous faut signaler dès aujourd'hui même le terrible conflit d'Hennebont.

Nous aurons un jour à dire par le détail cette lutte obstinée, où la famine même ne peut faire céder les 1.800 grévistes, leurs femmes, leurs enfants, les 6.000 êtres humains qui souffrent depuis le 22 avril. Mais nous nous permettons d'attirer tout de suite l'attention de nos camarades, de tous ceux qui peuvent donner quelques sous, sur la misère épouvantable qui règne là-bas. Les salaires varient à Hennebont de 1 fr. 75 à 2 fr. 50 par jour. Le maire-patron, M. Giband, a abusé cyniquement de son autorité de maire ; et les manœuvres dont il a usé pour briser la force syndicale ou ramener à l'usine ses ouvriers affamés révolteront toutes les consciences. Que ceux qui le peuvent adressent leurs fonds à la C. G. T., 33, rue Grange-aux-Belles.

CONGRÈS

Le mois de juin aura vu de nombreux congrès. Dès le début, les jeunes facteurs ont affirmé, à Paris, dans une assemblée générale, leur solidarité. Puis, les employés des trésoreries générales et des recettes des finances, le 4 juin, ont tenu leur troisième congrès national : leur *syndicat,* constitué sur les bases de la loi de 1884, existe en effet depuis trois ans. N'espérant plus rien de l'administration, même supérieure, ils ont réclamé de la nouvelle Chambre une loi améliorant leur sort ; mais ils ont tenu à affirmer que leur syndicat, qui a toujours fait preuve de modération, soutiendrait moralement et matériellement ceux de ses membres qui seraient frappés pour leur propagande.

Le 15 juin, avait lieu le 8e congrès annuel des **Travailleurs des Chemins de fer de l'État.** Le groupe syndical État comprend aujourd'hui 1712 membres ; beaucoup de travailleurs du réseau appartiennent en effet au syndicat national. Les délégués votèrent des motions en faveur de l'appareil Boirault pour l'attelage automatique des wagons, en faveur de la liberté syndicale, en faveur du projet transactionnel que les syndicats proposent au vote du Sénat pour les conditions de retraite et de travail dans les chemins de fer, enfin en faveur de la suppression des économats et de l'entretien de bonnes relations avec la Fédération internationale des transports.

Le 25 juin, deux corporations importantes et qui tiennent de près, elles aussi, à l'État, se sont réunies à Paris : les agents des douanes et les ouvriers des tabacs.

C'était le premier congrès corporatif des **Douaniers** : 60 délégués y représentaient cependant 27 groupes et 20.000 adhérents. Les douaniers ont précisé leurs revendications pour le recrutement, pour les traitements (leur traitement de début est de 1.000 francs; le maximum de 1.450 francs); pour la retraite, qu'ils demandent à 25 ans de service et sans condition d'âge ; contre les déplacements arbitraires; contre les notes secrètes; enfin et surtout contre les survivances de militarisme qui gênent la corporation. Le Congrès a demandé ensuite que le Parlement « veuille bien reconnaître l'aptitude des agents du service des douanes à la capacité syndicale, au moment de la discussion du projet gouvernemental qui a pour but de fondre en une seule et nouvelle loi les lois de 1884 et de 1901 ».

Le même jour, à la Bourse du Travail, se réunissaient les 60 délégués représentant les 12.000 syndiqués des **manufactures de tabacs.** Le Congrès s'est prononcé en faveur de la journée de huit heures. Il a demandé la réduction à 55 ans de l'âge de la retraite pour les femmes et la réduction à 15 ans de service pour le droit à la retraite proportionnelle en cas d'invalidité. Il a demandé une augmentation de salaires pour les ouvrières occupées à la confection des petits cigares, ouvrières qui touchent des salaires misérables de 1 fr. 90 à 2 fr. 10. En matière d'accidents de travail, le Congrès a émis le vœu que, pour l'examen des blessures, une commission médicale soit créée dans chaque manufacture, commission composée : 1º du médecin de l'Administration ; 2º un docteur élu par les syndicats ouvriers ; 3º un docteur choisi par les deux parties.

En ce qui concerne l'inspection, il a émis le vœu que la loi règlementant l'intervention des inspecteurs du travail dans l'industrie ne comporte aucune exception pour les manufactures des tabacs.

A la fin du Congrès, une délégation s'est rendue auprès du ministre lui présenter les revendication ainsi précisées.

Sur la question de la *journée de huit heures,* le ministre, sans méconnaître le bien-fondé de l'application de cette réforme essentielle, estime qu'elle exige dans les manufactures un matériel perfectionné qui puisse augmenter la production, et qu'il y a lieu, dans ces conditions, de demander aux Chambres le crédit nécessaire, ce qu'il fera par l'inscription au budget de 1908 d'un crédit spécial.

En ce qui concerne l'*augmentation des retraites,* une commission interministérielle a été chargée de cette étude. Elle entendra en temps utile les délégués de la Fédération des tabacs qui auront alors à lui soumettre les revendications formulées par le Congrès.

Sur la question de l'*augmentation des petits cigares,* le ministre s'est montré particulièrement favorable à cette revendication, à condition que la somme de 100.000 francs nécessaire soit trouvée dans l'économie provenant des salaires. Il a chargé le directeur général de faire les études nécessaires à ce sujet.

LE MOUVEMENT A L'ÉTRANGER

En Pologne

*Un fort mouvement d'organisation syndicale se dessine en Pologne. La révo-
lution même fait sentir aux ouvriers polonais la nécessité du groupement
économique. Dans quelles conditions ce groupement peut-il se faire ? Quelles
questions de tactique se sont déjà posées ? Les curieuses notes que nous envoie
le camarade L. Osinski permettent de s'en rendre compte.*

C'est depuis 1870 seulement que la Pologne est devenue un pays de capitalisme moderne, et elle possède déjà une grande industrie centralisée
dans les districts de Varsovie, Lodz, Dombrowa, Radome, etc., industrie
spécialisée et produisant par masses (textiles, métallurgie, mines, etc.).
Aussi, parmi la population polonaise qui est d'une densité relativement
considérable, le prolétariat industriel forme-t-il déjà de fortes légions.

Jusqu'aux derniers temps, ce prolétariat se trouvait groupé dans des
partis socialistes qui menaient à la fois la lutte politique et économique.
Une organisation purement économique, qui fut tentée vers 1890 sous la
forme de « caisses de résistance », échoua.

Mais, dès les premiers jours de la récente révolution, la lutte pour
l'émancipation engagea de telles masses de prolétaires conscients, qu'une
division du travail entre les organisations politiques et les organisations
syndicales devint indispensable.

Malheureusement, nos syndicats, à peine nés ou même à naître, forment
des groupes rivaux, guidés et dominés, à l'exception d'un seul, par des
préjugés politiques. Le parti « social-démocrate » et le « Bound » (Union
générale des ouvriers israélites) ont organisé, en effet, des syndicats
attachés à leur parti, ou, comme on dit chez nous, syndicats « partyjne » ;
de même les « chrétiens-démocrates » et les nationalistes veulent avoir
leurs syndicats spéciaux : nos syndicats jaunes. Seuls, le « Parti socialiste
Polonais » et le parti « Prolétariat » se sont prononcés pour les syndicats
libres, c'est-à-dire neutres au point de vue des opinions politiques ou
religieuses, c'est-à-dire autonomes, indépendants de tous les partis politiques (1), mais ayant comme base principale la lutte des classes et
comme but final l'émancipation intégrale du prolétariat. En résumé, les
syndicats attachés aux partis politiques se contentent de désorganiser
la classe ouvrière, heureusement sans grand succès. Seuls, les syndicats
dits libres gagnent la place, groupent de grandes masses du prolétariat

---

(1) Au dernier congrès, le parti social-démocrate russe se prononça pour le même mode
d'organisation syndicale en Russie.

conscient, et, grâce à eux, le mouvement syndicaliste en Pologne se développe et commence à bâtir son propre édifice.

Je ne veux parler ici que de ces derniers syndicats, d'abord parce que ce sont, dans leur nouveauté, de vraies organisations syndicales, fortes en nombre, fortes par leur administration et par la netteté de leurs principes, ensuite parce qu'elles sont appelées à jouer un rôle prédominant dans la lutte d'émancipation du prolétariat polonais, enfin et surtout parce que ce sont les seuls syndicats dont l'action ait déjà porté des fruits.

C'est à la fin de 1905 que se constitua une « Commission d'organisation des syndicats ». Elle se mit vite à l'œuvre. Bientôt, nos jeunes syndicats s'engageaient résolument sur la route lumineuse du progrès, avec une activité fébrile, et, brûlant les étapes, semblaient vouloir rattraper le temps perdu. Malgré les mensonges des syndicats rivaux, malgré l'état de siège et le régime policier, malgré les grandes difficultés d'une organisation conspiratrice (nos lois sur les associations professionnelles, en effet, lois draconiennes, ne permettent aucune vie légale à nos syndicats vraiment prolétariens), enfin malgré la crise économique générale, on marche en avant. On imprime des statuts, on arrange des bureaux, on s'instruit et surtout on lutte, tant pour les revendications corporatives que pour la reconnaissance des syndicats du côté des patrons.

Pour propager l'idée, la « Commission d'organisation » imprime clandestinement une revue mensuelle à un sou : *Le Mouvement Syndicaliste*. De même, les syndicats imprimeront bientôt leurs journaux spéciaux.

Jusqu'à ce jour, on s'organise seulement en syndicats locaux. Les plus actifs sont les syndicats d'ouvriers métallurgistes (Varsovie, Lodz, Creustochowa), des tanneurs (Varsovie, Radome), des ouvriers de l'industrie du bois (Varsovie), etc., etc., et chaque jour il en naît de nouveaux.

Récemment, on a fait des démarches pour unir ces syndicats en fédérations, et nos syndicats, pleins d'enthousiasme et d'espérance, croient fermement pouvoir entrer sous peu dans la grande famille des syndicats internationaux. — *L. Osinski.*

Relations internationales

Il faut se féliciter de la force croissante des Fédérations internationales. Tandis que les plus anciennes, comme la Fédération typographique ou la Fédération des mineurs, prouvent leur utilité en agissant déjà efficacement par l'envoi de secours, comme nous l'avons vu pendant les récentes grèves, d'autres achèvent de s'organiser, complètent ou concentrent leurs services ; et, dans les métiers où il n'existe pas encore de Fédération, les premières négociations sont engagées, les premières bases sont jetées d'une organisation prochaine. Les derniers mois auront été particulièrement féconds à cet égard.

A Pâques, s'est tenu à Londres le Congrès international des **Employés** : l'Angleterre, la France, la Belgique, l'Espagne et le Portugal, la Pologne étaient officiellement représentées. Un délégué allemand y assistait.

Avant toute discussion, nos amis de la Fédération nationale des syndicats d'employés protestèrent contre l'admission de la Fédération de Rouen. Ils montrèrent que des syndicats adhérents à cette Fédération étaient de pures sociétés de secours mutuels, que des groupements confessionnels en faisaient partie, et, qu'à l'occasion même, des patrons pouvaient se rencontrer dans ses rangs. Le Congrès décida de passer à l'ordre du jour, cet ordre du jour portant d'ailleurs comme question à traiter, la question de l'affiliation. Mais les délégués de la Fédération nationale des syndicats décidèrent de se retirer provisoirement de la Fédération.

Ils prirent part d'ailleurs aux travaux de la conférence, la discussion la plus importante portant précisément sur les conditions à remplir par les diverses sociétés désirant adhérer à la Fédération. Dalle, Martinet précisèrent à quelles conditions leur Fédération rentrerait dans une organisation internationale. Ils montrèrent, en dépit de l'argumentation du délégué belge Troclet, que le prolétariat ne tendait pas à disparaître, à se fondre dans toute une série de classes intermédiaires entre le haut patronat et le petit employé ; ils marquèrent l'opposition toujours nette entre les deux classes, ouvrière et patronale, et la réalité constante de la lutte des classes. Les Anglais montrèrent comment, dans leur pays, des discussions politiques ou religieuses étaient inconcevables dans les Unions, où les salariés se trouvent tous unis pour la lutte économique. La résolution donna gain de cause aux principes posés par Dalle et Martinet. Il fut décidé que seuls pourraient adhérer à la Fédération internationale les syndicats engageant la lutte syndicale moderne, c'est-à-dire la lutte pour l'amélioration du salaire et des conditions du travail, et ayant seulement des employés comme membres actifs. Mais comme le Congrès, illogiquement, décidait ensuite de maintenir les situations acquises dans la Fédération internationale, une nouvelle bataille fut nécessaire : nos camarades posèrent la question de l'unité fédérale en France, et finalement, avec une vive discussion avec M. Artaud, le Congrès donna mandat au bureau interfédéral d'étudier les voies et moyens pour réaliser en France l'unité d'action et d'organisation.

Nous n'insisterons pas sur les autres décisions prises, soit en faveur des huit heures, soit en faveur d'un repos de trente-six heures par semaine, autant que possible le dimanche. L'intérêt du Congrès, c'est qu'il a bien montré l'importance de l'organisation internationale au point de vue même des principes qui doivent dominer et inspirer toute lutte syndicale.

*
* *

Le 17ᵉ Congrès de la Fédération internationale des **Mineurs,** congrès qui se tint, à Londres également, du 5 au 8 juin, pourrait en être donné comme une preuve nouvelle. Les représentants des syndicats chrétiens d'Allemagne, en effet, furent admis au Congrès ; et ce ne fut pas le moindre objet de réflexion pour les délégués anglais que leur rencontre avec ces syndiqués curieux dont ils ne pouvaient comprendre le chrétien isolément. Mais les Français, de leur côté, purent se rendre compte, à l'occasion même des secours envoyés par ces mineurs lors de la catastrophe de Courrières, secours qu'à aucun prix ils ne voulurent faire parvenir par l'intermédiaire des syndicats jaunes, que ces syndiqués chrétiens étaient assez différents de nos Biétry et consorts.

La Grande-Bretagne (87 délégués), la Belgique (9), la France (4), l'Autriche (2), l'Amérique (2), l'Allemagne (17, dont 3 chrétiens) étaient représentées à ce Congrès, soit 1.480.000 mineurs syndiqués.

L'ordre du jour du Congrès était, comme de coutume, fort chargé. La catastrophe de Courrières fut l'occasion d'un sérieux échange de vues sur l'extension du nombre et des pouvoirs des délégués mineurs ou inspecteurs des mines dans tous les pays. Un vœu fut vite émis dans ce sens. Après de courtes discussions, où chacun exposa la situation dans son pays, le Congrès se prononça pour la suppression, par la loi, du travail des femmes dans l'industrie minière ; pour l'interdiction légale du travail des enfants, âgés de moins de 14 ans, à la surface, et âgés de moins de 16 ans, au fond ; et, en principe, pour l'institution d'une double période de vacances de quinze jours.

Après avoir repoussé une proposition, belge, de fixer au premier lundi de mai une fête internationale des mineurs, le Congrès aborda le débat sur la journée de huit heures. A l'exception des délégués du Northumberland et du Durham, le Congrès se prononça unanimement pour une agitation persistante en faveur de la journée de huit heures, depuis le temps de la descente jusqu'à celui de la remonte à la surface. Il se prononça, d'autre part, en faveur de l'établissement d'un minimum de salaire, soit par la loi, soit par des traités avec les patrons, — et aussi en faveur de l'établissement d'un contrôle des salaires au moyen de duplicata des livrets de paye que chaque compagnie de charbonnages sera tenue de remettre aux mineurs qu'elle emploie. Les souvenirs des négociations engagées pendant les dernières grèves minières, sont assez récents pour qu'on sente à quel besoin réel répond ce vœu.

Avant les vœux accoutumés concernant la nationalisation des mines et la réglementation de la production, le Congrès aborda enfin une dernière catégorie de questions : celles ayant trait à l'organisation même de la Fédération. A la demande des Américains, il décida l'établissement d'une carte internationale, permettant à un syndiqué étranger émigré d'entrer sans payer de droits dans l'organisation de son métier ; mais il ajouta, comme conditions, que les cartes ne seraient données qu'à des organisations adhérant depuis au moins deux ans à la Fédération internationale et à des membres appartenant depuis au moins douze mois à ces organisations. Enfin, les Allemands insistèrent pour la publication d'un rapport annuel et l'envoi aux parlements nationaux des résolutions des Congrès.

L'organisation, chaque jour plus forte, et l'extension toujours plus grande de la vieille Fédération (c'est, en effet, la plus vieille des organisations, internationales), donne à ces vœux, naguère encore souvent platoniques, une valeur de plus en plus grande. Et, peu à peu, dans chaque pays, un esprit uniforme se crée, les uns abandonnant un peu de leur confiance exclusive en la loi, les autres reconnaissant que la loi complète et aide l'effort des syndicats.

Quelques semaines plus tard, enfin, se tenait à Milan le 5ᵉ Congrès international des **Transports**. La Fédération des transports n'a pas encore rallié toutes les organisations des divers métiers qui aident à la circulation des richesses ou des hommes ; son caractère n'est pas encore nettement défini ; ses services ne sont pas encore très nombreux. Mais le récent Congrès atteste les sérieux progrès qu'elle vient de faire.

Une réunion préparatoire, tenue le 25 juin, concerna spécialement les chemins de fer. Les débats furent uniquement consacrés à la question de l'Office international d'études pour les chemins de fer, office fondé en 1893 et dont le fonctionnement avait été confié à notre Syndicat national des chemins de fer.

Guérard proposa que cet Office qui n'avait pu fonctionner parce que les organisations n'avaient pas envoyé leurs cotisations, reçût de celles-ci 5 centimes par an et par syndiqué. Branconi, délégué italien, demanda au contraire la suppression de cet organe et la dévolution des fonds actuellement recueillis, 2.000 francs environ, à la Fédération internationale des travailleurs des transports. Après discussion, Guérard retira sa proposition, et on se rangea à l'avis du délégué autrichien Tomschik : on donna mandat au secrétariat de la Fédération internationale d'instituer un bureau de statistique, d'études et d'information consacrée spécialement aux questions intéressant les chemins de fer. On décida également de lui attribuer les fonds existants. Le caractère de Fédération d'industrie de la Fédération internationale des transports fut ainsi plus nettement marqué.

Le Congrès, réuni ensuite, décida par 116.000 voix contre 106 l'augmentation de la cotisation fédérale, décida que la publication du journal international, *le Correspondenzblatt* serait aussi fréquente que possible, fixa à 2.500 marks les appointements du secrétaire international.

La grosse question de la tactique à suivre par les ouvriers des transports, et spécialement par ceux des chemins de fer, en cas de conflit, ayant été abordée, *le Congrès décida à l'unanimité de laisser à chaque nation ou fédération nationale l'autonomie la plus complète dans le choix des moyens à employer et de la tactique à suivre pour obtenir les résultats désirés.*

Une motion complémentaire indiqua qu'en cas de grève, la direction de la grève et le recueillement des fonds appartiendrait à chaque organisation ; que l'appui financier de la Fédération ne pourrait être demandé sinon pour une lutte de grande importance; enfin que, sauf exception, les fédérations non adhérentes ne seraient pas appuyées.

Autonomie complète des organisations, tactique indépendante, réglée par chacune d'après les conditions nationales particulières, politiques ou autres, dans lesquelles elle est contrainte d'agir, ce sont là des principes qu'on ne peut qu'approuver. Mais il faut souhaiter que, dans son progrès constant, la Fédération internationale dispose de moyens suffisants pour soutenir les mouvements divers.

VARIÉTÉS

L'ÉCOLE SYNDICALE ALLEMANDE

Répondant enfin à un des besoins les plus urgents du mouvement allemand et au vœu des camarades qui le sentaient, la Commission générale des syndicats allemands vient d'ouvrir à Berlin des cours destinés aux fonctionnaires des syndicats, secrétaires, trésoriers, employés, etc... Voici en quels termes le *Journal des Correspondances* expliquait récemment le but de l'institution.

« Le mouvement syndical allemand, pendant les dernières années, a beaucoup gagné en étendue et en complexité; mais l'instruction théorique des fonctionnaires des syndicats, par suite de l'excès de travail que leur apportent les affaires mêmes de leurs syndicats, n'a pas pu, pour ainsi dire, marcher d'un pas égal au progrès de l'organisation. Mais à l'avenir une telle situation est intenable. Tout tend aujourd'hui à plus de savoir, à plus de science, et les chefs des syndicats doivent, en première ligne, posséder une certaine somme de connaissances. Les syndicats patronaux, qui se sont puissamment étendus, ont à leur tête des hommes qui ont reçu une éducation technique et juridique complète. Dans les organisations patronales, on donne souvent à des employés des traitements qui dépassent 10.000 marks. Et ce n'est pas par pure humanité qu'ils leur donnent de pareilles sommes, non ; mais ils n'emploient précisément que des gens qui sont tout à fait qualifiés. Les organisations ouvrières ne doivent-elles pas exiger la même chose de leurs employés, du moins en ce qui concerne les connaissances ? Cela ne veut pas dire, bien sûr, que nos chefs de syndicats soient des « hommes incapables ». Il nous suffit de rappeler seulement que déjà maint grand patron outrancier a dû avouer son étonnement de voir que des ouvriers, qui peu d'années auparavant travaillaient encore à la fabrique ou sur le chantier, avaient pu enrichir autant et en si peu de temps leur savoir ; des politiques sociaux bourgeois ont noté la même chose et l'ont écrit. Mais la reconnaissance de ce fait ne doit pas, ne peut pas nous amener à penser que les fonctionnaires des syndicats allemands sont parvenus à un degré de culture tel qu'une éducation méthodique, à l'aide de cours, ne leur soit plus du tout nécessaire. Il n'en est pas ainsi. On sait que les syndicats chrétiens font dresser leurs futurs employés le plus souvent à l'École des jésuites de München-Gladbach, pour qu'ils puissent efficacement combattre les syndicats « socialistes ». Mais ce ne sont pas naturellement ces méthodes d'éducation que la commission générale veut imiter : il suffira, pour s'en convaincre, de lire le programme ci-dessous.

« Dans la dernière conférence des délégués, la Commission générale proposa en effet un programme des cours à établir, cours auxquels seront admis de plein droit les fonctionnaires appointés des syndicats, que les frais soient supportés par eux-mêmes ou par leurs organisations. Y assisteront ensuite tous les camarades envoyés par une organisation aux frais de l'organisation. Et, s'il reste encore quelque place disponible, d'autres membres des syndicats pourront être admis. Les dépenses pour l'établissement du cours et le traitement des professeurs incombent à la Commission générale. Les frais d'entretien des étudiants, lorsqu'ils ne sont pas supportés par eux-mêmes, incombent aux organisations qui les ont envoyés.

« Les cours établis sont les suivants : 1º Théorie et histoire du mouvement syndical allemand ; 2º les organisations syndicales adverses en Allemagne ; 3º le mouvement syndical à l'étranger ; 4º la législation d'assurances ; 5º les mesures de protection et de sécurité ouvrières ; 6º le Code industriel ; 7º introduction à l'économie politique ; 8º cartels, trusts, associations capitalistes ; 9º éléments de statistique ; 10º bibliographie syndicale ; 11º comptabilité et opérations commerciales. »

A quand notre école syndicale française ?

LIVRES, BROCHURES, REVUES

La condition des ouvriers des mines

C'est François Simiand qui, prenant occasion de la catastrophe de Courrières, l'a étudiée scientifiquement dans deux remarquables articles de la *Revue de Paris* (1er et 15 juin 1906). Avec finesse, Simiand a analysé les préjugés que l'éducation, les journaux, le récit de faits quotidiens, sur lequel brode l'imagination d'un chacun, a répandu dans les esprits au sujet des mines ; puis, il les vérifie et les critique, chiffres et graphiques en mains. Nous ne pouvons, hélas ! pas même analyser l'ensemble, ni décrire le progrès de sa vivante étude. Nous nous contenterons d'y relever les quelques traits qui intéressent plus spécialement les syndiqués.

Après avoir montré que les salaires journaliers et les salaires annuels ont moyennement plus que doublé — tandis d'ailleurs que dans le même temps et pour les mêmes exploitations la somme des bénéfices au moins décuplait — Simiand se demande comment les salaires ont augmenté. Il marque que les salaires ont monté, non d'une façon régulière, mais en quatre fois, pendant quatre phases très courtes (1852-56, 1871-74, 1888-90, 1898-1901). Or, ces quatre moments de hausse des salaires correspondant exactement aux moment des hausses du prix du charbon, faut-il en conclure que les patrons, bons patrons, se sont empressés, dès que les conditions favorables du marché le leur permettaient, d'élever les salaires et de faire ainsi participer leurs ouvriers à la propriété générale de l'exploitation ? Ce serait une belle erreur.

« De toutes les hausses nettes de salaires, dit Simiand, il n'en est pas une que nous ne trouvions précédée d'une ou de plusieurs grèves, soit dans l'un, soit dans chacun des grands bassins, ou bien de pressions énergiques exercées par de fortes organisations syndicales, et menaçant sans cesse de se changer en grève déclarée ; dans la plupart des cas, nous pouvons établir un lien direct et immédiat entre ces grèves ou ces pressions ouvrières et les augmentations de salaires consenties ; mais il n'est pas nécessaire qu'il y ait eu grève et lutte dans toutes les exploitations du pays pour que les concessions patronales cessent de nous apparaître spontanées : il est manifeste qu'une grève, même limitée à un bassin, à un groupe d'exploitations, peut, par retentissement, par menace d'un mouvement semblable, agir même sur les bassins ou les exploitations qu'elle n'a pas directement atteints ; et cela suffit à enlever aux avantages accordés alors dans ces bassins et ces exploitations le mérite d'une générosité volontaire. »

Un autre point qu'établit notre ami, c'est que chacune des augmentations de salaire, au moment où elle a été consentie, était telle qu'elle ne diminuait pas le bénéfice patronal, telle qu'elle ne l'empêchait même pas d'augmenter, de façon absolue et de façon relative.

Abordant enfin le problème du perfectionnement de l'exploitation, il montre que là encore le progrès « ne procède pas d'une initiative spontanée, toujours agissante, mais qu'il a été provoqué, contraint, pourrait-on dire, par les circonstances économiques défavorables qui, à certains moments, ont pressé sur le producteur ». Loin d'avoir été cherchées, pour ménager l'effort et la santé de l'ouvrier, les méthodes nouvelles n'ont été souvent qu'un pis-aller, à défaut de pouvoir obtenir dans le prix de revient toute l'économie nécessaire par la réduction des frais de main-d'œuvre et par l'augmentation du rendement du travail humain.

Simiand rappelle encore les luttes que les mineurs ont dû soutenir pour maintenir leur salaire si incertain, si constamment menacé. Il rappelle comment aussi les syndicats ont inauguré leur effort d'émancipation. Quelques batailles héroïques furent jadis livrées, que les contempteurs des vieilles organisations devraient ne pas oublier.

Réflexions d'un militant

Ce sont celles de notre camarade Mutschler, dans *l'Ouvrier en Meuble*. Mutschler prend texte de la dernière lutte pour revenir sur quelques-unes des idées qui nous sont chères. Il montre la nécessité d'une forte caisse de grève puis il ajoute :

« Une question bien plus importante se greffe là-dessus, que nous ne pourrons plus éluder une fois ce principe de grève admis : comme il est logique que la plus grande partie possible d'une corporation contribue à alimenter cette caisse, il importe, avant tout, de trouver les moyens pratiques d'attirer et de retenir cette masse dans le syndicat ; on n'y arrive qu'en lui offrant, le long de la route, des avantages immédiats et appréciables. Car la perspective de toucher une fois, après des années de versements, une petite indemnité, n'est pas un mobile d'action d'une suffisante persistance, le profit individuel étant trop peu en rapport avec les sacrifices consentis. Ceux qui, sans espoir de profit déterminé, font quand même leur devoir ne sont et ne resteront toujours qu'en petit nombre. Que nous voulions ou non, il faut donc faire la part de l'égoïsme humain, autrement nous ne l'aurons jamais, cette masse. C'est pourquoi aussi nous avons vu la Fédération du Livre, comme d'ailleurs toutes les autres organisations qui ont passé par là, graduellement obligées par la force inéluctable des choses, d'instituer des caisses de solidarité (caisse de maladie, de chômage, de décès, de viaticum, s'emparer du placement, etc.), caisses qui constituent comme rets de fils d'araignée qui enveloppent peu à peu les indifférents en les prenant par le seul côté sensible, c'est-à-dire l'intérêt de tous les jours.

Donc si nous voulons assurer à nos efforts le maximum de rendement, si nous ne voulons plus que les conscients, ceux qui font leur devoir, continuent à être les victimes, pour ne pas dire les dupes, des mufles qui, eux, toujours, mangent les marrons que les militants retirent du feu, nous n'avons plus le choix ; sans tarder, il faut nous engager dans la voie que je viens d'indiquer.

Ici, il ne s'agit plus de doctrines, de désirs ou lubies individuelles ; si une maison brûle, on ne discute plus. Nous n'avons pu la sauver, tant pis, il faut maintenant reconstruire en fer, instituer un service technique de sapeurs-pompiers, poser des conduites d'eau, etc., etc. Mais ce n'est pas seulement un service défensif, c'est aussi une machine de guerre offensive. D'un côté comme de l'autre, c'est des données, des problèmes techniques qu'il s'agit de résoudre scientifiquement. Aujourd'hui on ne fait plus la guerre comme les nègres d'Afrique. Si les Japonais ont battu les Russes, c'est surtout à cause de leur science d'organisation : la vaillance ne suffit plus. Pour notre guerre de libération, c'est la même chose. »

Une proposition intéressante

C'est celle que la Bourse du Travail de Reims avait déjà formulée à la veille du Congrès de Bourges et qu'elle vient de reprendre pour celui d'Amiens : l'organisation d'une exposition des imprimés en usage dans les Bourses du Travail. Exposition modeste, sans doute, où les exposants ne rechercheront ni profits personnels, ni décorations, mais qui vraiment, celle-là, sera utile à tous les camarades. Chaque Bourse pourra ainsi, surtout pour l'organisation délicate du placement, profiter de l'expérience acquise, souvent après bien des tâtonnements, par les organisations sœurs.

A lire :

Dans le *Bûcheron*, du 20 juin, un très intéressant article sur les coopératives bûcheronnes et sur la facilité relative de pareilles créations.

Dans *Pages Libres*, du 14 et du 21 juillet, deux articles de G. Aillet : Responsabilité et risques professionnels.

Dans *l'Ouvrier textile*, du 1ᵉʳ juillet, l'article important de Renard qui pose le problème des rapports des syndicats et des partis politiques. Nous aurons occasion d'y revenir.

Le Gérant : L. GERVAISE  Imp. coopérative ouvrière de Villeneuve-St-Georges (S.-et-O.)

Deuxième Année.　　　N° 16.　　　Août 1906.

La Revue Syndicaliste

SOMMAIRE

PARIS

PUBLICATIONS DE LA SOCIÉTÉ NOUVELLE DE LIBRAIRIE ET D'ÉDITION

(Anc¹ 17, rue Cujas)

ED. CORNÉLY et Cⁱᵉ, ÉDITEURS

101, RUE DE VAUGIRARD, 101

La Revue Syndicaliste

Paraissant le 15 de chaque mois.

France : Un an . . . . . . **2 fr. 40** | Étranger : Un an . . . . . . **3 fr.**
   —   Six mois. . . . . . **1 fr. 20** | —   Six mois. . . . . **1 fr. 50**

Les abonnements partent de mai et de novembre.

Nous serons reconnaissants aux camarades de nous envoyer le montant de leurs abonnements par mandat-poste, pour éviter les frais de recouvrement.

Prière d'adresser tout ce qui concerne la rédaction ou l'administration au camarade Albert Thomas, administrateur-délégué de la *Revue Syndicaliste,* 101, rue de Vaugirard, Paris.

L'ordre du jour d'Amiens

C'est du 8 au 14 octobre que se tiendra, à Amiens, le XVᵉ Congrès national corporatif.

L'ordre du jour en est, une fois encore, extrêmement chargé : le Comité confédéral en a été réduit à classer en quelque manière par ordre d'urgence, et pour faciliter la tâche du Congrès, les innombrables questions posées par les organisations.

En voici la liste dans l'ordre adopté :

1º *Rapport des comités, du journal et de la caisse des grèves ;*
2º *Continuation de la propagande des huit heures.*
A. Du travail aux pièces (industrie textile de Reims) ;
B. Réduction des heures de travail (garçons de magasin de Paris) ;
C. Minimum de salaire (garçons de magasin de Paris).
3º *Repos hebdomadaire* (garçons de magasin de Paris).
4º *Les lois ouvrières en projet* : l'arbitrage obligatoire ; les contrats collectifs ; la participation aux bénéfices ; la représentation ouvrière dans les conseils des sociétés industrielles (proposition du Comité confédéral).
5º *Modifications aux statuts :*
A. Admission des fédérations de métier (7 syndicats du Bâtiment) ;
B. Rapports des coopératives et des syndicats confédérés (garçons de magasin de Paris) ;
C. Rapports de la C. G. T. et des partis politiques (fédération du textile).
6º *De l'admission des syndicats agricoles dans les Bourses* (Bourse de Narbonne).
7º *De l'organisation rationnelle et des moyens de la propagande* (Bourse de Thiers).
8º A. *De l'antimilitarisme* (Bourse de Saint-Nazaire) ;
B. *De l'attitude de la classe ouvrière en cas de guerre* (fédération des Cuirs et Peaux).
9º *Des timbres acquits confédéraux* (Monteurs, Levageurs de la Seine).
10º *De la suppression des poisons professionnels.*
11º *Création de fédérations départementales ou régionales* (diverses Bourses).

Questions diverses

A. Le viaticum obligatoire confédéral (industrie textile de Reims) ;
B. De la possibilité de la création d'une caisse de grève confédérale (peintres de Paris) ;
C. Interdiction des amendes et retenues (industrie textile de Reims) ;
D. Les saisies-arrêts (fédération des Cuirs et Peaux) ;

(Voir la suite, page 3 de la couverture).

Deuxième Année.   **N° 16.**   **Août 1906.**

La Revue Syndicaliste

ABONNEMENT	Paraissant	ABONNEMENT
❦	le 15 de chaque mois.	❦
Un an......... 2 fr. 40		Un an......... 2 fr. 40
Six mois....... 1 fr. 20	Le numéro : 0 fr. 20	Six mois....... 1 fr. 20

LE DROIT A LA LIBERTÉ

Les récents discours ministériels prononcés à la tribune du Parlement français, et par lesquels le ministre Clémenceau déclare que : « l'on peut tenter de redresser l'iniquité qui est la base de la nature, mais à la condition de se maintenir sur une base solide : le droit imprescriptible de chacun... », viennent de remettre en évidence une de ces questions qui sont et ont été la préoccupation constante des individus dans toutes les sociétés ; car « ce droit imprescriptible de chacun », c'est le droit à la liberté, qui doit garantir, aux travailleurs surtout, le droit à la vie.

Or, par une décevante ironie ou par une singulière aberration de l'esprit humain, l'exercice de ce droit à la liberté, au lieu de faire des hommes des collaborateurs, en a fait des adversaires ou des concurrents. Et M. Clémenceau déclare : « La situation n'est pas égale entre ces deux concurrents : l'ouvrier qui demande, qui cherche et qui trouve du travail lutte pour vivre ; l'ouvrier qui gagne sa vie, qui abandonne sa place afin d'obtenir une amélioration de salaire lutte pour le mieux-être. La distinction est importante. »

Elle est surtout importante, cette distinction, par l'importance que sait y attacher l'habileté gouvernementale de M. Clémenceau. Il a montré, dans les récents événements des luttes ouvrières, en faveur de qui il établissait cette distinction, pour assurer le droit à la liberté.

Mais la raison d'être des gouvernants, n'est-elle pas précisément d'aliéner la liberté des gouvernés ?

Néanmoins, qu'il nous soit permis de rappeler à M. Clémenceau, ministre, les écrits de M. Georges Clémenceau, critique littéraire, qui jadis écrivait :

« Cependant pour les individus, comme pour les peuples, il y a quelque chose encore au-dessus de l'intérêt de vivre.

« Sans *l'indépendance, la liberté, le droit* qui font *la dignité de la personne humaine, l'honneur,* — pour employer le mot courant — la vie servile toute proche de la bête, ne vaut pas la peine d'être vécue.

« Il y a donc des cas où, pour ces biens primordiaux, l'homme doit pouvoir jouer de sa vie avec sérénité. » (1)

Et alors, si la vie servile, toute proche de la bête, ne vaut pas la peine d'être vécue, quel est d'entre les deux, de l'ouvrier qui lutte pour vivre, ou de celui qui lutte pour le mieux-être, quel est celui qui pratique le mieux « l'indépendance, la liberté, le droit, qui font la dignité de la personne humaine ». Quel est enfin celui dont le droit est le plus respectable ?

Bien plus, l'exercice d'un droit implique irréfutablement l'obligation de devoirs. Et si dans la confusion de la lutte, où les passions et l'intérêt jettent les hommes, une action prédominante doit être exercée, ne doit-elle pas l'être par ceux qui légitiment leurs droits par l'accomplissement strict de leurs devoirs ?

Or, les travailleurs qui se sont groupés dans leurs Syndicats, dans leurs Fédérations nationales, s'imposent des devoirs : devoirs de solidarité, devoirs d'études et devoirs d'action pour l'affirmation et la réalisation de leur droit au mieux-être, non seulement pour eux, mais aussi pour leurs concurrents, même pour leurs adversaires. Cette raison là seule justifierait pour eux, plus que pour tout autre, le droit à la liberté.

M. Clémenceau pose encore cette question : « Mais si vous refusez aux patrons le droit de remplacer les grévistes, et aux *ouvriers libres* le droit de se présenter à l'embauchage, que ferez-vous des femmes et des enfants de ces ouvriers ? J'ai posé la question, je la pose à nouveau. J'attends la réponse ; je crois que je l'attendrai longtemps. »

Tel est l'argument péremptoire, posé comme un dilemne, chaque fois que la lutte pour le mieux-être implique, comme moyen d'action, la cessation du travail par l'ouvrier et la privation du salaire et des moyens d'existence qui en découlent.

C'est une manière d'établir la responsabilité des privations imposées aux femmes et aux enfants de ceux pour qui la lutte ou l'action est une contrainte, qu'il faut éviter par l'inertie.

Or, il est écrit quelque part : *Il n'y a pas de liberté sans responsabilité.* Donc, il ne peut y avoir de liberté individuelle sans responsabilité individuelle. Si vous faites les responsabilités collectives, la liberté individuelle, au nom de laquelle vous défendez le droit de *l'ouvrier libre (?),* n'a pas sa raison d'être et n'est pas défendable.

---

(1) *Dépêche de Toulouse,* 13 juillet 1905.

Et tandis que les ouvriers organisés, par les caisses de chômage, de grève ou de résistance, savent assumer leur responsabilité, *l'ouvrier libre (?)* manquant aux devoirs de solidarité, aux devoirs d'étude, aux devoirs d'action, qui ne peuvent s'exercer que collectivement, récuse toute responsabilité ; et c'est cette insouciance, cette défaillance que l'on vient abriter derrière les souffrances des femmes et les pleurs des enfants : souffrances et pleurs qui seraient atténués, si ces ouvriers, dont vous faites les pilotes de la liberté, n'esquivaient pas les responsabilités par leur indifférence, leur passivité et leur dédain des organisations ouvrières.

Mais qui s'occupe, en temps ordinaire, des femmes et des enfants dont les chefs de famille peinent de longues journées pour des salaires insuffisants dans toutes les industries ? C'est seulement quand les ouvriers organisés veulent affirmer leur droit au mieux-être, c'est lorsqu'ils veulent ainsi rendre plus confortable, plus intime, moins précaire l'existence de la famille, que l'on songe à cette famille ! Et dans quel but ? Tantôt pour escompter la prolongation ou l'amplification de leurs misères afin de réduire plus facilement la résistance et l'organisation ouvrières, tantôt pour en faire un argument de plus contre le droit à la liberté.

D'autre part, si l'ouvrier qui cherche et offre son travail, dans des conditions qui font échec et entravent l'action des organisations syndicales, use d'un droit, il méconnaît en même temps volontairement et de propos délibéré « les devoirs de solidarité qui sont, dans le régime actuel, les conditions mêmes de l'émancipation des travailleurs ».

C'est ce que l'on appelle encore : liberté du travail. Belle liberté, en vérité, que cette liberté asservie à *la loi de l'offre et de la demande*, qui établit, pour le patron, le droit de remplacer les ouvriers grévistes ou mécontents des conditions qui leur sont offertes !

On ose parler de la loi de l'offre et de la demande ! N'est-elle point reconnue comme « la chose la plus barbare, la plus inhumaine qui se puisse rencontrer » et oublie-t-on que « si le travail est une marchandise, l'homme est une conscience, et que cela suffit pour créer aux employeurs des devoirs particuliers en matière de salaires » (1), devoirs de solidarité humaine envers les salariés qu'ils doivent considérer comme des collaborateurs et non comme des inférieurs, exploitables et corvéables à merci ? Si le droit pour le patron consiste à exploiter dans les conditions les plus avantageuses pour lui le travail de l'ouvrier, le devoir lui impose aussi d'examiner avec ceux qui, collectivement, exercent leurs droits et pra-

---

(1) La loi de l'offre et de la demande a, sur le taux du salaire, l'effet nécessaire qu'elle a sur le prix des autres denrées ; elle le réduit au minimum, et ce minimum c'est l'insuffisance, insuffisance aggravée encore par l'instabilité. Elle fausse enfin la conscience de l'employeur au sujet de ses obligations de justice même.

tiquent leurs devoirs, les améliorations proposées, susceptibles de relever le niveau moral et matériel des travailleurs.

Quand il ne le fait pas, c'est qu'il escompte la passivité et l'inconscience d'hommes qui, pour des causes différentes, ont faim et sont esclaves du besoin, ou bien sont ignorants et sont esclaves de l'erreur. Or, ce n'est pas aux esclaves qu'appartient l'exercice et la défense de la liberté. Ils ne l'apprécient pas et ne savent la concevoir.

Enfin, quelle est donc cette liberté du travail que l'on invoque en faveur des intérêts capitalistes, chaque fois qu'une démonstration matérielle est nécessaire pour réduire l'intransigeance patronale.

« La *liberté du travail* est un principe dont la fausseté est démontrée par les conséquences de la pratique. C'est pour le patron le droit d'exploiter ses ouvriers ; pour ceux-ci elle est un mot vide de sens, tant que leur maigre salaire suffit tout juste à les maintenir dans la misère. »

« La *liberté du travail*, c'est encore le « laisser passer » de l'école capitaliste, qui a conduit au « laisser faire », et le « laisser faire » n'est, en définitive, dans l'industrie de nos jours, que la fraude, l'exploitation du travailleur, la concurrence à peu près universellement déloyale. »

C'est cette liberté seule qu'apprécient nos magistrats et que défendent nos gouvernants.

C'est d'ailleurs par une habile confusion que les capitalistes ont fait dévier à leur avantage le principe de la liberté du travail. La liberté du travail, primitivement, originellement, c'est le droit de travailler, n'importe quelle matière, selon le goût, la méthode et les procédés que l'ingéniosité individuelle peut suggérer. C'est cette liberté du travail que Turgot établit en 1776, lorsqu'il abolit les abus de ce système règlementaire des jurandes et des maîtrises, où tout était restriction et privilège. Or, cette liberté-là, initiatrice de progrès, n'a rien de commun avec la liberté du travail invoquée par la ploutocratie actuelle et qui ne correspond qu'à la liberté de l'exploitation de l'homme par l'homme.

Chose inouïe ! c'est lorsque, voulant faire pièce à cette liberté de l'exploitation, des travailleurs s'organisent, s'entendent pour imposer plus de justice, plus d'humanité dans les rapports entre salariés et employeurs, afin d'être traités en collaborateurs de la production des richesses sociales, c'est lorsqu'après avoir épuisé toute démarche compatible avec la dignité humaine, ils emploient l'ultime raison : la grève ; c'est alors qu'on vient leur opposer la défense de la liberté du travail, par des provocations policières, par des démonstrations de la force armée, par des mesures d'intimidation exercées individuellement auprès de ceux dont on flatte l'inconscient individualisme.

C'est donc contre la liberté de la grève et ses conséquences que s'exercent toutes les forces coercitives gouvernementales. Mais c'est encore au nom des libertés politiques, jadis conquises par le peuple, les armes à la main sur des barricades, que les gouvernants d'aujourd'hui veulent figer l'essor de l'activité humaine et l'exercice du droit ouvrier.

Les libertés politiques ne suffisent plus à cette activité et à cet exercice. Elles ont été nécessaires pour préparer les peuples à de nouvelles libertés. Elles ont été impuissantes à garantir le droit imprescriptible de chacun, puisque celui qui possède peut exercer tous les droits sur celui que le dénûment et la faim lui livrent sans défense.

A l'heure où dirigeants et gouvernants de la République bourgeoise s'ingénient à escamoter à leur profit l'usage de la liberté et à établir des distinctions sur la façon d'exercer le droit à la liberté, une page écrite, il y a quarante ans, sous un régime qui cependant n'avait rien de démocratique, publiée par une revue qui n'a pas la réputation de faire œuvre révolutionnaire, et par un homme dont l'anti-socialisme était notoire, paraît d'une telle actualité et d'une telle exactitude que nous ne pouvons nous dispenser de la soumettre à l'appréciation de nos camarades.

« Ce sont là des signes peu rassurants pour le repos des sociétés
« humaines. Aux guerres connues, dont aucune n'est en discrédit, elles
« auront bientôt à en ajouter une autre qui s'appellera la guerre des
« salaires, et qui, venue tard, s'en dédommagera par la permanence. Tout
« donne lieu de croire que cette guerre aura son art et sa tactique ; déjà
« des échantillons en ont passé sous nos yeux...

« Peu de violences, si ce n'est tout récemment, mais alors des violences
« sauvages et le réveil des mauvais instincts.

« Cette guerre des salaires aura des trêves plus ou moins longues,
« mais il est dans sa nature de couver toujours et de surprendre par des
« éruptions soudaines les villes d'industrie qui auront le plus de motifs
« de la croire éteinte. Tant de causes peuvent la rallumer : ici la misère,
« là l'esprit d'imitation ou de calcul, ailleurs des rancunes privées ! Faut-il
« regretter que cette guerre ait été déchaînée ? Non, car elle est l'effet et
« le signe de l'exercice d'une liberté, et il n'est pas de liberté qui n'ait
« ses charges et ses périls en même temps que ses bénéfices. L'heure est
« proche où un peuple jaloux de compter dans le monde devra les sup-
« porter toutes et dans toutes leurs conséquences. On a dit du pouvoir
« qu'il n'est pas un siège pour le sommeil, il en sera un jour de même
« dans tous les modes de l'activité humaine et en particulier de l'in-
« dustrie : *entre ceux qui commandent le travail et ceux qui l'exécutent, il*
« *y aura un compte toujours ouvert et de perpétuelles revendications.*
« C'est de l'agitation sans doute, mais il faut bien s'y accoutumer ; *les*
« *agitations de la liberté sont plus saines en tous cas que les langueurs ou*

« *despotisme.* Ces agitations, d'ailleurs, tendront à décroître à mesure que
« les privilèges de position auront disparu, comme le flot se calme quand
« l'obstacle est brisé. » (1)

Voilà comment, il y a quarante ans, on appréciait publiquement l'agitation ouvrière pour le droit au mieux-être, dans un monde qui était loin encore d'être celui des salariés de l'industrie moderne.

Depuis, nous avons changé de gouvernement. Le droit d'exploitation de l'homme par l'homme demeure, plus que jamais, intangible. Et dans les sphères gouvernementales on prétend établir, pour diviser les travailleurs et les livrer davantage aux exploiteurs, le *droit à la vie* contre le *droit au mieux-être !*

A nous, travailleurs organisés, d'exercer le droit à la liberté.

J. BAJAT,
des Mécaniciens de Marseille.

LES GRÈVES DE MAI

III

DANS L'AMEUBLEMENT

La lutte pour la journée de huit heures a été engagée pour l'Ameublement dans les centres de Lorient, Brest, Cette et Paris.

A Montbéliard, les ouvriers ébénistes se mirent également en grève ; mais ils ne demandaient que l'élévation de certains prix de façon et la reconnaissance du syndicat. Cette grève dura sept jours. Une centaine d'ouvriers y prirent part. Nos camarades eurent satisfaction sur toute la ligne, mais comme la lutte ne se rattachait en rien aux revendications du Congrès de Bourges, nous ne nous y arrêterons pas plus longtemps.

* *

En avance sur toutes nos organisations, Lorient n'attendit pas la date fixée par le prolétariat pour se lancer dans le mouvement revendicatif de la diminution de la durée de la journée de travail. Vers le 25 avril, la grève y battait son plein. Plusieurs délégués des organisations parisiennes se trouvaient présents et sont des témoins de l'entrain qui existait alors parmi la classe ouvrière pour l'obtention du mieux-être.

---

(1) *Du patronage dans l'industrie,* Louis REYBAUD, de l'Institut. — *Revue des Deux Mondes,* 1er avril 1867.

Le Gouvernement comptait-il, par l'écrasement de la classe ouvrière de Lorient, apeurer les autres centres industriels? On peut le croire, car Lorient fut écrasé par les mesures draconiennes. Aujourd'hui, l'Ameublement lorientais est mort, silencieux.

Malgré nos lettres au syndicat de l'Ameublement, nous n'avons pu obtenir de réponse. La réaction capitaliste a dû être bien dure dans cette ville pour anéantir à ce point la vitalité ouvrière. De renseignements, nous n'avons pu rien obtenir. Que s'est-il passé ? Nous l'ignorons ; dans l'agitation intense des jours de mai, Lorient, écrasé par la soldatesque, muet, a disparu de nos occupations, sinon de nos soucis.

*
* *

A Brest, le mouvement du 1er mai avait pris une grande étendue. Nos camarades espéraient que la lutte ne se terminerait pas sans qu'ils aient obtenu satisfaction. 120 ouvriers de l'Ameublement prirent part au mouvement : c'était donc la généralité des ouvriers.

Le vendredi 4 mai, survint le coup de force contre la Bourse du Travail : les organisations ouvrières se trouvaient subitement privées de salle de réunion. C'était une atteinte à la bonne marche du mouvement. Le Gouvernement avait réussi à l'amoindrir mais non à le supprimer complètement. Pour compléter sa tyrannie, il fit opérer de nombreuses arrestations parmi les militants brestois. Dix-huit camarades, dont quatre de l'Ameublement, subirent, sous des motifs faux, une prévention de 53 jours. Pendant la prévention, le juge d'instruction leur fit subir un seul interrogatoire de dix minutes. Rien ne saurait mieux prouver la scélératesse de M. Clémenceau envers la classe ouvrière. Et ce n'est certes pas la révocation des préfet et sous-préfet, appelés, semble-t-il, à payer les pots cassés, qui pourra illusionner la classe ouvrière.

A Brest comme à Lorient, les résultats furent donc nuls.

*
* *

Sans grand espoir dans l'issue de la lutte, nos camarades de Cette s'étaient joints au mouvement revendicatif de la journée de huit heures. Par solidarité, ils apportaient leur appui aux ouvriers qui pouvaient espérer un résultat dans cette lutte.

Trente-deux ouvriers représentent la totalité des ouvriers de l'Ameublement à Cette : la ville est à peu de distance, en effet, de centres manufacturiers d'ameublement d'où l'on peut importer facilement les meubles sans grands frais.

La lutte dura un mois. A la suite de quelques avantages accordés par le patronat sur les prix de façon, nos camarades décidèrent d'y mettre fin.

***

A Paris, enfin, la lutte dans l'Ameublement dépassa ce qu'en espéraient les militants. Dès le 1er mai, les sculpteurs, menuisiers en sièges, doreurs, laqueurs, ébénistes, vernisseurs, se levèrent pour la journée de huit heures. Durant quinze jours, la grève battit son plein.

Mais les patrons, de leur côté, renforçaient leur organisation syndicale. Poussés par les marchands de meubles, dont la prolongation du litige aidait l'écoulement des fonds de magasin, les patrons fabricants, voyant les forces policière et militaire à leur service, ne voulurent rien céder. La lutte prit alors une forme plus aiguë. Nos patrons usèrent d'affiches pour essayer de salir les ouvriers qui se trouvaient à la tête du mouvement. Ils ne faisaient que montrer ainsi comme l'intensité du mouvement les avait désemparés.

Au bout de dix jours, les doreurs de l'Ameublement, complètement isolés, dépourvus d'organisation, habitués à se mettre complètement au service du patron, décidèrent de reprendre le travail. Le fait était prévu : il ne compta nullement dans la lutte ; les doreurs étaient la quantité négligeable.

A la fin de la troisième semaine, le bloc gréviste, parmi les laqueurs, vernisseurs et ébénistes, commença à s'effriter ; les rentrées s accentuèrent de plus en plus.

Au bout de la quatrième semaine de grève, un millier d'ouvriers ébénistes restaient encore sur la brèche, nombre insuffisant pour espérer un résultat. Le 30 mai, la fin de la grève fut votée à la majorité.

La grève des ouvriers sculpteurs et menuisiers en sièges ne prit fin que le 29 juin.

Les résultats du mouvement furent minimes. Deux maisons ont accordé la journée de neuf heures avec le même salaire que pour dix heures. Pour les ouvriers ébénistes, il y eut des augmentations de salaires. Mais, par contre, pour les sculpteurs, le travail aux pièces fut substitué au travail à l'heure, dans des maisons où, à la suite de leur action, ils avaient réussi à le faire supprimer.

La vengeance patronale s'est affirmée d'ailleurs par l'établissement des fiches d'embauchage dans les ateliers d'ameublement, indemnes jusqu'à ce moment de cette mesure policière. Ces fiches auront certainement pour résultat d'aviver la lutte entre les deux classes antagonistes, ouvrière et patronale.

Depuis les grèves de 1880 et 1882, le fossé qui les divise s'élargit progressivement, et les rapports amicaux qui existaient autrefois entre ouvriers et petits ou moyens patrons n'existeront bientôt plus. Il n'y aura plus qu'une lutte âpre et dure, les uns cherchant toujours à augmenter leur bien-être, les autres voulant, coûte que coûte, maintenir l'autorité patronale et de forts bénéfices.

Espérons que les ouvriers tireront les déductions nécessaires de cette lutte et que l'organisation ouvrière s'affirmera de plus en plus forte pour arracher, dans un avenir prochain, ce qu'ils n'ont pu avoir dans ces grèves.

E. ARBOGAST

DANS L'INDUSTRIE DU LIVRE
(Suite)

Une légende est en train de s'accréditer dans le monde ouvrier, en ce qui concerne le résultat du mouvement organisé par la Fédération du Livre en faveur de la réduction des heures de travail.

Un fait indéniable, évident, c'est celui-ci : le mouvement organisé en vue du 1er mai, pour la journée de huit heures, a donné des résultats réels, sérieux, surtout dans la corporation du Livre, dans cette corporation qui a été si injustement et si violemment attaquée, avant, pendant et après le Congrès de Bourges. Depuis cette époque, la Fédération du Livre n'en a pas moins poursuivi sa route, appliqué sa méthode d'action.

C'est à propos de ces résultats obtenus, de la tactique employée que ceux qui ont attaqué la Fédération et son Comité Central cherchent à établir une légende, en affirmant que c'est grâce à l'action directe, pratiquée par les travailleurs du Livre, que le succès a couronné leurs efforts. Les artisans de cette légende sont secondés par quelques membres de la Fédération même, qui ne reculent devant aucun moyen pour aboutir au but visé : faire croire à la faillite de la méthode réformiste, au bénéfice de la méthode révolutionnaire, et du même coup préparer le terrain pour faciliter l'accès des révolutionnaires libertaires à la direction de la corporation. Voilà le plan. Sera-t-il réalisé ? L'avenir nous le dira. En attendant, je considère qu'il est de mon devoir d'intervenir et d'énumérer aussi exactement que possible les conditions dans lesquelles a été organisé le mouvement grâce auquel, je le répète, la Fédération a obtenu la journée de neuf heures dans la grande majorité de ses sections.

Dès le Congrès de Bourges, les représentants de la Fédération du Livre avaient fait observer que l'application de la journée de huit heures, le

1er mai 1906, était impossible. Je n'avais pas, à ce moment déjà, dissimulé ma pensée ; mon attitude était correcte, franche : tout le monde savait que dans la Fédération du Livre on ne revendiquerait pas la journée de huit heures.

Cette attitude ne nous avait pas empêché de prendre une part très active à la propagande nécessaire pour la préparation du mouvement décidé par le Congrès de Bourges.

L'action sincère du Comité Central du Livre dans les sections avait créé parmi les fédérés un état d'esprit qui avait fait prendre trop au sérieux la manifestation projetée. Accepter comme intangible la date du 1er mai 1906 pour la revendication de la journée de huit heures entraînait des conséquences fâcheuses, en ce sens que les corporations ne distinguaient plus la différence de leurs intérêts respectifs ni la diversité inévitable des moyens à employer pour réaliser une réforme si importante que celle de la journée de huit ou de neuf heures. Lorsque, à la réflexion, on s'apercevait qu'une autre date que le 1er mai serait plus propice pour commencer la campagne, les corporations redoutaient les reproches de se distraire du bloc ouvrier. Et pourtant quoi de plus légitime, de plus incontestable que le droit, pour une profession, de choisir non seulement le moment mais aussi et surtout la manière de formuler et de défendre les revendications, suivant les conditions spéciales à telle ou telle industrie ?

C'est sous l'influence de ces considérations que la Fédération du Livre avait décidé de fixer la date du mouvement à la mi-avril : les exigences du travail augmentaient, à cette date, les chances de succès.

Dans le même intervalle, la Confédération organisait son action et ses tournées de propagande en vue du mouvement du 1er mai, sans indiquer à ce moment quelles devraient être exactement les revendications du prolétariat. La journée de huit heures restait bien la plateforme de la propagande ; mais l'insuffisance de l'organisation ouvrière permettait d'apercevoir la difficulté du mouvement à opérer ; les ressources modestes des syndicats faisaient mieux encore ressortir les inconvénients de la lutte qui allait s'engager, malgré l'élan des groupes qu'on s'efforçait de stimuler. Cette perspective rendait prudents les dirigeants de la Confédération. Ses leaders ont rappelé que tous les Congrès ouvriers avaient proclamé la nécessité de la réduction des heures de travail, mais que jamais aucune tentative de réalisation n'avait encore été faite. Seule, a dit Pouget, la Confédération, par la décision du Congrès de Bourges, allait enfin donner corps à cette revendication ; même si elle ne réussissait pas, elle aurait au moins provoqué une action sérieuse et quand même utile.

Il faut rappeler, pour la vérité historique, que la Fédération du Livre a depuis longtemps inscrit dans son programme d'action la journée de neuf heures, et même avant le Congrès de Bourges la réduction des heures de travail dans l'imprimerie, en France, devenait une des revendications principales, encouragée par les résultats obtenus déjà depuis dix ans dans la plupart des fédérations typographiques européennes.

Le Congrès de Lyon décidait donc définitivement la ligne de conduite à suivre pour la Fédération. C'est ce qui a guidé le Comité Central du Livre dans sa propagande, dans sa méthode d'action.

*
* *

J'arrive maintenant au mouvement qui a eu lieu dans la Fédération du Livre ; j'indiquerai sa préparation, la propagande, les conditions du combat livré, la méthode employée, les résultats obtenus et je démontrerai que Pouget, aussi bien que certaines personnalités du Livre, se sont trompés dans leurs conclusions relatives à l'attitude du Comité Central, à la méthode d'action employée par lui au cours des événements qui se sont déroulés depuis la grève.

Quelques mois avant la date fixée pour la déclaration de la grève, une propagande orale et écrite s'est faite à la fois par les conférences et par le journal corporatif, au moyen des seules ressources fédérales et par les membres du Comité Central.

Conformément à une décision du Congrès de Lyon, un impôt de dix centimes par semaine et par membre avait été institué pour augmenter les ressources nécessaires à la résistance. Il n'est pas utile d'insister sur les avantages moraux et matériels de cette imposition exceptionnelle qu'aucune autre corporation n'avait pu établir.

En même temps que le Comité Central préparait les travailleurs du Livre à une vigoureuse résistance, il s'occupait des moyens d'alimenter fortement la caisse fédérale ; il se mettait en rapport avec la Fédération patronale, au moyen d'une Commission mixte, toujours en conformité de la décision du Congrès de Lyon, décision prise à l'unanimité des délégués moins la voix du Syndicat des Correcteurs. C'était suffisamment indicatif, puisque le délégué du Syndicat typographique de Paris s'était prononcé dans le même sens que toutes les autres sections.

Avant la lutte, le Comité Central du Livre demandait donc aux patrons de réunir la Commission mixte, en suspens depuis trois années environ. Sur la demande du Comité Central, cette Commission devait examiner diverses questions d'un intérêt général : réduction de la journée de travail, uniformité des salaires, suppression du travail aux pièces, etc. Mais, avant toute discussion, *le principe* de la journée de neuf heures devait être acquis. Seuls les moyens de l'appliquer pouvaient être discutés. Les patrons acceptèrent de discuter avec les délégués ouvriers. C'est le 3 février dernier qu'eut lieu cette discussion ; un procès-verbal de la réunion a été rédigé. Il plaide, avec de nombreuses raisons à l'appui, en faveur de l'application de la journée de neuf heures dans l'industrie du Livre.

Après cette réunion de la Commission mixte, a eu lieu une consultation de tous les patrons, membres de l'Union des maîtres imprimeurs de France, réunis en une espèce de Congrès deux ou trois semaines plus tard. Cette consultation a fourni une majorité peu importante contre la journée de neuf heures. Exactement, 232 patrons contre 179 se sont montrés hostiles à cette réforme. Les patrons répondaient du tac au tac à la question impérative posée par les représentants ouvriers en ce qui concernait le principe absolu de la journée de neuf heures.

Les patrons qui avaient pris part à ce vote représentaient une infime minorité devant l'ensemble du patronat français appartenant à l'industrie du Livre. Malgré cela, cet échec incontestable devant la Commission mixte pouvait avoir une répercussion fâcheuse sur les autres patrons de France, et la revendication de la Fédération du Livre pouvait être menacée par cette réponse négative. Cela était d'autant plus à craindre que les renseignements parvenus au Comité central avaient fait connaître que dans beaucoup de villes les patrons attendaient le résultat de cette consultation avant de se prononcer lorsque nos délégués allaient les trouver.

Il n'y avait pas à tergiverser. L'espoir que le Comité Central pouvait avoir dans le résultat du fonctionnement de la Commission mixte était disparu : l'influence heureuse sur la province d'une entente préalable entre représentants ouvriers et représentants patronaux échappait. C'est ce que j'ai formellement reconnu ; mais j'ai non moins formellement déclaré que devant l'échec d'une application générale de la journée de neuf heures, par une Commission mixte intervenant au nom des deux parties en cause, un autre moyen d'action s'imposait, c'est-à-dire la grève, et toute la responsabilité en était laissée aux patrons eux-mêmes. Voilà ce que j'ai affirmé.

Mais en présence de cette situation, en présence de l'avortement temporaire de cette Commission mixte *qui devait traiter pour l'ensemble de la corporation*, il restait deux moyens d'action : 1º l'intervention des Commissions mixtes locales, 2º la grève dans toutes les sections où les Commissions locales ne fonctionneraient pas et où les patrons refuseraient la journée de neuf heures.

Y a-t-il là quelque chose de nouveau qui permette à nos adversaires de crier victoire pour leur méthode, pour l'action directe ? N'est-ce pas là la constante tactique préconisée et employée par la Fédération du Livre ? N'ai-je pas sans cesse proclamé, partout, dans toutes les villes de France, la nécessité de la préalable discussion conciliante et de la grève comme moyen suprême !

Je défie qui que ce soit de trouver quelque part la trace d'un autre langage. Et alors, en quoi triomphent donc nos détracteurs ?

Mais revenons à nos moutons.

.

Une fois la situation réglée avec la Commission mixte de Paris, il appartenait au Comité Central de prendre ses dispositions pour aboutir quand même à la réalisation de la journée de neuf heures. La lutte devenait de plus en plus évidente. Aussi, par la voie de la *Typographie*, par les correspondances, par d'actives délégations, les travailleurs du Livre étaient stimulés, préparés à la bataille ; toutes les dispositions étaient prises pour assurer une résistance opiniâtre conduisant au succès. Les conditions exigées par le Secrétariat typographique international, en vue des secours à obtenir, étaient remplies.

Au point de vue moral, au point de vue matériel, les conditions de la lutte étaient prévues.

Pour que tous les postes soient occupés, pour que toutes les attributions soient remplies, pour qu'aucune fausse manœuvre ne se produise, des instructions confidentielles étaient envoyées à toutes les sections. Il était particulièrement recommandé à toutes les sections, *à celles de Paris comme à celles de province*, de se mettre tout d'abord en relation avec les patrons, de leur soumettre, en réunions de Commissions mixtes *locales*, nos revendications, leur demander la journée de neuf heures, et une fois le délai d'examen écoulé, en cas de réponse négative, faire connaître aux patrons la résolution des confrères de faire grève dans toute la section.

C'est là, on le voit, la continuation de la tactique toujours recommandée par la Fédération du Livre, car si nous avions échoué dans le projet de traiter avec les patrons *pour l'ensemble de la corporation*, — comme l'avaient cependant fait avec succès les camarades allemands, autrichiens, suisses, danois, alsaciens-lorrains, etc., comme viennent encore de le faire avec succès les confrères de Londres, nous tentions un dernier effort de conciliation, section par section. Et nous avions été heureusement inspirés, au Comité Central, en recommandant cette tactique à nos camarades, car nous avons évité de nombreuses grèves ; nous avons obtenu la journée de neuf heures dans les trois quarts de nos sections sans compromettre nos forces syndicales, en ménageant nos ressources, sans détruire l'homogénéité des groupes. Dans la plupart des grandes sections du Livre : à Lyon, à Nantes, à Amiens, à Rouen, à Limoges, à Toulouse, à Bordeaux, à Grenoble, à Poitiers, à Tours, à Nancy, et dans de nombreuses sections de moindre importance, la journée de neuf heures a été adoptée par les patrons à la suite de démarches conciliantes en commission mixte ou individuelles.

A Lille, où la lutte a été longue et acharnée, les patrons n'ont pas voulu se réunir en Commission mixte ; ce n'est qu'après deux mois de grève que j'ai pu assister à une réunion de tous les patrons et obtenir quelques concessions, après une défense de notre cause qui a duré une heure et demie. Et nos adversaires typos ont trouvé de bon goût de me dire des choses désagréables à ce propos !

Dans toutes les villes où nos syndicats sont intervenus et n'ont pas obtenu satisfaction par la discussion avec les patrons, la grève a été déclarée et soutenue énergiquement par les fédérés et par le Comité Central. Il en a été ainsi à Saint-Étienne, Lille, Roubaix, Valenciennes, Cambrai, Douai, Saint-Quentin, Nancy, Nevers, Valréas, Marseille, Paris, etc. — Et je puis assurer que dans les rares villes où la grève a été déclarée sans démarches préalables, la résistance patronale a été le plus tenace.

C'est à Paris que la lutte a été tout particulièrement grave, et cela, on peut l'affirmer, parce que l'entente entre patrons et ouvriers a été rompue sur une différence de 20 centimes par jour. Les patrons offraient 7 francs par jour pour neuf heures au lieu de 7 fr. 20 pour neuf heures réclamés par le Comité syndical. En outre, le Syndicat demandait 76 centimes pour le mille de lettres et 30 centimes de gratification pour les heures supplémentaires ; les patrons offraient 75 centimes du mille et 25 centimes de gratification. — Ce sont ces différences peu sensibles qui ont motivé la lutte si belle et si persévérante des syndiqués parisiens. — Cette grève a amené l'adhésion au tarif syndical de deux tiers des imprimeurs parisiens ; l'autre tiers, qui représente un personnel assez important, a renoncé à payer le tarif et soulèvera de fâcheuses contestations.

La grève de Paris a suscité un grave conflit entre le Comité du Syndicat typographique de Paris et le Comité Central de la Fédération. Ce dernier, fidèle aux statuts fédératifs et à l'esprit du Congrès de Lyon, qui avait décidé de réclamer la journée de neuf heures sans augmentation de salaire, était d'avis que les propositions patronales étaient acceptables, car outre que la journée de neuf heures était accordée, il y avait encore une augmentation de salaire. *Ce résultat était obtenu en réunion de Com-*

mission mixte. Pour consacrer ces propositions et avec l'espoir que les fédérés parisiens les accepteraient, le Comité Central demanda, suivant les statuts du Syndicat parisien, qu'un referendum fut organisé pour permettre aux intéressés de se prononcer en connaissance de cause. Je ne puis m'attarder à raconter de quelle façon précipitée était organisée cette consultation, contrariée par les événements. Ce qui est vrai, c'est qu'une majorité de syndiqués se prononçait contre les propositions patronales et pour la grève au besoin, ne voulant pas tenir compte des observations faites par le Comité Central sur les conséquences possibles d'une grève déclarée pour une différence de salaire si peu importante, étant donné les avantages très sérieux que leur assuraient les propositions patronales.

Le Comité Central dut s'incliner ; mais il restait convaincu que la section parisienne commettait une faute grave en risquant, par une grève, de compromettre les avantages qu'ils pouvaient obtenir par un accord avec les patrons.

C'est sur cette tactique suivie par les dirigeants de la section des compositeurs parisiens que le conflit entre les deux Comités a pris son caractère aigu ; c'est à ce propos que les partisans de l'action directe, typos et autres, veulent incriminer le Comité Central et faire croire à la supériorité de leur méthode. Il faudra détruire cette légende. C'est dans un prochain article que je démontrerai combien sont prématurées et erronées les conclusions de ceux qui jugent les événements plutôt suivant leurs désirs et leurs espérances que suivant la réalité des faits.

Auguste KEUFER.

CHEZ LES MÉCANICIENS

Erratum. — Je m'excuse auprès des ouvriers de l'Auto-Moto, de Saint-Étienne, auxquels j'ai attribué, dans l'article *La Grève de la Mécanique* publié dans la *Revue Syndicaliste* de juin (n° 14), la reprise du travail, le 30 mai.

Ce sont les ouvriers de la Manufacture française d'armes qui reprenaient le travail à cette date, tandis que ceux de l'Auto-Moto furent les derniers à résister et obtinrent, pour prix de leur esprit de lutte et de sacrifice, de notables améliorations, en particulier une réduction du temps de travail. — *Pierre Coupat.*

Récente statistique

La statistique des syndicats libres allemands — syndicats adhérents à la Commission générale et souvent appelés syndicats socialistes — a été publiée il y a quelques semaines. A la fin de 1905, ces syndicats comptaient 1.344.803 membres, ce qui représente une augmentation, sur 1904, de 292.695 membres, soit une augmentation de 27,8 p. 100. Jamais les syndicats n'avaient connu un progrès si sensible.

LE MOUVEMENT EN FRANCE

L'Organisation chez les Mineurs du Nord et du Pas-de-Calais

Si nous voulons examiner la situation actuelle des organisations minières dans le Nord et le Pas-de-Calais, force nous est de remonter aux événements qui se sont déroulés au début de cette année et qui ont eu pour point de départ la catastrophe de Courrières.

Pour qui connaît le mauvais vouloir des Compagnies minières lorsqu'il s'agit d'améliorer la condition des ouvriers, et l'intransigeance qu'elles opposent toujours chaque fois que des revendications leur sont soumises ; pour qui connaît le tempérament des mineurs du Nord et du Pas-de-Calais, qui, dans les mouvements de 1889, de 1891, de 1893 et de 1902, ont toujours fait preuve d'une cohésion sans pareille et de beaucoup d'énergie dans la lutte, il n'est pas étonnant qu'au lendemain de l'épouvantable catastrophe, ils se soient mis spontanément en grève pour réclamer aux patrons une meilleure part de la richesse qu'ils accumulent, sans souci des dangers auxquels leurs ouvriers sont exposés.

La grève, éclatée le 13 mars dans les concessions de Courrières, de Dourges, d'Ostricourt, s'étendait bientôt à toutes les autres concessions du Pas-de-Calais (sauf Bruay), pendant que le Comité de la Fédération des trois syndicats de la région (Nord, Pas-de-Calais et Anzin), engageait avec les représentants des Compagnies minières, des pourparlers, au ministère des Travaux publics, à Paris.

La première entrevue n'ayant pas donné complète satisfaction, les ouvriers furent appelés à se prononcer par voie de referendum et décidèrent la continuation de la grève avec le maintien intégral des premières revendications.

Ce referendum avait eu lieu le 29 mars, dans les mairies de 136 communes où se trouvent résider des mineurs. Sur 60.307 électeurs inscrits (les jeunes gens de moins de dix-huit ans ne prenant point part au vote), 51.504 votèrent. Il y eut 33.354 bulletins pour la grève, 18.074 pour le travail et 76 bulletins nuls.

La grève était donc votée par 15.280 voix de majorité, et, du Pas-de-Calais, s'étendait le lendemain dans les bassins du Nord et d'Anzin qui avaient attendu, l'arme au pied.

De ce jour, la grève devenait générale. Elle dura ainsi jusqu'au 27 avril, date à laquelle intervint une entente entre les délégués du syndicat d'Anzin et les représentants de ladite Compagnie.

Le 29 avril, l'accord se faisait dans le bassin du Nord entre patrons et ouvriers pour les concessions de l'Escarpelle, d'Aniche et de Douchy.

A partir du 2 mai, les Compagnies du Pas-de-Calais, à leur tour, négociaient directement avec les délégués des sections syndicales; successivement, le travail reprenait, et le 7 mai la grève était complètement terminée. Elle avait, au maximum, duré 55 jours.

*
* *

Pendant la durée de cette grève, dans laquelle les mineurs et leurs familles firent preuve de beaucoup d'endurance, les comités des syndicats du Pas-de-Calais, du Nord et d'Anzin essayèrent d'amener les Compagnies à de nouvelles concessions, ils employèrent tous les moyens, mais ne purent les faire fléchir.

L'intervention du Gouvernement n'eut pas davantage raison de leur intransigeance. Les représentants des Compagnies maintinrent leurs premières décisions, refusèrent les garanties demandées, et, pour une question d'amour-propre, laissèrent la grève durer quelques semaines de plus.

Les Compagnies ne voulaient pas, en un mot, que les mineurs retournassent au travail avec l'idée d'une victoire.

*
* *

Quoiqu'il en soit, ce fut néanmoins une victoire ouvrière.

Au point de vue matériel, les ouvriers obtenaient :

l'incorporation de 20 p. 100 de l'ancienne prime dans le salaire de base pour tous les ouvriers;

l'augmentation de 10 p. 100 des salaires des ouvriers du fond (non plus sur les bases de 1889, qui étaient très faibles dans certaines Compagnies, mais sur les salaires des deux premiers mois de l'année 1906). C'était la suppression des bases des conventions d'Arras et leur remplacement par une base plus uniforme pour toutes les Compagnies.

Ils obtenaient également l'augmentation de 5 p. 100 pour les ouvriers de la surface;

le salaire du début des galibots (gamins de 14 à 18 ans) à 1 fr. 75 par jour avec augmentation de 35 centimes tous les six mois;

la prorogation pour 5 années nouvelles de la majoration des pensions de retraites à 550 et 600 fr. pour les vieux ouvriers ayant 55 ans d'âge et 30 années de service;

la liberté politique, syndicale et religieuse.

A part l'augmentation de 10 p. 100, au lieu de 15, que réclamaient les mineurs, ceux-ci obtenaient satisfaction sur toutes les réclamations soumises.

Si, au point de vue matériel, les mineurs obtenaient des avantages appréciables, au point de vue moral les résultats n'étaient pas moindres.

A la liberté politique, syndicale et religieuse, venaient s'ajouter de précieux enseignements découlant de la lutte même.

Pendant la durée de la grève, les orateurs et militants ouvriers s'étaient attachés à démontrer aux mineurs la faiblesse de leur syndicat à petites cotisations, après avoir cité en exemple les syndicats anglais, américains et allemands qui, eux, possèdent de fortes réserves et peuvent soutenir des luttes de longue durée sans souffrir de la faim, ils adjurèrent les camarades de prendre l'engagement de se syndiquer après la grève avec des cotisations plus élevées.

Partout, le succès de cette propagande fut grand, les camarades comprirent l'importance de la création d'une caisse de chômage ; ils comprirent que ce qui faisait leur faiblesse c'était le manque de ressources, que les actes de violence, exercés en certains endroits, loin de démontrer leur force avaient prouvé leur faiblesse, et que ce qu'ils avaient négligé dans le passé, ils devaient le faire dans l'avenir.

Ils chargèrent leurs délégués de décider, dans un Congrès, la révision des statuts et de porter la cotisation de 0 fr. 50 à 2 francs par mois, dont une partie affectée à la formation d'une caisse de chômage.

La grève terminée, les militants des syndicats se mirent à l'œuvre. Dans une réunion du Comité fédéral régional tenue à Douai, il fut décidé que les syndicats du Pas-de-Calais, du Nord et d'Anzin marcheraient sur les mêmes bases.

Pendant que la propagande se continuait sur tous les points des bassins houillers de la région, un congrès des délégués du syndicat du Pas-de-Calais se réunissait à Lens, le 27 mai, et, à l'unanimité des 25 délégués présents, votait les nouveaux statuts.

Les principales modifications apportées aux anciens statuts sont les suivantes :

La cotisation est fixée à un franc par quinzaine, deux francs par mois.

Un franc cinquante centimes est porté au compte individuel du sociétaire pour servir à la formation d'une caisse individuelle de chômage.

Cinquante centimes sont versés pour l'administration et la propagande.

Sur ces cinquante centimes, 0 fr. 10 restent à la section pour les frais de perception, d'organisation et de propagande dans la section syndicale.

Les quarante autres centimes sont versés à l'administration centrale pour servir à la formation d'une caisse générale et à couvrir tous les frais.

Pour les syndiqués de moins de 18 ans, la cotisation est de un franc par mois.

Le livret du syndiqué est considéré comme un livret de caisse d'épargne : son avoir est de autant de fois 1 fr. 50 qu'il a payé de cotisations mensuelles. En cas de grève ou de chômage prolongé, le remboursement total ou en partie se fait après décision de l'Assemblée générale.

L'ouvrier quittant la région pour se rendre dans une mine autre que celles sur lesquelles s'étendent les syndicats du Nord, du Pas-de-Calais et d'Anzin est remboursé, sur sa demande, de sa part sociale. Il en est de même pour les vieux mineurs qui prennent leur pension de retraite.

En cas de mort du sociétaire, sa part sociale revient à ses héritiers directs, qui sont : le conjoint, les enfants et ascendants.

L'ouvrier syndiqué quittant la corporation est également remboursé de son avoir.

Il n'y a que dans les cas où le sociétaire deviendrait patron ou surveillant, ou serait exclu pour malversations ou atteintes portées au syndicat, que sa part sociale resterait acquise à la caisse syndicale.

*
* *

Dès la première quinzaine de juin, aussitôt les statuts votés, les délégués et militants du syndicat se mirent à l'œuvre pour recruter les adhérents et former des sections dans chaque commune.

L'on craignait tout d'abord que l'élévation du taux de la cotisation eut pour résultat de faire diminuer le nombre des adhérents ; le contraire se produisit et nombre d'ouvriers restés jusqu'ici en dehors de l'organisation s'inscrivirent au syndicat.

Dans certaines communes, le nombre des cotisants a plus que quadruplé. Dans d'autres, où aucune organisation n'existait auparavant, des sections ont été formées et les mineurs y adhèrent en masse.

A l'heure actuelle, pour le Pas-de-Calais seulement, plus de cent sections fonctionnent dans autant de communes. Chacune d'elles a sa vie propre, son autonomie ; elle est administrée par un Conseil d'administration et une Commission de contrôle ayant la gestion des dix centimes laissés pour la propagande, mais adhérente au syndicat central en ce qui concerne la caisse générale et la caisse de chômage.

Dans l'administration centrale et l'organisation des congrès, les sections locales sont représentées proportionnellement au nombre de leurs cotisants.

Quoique le bassin houiller soit très étendu, une propagande active ne cesse de s'exercer sur tous les points ; il ne se passe pas de jour sans que plusieurs conférences aient lieu. La besogne est ardue pour les militants : ils n'en déploient que plus d'énergie, encouragés qu'ils sont par cet enthousiasme et cet élan qui se manifestent partout sur leur passage en faveur de l'organisation syndicale.

Nous, les vieux militants qui, depuis vingt ans, luttons pour grouper les parias de la mine, nous nous sentons réconfortés devant un tel résultat. L'avenir qui, il y a quelque temps à peine, nous apparaissait encore sombre, s'éclaircit peu à peu. Notre Fédération régionale des mineurs du Nord et du Pas-de-Calais, comprenant les trois syndicats réunis, se fortifie de plus en plus. Ce bloc ouvrier va pouvoir prochainement résister au bloc si puissant des Compagnies minières.

Et au lendemain de notre Congrès national de Saint-Étienne, où furent jetées les bases de l'unité minière en France, à la veille du prochain Congrès de Paris, où cette unité minière va se réaliser et où, à nouveau mais plus que jamais, les représentants de tous les syndicats miniers de France vont se tendre une main fraternelle, nous pensons à cet avenir prochain où la Fédération nationale des mineurs de France, reconstituée, fortifiée par les épreuves subies, oubliant les divisions du passé, s'unira aux autres corporations organisées pour la conquête des revendications prolétariennes.

Et jetant les yeux par delà les frontières, nous songeons également à cette grande Fédération internationale des mineurs, à laquelle nous appartenons, dont la création toute récente du secrétariat international vient d'augmenter la force, et qui, désormais, comprend dans son sein, en dehors des mineurs européens, la Fédération des mineurs d'Amérique ; nous imaginons quel levier puissant elle sera dans les mains du prolétariat, le jour où toutes les Fédérations internationales ouvrières unies entre elles monteront à l'assaut du vieux monde capitaliste pour y instaurer leur idéal de justice et de rénovation sociale.

S. CORDIER,

Secrétaire du Conseil d'administration du vieux syndicat
des mineurs du Pas-de-Calais.

Une Exposition américaine

L'American Federation of Labor organise pour l'automne, à Minneapolis, une exposition destinée à montrer le développement et la puissance actuelle du mouvement syndical. D'après le plan du président Gompers, on réunira là les produits des syndiqués dans toutes les branches d'industrie ; et ainsi se trouvera démontrée la supériorité, *au point de vue même de la production,* des syndiqués sur les non-syndiqués. L'exposition coïncide avec le Congrès qui aura lieu en novembre à Minneapolis.

E. Les modifications à la loi de 1884 sur les syndicats professionnels (chemins de fer de Perpignan) ;

F. La prud'homie à tous les travailleurs (garçons de magasin, artistes lyriques de Paris) ;

G. Modifications et extension de la loi sur les accidents de travail (garçons de magasin de Paris) ;

H. Suppression du couchage et de la nourriture (garçons de magasin de Paris) ;

I. Limitation des charges traînées et portées par un homme (garçons de magasin de Paris) ;

J. La *Voix du Peuple* quotidienne (peintres de Paris) ;

L. Propagande et mesures à prendre pour l'étude d'une langue internationale (fédération des peintres) ;

M. Abrogation de l'article de loi visant l'expulsion des étrangers pour faits de grève et politiques (fédération des peintres) ;

N. La grève générale (maçons d'Auxerre) ;

O. Le pain gratuit par la grève générale (industrie du textile de Reims) ;

P. Conditions à remplir par un délégué d'un syndicat à une Bourse (Bourse de Narbonne).

Vers les huit heures

La bataille continue. Que les journées de mai aient apporté peu ou beaucoup de résultats, que la tactique préconisée par la majorité de nos camarades doive ou non être transformée, il n'importe. L'avenir est à la classe ouvrière ; et cet avenir, il faut que d'un effort persévérant, elle en hâte la venue. Nous autres, pour notre part, nous continuons notre propagande, nous continuons à noter les expériences faites, soit récentes, soit récemment décrites. Nous cherchons encore à convaincre de la nécessité et de la possibilité des courtes journées, de la journée de huit heures.

.·.

Dans un livre récemment paru : *Étude sur les procédés techniques et les institutions sociales de la* **Fondation Carl Zeiss,** *à Iéna* (V. Giard et E. Brière, éditeurs, 16, rue Soufflot), une page des plus curieuses est consacrée au passage de la journée de neuf heures à celle de huit heures.

C'est au commencement de l'année 1900 qu'on organisa dans la maison Zeiss un vote sur la question suivante : « Voulez-vous et pensez-vous être capable de produire en huit heures le travail qu'à présent vous faites en neuf heures ? ». Six septièmes ayant répondu « oui », la journée de huit heures fut introduite provisoirement pour la durée d'une année. Le résultat fut extrêmement satisfaisant. On compara le travail produit par 253 ouvriers aux pièces — pour les autres, la comparaison eût été difficile — avant et après le changement, et on reconnut que, non seulement il n'avait pas diminué, mais qu'il avait même augmenté d'environ 4 0/0. En d'autres termes, le salaire de l'heure eût dû, pour que le salaire de la journée restât le même, augmenter dans la proportion de 12 0/0, mais de fait il augmenta de 16 0/0, et cela pour chaque classe d'âge et pour toutes les sections de l'entreprise (à une exception près, qui n'est pas absolument sûre) et pourtant il s'agissait de travaux de nature fort variée. En outre, le travail utile fourni par les machines (la marche à vide retranchée) avait considérablement augmenté.

Une enquête psychologique, qui fut faite sous main, eut des résultats encore plus intéressants peut-être. Cette enquête est d'autant plus probante que les résultats qu'elle donna furent en contradiction avec l'impression même des ouvriers, et ne purent, par conséquent, avoir subi leur influence. Questionnés, les ouvriers déclarèrent que, pendant les premiers jours de la journée de huit heures, ils s'étaient donné beaucoup de mal pour ne pas voir baisser leur revenu, mais qu'à la longue ils n'avaient pu continuer et étaient retombés dans l'ancien régime, qu'ils demandaient donc à revenir à la journée de neuf heures pour éviter toute diminution de salaire. Les feuilles de paye montrèrent qu'en effet, dans les premiers jours, un travail excessivement grand avait été atteint, travail qui avait baissé ensuite, mais le nouveau régime auquel les ouvriers s'étaient arrêtés, n'était pas, comme ils le pensaient, identique à l'ancien : le produit total de la journée, et non le travail fourni par heure, était resté le même. Les ouvriers ne s'étaient pas rendu compte qu'ils travaillaient plus vite, ce qui démontre avec évidence qu'une accélération anormale crée la fatigue, mais que l'augmentation de vitesse, pour ainsi dire normale, correspondant au même travail total, ne comporte aucun surmenage.

* *

Autre expérience toute récente et dont le *Peuple*, de Bruxelles, a indiqué les résultats. Elle a été faite à l'usine de Forest-Bruxelles, fabrique de savon appartenant à la société belge Lever frères. L'usine a été inaugurée il y a juste un an, en juillet 1905.

Tout le travail de fabrication du savon était fait par des hommes et ce travail était payé à l'heure ou à la journée. La fabrication des caisses, des boîtes, l'emballage, etc., était payée à la pièce. L'emballage était fait par des femmes et des jeunes filles au nombre d'une soixantaine.

Le 15 mars dernier, un avis de la direction annonçait son intention d'établir la semaine de 48 heures. Le 31 mars, l'expérience commençait. Le taux de salaire des ouvriers payés à l'heure était augmenté de telle façon que le salaire, pour une semaine de 48 heures, fût égal à celui payé jusqu'alors pour la semaine de 60 heures. Il n'y avait aucun changement dans le travail aux pièces.

Les ouvriers payés à l'heure se déclaraient naturellement satisfaits ; les jeunes filles payées aux pièces se méfiaient, pensant que la Société voulait leur tendre un piège et les faire travailler plus fort, plus activement, pour réduire ensuite le prix payé par cent ou mille caisses. A différentes reprises, il fallut leur donner l'assurance que les prix seraient maintenus, et, dès ce moment, la production augmenta.

Après deux mois, l'expérience a été décisive. La Société a adopté définitivement la semaine de 48 heures. La journée est ainsi répartie : de 7 heures du matin à midi, avec une demi-heure de repos, de 8 h. 1/2 à 9 heures ; après-midi, de 1 à 5 heures. Le samedi, la journée de travail commence à 7 heures et va jusqu'à 1 heure de l'après-midi, toujours avec un repos d'une d'une demi-heure, de 8 h. 1/2 à 9 heures du matin.

Le salaire des jeunes filles travaillant aux pièces est plutôt plus élevé depuis l'application de la journée de huit heures qu'auparavant pour dix heures de travail. La quantité de travail fournie est donc restée la même ; la qualité est aussi bonne et, alors qu'il est arrivé quelques accidents sous le régime des 60 heures de travail par semaine, il n'en est pas arrivé un seul durant les huit semaines sur lesquelles ont porté les observations.

« On peut donc, conclut avec raison le *Peuple*, considérer l'expérience qui vient d'être faite dans l'usine de la Société Lever frères, à Forest, comme une nouvelle victoire pour le principe de la journée de huit heures. Et ce qu'il y a de remarquable ici, c'est que cette réforme s'est accomplie en réduisant, d'un coup, la durée du travail de 20 0/0 et, enfin, que le résultat a été acquis après quelques semaines seulement. »

<u>A lire</u> :

Dans la *Revue Socialiste* de juillet, un curieux article d'Emmanuel Lévy, sur le contrat collectif de travail à la Bourse et à l'usine. Le savant et hardi professeur de la Faculté de Lyon, montre que « tandis que le contrat collectif pénètre péniblement dans le droit du travail, tandis que la misère du prolétariat permet aux juristes et aux politiques de le discuter ; il est pratiqué depuis longtemps dans le monde de la finance ; il est si connu qu'on n'y pense pas et que la doctrine l'ignore ; bien plus, si les principes ne sont pas favorables au contrat collectif à l'usine, ils sont les ennemis du contrat individuel, du vieux contrat, du vrai contrat, à la Bourse ».

Le Gérant : L. GERVAISE  Imp. coopérative ouvrière
de Villeneuve-St-Georges (S.-et-O.)

Deuxième Année.   N° 17.   Septembre 1906.

Vingt Centimes

La Revue Syndicaliste

MENSUELLE

SOMMAIRE

PUBLICATIONS DE LA SOCIÉTÉ NOUVELLE DE LIBRAIRIE ET D'ÉDITION

(Anc¹ 17, rue Cujas)

ED. CORNÉLY et C¹ᵉ, ÉDITEURS

101, RUE DE VAUGIRARD, 101

Paraissant le 15 de chaque mois.

France : Un an . . . . **2 fr. 40** | Étranger : Un an . . . . . . **3 fr.**
— Six mois . . . . . . **1 fr. 20** | — Six mois . . . . . **1 fr. 50**

Les abonnements partent de mai et de novembre.

Nous serons reconnaissants aux camarades de nous envoyer le montant de leurs abonnements par mandat-poste, pour éviter les frais de recouvrement.

Prière d'adresser tout ce qui concerne la rédaction ou l'administration au camarade Albert Thomas, administrateur-délégué de la *Revue Syndicaliste,* 101, rue de Vaugirard, Paris.

Parti et Syndicat

On trouvera, dans ce numéro même, la résolution adoptée par le Congrès de Tourcoing sur les « rapports devant exister entre les organisations politiques et économiques du prolétariat ». Nos lecteurs savent déjà quelle polémiques a déchaînées la proposition d'établir une entente permanente ou des accords momentanés entre la Confédération générale du Travail et le Parti socialiste. Qu'il nous soit permis d'indiquer brièvement comment, pour nous, se pose la question.

Toujours, ici, nous avons considéré l'action syndicale comme une action de défense professionnelle. L'histoire et l'expérience quotidienne l'apprennent également : c'est pour défendre ou améliorer leurs conditions de travail que les ouvriers se groupent en syndicats. Ils peuvent concevoir, subsidiairement, que cet effort doit aboutir à la suppression du salariat ; et au milieu des luttes économiques, en effet, cette idée révolutionnaire ne tarde point à se faire jour. Elle n'est point, cependant, ou du moins consciemment, à la base même du syndicat. A la base du syndicat, il y a d'abord et essentiellement la défense professionnelle.

Il s'ensuit immédiatement que le syndicat doit grouper tous les salariés, même ceux qui peuvent ne pas concevoir encore la révolution nécessaire. Pouget a parfois excellemment exprimé cette idée. « Du moment, dit-il par exemple, que pour s'affilier à un groupement, une déclaration préalable est nécessaire, autre que : « *Je suis salarié!* », un groupement de ce genre est tout ce qu'on voudra, hormis réellement un syndicat pouvant faire de la lutte de classe sur le terrain économique ». Et notre camarade a souvent et fortement marqué l'opposition qui existe entre le *syndicat,* groupement d'intérêts, et le *comité politique,* groupement d'opinions.

Nous souscrivons à ces paroles. Il faut voir seulement les conséquences qu'on en tire ; il faut voir les réalités qu'elles recouvrent.

Ce n'est un mystère pour personne qu'au sein des syndicats mêmes, et à l'occasion de la tactique à choisir, les *opinions* ont reparu. Ce n'est un mystère pour personne qu'il y a, sur la question du parlementarisme, de l'intervention de l'Etat et des lois ouvrières, certaines thèses particulièrement chères aux syndicalistes révolutionnaires, et que les convictions « politiques » opposées ont été âprement combattues au sein de la Confédération. Il est peut-être difficile d'isoler absolument la pure lutte syndicale de ces préoccupations. Mais il est de fait que des syndiqués se sont parfois sentis

(*Voir la suite, page 3 de la couverture*).

Deuxième Année. N° 17. Septembre 1906.

La Revue Syndicaliste

ABONNEMENT	Paraissant	ABONNEMENT
❦	le 15 de chaque mois.	❦
Un an.......... 2 fr. 40		Un an.......... 2 fr. 40
Six mois....... 1 fr. 20	Le numéro : 0 fr. 20	Six mois....... 1 fr. 20

LE REPOS HEBDOMADAIRE

La loi sur le repos hebdomadaire, si impatiemment, si longtemps attendue, est enfin devenue applicable.

On sait les vicissitudes par lesquelles est passée, depuis plus de quatre ans, cette importante réforme. La Chambre des Députés avait adopté, le 27 Mai 1902, une proposition de M. Zévaès tendant à établir le repos hebdomadaire en faveur des ouvriers et employés. Le Sénat laissa dormir le projet de loi qui lui avait été transmis, cependant que le Conseil supérieur du Travail, examinant à son tour la question, dans sa session de 1904, élaborait un avant-projet. Après bien des semaines, enfin, la commission sénatoriale aboutissait, de son côté, à un texte fort défectueux exposé dans un rapport de M. Poirrier. Ce projet interdisait de faire travailler les ouvriers et employés plus de six jours par semaine, mais n'imposait pas l'obligation de prendre le repos à un jour déterminé. Il vint en première délibération devant le Sénat, dans ses séances des 25 et 26 mai 1905. Au cours de cette discussion MM. Las Cas, Destieux-Junca et plusieurs de leurs collègues reprirent, à titre de contre-projet, le texte élaboré par le Conseil supérieur du Travail. M. Dubief, ministre du Commerce, ayant déclaré que le jour du repos devait être fixé au dimanche, M. Monis soutint à son tour un contre-projet s'inspirant de ce principe. Ce contre-projet, pris en considération par le Sénat, fut renvoyé à la Commission. De cet examen sortit un nouveau texte, il fit l'objet d'un rapport de M. Prevet, en date du 20 mars 1906, et fut examiné par le Sénat dans ses séances des 3 et 5 avril, 12 et 15 juin. Il fut adopté en seconde délibération et assez sensiblement modifié par le Sénat au cours des séances des 29 juin, 3 et 5 juillet 1906. Transmis à la Chambre le 6 juillet, il fit, le même jour, l'objet d'un rapport de M. Zévaès et fut définitivement adopté sans modification et après déclaration d'urgence, dans la séance du 10 juillet. La nouvelle loi fut promulguée le 13 juillet 1906.

*
* *

Elle dispose qu'il est interdit d'occuper plus de six jours par semaine un même ouvrier ou employé dans un établissement industriel ou commercial ou dans ses dépendances.

Le repos hebdomadaire doit être donné le dimanche.

Un certain nombre de dérogations sont admises à ce principe.

Certaines catégories d'établissements, expressément désignés à l'article 3 de la loi, sont autorisées, de plein droit, étant donnée la nature de leurs opérations, à donner le repos hebdomadaire par roulement.

Les entreprises dont l'arrêt compromettrait le fonctionnement normal ou serait préjudiciable au public, pourront obtenir du Préfet l'autorisation de donner le repos à leur personnel, soit un autre jour que le dimanche, soit du dimanche midi au lundi midi, soit le dimanche après-midi avec repos compensateur d'une journée par roulement et par quinzaine, soit par roulement (art. 2, 8 et 9).

Les établissements occupant moins de cinq ouvriers ou employés et admis à donner le repos par roulement pourront remplacer le repos d'une journée par semaine par deux repos d'une demi-journée (art. 5).

Dans les établissements de vente de denrées alimentaires au détail, le repos pourra être donné le dimanche après-midi avec repos compensateur d'une autre après-midi par semaine aux employés âgés de moins de 21 ans et logés chez leurs patrons (art. 5).

Enfin le repos hebdomadaire peut être suspendu dans certains cas de force majeure ou certaines périodes de chômage causées par les intempéries (art. 4 et 6). Il pourra être réduit à une demi-journée pour les ouvriers employés à des travaux de nettoyage ou d'entretien (art. 5).

La loi nouvelle, on le voit, est fort compliquée ; et, d'autre part, la mauvaise humeur de beaucoup de patrons en contrarie l'application. Mais il faut ne pas trop s'inquiéter de certaines manifestations, plutôt oratoires. Il vaut mieux prendre une vue aussi exacte que possible des conditions dans lesquelles est appelé à fonctionner le nouveau régime légal.

*
* *

La loi nouvelle est infiniment plus « libérale » qu'on a bien voulu le dire; et elle ne nous ramène pas « un siècle en arrière ». Le législateur n'impose à personne l'obligation de se reposer un jour par semaine. Si tel avait été son but, il n'aurait pu l'atteindre qu'en décrétant, pour toutes les entreprises industrielles ou commerciales, la *fermeture* du dimanche.

Une loi dominée soit par des préoccupations confessionnelles, soit par des considérations d'hygiène publique, aurait été conçue dans cet esprit.

Tout autre est le sens de la loi du 13 juillet 1906. Elle oblige les patrons à respecter la liberté des travailleurs; elle introduit une prescription d'ordre public dans le contrat de travail : désormais un même ouvrier ou employé ne pourra être employé plus de six jours par semaine dans un même établissement.

Le patron, le producteur indépendant, gardent toute leur liberté. Ils peuvent travailler autant de jours qu'il leur plaît. Les petits commerçants pourront tenir boutique ouverte le dimanche, et les artisans pourront s'infliger sept jours de travail par semaine. Et il leur sera même loisible d'associer à cette tâche épuisante leur famille qu'aucune loi ne protège encore contre les exigences de son chef.

La loi nouvelle est faite pour les *salariés*. Elle leur donne la liberté de se reposer un jour par semaine, elle ne leur impose pas le repos. Il est intéressant d'examiner ce caractère de la loi

*
* *

Son application repose exclusivement sur la bonne volonté des travailleurs. C'est à eux d'exercer leur droit : l'administration ne peut intervenir que pour les aider dans cet effort.

En effet, ils pourraient, s'ils le voulaient, aisément tourner la loi : leur patron ne peut les employer que six jours par semaine, mais aucune disposition légale n'empêche, quoi qu'on en ait dit, le salarié d'aller travailler le septième jour chez un autre employeur.

La loi empêche-t-elle de travailler sept jours par semaine l'ouvrier qui fait des remplacements, l'extra qui change de patron tous les jours? Non. Aucun de ses employeurs successifs ne serait en contravention puisque chacun ne l'aurait employé qu'un jour par semaine.

Bien plus, on pourrait imaginer une entente entre patrons et ouvriers qui mettrait la loi en échec. Il serait possible aux employeurs, admis à donner le repos par roulement, d'échanger entre eux leur personnel, une fois par semaine. Ainsi la loi serait respectée : chaque patron n'emploierait un même ouvrier que six jours par semaine.

L'application de la loi n'est donc assurée ni par la précision ingénieuse de ses dispositions, ni par la vigilance de l'administration : elle dépend de la volonté des ouvriers.

La loi nouvelle n'est pas sortie des études administratives et des discussions législatives; elle a été imposée par l'action énergique des travailleurs organisés. Ils ont fait savoir qu'ils demandaient un jour de repos chaque semaine, et ils ont péniblement obtenu la consécration législative de leur désir. Cette loi, qui se bornait à enregistrer une opinion ouvrière, n'avait pas besoin d'être impérative au regard des travailleurs.

*
* *

Mais c'est, par une conséquence logique, aux ouvriers organisés qu'il appartient d'en assurer l'exécution, dans son sens le plus large.

Certes, l'inspection du travail pourra relever les contraventions flagrantes ; elle pourra obliger les patrons au respect de la lettre de la loi. Mais cette partie de l'application de la loi est relativement la plus facile. Il sera plus malaisé d'adapter le nouveau régime aux conditions générales de notre vie sociale. Il appartiendra aux organisations ouvrières d'assumer cette tâche.

Dans certaines branches du commerce et de l'industrie, les patrons chercheront à obtenir des dérogations injustifiées. Il appartiendra aux travailleurs d'agir près des pouvoirs publics pour empêcher ces abus.

Ailleurs, et c'est le cas dans certaines branches de l'alimentation, les patrons mécontents essaieront de ruiner la loi en s'y soumettant trop rigoureusement. On voit, en maints endroits, les boulangers ou les restaurateurs menacer les consommateurs de la fermeture du dimanche.

Les travailleurs ont suivi et suivront une politique très avisée. Tandis que les patrons se laissent aller à des plaintes égoïstes sur le pseudo-préjudice que leur cause la nouvelle législation, les ouvriers seront les défenseurs des consommateurs, et aussi des chômeurs qui pourront profiter, dans bien des cas, du repos par roulement.

La loi est l'œuvre des ouvriers organisés : ils s'efforcent maintenant de la rendre applicable. Ils tiennent compte des habitudes du public : on voit des boulangers se mettre en grève pour obtenir le repos par roulement auquel leurs patrons déclarent préférer le repos collectif.

Les travailleurs auront sans doute aussi à lutter pour empêcher que cette diminution de travail ne s'accompagne d'une diminution de salaire.

*
* *

On peut prévoir que des grèves assez nombreuses seront nécessaires pour assurer l'application de la loi. Il ne faut pas s'en étonner ; je dirais presque que, dans l'espèce présente, on doit s'en réjouir.

Les lois ouvrières ne s'appliquent bien que si les travailleurs y prennent intérêt, en assurent eux-mêmes l'exécution. Et la volonté ouvrière s'exprime le plus souvent par des grèves.

Les travailleurs ont lutté beaucoup pour obtenir le repos hebdomadaire ; il leur faudra lutter encore pour faire rendre à cette importante réforme tous ses effets.

Et, une fois de plus, l'on pourra constater combien il est vain d'opposer l'action syndicale et l'action législative. Elle a vécu, l'antique légende des Lycurgue et des Solon tirant de leur sagesse des lois parfaites qu'ils donnaient aux hommes ignorants. Avant d'être promulguées, les lois sont agitées longtemps dans la conscience populaire, et, après que le législateur leur a donné une ombre de vie, elles s'effaceraient bien vite si elles n'étaient vigoureusement soutenues par ceux mêmes qui, en les demandant, s'étaient jurés de s'y soumettre.

Georges FRÉVILLE.

LES GRÈVES DE MAI

IV

DANS LA LITHOGRAPHIE

Invité à apporter ma part contributive à l'œuvre si utile, si intéressante à tous les points de vue, et surtout si instructive, qu'a entreprise la *Revue Syndicaliste*, c'est pour moi un devoir de répondre à son appel. En effet, de jour en jour, apparaît avec plus de force cette vérité, que nos camarades ouvriers, que la classe prolétarienne est surtout victime de son ignorance. Or, quoi donc de plus instructif, quel meilleur enseignement que d'étaler sous les yeux de nos camarades la genèse, les phases, les péripéties, la terminaison, corporation par corporation, de cette gigantesque convulsion prolétarienne que suscita l'active propagande en faveur de la réduction des heures de travail ? Peut-être les événements qui marquèrent, en lui donnant une date historique dans le mouvement ouvrier, le mois de mai 1906, sont-ils encore trop près de nous, pour qu'il soit facile à un esprit débarrassé de tout parti-pris d'en tirer toutes les déductions logiques qu'ils comportent. Néanmoins, et quoique la tâche soit ardue, je vais essayer à mon tour d'esquisser à grands traits, sans m'arrêter aux questions de détails, le mouvement qui eut lieu dans la lithographie. Sans doute, me séparerai-je de la forme et des conceptions des camarades qui m'ont précédé dans ces colonnes ; certainement, je vais exprimer des opinions contraires aux leurs, mais je connais la large hospitalité de cette Tribune dont, je crois, la devise réside tout entière dans le seul et lumineux mot « sincérité ». C'est donc sous cette égide de sincérité que je veux me placer, tout en évitant autant que je le pourrai, de blesser qui que ce soit ne pensant pas comme moi, sans que pour cela je sois amené à les traiter d'adversaires, qualificatif qui souleva un formidable tolle lorsqu'il fut employé à Bourges par un des leaders du mouvement révolutionnaire et qui pourtant, depuis, a fait son chemin, car rares sont les écrits où il ne soit surabondamment employé pour désigner, suivant que leurs auteurs sont partisans de l'une ou l'autre des méthodes, au nom desquelles se déchirent dans le monde ouvrier, ceux qui ne sont pas inféodés à la même tactique. C'est donc un camarade qui n'a aucunement la prétention de croire que lui seul dit vrai, qui va parler. Ce préambule, dont je m'excuse auprès des camarades lecteurs, était nécessaire pour bien délimiter le terrain sur lequel j'ai voulu me placer et où j'entends rester, guidé uniquement par cette volonté de rester, quand même et toujours, sincère.

I

J'ai suivi dans son entier le Congrès de Bourges, où fut voté, avec un enthousiasme indescriptible, le rapport concluant à l'adoption de la date du 1ᵉʳ mai 1906 pour la conquête de cette réforme depuis si longtemps attendue⋅ la journée de huit heures.

Je l'ai voté comme tous ceux qui y assistaient, puisque, s'il y eut quelques mains qui s'abstinrent de se lever, du moins n'ai-je pas souvenance qu'aucune se soit levée contre. Néanmoins, et le compte-rendu de ma délégation à l'issue du Congrès en fait foi, je ne puis m'empêcher de convenir que cette question qui, à mon avis, eut dû retenir longuement l'attention des délégués a été solutionnée trop hâtivement. J'en ai exprimé déjà mes regrets, partagés, je le sais, par beaucoup de camarades, ce qui n'empêcha pas la Fédération lithographique de s'atteler résolument à la besogne de réalisation que lui créa le vote de ses représentants dûment mandatés aux assises ouvrières par ses diverses sections, exactement 22, qui s'y firent représenter. Cela veut-il dire que, dans notre corporation, nous sommes de ceux qui croient à l'intangibilité des Congrès, à leur infaillibilité? Non pas, mais tout simplement qu'ayant pris ce que nous considérions comme un engagement d'honneur, nous étions décidés à ne pas laisser protester notre signature. En un mot, notre conduite fut plus qu'une question de principe, mais surtout une question d'honnêteté, syndicale bien entendu. Faut-il ici analyser le rapport du camarade Dubéros? Je ne le crois pas, sa valeur ne résidant, comme celle de tous les rapports, que dans l'observation plus ou moins fidèle qu'en ont faite les organisations intéressées. Nous en arrivons maintenant à notre Congrès de Saint-Étienne, qui se tint les 9, 10 et 11 juin 1905, conjointement avec celui de nos camarades typographes, qui avait lieu à Lyon. C'est ici que j'aborde une partie dans laquelle je prie les camarades de ne voir aucune critique malveillante. Pour ceux qui l'ignorent, il est nécessaire d'établir combien les deux corporations, typographie et lithographie, sont dépendantes l'une de l'autre, c'est-à-dire que surtout le sort des travailleurs lithographes dépend en grande partie de celui de leurs camarades typographes. En effet, la plupart des imprimeries tendent à englober les diverses branches de cette industrie, et cela en tenant compte des besoins de la consommation. Je ne crois pas être au-dessous de la vérité en estimant la proportion des ouvriers lithographes à un quart du nombre des ouvriers typographes, c'est-à-dire que, dans une imprimerie typo-litho, il y a un ouvrier lithographe pour quatre ouvriers typographes. Comment, dans ces conditions, pouvoir admettre que les lithographes aient eu toute liberté d'action pour suivre la tactique que leur assigna leur Congrès corporatif, qui ne fit que ratifier la décision de celui de Bourges ? Oui, je suis de l'avis du camarade Keufer quand, avec juste raison, il revendique le droit pour chaque profession de choisir, non seulement le moment, mais aussi et surtout la manière de formuler et de défendre ses revendications, suivant les conditions spéciales à son industrie. Cela est bien, très bien ; c'est la liberté telle que je la conçois. Mais justement, au nom de cette sacro-sainte liberté, pourra-t-on soutenir que les décisions prises par nos camarades typos à leur Congrès de Lyon, en ce qui concerne la journée de neuf heures, n'étaient pas de nature à annihiler, du moins dans la majeure partie de nos sections, les résolutions de notre Congrès de Saint-Étienne décidant de poursuivre, lui, la conquête des huit heures. Je sais bien qu'il peut m'être objecté que nous n'avions, nous, lithographes, puisque nous étions les plus faibles, numériquement parlant, qu'à nous entendre avec la Fédération du Livre. Mais cette liberté tant chantée, ne s'arrête-t-elle pas lorsqu'elle porte entrave à celle de son voisin immédiat, et, en tout cas, n'y avait-il pas un point très délicat dans le fait d'obliger presque le petit à demander protection au gros, lorsque dans toutes les organisations syndicales on admet et on applique généralement le principe contraire, à savoir que le fort, le Livre, en la circonstance, doit aller au devant du faible, la Lithographie, dans le cas présent. Est-ce que ce n'était pas à celui qui était décidé, pour des raisons que je ne discute pas, à appliquer dans une forme conciliatrice, la résolution de Bourges, d'en aviser les corporations sœurs ? Néanmoins, ce que l'on aurait dû faire envers nous, et qui ne se fit pas, nous le tentâmes nous-mêmes. Nous eûmes deux réunions interfédérales en janvier 1906. Y assistaient le Livre, la Lithographie et le Papier. Elles étaient motivées par la mise au point d'un projet de passage des camarades intéressés dans leur fédération respective, projet que j'avais soumis moi-même au Congrès de Lyon, où il fut adopté avec mission à chaque Comité d'en assurer l'exécution, hélas remise actuellement aux calendes grecques. Je me rappelle qu'à ces réunions nous demandions la présence de nos camarades des Presses typographiques qui nous fut refusée sous des prétextes d'inimitiés inconciliables entre eux et le Livre. Pourtant, qu'il me soit permis de dire qu'au moment de la lutte, la réconciliation, que l'on ne voulait pas, eut lieu quand même et que c'est d'un commun accord que les deux sœurs ennemies, tout au moins à Paris, marchèrent à l'assaut de la bastille patronale. Constatation, simplement, qu'il est bon de noter, de retenir. Au cours de ces réunions, forcément, nous fûmes amenés à parler de la différence de nos tactiques. Timidement, je fis entrevoir l'impossibilité où nous serions de les suivre les uns, les autres. Autrement dit, je jetais l'essai d'une base d'entente qui pouvait très bien se faire par des concessions mutuelles. Les paroles du camarade Keufer me sont restées gravées dans la mémoire. Les voici : « Les typographes n'ont jamais eu besoin de personne pour faire leurs affaires. » Que dire, que répondre à cela ? Rien et continuer de notre côté notre mouvement de libération, d'émancipation. C'est ce que nous fîmes ! Pourtant, il est bon de le constater, cet accord qui eût pu se faire officiellement, sans cet esprit d'ostracisme suraigu qui pousse pas mal de corporations à limiter le monde ouvrier à leur seule catégorie, eut lieu quand même dans la majeure partie de nos sections de province. Nos camarades de ces localités, après avoir posé le principe des huit heures, aidèrent et luttèrent avec leurs camarades typos pour obtenir les neuf heures, et nous pouvons affirmer que partout où ceux-ci eurent gain de cause, les nôtres eurent le même sort.

Ce ne fut guère qu'à Paris, où il nous fut possible de lutter ouvertement selon nos conceptions propres. Le résultat des récents conflits de la grande cité est trop présent pour que j'insiste. Ce que je puis dire, c'est que nous nous heurtâmes à une opposition patronale se basant presque exclusivement sur ce manque apparent d'entente ouvrière. Pour nous, pas de proposition de commission plus ou moins mixte : le refus brutal de discuter quoi que ce soit de tout ou partie de nos revendications. Cet exposé était utile, en raison des conclusions que j'aurai à en tirer tout à l'heure. J'arrive maintenant à la narration très brève de notre mouvement particulier.

II

Sans fierté ou orgueil mal placés, nous pouvons dire que notre Fédération fit tout son devoir, qu'elle donna toute la part d'effort qu'il lui fut possible de faire. Depuis une année, pour incruster cette idée dans le cerveau de nos adhérents, notre journal était encadré de manchettes préconisant la diminution des heures de travail. Toutes nos sections, elles sont 38, furent visitées ; des conférences y furent faites. A ces conférences, nous invitions non seulement nos camarades lithos, mais tous les ouvriers de la localité, estimant que la question à traiter les intéressait tous au même titre et voulant ainsi faire bénéficier de notre propagande ceux de nos frères de misère dont les organisations n'avaient pas les moyens d'assurer des tournées de propagande. Combien d'organisations ont compris ainsi le mouvement ouvrier ? Peu, trop peu, presque toutes réservant à leurs seuls membres la jouissance exclusive d'entendre ce que communément l'on appelle la bonne parole.

A la Confédération, nous avons versé depuis le 1er janvier 1905 une cotisation mensuelle de 25 francs, sans compter les versements faits par nos sections. A Paris, où malheureusement nos camarades sont divisés en plusieurs groupes, nous arrivâmes pendant la période de gestation, à faire taire toutes les anciennes divisions et chaque groupe nomma trois délégués qui constituèrent une Commission de propagande locale des huit heures. L'harmonie, après les premiers heurts inévitables entre camarades prévenus, parce que ne se connaissant pas, y régna bientôt en maîtresse et nous pouvons dire que toutes les décisions furent prises à l'unanimité. Cette Commission entendit des délégués de la Confédération et de l'Union des syndicats de la Seine. Elle fit des réunions, édita des brochures, réunit dans des assemblées de maison tous les lithographes parisiens. Elle tenta aussi d'entrer en relations avec la Chambre syndicale patronale, dont le bureau refusa de présenter à l'ordre du jour aucune des propositions ouvrières. Enfin, le jour du 1er mai, la salle de l'Élysée-Montmartre, où nous nous réunîmes pendant deux jours, était presque trop petite pour contenir nos camarades qui, à l'unanimité, décidèrent la grève générale de la lithographie. Pendant six semaines, jusqu'au 9 juin, nous luttâmes. Retracer ici ce que furent ces journées inoubliables n'est pas notre but. Constatons simplement que tout fut tenté pour assurer un succès définitif que, seules, des circonstances indépendantes de notre volonté amoindrirent dans une large mesure, sans pour cela l'anéantir et surtout empêcher que, tôt ou tard, nous l'obtenions conforme à nos désirs. Toutes les organisations firent l'abandon complet de leurs caisses et tous, indistinctement, syndiqués anciens ou nouveaux, touchèrent le même secours, deux francs par jour. Quoique nous ayons ainsi dépensé plus de 100.000 francs, fournis par les fonds de caisses, la retenue de 25 p. 100 sur les salaires de ceux qui travaillaient dans les maisons ayant accédé à nos conditions, et par un emprunt de 22.000 francs, dont 12.000 francs nous furent prêtés par notre section de Bordeaux et 10.000 francs par un généreux anonyme, nous dûmes, le 9 juin, arrêter notre grève. Je dis arrêter à dessein, car c'est sur l'ordre du Comité de grève que, non sans peine, nos camarades décidèrent la reprise du travail dans une séance où j'ai vu des hommes pleurer comme des enfants des larmes de rage que, tôt ou tard, il faudra que le patronat paye ce qu'elles valent.

J'ai aussi à noter ceci, c'est que chez nous tous furent traités sur un pied d'égalité parfaite. Aucun fonctionnaire n'eut d'autre salaire que les secours communs. Volontairement, pendant toute la durée de la grève, ils firent abandon de la totalité de leurs émoluments, estimant, avec juste raison, que pour engager des camarades à subir des privations, il fallait donner l'exemple en se les imposant soi-même. Dans combien d'organisations cet esprit a-t-il régné ? Est-ce à la Confédération ? Est-ce à la Fédération du Livre ?

A Paris, en tout cas, nous pouvons dire que nous avons posé le problème et qu'actuellement nous avons des maisons travaillant soit 9 heures, 9 h. 1/2 et 10 heures. Désorganisation patronale qu'il faudra bientôt que, d'eux-mêmes, les intéressés patrons changent sous peine d'en trop souffrir et, en conséquence, sous peu, unification de la durée du travail par l'uniformité de la journée de neuf heures. En province, nous avons eu aussi des luttes admirables dont l'énumération serait ici trop longue; qu'il me suffise de dire que plus de la moitié de nos sections ont obtenu la journée de neuf heures. Je citerai au hasard Tours, Orléans, Poitiers, Clermont-Ferrand, Lyon, Saint-Étienne, Rouen, Amiens, Belfort, Bordeaux, Dijon, Dôle, etc., etc. En un mot, quoi que l'on dise, quoi que l'on fasse, partout, du nord au midi, de l'est à l'ouest, la lithographie sort de ce mouvement avec des gains appréciables compensant largement les blessures inévitables à tout combattant.

III

Mais je m'aperçois que s'il fallait tout dire, un volume ne suffirait pas et que, si je ne veux abuser de l'hospitalité de la *Revue syndicaliste*, il est temps de conclure. Je dis donc que le mouvement du 1er mai 1906 a été un enseignement pour tous, qu'il a surtout donné la preuve du défaut que chacun porte généralement en soi, de croire que lui seul a raison. Les camarades révolutionnaires chantent victoire pour leur méthode ; les camarades réformistes font de même. Qui croire ? qui a raison ? Aucun et tous les deux à la fois ! En ce moment où le monde ouvrier s'apprête à bientôt discuter, à Amiens, de l'opportunité ou non des actions politique et syndicaliste étroitement liées, songeons donc surtout à réaliser d'abord l'unité et surtout l'entente ouvrière, qui, jusqu'à ce jour, n'a été qu'un vain mot. Révolutionnaires, qui prétendez, avec raison, que la classe ouvrière est maîtresse de ses destinées, insufflez-lui donc votre énergie autrement que par des paroles, mais surtout par des actes valant toujours mieux dans leurs plus petits détails que les plus beaux des discours.

Réformistes, qui prétendez que seulement par paliers successifs nous nous libérerons du salariat et qui faites de la question argent la base de votre doctrine, regardez combien vous avez eu de défaillants, préférant se courber encore et toujours que de se contenter des secours plutôt élevés et approchant de leur salaire normal, qu'abondamment vous leur avez distribués. Surtout, les uns et les autres, conservez votre vigueur, votre énergie ; ne vous gratifiez pas mutuellement d'épithètes plus ou moins amicales. Vous l'avez dit, votre commun ennemi, c'est le patronat. Luttez donc, encore et toujours, contre lui, mais rien que contre lui ! Dirigeants confédéraux, qui ne vouliez pas de cotisations fixes pour assurer la réussite de cette revendication des huit heures, songez à ce qu'a rapporté l'appel fait parmi tous ceux, nombreux, qui n'abandonnèrent pas le travail, se contentant de vivre dans un idéal de principe. A peine 3.000 francs la première fois, à peine 2.000 la deuxième fois, en tout, au plus 5.000 francs pour soutenir les 200.000 travailleurs conscients qui luttèrent vaillamment. Plus de 600.000 travailleurs n'ont trouvé le moyen, dans cette période aiguë, que de verser 5.000 francs ! Réfléchissez donc ! et voyez si vous n'avez rien à faire de ce côté et s'il ne vous est possible de réaliser un tout compact et fort en unissant principe et pratique ! Militants réformistes, vous aussi, voyez vos caisses si péniblement amassées. Fondues, envolées ! A elles seules, vous ont-elles donné la victoire ? Non, quand vous n'avez plus eu de monnaie, vous n'avez plus eu de soldats, il ne vous est resté que du désordre, de la mésentente, même de la haine entre vous !

Alors, que faire ? Une seule chose. Instruire vos camarades dont je répète, comme au début, l'ignorance a été le principal, le plus sérieux ennemi. Faire surtout l'éducation de vos compagnes que, rappelez-vous, presque partout nous avons trouvées contre nous, parce qu'elles ne savent pas, parce qu'elles ignorent ce qu'est le syndicat, tout fait d'amour pour elles, pour nous et surtout pour leurs petits. Donnez-leur donc le moyen, en s'instruisant elles-mêmes, de pouvoir les élever, ces petits d'aujourd'hui, qui seront les hommes de demain, dans les idées que tous nous professons et que nous pouvons encore appliquer : « Le droit à la vie, à la lumière, au soleil, de tout être humain, simplement par le fait de sa naissance. » Faites cela, camarades, attelez-vous à cette besogne, instruisez vos femmes, vos enfants, et demain, ce demain qu'il ne dépend que de vous de voir se lever lumineux, vous apportera le bien-être et la liberté après lesquels sans cela vous vous efforcerez inutilement d'arriver.

Et pour terminer, je citerai pour l'imprimerie une réforme facilement réalisable : l'entente et la fusion même de tous les travailleurs de cette industrie dans un seul groupement opposant aux forces patronales capitalistes coalisées le bloc indestructible et puissant des typographes, lithographes, papetiers, aujourd'hui frères de la même misère, exploités au même titre et pouvant ainsi par cette application du « tous pour un, un pour tous », lutter avec avantage pour leur commune émancipation.

Belle œuvre dont, je crois, aucun militant ne niera la portée et dans la réussite de laquelle je crois fermement, pourvu que sincèrement l'on ne dise pas, mais que l'on fasse : « Paix aux divisions et vive l'entente ouvrière. »

Gaston THIL.

DANS L'INDUSTRIE DU LIVRE *(fin)*

Dans le précédent article (1), j'ai signalé — et il est très important de le faire — la différence des revendications ouvrières suivant qu'elles ont été formulées tout de suite après le Congrès de Bourges ou durant les quelques semaines qui ont précédé le 1er mai 1906. Quoi qu'en disent aujourd'hui les leaders de la Confédération générale du travail, dès les débuts de la campagne, il fallait à tout prix *obtenir la journée de huit heures*, et on ne l'obtiendrait qu'en *l'arrachant de haute lutte au patronat*. Mais peu à peu, la réalité de la situation assagissait les dirigeants du mouvement : au fur et à mesure qu'approchait le 1er mai, à la suite d'une réunion du Comité confédéral, il fallait mener la lutte le 1er mai, mais se contenter de ce que l'on pourrait arracher, soit une diminution des heures de travail, soit une augmentation de salaire. En somme, si le mouvement

---

(1) Voir la *Revue Syndicaliste* des mois de juillet et d'août 1906.

du 1er mai a eu le caractère d'une action générale, — et encore ! — les revendications ont perdu sensiblement de leur importance, dans beaucoup de corporations, et même, parmi les plus ardentes à formuler leurs aspirations, pas la moindre tentative n'a été faite.

En se dégageant de tout parti-pris, soucieux de la vérité, il sera intéressant de faire le bilan matériel et moral de cette période ; alors les hâtives appréciations optimistes faites par les habiles propagandistes de « l'action directe » perdront sérieusement de leur valeur. Il en sera ainsi, j'en ai la conviction, en ce qui concerne l'industrie du Livre.

*
* *

De divers côtés, dans l'intérêt de leur méthode, les adversaires des syndicalistes organiques multiplient leurs efforts pour semer la confusion dans les esprits sur les causes des résultats importants obtenus dans la Fédération du Livre par le mouvement pour la journée de neuf heures.

J'ai dit clairement, et avec la plus entière impartialité, que la Commission mixte typographique de Paris, chargée de se prononcer sur l'application de la journée de neuf heures *pour l'ensemble de la France*, avait échoué dans ses négociations. C'était un premier échec, je l'ai confessé ; mais le Comité central du Livre n'avait pas renoncé à l'intervention de commissions mixtes locales dans ses nombreuses sections, et cela en vue de ménager ses forces et ses ressources si des résultats étaient obtenus. Ce calcul était-il fondé ? A-t-il donné de meilleurs résultats que par la tentative faite à Paris ?

Je ne puis mieux faire que de signaler les villes où la Fédération du Livre a obtenu la journée de neuf heures sans grève, *par l'intermédiaire d'une Commission mixte locale*. Les voici :

Avignon, Besançon, Bordeaux (compositeurs, conducteurs et les autres similaires), Dijon, Grenoble, Le Mans (deux heures de grève), Lyon, Rouen, Saint-Brieuc, Bourges, Clermont-Ferrand, Bourg, Cette, Gap, Libourne, Chambéry, Amiens, Annecy, Saint-Germain-en-Laye, Toulouse, Narbonne, Nantes, Versailles, Toulon (grève dans une maison), Orléans (typos, conducteurs), Dunkerque, La Rochelle, Montluçon, Poitiers, Calais, Cherbourg, Albi, Chateaubriant, Thonon-les-Bains.

Villes où la journée de neuf heures a été obtenue sans grève, par l'*intervention et la discussion avec les patrons individuellement* :

Rochefort (depuis le 1er janvier 1906), Limoges, Chartres, Lunéville, Niort, Pithiviers, Oyonnax, Rodez, Beaune, Châteaudun, Mont-de-Marsan, Pau, Alençon, Montbéliard, Montargis, Thouars, Grasse, Dinan, Pontarlier, Tarbes, Marmande, Mâcon.

Dans les villes suivantes, des résultats complets ou partiels ont été obtenus à la suite de démarches, de grève partielle ou générale plus ou moins longue :

Angers, Béziers, Charleville, Constantine, Le Havre, Nancy, Nevers, Paris, Sens, Auxerre, Saint-Nazaire, Reims, Chalon-sur-Saône, Aurillac, Chartres, Belfort, Cognac, Versailles, Toulon, Le Puy, Vendôme, Villefranche-sur-Saône, Alençon, Montargis, Privas, Saint-Étienne, Nîmes, Marseille, Bar-le-Duc, Châteauroux, Saint-Malo, Laval, Meaux, Saint-Amand (9 h. 1/2), Valenciennes (9 h. 1/2), Lille et Roubaix (semaine de 57 h. 1/2), Buzançais (9 h. 1/2), Senlis, Semur.

Dans les villes ci-dessous où n'existe aucun syndicat ou section typographique, des résultats totaux ou partiels très appréciables ont été obtenus grâce à l'action des sections voisines, et sans grève :

Montbrison, Saint-Chamond, Alais, Beaume-les-Dames, Audincourt, Evian, Landernau, Morlaix, Saint-Marcellin, Trévoux, Romans, Crest, Annonay, Tournon, Briançon, Prémeny, Issoire, Riom, Thiers, Paimbœuf, Auxonne, Pierre-de-Bresse, Embrun, Saint-Jean-de-Maurienne, Moutiers, Louhans, Montceau, Chatou, Beaucourt, Lure, Foix, Castelnaudary, Saint-Girons, Decazeville, Tonneins, Saintes, Rambouillet, Argenteuil, La Seyne, Hennebont, Guise, Crécy-en-Brie, Aubusson, Montmorillon, Civray, Loudun, Bressuire, Chauvigny, Argentan, Carmaux, Gaillac, Antibes, Carhaix, Châteaulin, Condé-sur-Noireau, Charlieu.

Ce n'est que dans la région du Nord, où des résultats très modestes ont été obtenus à la suite de grèves longues et tenaces, motivées par la résistance intransigeante des patrons. Dans cette région, les relations entre patrons et ouvriers ont été pour ainsi dire nulles ; les patrons ont refusé de discuter en commission mixte. On peut dire que c'est dans cette région où l'antagonisme a été le plus manifeste et où les résultats ont été le plus mauvais. Ce qui contribue à détruire la thèse de nos adversaires.

En ce qui concerne Paris, je me borne à rappeler ce que j'ai dit dans le dernier numéro de la *Revue syndicaliste*.

Peut-on trouver un argument plus décisif, plus évident, pour démontrer d'une façon péremptoire les avantages bien supérieurs obtenus dans les sections où la Commission mixte a fonctionné, où les discussions courtoises ont eu lieu avec les patrons ? Il faudrait systématiquement fermer les yeux à la réalité des faits pour contester les avantages obtenus par notre méthode.

Mais, pour avoir employé cette méthode, pour continuer à la préconiser, avons-nous jamais contesté la nécessité extrême de la grève ? Pourquoi toujours déclarer, contrairement à tout ce que son passé ne cesse d'affirmer, que la Fédération du Livre n'a d'autre caractère que le modérantisme, que de préconiser la résignation et l'inertie ? Ces critiques n'ont d'autre mobile que de nuire à la Fédération du Livre pour affaiblir son action et, en même temps, disqualifier ses représentants.

*
* *

Je comprends l'empressement de Pouget, l'habile tacticien parmi les dirigeants de la Confédération, à proclamer le succès de la méthode qu'il préconise ; mais il devrait être plus soucieux de la valeur de ses arguments et ne pas étayer sa thèse sur des faits absolument inexacts.

Nul doute qu'en proclamant la faillite de la méthode du « pacifisme social », Pouget n'ait voulu désigner la Fédération du Livre. Ne lui en déplaise, ainsi qu'à tous ses amis, qu'ils se trouvent dans la corporation du Livre ou dans les autres milieux, la Fédération du Livre n'a pas plus de droit exclusif à cette qualification qu'elle n'en a lorsqu'on lui attribue la préoccupation exclusive de limiter son action à la mise en œuvre des Commissions mixtes. La preuve irréfutable en est donnée par les grèves générales ou partielles qu'il a fallu soutenir dans les villes suivantes :

Lille, Roubaix, Valenciennes, Douai, Cambrai, Soissons, Saint-Quentin, Épinal, Nancy, Bar-le-Duc, Vendôme, Saumur, Angers, Vannes, Nîmes, Marseille, Toulon, Valréas, Saint-Étienne, Nevers, etc., etc. Je dois citer aussi Paris, où la lutte a été particulièrement vive et longue.

Mais sans insister sur le caractère de la grève parisienne, qui fait l'objet de fâcheuses controverses, quelle est donc la corporation, en France, qui ait donné à la fois une preuve aussi convaincante de résistance vigoureuse et étendue, et qui ait, en même temps, formulé et obtenu de si sérieuses améliorations, non seulement au moyen des Commissions mixtes, mais aussi par la grève ? Et pour soutenir ces dernières, nous n'avons pas eu besoin des propagandistes de la Confédération, nous avons fait nousmêmes notre besogne, nous avons, sans les sauveurs libertaires, où qu'ils se logent, stimulé l'initiative de nos camarades du Livre, nous les avons préparés à la lutte, partout soutenue avec une fermeté que n'ont pas imitée tant de corporations, en apparence révolutionnaires. Et ce sont ceux qui nous ont toujours combattus, qui ont tout fait pour détruire notre action morale, qui viennent aujourd'hui s'attribuer le mérite des résultats obtenus dans la corporation du Livre, alors que les corporations où leur méthode est en honneur n'ont que de faibles ou de mauvais résultats à enregistrer ! C'est une tactique qui peut être considérée comme habile, mais elle manque de probité et de franchise. C'est la création d'une légende que, pour mon compte, je n'accepterai pas.

*
* *

S'il est exact que la Commission mixte typographique de Paris a échoué, peut-être avec autant de regrets du côté ouvrier que du côté patronal, il n'est pas juste d'en tirer des déductions d'ordre général et de déclarer, *urbi et orbi,* que le système de la discussion, voire même de l'entente entre ouvriers et patrons, *avant la grève,* a définitivement fait faillite.

Et en dehors de notre action typographique, en France, n'avons-nous pas encore l'exemple si probant des résultats magnifiques obtenus par nos camarades étrangers ? Peu m'importe que l'on me reproche de me laisser « hypnotiser par les organisations anglo-saxonnes » ! J'observe ce qui se passe autour de nous, j'examine, je pèse les résultats obtenus, et je suis bien obligé de reconnaître que nos camarades anglais, allemands, sobres de déclamations, évitent habilement des grèves par les négociations en Commission mixte. C'est ce que viennent encore de faire nos confrères de Londres et c'est encore ce que vont réaliser les typos allemands pour leur prochaine révision de tarif, ainsi que l'indique notre correspondant Otto Wetter, dans la *Typographie française.*

En matière de revendications et d'organisation ouvrières, nous n'avons pas le droit de négliger les enseignements que nous donnent les expériences de nos camarades étrangers.

Il est téméraire et dangereux de faire la grève quand même, sous prétexte de préparer l'éducation des travailleurs, d'en subir toutes les misères pour provoquer la haine parmi les grévistes. Il est facile, à ceux qui sont en dehors des atteintes de la grève, fussent-ils bourgeois au service de la cause ouvrière, de soutenir une pareille thèse dont les ouvriers font tous les frais et dont ils supportent toutes les conséquences.

Il doit être permis, cependant, d'espérer que les appréciations faites sur la grève des typos de Paris, d'une partialité calculée, ne feront pas oublier le fait essentiel, capital, le résultat si considérable obtenu par la Fédération du Livre : *la journée de neuf heures,* appliquée dans presque toute la corporation. Ceci doit être hautement affirmé, et les mesquines querelles doivent être reléguées au dernier plan !

*
* *

Je fais l'hypothèse que, momentanément, sous l'action passagère de la propagande libertaire ou révolutionnaire, la corporation du Livre, à Paris tout au moins, renonce à formuler d'abord ses revendications devant une Commission mixte, même temporaire. Eh bien ! j'ai la conviction que le bon sens n'abandonnera pas mes camarades parisiens au point de renoncer à la discussion préalable avec le ou les patrons, là où un conflit serait sur le point d'éclater. Je mets au défi les « énergiques militants », que la typographie parisienne vient de se donner, d'agir autrement. Les événements ne tarderont pas à nous révéler comment ils s'y prennent pour résoudre les difficultés quotidiennes qu'entraîne avec elle la vie de l'atelier. Le sujet n'est pas épuisé, j'aurai de nombreuses occasions d'apprécier leur méthode, heureux de leur rendre hommage si la moisson est aussi féconde que les amis se plaisent à le prédire.

*
* *

Je ne crois pas qu'il soit utile de pousser plus loin la démonstration des résultats effectivement obtenus au moyen de la double méthode des Commissions mixtes locales, de l'intervention auprès des patrons visités individuellement, démarches sanctionnées, *au besoin, par la grève;* mais l'action, la discussion ou la grève s'est accomplie habituellement d'une façon aussi convenable que possible, évitant les injures ou les brusqueries de langage.

Mais en même temps que les fonctionnaires, conformément aux prescriptions précises des statuts de la Fédération, interviennent d'une façon amiable en cas de contestation ou d'amélioration à réclamer, le Comité Central a-t-il jamais renoncé à l'organisation de la résistance? A-t-il même négligé d'avoir recours à la grève, à l'occasion?

La vérité rigoureuse, et je ne saurais assez le répéter, c'est que depuis de longues années je ne cessais de faire partout une active propagande syndicale, préconisant la grève, le refus de concours, comme l'arme suprême de défense des intérêts ouvriers. Et pendant cette période, les contempteurs actuels de la méthode de la Fédération du Livre étaient parmi les adversaires de l'organisation syndicale!... L'histoire est là pour confirmer ce que j'avance.

La preuve évidente que l'on veut donner le change à l'opinion publique, en préparant une légende dont la corporation du Livre ferait tous les frais, c'est qu'on s'acharne sur la Fédération du Livre, en dénaturant le caractère de la bataille qu'elle a soutenue; excellent procédé pour en accaparer tout le profit moral.

Et pendant que les critiques tombent drues sur notre organisation, qui a moralement et financièrement soutenu avec vigueur de nombreuses grèves, les implacables adversaires de la Fédération du Livre gardent un silence prudent sur la tactique des corporations dont les fonctionnaires, révolutionnaires bon teint, sont en relations constantes avec les patrons, organisent des réunions en commun, vont faire des délégations communes auprès des pouvoirs publics après avoir fulminé contre les politiciens parlementaires et acclamé l'action directe ! Tristes palinodies qu'il faut signaler et qu'un historique attentif des événements, depuis le commencement de cette année jusqu'à l'application de la loi sur le repos hebdomadaire, permettra de mettre en lumière. Ce sera instructif !

*
* *

Qu'on jette un regard de curiosité autour de soi, qu'on examine la situation des corporations après le 1er mai, on ne saurait refuser à la corporation du Livre ce témoignage de la vérité : elle a appliqué, par ses propres et seuls efforts, la journée de neuf heures dans un grand nombre de villes, non seulement pour les compositeurs, mais pour les conducteurs, les margeurs-pointeurs, les papetiers-relieurs, les lithographes ; partout où notre action a obtenu des résultats, les corporations similaires en ont profité. Cela n'empêche pas certains individus qui ont, par tempérament, un besoin de déblatérer, de jeter contre le Comité Central les pires accusations gratuites injustifiées ; après avoir profité de la lutte, ils peuvent se livrer impunément à cette triste besogne, le Comité Central ne leur fera pas l'honneur de relever leurs inepties.

La vérité est là, qui éclate pour tous les esprits non prévenus : la Fédération du Livre a réalisé la journée de neuf heures, grâce à un mouvement préparé par le Comité Central, avec le concours de tous les fédérés, et, pour ce mouvement, près de 500.000 francs ont été dépensés, avec l'appoint généreux de l'impôt des fédérés français et aussi, il faut le dire, avec le généreux concours des membres du Secrétariat typographique international (plus de 160.000 francs).

Une corporation qui accomplit un pareil effort moral et matériel et qui, après la lutte, poursuit tranquillement sa route vers l'avenir, malgré de regrettables divisions que nous espérons passagères, une telle corporation mérite mieux, à mon avis, que d'incessantes critiques, lorsqu'il y a tant à faire dans d'autres corporations.

Je me console, en présence de tant d'injustices, en pensant au bien qui est fait et aussi, j'en ai l'assurance, parce que nous sommes dans la bonne voie, quoi que puissent dire tous les détracteurs. Le temps sera un grand facteur pour assurer la victoire de notre méthode, méthode relative qui n'exclut ni la discussion ni l'action énergique par le concours raisonné de tous ceux qui sont intéressés au progrès corporatif et général.

Auguste KEUFER.

LE MOUVEMENT EN FRANCE

Le Congrès du Textile

Quatre-vingts délégués, venus de tous les points du territoire et représentant quatre-vingt-dix syndicats, étaient réunis, dès le 12 août, à Tourcoing, pour y tenir, trois jours durant, le Congrès annuel de la **Fédération nationale du Textile.**

Je n'entends pas raconter ici, par le détail, les discussions parfois passionnées qui animèrent la salle de l'Académie de musique mise à la disposition des organisateurs par la municipalité de Tourcoing. Je veux seulement en indiquer la physionomie générale.

Qu'il me soit permis toutefois de constater, au début de ce rapide compte rendu, que les discussions les plus animées furent loin d'égaler en violence de langage celles du congrès précédent. C'est un progrès. Marquons-le.

Les rapports, moral et financier, adoptés à la presque unanimité, après quelques critiques de détail, critiques nécessaires pour tenir en haleine le Comité fédéral, le Congrès adopta aussitôt la création d'un timbre fédéral pour le paiement des cotisations.

C'est là une excellente mesure qui mettra en garde les organisations adhérentes contre la tendance, manifestée par quelques-unes d'entre elles, de grossir ou de diminuer, selon les cas, le nombre de leurs adhérents, qui facilitera la tâche du trésorier fédéral, puisque les cotisations devront être ainsi payées à l'avance, et obligera les trésoriers des syndicats à réagir contre leur propre négligence, leur propre apathie.

Si le Comité fédéral n'a pas été aussi heureux dans la question suivante, s'il n'a pu faire voter la contribution nécessaire à la constitution d'une caisse de grève, c'est que ce projet n'était pas tout à fait à point. Le principe en a été accepté. Avez-vous remarqué d'ailleurs que dans les congrès ouvriers on vote facilement le principe des questions que l'on se trouve quelquefois bien embarrassé de mettre en pratique? Le principe, dis-je, en a été accepté, mais comme le projet n'indiquait point sur quelle base aurait lieu la répartition des indemnités à accorder aux grévistes éventuels, il a été renvoyé au prochain congrès.

Il est exact qu'il y avait là une lacune à combler : ce sera l'œuvre du Congrès qui se réunira l'an prochain dans l'un des centres textiles des Vosges, car malgré la proposition faite par un syndicat de ne plus tenir désormais de congrès que toutes les deux années, le Congrès de Tourcoing a maintenu leur annualité.

La question du Conseil supérieur du Travail n'a donné lieu qu'à une escarmouche peu importante entre les délégués des syndicats révolutionnaires ou les délégués révolutionnaires des syndicats et le Conseil fédéral, appuyé par quelques délégués à tendances moins abstentionnistes. Par 726 voix, émanant de 75 syndicats, contre 48 voix, représentées par 9 syndicats seulement, le Congrès a décidé de prendre part officiellement aux élections au Conseil supérieur du Travail et les candidats des trois groupes appartenant à l'industrie textile ont été désignés séance tenante.

Mais la question pour laquelle on s'attendait à une bataille en règle entre les deux éléments composant le Congrès était celle que nos camarades du Nord avaient mise à l'ordre du jour et qui était ainsi libellée : *Des rapports devant exister entre les organisations économiques et politiques du prolétariat.*

L'assaut fut moins rude qu'on aurait pu le redouter et, lorsque les deux ou trois orateurs qui parlèrent en faveur de la motion eurent succédé au au même nombre d'orateurs parlant contre, le Congrès adopta la résolution suivante par 483 voix et 45 syndicats contre 182 voix et 23 syndicats :

« Le Comité confédéral est invité à s'entendre, toutes les fois que les circonstances l'exigeront, soit par des délégations intermittentes ou permanentes avec le Conseil national du Parti socialiste pour faire plus facilement triompher les principales réformes ouvrières.

« Mandat est donné aux délégués de la Fédération textile qui la représenteront au Congrès confédéral d'Amiens de soutenir ladite résolution. »

Cette résolution fait en ce moment l'objet de discussions au sein des organisations ouvrières qui devront se prononcer au Congrès d'Amiens. Il est infiniment probable qu'elle sera repoussée, les gardiens de l'orthodoxie syndicaliste estimant que ce serait l'abomination de la désolation si une entente loyale unissait, pour un but déterminé, deux organisations luttant sur le même terrain de la lutte des classes.

Pour ma part, je ne verrais aucun inconvénient à ce que la proposition de la Fédération textile fut rejetée. Le temps, qui doit aplanir les difficultés, les rivalités qui mettent encore aujourd'hui aux prises syndicalistes parlementaires et syndicalistes anti-parlementaires, n'a pas encore parfait son œuvre et c'est pour cela que je n'attache à cette question des rapports entre la Confédération et le Parti socialiste qu'une importance relative.

Tel est le bilan du Congrès de Tourcoing, le huitième de la Fédération textile. Si, par ses résolutions, cette dernière exceptée, il ne s'impose pas forcément à l'attention du monde syndical, il n'en a pas moins essayé, et il y a réussi sur certains points, à donner à la Fédération une vitalité plus grande. C'est déjà quelque chose. A chaque congrès suffit sa peine. Les réunions prochaines sauront, nous l'espérons, parfaire l'œuvre commencée et en bonne voie de l'organisation de cette si nombreuse et si intéressante corporation. — *E. Guernier.*

L'Internationale des Tullistes

Le 5ᵉ Congrès de la Fédération internationale des **Tulles et Guipures** s'est tenu à la Bourse du travail de Saint-Quentin, les 5 et 6 août derniers, Étaient représentés les syndicats de Glasgow (Écosse), Nottingham (Angleterre), Calais, Caudry et Saint-Quentin (France).

L'industrie du tulle, on le sait, ne date que d'un siècle environ. C'est à Nottingham qu'ont été installés les premiers métiers. Des lois sévères ont été édictées pour en empêcher l'exportation, mais on trouva quand même le moyen d'en installer, quelques années après, à Calais, en passant en fraude pièce par pièce.

Les centres où l'on fabrique le tulle aujourd'hui sont Nottingham, Glasgow, Calais, Caudry, Saint-Quentin, Lyon, Lille, Barcelone, Philadelphie et New-York. Une entreprise tentée à Varsovie a à peu près échoué.

Le nombre des ouvriers est de : 8.000 dans le district de Nottingham (3.058 syndiqués) ; 650 dans le district de Glasgow (450 syndiqués) ; 3.500 à Calais (1.400 syndiqués) ; 800 à Caudry (800 syndiqués) ; 30 ouvriers à Lille (20 syndiqués) ; 30 à Barcelone ; 178 à Philadelphie ; 50 à New-York ; et 215 à Saint-Quentin (160 syndiqués).

Les tullistes, en France, sont des mieux partagés comme salaire, grâce à leur organisation et à l'esprit de solidarité qu'ils ont acquis au contact des Anglais.

Voici les principales questions qui ont donné lieu à des rapports et d'importants débats.

Sur la situation dans chaque pays, Salembier montra que le tulle et la guipure sont plus que jamais à la mode et tous les délégués furent d'accord pour constater que la condition des ouvriers tullistes tend à s'améliorer partout, tant au point de vue du nombre des ouvriers syndiqués qu'au point de vue des salaires.

Puis le camarade Appleton rendit compte de ses deux délégations au Congrès du textile de Milan (1) et au Congrès de la paix de Lucerne, où il avait été délégué par les Trade-Unions. Les délégués furent unanimes à regretter que sur ce point l'exemple des Anglais ne fût pas suivi et que les organisations syndicales des autres pays, abandonnant aux bourgeois la direction de pareils Congrès, parussent indifférentes aux questions mondiales.

Vint alors l'examen de la situation calaisienne. Le camarade Salembier expliqua que la Valenciennes guimpée était payée au prix de la Valenciennes ordinaire, ce qui ne faisait pas l'affaire des ouvriers : ceux-ci établirent, pour la Valenciennes guimpée, un tarif qu'ils soumirent aux patrons. Les fabricants n'ayant pas accepté le tarif proposé par les ouvriers, la question de la grève s'est posée, mais on a décidé de ne pas arrêter le travail. La commission a agi auprès de quelques fabricants qui ont décidé de s'aboucher à nouveau avec les ouvriers et l'on est arrivé à une entente. Le tarif a été révisé et les

---

(1) Au Congrès, les centres de Glasgow, de Nottingham, de Calais, Caudry et Saint-Quentin étaient représentés.

salaires ont été augmentés de 12 à 15 francs par semaine ; à la suite de cet accord, plus de 400 ouvriers ont adhéré au Syndicat. La situation à Calais est des meilleures et l'unité ouvrière y sera accomplie très prochainement. Le Syndicat a décidé que dès l'apparition d'un nouvel article il sera fait appel au Secrétaire de la Fédération internationale pour faire tarifier partout uniformément le nouvel article. Les camarades de Caudry ont demandé que le tarif de Calais fût appliqué partout et que les salaires fussent fixés sur la même base pour tous les pays.

En ce qui concerne l'Écosse, d'autre part, le camarade Appleton rappela qu'il avait été appelé par le syndicat de Glasgow pour faire des réunions dans les faubourgs de cette ville. Dans une grande usine, le patron faisait signer à ses ouvriers un contrat stipulant qu'ils travailleraient pendant trois ans, moyennant un salaire de 18 shillings par semaine pour la première année, 19 pour la seconde et 20 pour la troisième. Ce n'est qu'au bout de cette troisième année que l'apprenti devenait ouvrier et encore, bien souvent, on l'obligeait à signer un nouveau contrat pour une période de trois années, aux mêmes conditions. On engagera les ouvriers à ne plus signer, et la Fédération leur donnera son appui. La Fédération a fait abolir les 12 heures de travail consécutif et les ouvriers d'Écosse travaillent maintenant par quarts, comme en France. Le Syndicat s'est augmenté de 80 membres. Young, président de la Fédération, dit qu'en Écosse les ouvriers tullistes étaient traités comme de véritables esclaves, mais que leur situation s'est sensiblement améliorée depuis que l'influence de la Fédération internationale s'y est fait sentir.

Enfin, en ce qui concerne l'Amérique, Appleton avait reçu mandat du dernier Congrès d'écrire au Secrétaire des tullistes de Philadelphie pour les engager à adhérer à la Fédération internationale. Ces camarades ont répondu qu'ils ne demandaient pas mieux que d'adhérer, mais que cela serait trop coûteux et dépasserait leurs ressources. La nécessité de la Fédération internationale, d'ailleurs, n'a jamais été expliquée suffisamment pour faire comprendre aux travailleurs d'Amérique les bénéfices qu'ils pourraient retirer d'une semblable organisation. Et dans sa lettre de réponse, leur secrétaire invitait à envoyer, si possible, des délégués.

Le Congrès examina donc la possibilité d'envoyer un ou deux délégués en Amérique pour y faire une tournée de propagande en faveur de la Fédération internationale, mais la question fut abandonnée à cause des difficultés matérielles et des frais que cela occasionnerait. Le Congrès donna mandat au camarade Appleton de rester en relations constantes, par correspondance, avec les tullistes américains afin de les décider à adhérer à la Fédération internationale.

Pour terminer, l'état financier de la Fédération fut examiné. D'après le rapport du trésorier, la Fédération a actuellement en caisse une somme de 66.528 fr. 95, en augmentation de 15.663 fr. 50 depuis le dernier Congrès. Les intérêts de ces fonds, qui sont déposés en banque, suffisent à couvrir les frais des délégations et du bureau de la Fédération.

Si l'on considère le peu d'années d'existence que compte encore la Fédération, on ne peut que se féliciter, comme le faisait à la fin du Congrès le président Young, des résultats obtenus. Par son organisation, par sa discipline, par les luttes déjà soutenues, le mouvement des tullistes est de tous points remarquable. — *Nicolas*.

LE MOUVEMENT A L'ÉTRANGER

La grève générale et les syndicats allemands

On sait que l'idée de la grève générale a très peu d'adeptes dans la classe ouvrière allemande. On a pu s'en rendre compte, une fois de plus, lorsqu'en l'année 1904, peu avant le Congrès socialiste international, « le socialiste-anarchiste » *(Anarcho-Sozialist)* Dr Friedeberg entreprit à Berlin toute une propagande pour la grève générale, conçue comme l'unique moyen de délivrer la classe ouvrière du joug du capitalisme. Ses vues rencontrèrent une très vive opposition et ce ne furent que les syndicats appelés « localistes », et dont les membres sont pour une grande part des anarchistes, qui se déclarèrent avec lui. Mais pour montrer combien les organisations ouvrières de cette sorte ont peu d'importance, il suffit de rappeler qu'elles comptent 27.000 membres, chiffre insignifiant si on le compare aux 1.429.300 membres que groupaient à la fin de 1905 les syndicats centralisés (1).

Néanmoins, l'entrée en ligne du Dr Friedeberg n'a pas été sans influence sur le mouvement ouvrier allemand. Le fait incontestable que le capitalisme n'arrive pas aussi vite à épuisement de sa puissance qu'on l'avait cru autrefois, puis la crainte que, dans la classe ouvrière allemande, l'influence des syndicats ne surpasse un jour l'influence du parti socialiste, ont fait naître, semble-t-il, chez un certain nombre de membres du parti, occupés surtout de l'action politique, une certaine nervosité. D'autre part, les organisations patronales devenant toujours plus fortes, on croyait encore que les syndicats seraient bientôt réduits à l'impuissance. Et enfin la crainte grandissait qu'un jour il ne fût porté atteinte au suffrage universel, pour les élections au Reichstag. Pour toutes ces raisons, on estimait nécessaire de chercher un « nouveau moyen de combat » pour la classe ouvrière.

C'est ainsi que la délégation allemande au Congrès socialiste d'Amsterdam vota en faveur de la résolution qui fut prise là, résolution qui, sans doute, met en garde contre la grève générale, telle que la recommandent les anarchistes, mais dans laquelle il est indiqué « qu'une grève, qui s'étend à

(1) On sait qu'il y a en Allemagne, depuis 1892, deux groupes de syndicats à tendances socialistes : les uns, les *centralistes*, professant la neutralité politique sur le terrain syndical, afin de pouvoir, en vertu de la loi, s'étendre à toute l'Allemagne ; les autres, les *localistes*, ayant préféré l'affirmation catégorique des principes socialistes aux bénéfices de la centralisation. D'après les dernières statistiques, les *centralistes* groupaient 1.311.933 membres, les *localistes* 27.736. — N.D.L.R.

quelques branches d'industrie importantes pour l'économie générale ou à un grand nombre d'entreprises, peut être un moyen exceptionnel pour réaliser d'importantes transformations sociales ou s'opposer à des projets réactionnaires contre les droits des travailleurs ». Ainsi la *grève politique de masses* se trouvait reconnue comme un moyen de combat de la classe ouvrière.

Autant dans ce passage, la résolution est embarrassée et imprécise, autant elle était claire et significative lorsqu'elle donnait l'avertissement de ne point se laisser détourner par la propagande des anarchistes, du *petit travail* (1) quotidien, politique et syndical. Néanmoins, pendant la période qui suivit, on eût pu croire en Allemagne que c'était tout l'opposé qu'on avait décidé à Amsterdam. On fit de la propagande pour la grève politique de masses d'une façon qui semblait tout à fait propre à ravaler, aux yeux de tous, le petit travail recommandé par le Congrès, — et particulièrement le travail syndical. On ne s'étonnera donc pas que cette sorte de propagande ait provoqué le mécontentement des camarades qui pratiquent surtout l'action syndicale. La conséquence fut qu'en mai 1905, au 5e Congrès des syndicats allemands qui se tint à Cologne, la résolution suivante fut adoptée :

« Le cinquième Congrès syndical allemand considère comme des devoirs
« auxquels les syndicats ne peuvent se soustraire, de poursuivre de toutes leurs
« forces l'amélioration de toutes les lois dont dépend leur existence et sans
« lesquelles ils ne sont pas en état de remplir leurs fonctions ; et de com-
« battre de la manière la plus décidée toutes les tentatives faites pour rogner
« encore les droits populaires existants.

« La tactique à suivre pour des combats de ce genre, s'ils deviennent
« nécessaires, devra comme toute autre tactique se modeler sur les circons-
« tances du moment.

« Le Congrès considère donc comme devant être repoussées toutes les
« tentatives faites pour imposer, par la propagande de la grève politique de
« masses, une tactique déterminée : il recommande à la classe ouvrière orga-
« nisée de s'opposer énergiquement à de pareilles tentatives.

« Quant à la grève générale, telle qu'elle est préconisée par des anarchistes
« ou par des hommes qui n'ont aucune expérience dans le domaine de la
« lutte économique, le Congrès considère qu'il n'y a même pas lieu de la
« discuter ; il avertit la classe ouvrière de ne point se laisser détourner par
« l'adoption et la diffusion de telles idées du petit travail quotidien, fait pour
« fortifier les organisations ouvrières. »

Cette résolution ne se prononce donc en aucune manière contre le principe de la grève politique de masses. Mais parce que les délégués qui prenaient part au Congrès syndical, avec une prudence qui leur était inspirée par une longue expérience de la lutte, tenaient pour condamnable de déterminer prématurément la tactique du mouvement ouvrier, ils se

---

(1) Les Allemands aiment à opposer ainsi le *petit travail quotidien*, comme ils l'appellent, le travail qui consiste à grouper un à un et à éduquer dans le syndicat une masse toujours plus grande de prolétaires, aux grands mouvements d'opinion et aux manifestations passagères. — N. D. L. R.

déclaraient contre cette idée que, certaines éventualités se produisant, on dût, en tout état de cause, recourir à la grève politique de masses. Cependant la résolution et, en particulier, quelques déclarations qui avaient été faites à son propos au Congrès, soulevaient dans le parti de vives critiques de la part de quelques non-syndiqués. Une propagande acharnée fut faite contre la résolution.

L'argument principal consistait surtout à dire que les délégués au Congrès étaient en majorité des fonctionnaires appointés des syndicats et que ces fonctionnaires — peut-être par crainte de compromettre leur existence — reculaient devant une lutte qui pourrait coûter sans doute beaucoup d'argent aux syndicats. Si l'on considère, par surcroît, que le grand essor des syndicats allemands date seulement des dernières années et que naturellement une très grande partie de leurs membres manquent encore de l'éducation nécessaire, on conçoit qu'un argument de ce genre pouvait trouver beaucoup d'approbation parmi les syndiqués. C'est ainsi que les ouvriers furent excités contre les hommes de confiance qu'ils avaient eux-mêmes choisis. La conséquence, encore maintenant, c'est que les fonctionnaires des syndicats, en dépit du plus fidèle accomplissement de leurs devoirs, ont toujours à souffrir de la défiance des membres.

C'est alors qu'eut lieu le Congrès du parti socialiste allemand qui se tint en septembre, à Iéna. Là, après un rapport de Bebel, une décision fut prise qui, dans sa partie résolutive, est ainsi conçue :

« ... En conséquence, le Congrès déclare que, notamment dans le cas d'une
« attaque contre le suffrage universel direct, égal et secret, ou contre le droit
« de coalition, c'est le devoir de toute la classe ouvrière d'employer énergi-
« quement à la défense de ces droits tout moyen qui lui semblera approprié.

« Parmi les moyens de lutte les plus efficaces, pour défendre la classe
« ouvrière contre un tel crime politique, ou pour conquérir un droit essen-
« tiellement pour son émancipation, le Congrès range, **le cas échéant** *(gege-*
« *benen Falles)* l'emploi le plus étendu de la grève de masses.

« Mais pour que l'emploi de ce moyen de lutte soit possible et le plus effi-
« cace possible, il est d'une nécessité absolue que l'organisation politique et
« syndicale de la classe ouvrière prenne la plus grande extension possible et
« que les masses soient assidûment éduquées et éclairées par la presse
« ouvrière et par la propagande orale ou écrite.

« Cette propagande doit exposer l'importance et la nécessité des droits
« politiques de la classe ouvrière, en particulier du suffrage universel, égal,
« direct et secret, et du droit absolu de coalition, en même temps qu'elle
« doit porter sur le caractère de classe de l'État et de la Société et sur les
« abus quotidiens que commettent à l'égard de la classe ouvrière les classes
« dominantes et les autorités, par leur possession exclusive de la puissance
« politique.

« Chaque camarade du parti est tenu, s'il existe déjà pour son métier une
« organisation syndicale ou si cette organisation peut être fondée, d'y entrer
« et de soutenir les efforts et les entreprises syndicales.

« Mais chaque membre d'un syndicat, en qui la conscience de sa classe
« existe, a aussi le devoir d'adhérer à l'organisation politique de sa classe,
« c'est-à-dire la démocratie socialiste, et de faire de la propagande pour la
« diffusion de la presse socialiste. »

Mais la nature de la propagande qui, après le Congrès, fut faite par quelques
propagandistes de la grève de masses, n'était guère propre à enthousiasmer
les syndicalistes pour ce moyen de combat ; car, si elle n'était pas toujours
inspirée par cette intention, elle avait cependant souvent pour résultat de
diminuer aux yeux de la classe ouvrière la valeur des syndicats et l'activité
des chefs de syndicats. Ceux qui se montrèrent les plus ardents adversaires
des syndicats étaient des camarades du parti qui n'avaient, autant dire, aucune
expérience du syndicalisme. La propagande fut en outre conduite de manière
à flatter les masses, à les considérer comme « politiquement plus mûres » et
« plus conscientes de leur classe » que ces chefs de syndicats d'une mentalité
si bureaucratique et si épicière ! Rien d'étonnant à ce que dans la classe
ouvrière on fût de moins en moins bien disposé pour les chefs des syndicats,
et de plus en plus favorable à la grève de masses. Les masses oubliaient
d'ailleurs que dans cette propagande il s'agissait seulement de l'*idée* de la
grève de masses ; mais elles croyaient bien plutôt que le temps allait venir
où il serait nécessaire d'entrer en réalité dans la grève politique de
masses.

Lorsqu'aux 21 et 22 janvier 1906 eurent lieu les anniversaires des victimes
de la révolution russe, anniversaires qui furent liés à la propagande, depuis
si longtemps négligée en Prusse, pour l'amélioration du piètre droit de suffrage qui régit le Landtag de ce pays, — lorsqu'ensuite le 28 janvier le droit
de suffrage pour le corps législatif de la République financière de Hambourg
fut empiré, il se manifesta de jour en jour plus clairement, dans la classe
ouvrière, un courant en faveur de l'emploi de la grève politique de masses
pour l'obtention d'un meilleur droit de suffrage dans ces deux États. Le
Comité directeur du parti était cependant d'avis que ce n'était point là *le cas
échéant* prévu par le Congrès. Mais il devait toutefois avoir les yeux fixés
sur cette disposition croissante en faveur de la grève de masses, et se
demander quelles dispositions il avait à prendre si un jour cependant une
telle grève éclatait. A l'invitation du Comité directeur, le 16 février, des
négociations furent engagées sur ce point entre lui et la Commission générale des syndicats allemands. De ces négociations, il fut rendu compte
quelques jours plus tard, par la Commission générale, à une conférence des
comités de syndicats. La conférence était secrète et le protocole sténogra-
phique sur ces négociations n'était pas destiné à la publicité. Un traître a
néanmoins livré ce protocole aux syndicats localistes qui se tiennent en
partie sur le terrain anarchiste. L'organe de ces hommes, l'*Unité* (*die Einigkeit*)
— quelle ironie ! le principe essentiel de cette feuille a été, de tous temps, de
semer la désunion dans la classe ouvrière — publia quelques passages du
protocole dans une forme tendancieuse et sans égard au contexte. Le but
de ces anarcho-socialistes-localistes, à savoir de faire sensation à tout prix, fut

atteint. L'*Unité* publia, entre autres, six thèses que Bebel avait développées à la séance commune du Comité directeur du parti et qui furent précisément discutées à la conférence des Comités syndicaux. La publication de ces thèses, qu'une trahison avait rendue possible, amena une lutte de presse entre le Comité directeur et la Commission générale. Il fut affirmé par le Comité directeur qu'à la conférence la première thèse ne fut pas rapportée exactement. Il ressort cependant indubitablement, aussi bien de la forme déclarée exacte par le Comité directeur que de la rédaction de la Commission générale, que, provisoirement, le Comité directeur ne songe pas encore à propager ou à mettre en action la grève politique de masses (1).

Cette position du Comité directeur a rencontré beaucoup d'opposition. Pour cette raison, on traitera de nouveau de la grève de masses au prochain Congrès du parti, à Mannheim. D'autre part, les publications tendancieuses et incomplètes de l'*Unité* localiste-socialiste-anarchiste ont été pour quelques partisans exclusifs de l'action politique (*Nurparteiler*) une occasion de ranimer l'opposition contre les chefs de syndicats. En outre, le Comité directeur s'est vu obligé de prier la Commission générale de publier le protocole de la conférence, vœu qui dut être repoussé pour de sérieuses raisons, aussi bien par la Commission générale que par la majorité de ceux qui prirent part à la conférence. Là-dessus, le parti a décidé de sa propre autorité la publication de la partie du procès-verbal qui traite de la position du parti à l'égard des syndicats.

Quelques personnes un peu pressées avaient conclu du refus de la Commission générale et des délégués à la conférence, que ceux-ci avaient peur de la publicité et ils avaient tiré de là de perfides conclusions. Mais ces gens ont été fort déçus par la publication. Il ressort au contraire du procès-verbal et avec une évidence indiscutable, que les reproches adressés aux chefs des syndicats en général ne sont pas du tout fondés.

Au Congrès de Mannheim,.on traitera encore une fois de la position du parti par rapport aux syndicats et réciproquement. Sans doute, il se pro-

---

(1) Il nous semble intéressant de publier, à titre documentaire, les thèses qui firent l'objet de cette discussion. En voici le texte tel qu'il a été donné par la Commission des syndicats allemands :

« 1° Le Comité directeur du parti n'a pas l'intention de faire de la propagande pour la grève politique de masses, mais il cherchera à l'empêcher, autant qu'il lui sera possible.

« (Selon Bebel, le texte vrai était : Le Comité directeur n'a pas l'intention de faire présentement de la propagande pour la grève politique de masses, mais si on doit un jour faire cette propagande, le Comité directeur du parti devra se concerter d'abord avec la Commission générale).

2° Si cependant une telle grève devait éclater, elle devrait être conduite par le parti, et les syndicats n'auraient pas officiellement à y prendre part.

3° Dans le cas d'une telle grève, les syndicats ne devraient pas contrarier le mouvement.

4° De même, la presse syndicale ne devrait pas agir contre ce mouvement.

5° C'est au parti qu'il appartiendrait de soutenir les grévistes. Les ressources devraient être fournies par la collaboration de tous les camarades du parti, et, éventuellement, à l'aide de souscriptions générales.

6° Si des lock-out et des grèves devaient être la conséquence de cette grève politique, on recommanderait aux syndicats de les soutenir. »

Indépendamment de la si curieuse question d'*histoire allemande* que traite notre camarade Quist, il y a lieu de réfléchir sur les principes généraux sur lesquels reposent ces thèses. Nos camarades français ne manqueront pas de remarquer avec quelle netteté ils établissent la division entre la besogne de défense professionnelle et les entreprises *politiques*. — N. D. L. R.

duira là de vives discussions. Mais les chefs des syndicats peuvent les envisager avec une entière tranquillité. Nous espérons que le Congrès aura pour résultat de faire cesser définitivement, et pour le plus grand bien du mouvement ouvrier, tous les frottements entre une partie des syndicalistes et certains partisans exclusifs de l'action politique. Nous espérons aussi qu'on arrivera là à une plus grande clarté sur le sujet de la grève de masses. Combien cette clarté est nécessaire, cela ressort de ce simple fait que les propagandistes de la grève de masses oublient que la participation des travailleurs des chemins de fer, ouvriers et employés, est avant tout nécessaire, si l'on veut faire impression par la grève générale. Or, que semble-t-il en Allemagne de cette éventualité ? Il existe chez nous, pour les travailleurs des chemins de fer, deux organisations qui se placent sur le terrain de la lutte de classes. L'une tenait récemment son Congrès. Par crainte de provoquer la mise à pied de ses membres, elle n'osa seulement pas faire connaître le lieu et l'époque du Congrès. Chez ces hommes, la crainte est d'ailleurs encore si grande que les journaux de ces deux Unions n'ont pas osé jusqu'à présent faire la plus petite allusion à la grève politique de masses. Bien mieux, pas une fois, ces deux organes n'ont osé parler de la fête du 1er mai. Or, le plus remarquable, c'est que le directeur intellectuel d'un des deux organes corporatifs dont nous parlons est un secrétaire du parti qui, d'ailleurs, à chaque occasion, a coutume d'exprimer des opinions très radicales. Ce fait montre combien manquent encore en Allemagne toutes les conditions pour la conduite victorieuse d'une grève politique de masses. — *A. Quist.*

Le 15 août à Bruxelles

La manifestation nationale organisée à Bruxelles, le 15 août, par la Commission syndicale et le Conseil général politique, étroitement apparentés, en faveur de la réduction de la durée du travail, est venue éveiller les énergies, profondément endormies à la suite d'élections législatives n'ayant donné que des résultats mous, flasques, hésitants.

Au dire de tous, cette démonstration fut belle. L'âme populaire plana sur elle, majestueuse et fière, imposant le respect aux adversaires mêmes.

Elle fut belle, parce que tous ceux qui y ont participé tenaient à manifester publiquement leurs aspirations vers une vie normale, conforme aux données de la science, quant à la durée et à l'intensité, et conforme aussi à l'idéal socialiste.

Elle fut belle, car pour la toute première fois l'on vit participer à la communion socialiste de nombreux délégués du parti libéral *(laisser faire et laisser passer)* et du mouvement syndical indépendant *(ne pas laisser faire et ne pas laisser passer, mais agir, autant que possible, directement)*.

Je n'insiste pas sur la contradiction évidente de ces participations à un cortège organisé par un parti politique de classe, tel que se présente le P. O. B., trop heureux de voir les premiers donner un croc-en-jambe aux principes du Manchestérianisme, les seconds se départir quelque peu de leur rigorisme qui sera discuté bientôt. Mais, malgré tout, ne sont-ils pas nos frères, ces « bleus » et ces « incolores », puisque, comme nous, ils sont ouvriers ?

Ah ! la mer de drapeaux rouges dévalant de partout, de la Wallonnie, des Flandres, de la Campine, vers la capitale, ville de luxe, ignorante de l'exploitation en province, ignorante des souffrances endurées par de pauvres petiots de 12, 13 et 14 ans, travaillant tous les jours durant 14 heures, pour un franc, dans les briqueteries de la vallée du Rupel, en ayant de la boue jusqu'aux genoux ; par les fillettes et, les garçonnets des linières de Gand, travaillant dans une atmosphère humide et surchauffée, dans des ateliers dont les voûtes laissent tomber une pluie d'eau et de boue gluante ; par des hommes et des femmes adultes, condamnés, ici et là, à un travail de jour ou de nuit, durant 12 heures, pour un salaire insuffisant.

Nul, en effet, n'ignore qu'en Belgique il est encore 100.000 ouvriers des deux sexes qui font 11, 11 1/2 et 12 heures de présence effective dans les ateliers et que le nombre de ceux qui travaillent 12, 13 et 14 heures à domicile est vraiment effrayant.

Il n'est donc pas extraordinaire de voir une manifestation de 50.000 ouvriers et ouvrières venir clamer leurs souffrances à la face des autorités réunies à Bruxelles et leur dire crûment, en des chants révolutionnaires et en une pétition pleine de faits et de raisons sensées, qu'ils en ont assez d'une vie d'esclavage et de misère.

Les enfants briquetiers marchaient pieds nus, tels qu'ils travaillent au chantier, arrachant des larmes aux plus durs, tandis qu'ils disaient à pleins poumons des chants d'espoir ; oui, ces va-nu-pieds de 13 ans chantaient avec conviction ! Les enfants des fabriques de Gand, eux, marchaient en leur costume de travail, gluants et puants, soulevant le cœur à la fois de dégoût et de compassion, tandis qu'ils agitaient, de loin en loin, de petits drapelets rouge et qu'ils psalmodiaient des cantiques socialistes.

Oh ! l'impression profonde laissée par ces jeunes victimes du capitalisme !

On peut donc dire qu'en Belgique la réforme la plus urgente est celle de la réduction du temps de travail. Depuis longtemps, elle est à l'ordre du jour du programme ouvrier ; elle a déjà obtenu un commencement d'exécution par l'action politique et syndicale combinée, mais il reste beaucoup, beaucoup à faire.

Oui, ce sera là l'œuvre de **tous** les groupements ouvriers qui finiront bien par s'amalgamer pour les assauts successifs jusqu'à l'assaut final, dont le but est de renverser le régime anarchique actuel, le régime de la barbarie sociale. — *A. Octors.*

L'abondance des matières nous a obligés à retarder les comptes-rendus d'importants Congrès, tenus en août. Nous y reviendrons le mois prochain.

atteints dans leur indépendance d'opinions par certaines déclarations collectives, et cela suffit.

Mais ce qui est plus grave, plus inquiétant, c'est la confusion, c'est l'équivoque, souvent involontaires d'ailleurs, de certaines idées, de certaines formules. Lorsqu'on parle d'action directe, à quel moment cesse-t-on de parler de l'action syndicale vraie, sur le patronat, « sans personnes interposées », pour parler d'une agitation révolutionnaire, de préférence extra-légale ? Les mots d'*action directe* recouvrent les deux idées, et le passage de l'une à l'autre est souvent bien insensible ! — On parle encore de *groupement d'intérêts*, non politique ; mais on fait de cette neutralité politique, nécessaire au syndicat, l'escalier roulant par lequel on s'élève insensiblement à l'anti-parlementarisme. — Il y aurait une bien amusante et utile collection à faire des définitions de l'action directe et de la neutralité (pour ne parler que de celles-là), depuis celles qui, comme à Bourges, firent crier par Keufer à Pouget : « Mais j'ai toujours dit cela ! », jusqu'à celles qui indignent, par exemple, le même Keufer.

L'origine de toute la tempête actuelle est là. Ceux des socialistes qui sont le plus épris de la lutte politique sentent vivement tout ce que l'action syndicale renferme d'anti-parlementarisme latent, et que des propagandistes habiles excellent à dégager. Ils s'en inquiètent pour leur action, et, par l'entente, ils voudraient bien mettre un frein à cette poussée presque fatale d'anti-parlementarisme ; ils voudraient bien prouver par des actions parallèles, même momentanées, que l'organisation économique n'est pas de tendance anti-parlementaire. Il est faux de dire, je crois, que ces socialistes veulent dominer la Confédération ; mais il est vrai qu'ils voudraient bien voir les organisations économiques envoyer leurs eaux à leur moulin plutôt qu'au moulin libertaire. Pourquoi donc le voiler sous de savantes atténuations de formules ? Qui donc ignore qu'au fond la lutte se perpétue ainsi entre socialistes et anarchistes, ou, si l'on veut, comme au sein même de l'Internationale, entre socialistes parlementaires et anti-parlementaires, c'est-à-dire *entre deux partis politiques* prolétariens ?

Cette lutte, quant à nous, nous la déplorons, et d'autant plus vivement qu'elle révèle chez beaucoup de socialistes comme chez beaucoup de syndicalistes une méconnaissance presque complète de la fonction syndicale, un oubli de l'œuvre professionnelle, corporative. Il se peut, et je le crois, quant à moi très fermement, que le Syndicat soit l'organe, par excellence, ou tout au moins un organe de la révolution sociale ; mais je me refuse à oublier l'action syndicale présente pour imaginer et discuter comment la révolution sortira du Syndicat. Cette action finale est mal définie, puisque nous en discutons ! Il y a une action immédiate, dont on ne peut discuter. Accomplissons-là.

Il sera utile certainement, pour l'avenir du prolétariat, que les socialistes parlementaires et les socialistes anti-parlementaires se retrouvent et se rejoignent. Il sera utile que cette *unification*-là, elle aussi, se fasse. Mais si elle se fait, elle devra se faire sous une autre forme qu'un rapprochement entre la Confédération générale du Travail et le Parti socialiste.

Si donc les socialistes ne veulent pas que l'action syndicale tourne à l'anti-parlementarisme, ils ne doivent chercher ni à l'accaparer, ni à l'influencer du dehors. Qu'ils fassent simplement, résolument, de la besogne professionnelle. Ils ont trop souvent eux-mêmes considéré le syndicalisme comme subordonné à leur politique socialiste pour qu'ils puissent jeter aujourd'hui la pierre aux anti-parlementaires. Dégager, préciser, à l'intérieur même de la Confédération, l'idée de la défense professionnelle, de la véritable action syndicale, voilà l'effort immédiat à accomplir ! Point d'autre. C'est ainsi qu'on donnera de la *force*, et de la force révolutionnaire, au prolétariat. Nous convenons tous qu'il en a besoin.

. — Mais, me diront mes camarades socialistes, vous admettez bien, puisque personnellement vous êtes socialiste, que l'action politique a son utilité, que la défense professionnelle a souvent besoin d'être soutenue par des lois, et que, seul, un parti purement prolétarien, un parti de classe peut assurer aux syndicats les garanties de liberté dont ils ont besoin, ou faire consacrer, par la loi, en les généralisant, les réformes qu'ils ont conquises ?

J'en conviens. Mais l'essentiel est de voir dans quelle mesure le parti politique qu'est le parti socialiste répond à ce besoin, remplit cette tâche. Nul n'ignore les critiques qui lui ont été faites, qui lui sont encore faites à cet égard. Il n'est pas encore le parti que les syndicalistes voudraient qu'il fût. Il n'apparaît pas encore comme radicalement différent des autres partis bourgeois. Si les socialistes qui croient à l'efficacité de l'action politique pour l'émancipation de la classe ouvrière veulent convaincre tous les prolétaires, c'est dans ce sens qu'ils doivent travailler. Ma conception paraîtra peut-être naïve à nos purs politiques ; mais je ne conçois, quant à moi, d'action politique efficace pour la classe ouvrière que celle qui se subordonne exactement à son effort économique. Je ne voudrais point m'amuser à discuter si l'action syndicale est réformiste, tandis que l'action politique serait révolutionnaire, ou si c'est le contraire qui est vrai. Je le répète, je ne sais pas, quant à moi, par quelles voies la transformation sociale que nous voulons tous, s'accomplira. Ce qui, pour moi, est certain, ce qui fait que je suis d'abord et avant tout un syndicaliste, c'est que le syndicat m'apparaît comme l'instrument le plus efficace de l'éducation prolétarienne ; qu'il forme des caractères, des consciences, des hommes, qu'il donne à la classe ouvrière des mœurs nouvelles, qu'il la réforme par le dedans. Je ne dirai pas que la politique est un mal nécessaire ; mais si l'on veut que la classe ouvrière ait sa politique à elle, son parti nouveau et pur, il faut d'abord qu'elle soit fortement organisée sur le terrain économique. Et c'est à cela *avant tout* qu'il faut travailler.

Qu'il me soit permis de résumer ainsi ces trop brèves observations. Je crois des essais d'entente inutiles, nuisibles même, à l'heure actuelle. Il nous faut d'abord une action professionnelle puissante ; il nous faut d'autre part un parti socialiste décidé à subordonner toute son action politique à celle de la classe ouvrière économiquement organisée. C'est à la fois à l'intérieur du Parti et à l'intérieur de la Confédération qu'on peut travailler à ces deux tâches. Mais, de grâce, ne les confondons pas.

Après..., eh bien ! le vrai problème se posera, celui que le socialisme international, à l'heure actuelle, paraît plutôt embarrassé de résoudre, celui des rapports de la défense professionnelle immédiate et de la lutte pour l'émancipation totale. Vers quelque pays qu'on se tourne, on ne trouve nulle part une solution qui semble définitive, autant du moins qu'il en existe de telles en matière sociale. On a vanté l'union personnelle allemande ; outre qu'elle est dépassée et qu'on a eu déjà des accords momentanés, est-elle vraiment une solution ? Il suffit de lire, dans ce numéro même, l'article de notre collaborateur Quist. D'autres ont vanté la solution anglaise : ignorent-ils que parmi les *labour-men*, il existe de nombreuses divergences, et qu'entre les socialistes décidés et les députés ouvriers purement trade-unionistes, il y a parfois d'assez vives oppositions ? En Belgique, où les syndicats se rattachent au parti ouvrier, ne sait-on pas que des organisations et non des moindres, comme les diamantaires, font campagne pour la neutralité absolue, c'est-à-dire pour plus d'indépendance vis-à-vis du parti ? La question, on le voit, est fort controversée. Mais, à l'heure actuelle, sous sa forme générale, je dis qu'elle ne peut même pas se poser pour nous.   ALBERT THOMAS.

<hr>

Le Gérant : L. GERVAISE    Imp. coopérative ouvrière
de Villeneuve-St-Georges (S.-et-O.)

Deuxième Année. N° 18. Octobre 1906.

VINGT CENTIMES

La Revue
Syndicaliste

MENSUELLE

SOMMAIRE

PARIS

PUBLICATIONS DE LA SOCIÉTÉ NOUVELLE DE LIBRAIRIE ET D'ÉDITION

(Anc¹ 17, rue Cujas)

ED. CORNÉLY et Cⁱᵉ, ÉDITEURS

101, RUE DE VAUGIRARD, 101

Paraissant le 15 de chaque mois.

France : Un an . . . . 2 fr. 40 | Étranger : Un an . . . . . . 3 fr.
  —   Six mois . . . . . . 1 fr. 20 | —   Six mois . . . . 1 fr. 50

Les abonnements partent de mai et de novembre.

Nous serons reconnaissants aux camarades de nous envoyer le montant de leurs abonnements par mandat-poste, pour éviter les frais de recouvrement.

Prière d'adresser tout ce qui concerne la rédaction ou l'administration au camarade Albert Thomas, administrateur-délégué de la *Revue Syndicaliste,* 101, rue de Vaugirard, Paris.

Numéro de Congrès

Nous indiquons plus loin comment ce numéro a été fait. Nous avons demandé à tous les collaborateurs habituels de notre revue et aussi à tous les camarades qui, une fois, nous avaient aidés dans nos études ou nos recherches, de vouloir bien traiter la question du Congrès qui leur semblait la plus importante, ou celle du moins sur laquelle ils avaient « quelque chose à dire ». Les proportions inaccoutumées de ce numéro (plus que double) indiquent dans quelle mesure il a été répondu à notre invitation. Et le fait qu'aucune question vraiment importante n'a été laissée de côté indique heureusement que les vastes questions, d'allure politique, préoccupent de moins en moins exclusivement les prolétaires français. Nous nous en félicitons, quant à nous, hautement.

Ce n'est certes point pour les ramener à cet exclusivisme que nous avons ajouté au présent numéro un supplément consacré à la question des rapports de l'action politique et de l'action économique. Mais nous avons cru utile, à l'heure où beaucoup de nos camarades se laissent égarer, dans cette question même, par leurs préjugés ou leurs préoccupations immédiates, de donner quelques indications sur ce qui se passe à l'étranger, afin que la question soit traitée dans toute sa généralité.

Nous avions demandé, pour chaque pays, à un syndicaliste et à un camarade plus particulièrement actif dans le mouvement politique, de vouloir bien nous dire ce qui se passait chez eux, et leurs avis respectifs. À cette double enquête, il a été incomplètement répondu, jusqu'à ce jour, du moins. Mais nous avons cru utile cependant de publier immédiatement tout ce que nous avons reçu. Par une coïncidence assez amusante, toutes les réponses, même celle de Bernstein, concernent les petits pays, Suisse, Belgique, Danemark. Et il est certain que le problème est souvent là moins complexe, et qu'il est facilement résolu, comme d'ailleurs il l'est souvent, *localement* et partiellement, dans les grands pays. Cette réserve faite, il nous a paru cependant que les réponses de Vandervelde, d'Octors, d'Olsen, de Bernstein, de Thies, contenaient trop de choses immédiatement utilisables pour que nous puissions en retarder la publication.

Deuxième Année.   **N° 18.**   **Octobre 1906.**

La Revue Syndicaliste

ABONNEMENT	Paraissant	ABONNEMENT
✄	le 15 de chaque mois.	✄
Un an.......... **2 fr. 40**		Un an.......... **2 fr. 40**
Six mois....... **1 fr. 20**	Le numéro : 0 fr. 20	Six mois....... **1 fr. 20**

AMIENS

C'est le 8 octobre que s'ouvrira à Amiens le Congrès national corporatif. Pour la quinzième fois, les militants syndicalistes vont se réunir, examiner le chemin parcouru, chercher les moyens les plus propres à hâter l'émancipation de la classe ouvrière.

Bourges... Amiens! Quelle étape ont marquée ces deux jalons? Quels progrès ont été accomplis d'un Congrès à l'autre? Le prolétariat économiquement organisé a-t-il grandi, comme il l'espérait, en force et en influence? Quel profit a-t-il retiré, immédiatement ou pour plus tard, de la lutte formidable engagée en mai? Sur quels points a-t-il à compléter son organisation? Tel est le travail de réflexion et de critique qui s'impose aux délégués, et par les débats, passionnés comme des débats politiques, qui surgiront à Amiens, ce sont des problèmes pratiques qu'ils auront à résoudre.

Pour aider à dégager et préciser ces problèmes, pour contribuer, selon ses moyens, à l'œuvre du Congrès, la *Revue Syndicaliste* consacre le présent numéro aux questions de l'ordre du jour. Elle a fait appel pour les traiter à ses collaborateurs habituels, à tous ceux qui, au lendemain du Congrès de Bourges, décidèrent sa fondation, pour la défense et l'éclaircissement de l'idée syndicale, à tous ceux aussi que des opinions légèrement divergentes n'ont pas empêché de collaborer à son œuvre générale d'information et d'étude. Il a été largement et cordialement répondu à son appel. Puissent les relations amicales que cette collaboration manifeste entre camarades d'opinions opposées, mais d'esprit libre, se retrouver ou s'établir entre tous les délégués du quinzième Congrès confédéral!

LA RÉDACTION.

CONTINUATION DE LA PROPAGANDE DES HUIT HEURES

Le Travail aux pièces

Ce mode de travail, condamné théoriquement par les Congrès ouvriers, prend chaque jour de l'extension. Insensiblement, les industriels le substituent au travail à la journée. Ils prétextent qu'il leur permet de déterminer d'une manière plus exacte le prix de revient de leurs travaux. Ils ajoutent que le travail aux pièces dispense de la surveillance et assure aux ouvriers une plus grande liberté, attendu qu'ils sont payés proportionnellement à leur production.

Voilà l'argument patronal, plus spécieux que juste, car les choses, en réalité, ne se passent pas aussi simplement. Nous devons ajouter qu'en bien des cas les ouvriers eux-mêmes, alléchés par un gain plus élevé — et momentané — réclament le travail aux pièces qui leur permet de gagner de 25 à 40 p. 100, et parfois plus, que leur salaire à la journée.

Il apparaît d'autant plus difficile d'arrêter l'extension du travail aux pièces, que les fortes organisations syndicales de l'étranger elles-mêmes n'y sont pas encore parvenues et qu'elles se contentent de le limiter, de le réglementer. Les mécaniciens anglais, qui avaient pu, grâce à leur puissant syndicat, conserver le travail à la journée, sont obligés maintenant, pour soutenir la concurrence américaine, de laisser pénétrer dans les ateliers le travail aux pièces.

Si, théoriquement, les ouvriers sont hostiles au travail aux pièces, en fait ils le supportent, et d'autant plus que l'industriel qui l'impose pour la première fois a soin de le rendre attrayant. L'ouvrier augmente sensiblement son gain. Quant au patron, en lui laissant toute liberté d'élever son salaire, il augmente sa production avec les mêmes frais généraux ; il réalise donc une économie considérable d'outillage, puisqu'il tend ainsi à obtenir le maximum de productivité. Il n'y arrive pas toujours immédiatement, car les ouvriers ont l'impression que leurs gains exceptionnels n'auront qu'une courte durée ; mais c'est alors qu'interviennent les contre-maîtres, les chefs d'équipes, qui excitent certains ouvriers, en flattant leur amour-propre et leur vanité, à donner le maximum de leurs efforts. En échange de cette complaisance, on leur promet, on leur donne même le meilleur travail. Et ils deviennent ainsi les entraîneurs de production, les brutes de production, et bientôt les indicateurs des diminutions à imposer. Quand les commandes se feront rares, le patron, directeur ou contremaître, profiteront de la circonstance pour procéder à des éliminations de leur personnel : ils choisiront les esprits les plus indépendants, les plus dignes, qui n'accepteraient pas sans discussion et surtout sans protestation une diminution sur les prix. Et alors les faibles, les timorés, pour éviter le renvoi, accepteront la diminution. C'est ainsi que le tour est joué. En l'espace d'une année, il n'est pas rare de voir le personnel d'un atelier doubler la production sur le travail à la journée pour un boni de 10 à 15 p. 100 sur le salaire antérieur.

Il faut sans doute faire cette réserve qu'on rencontre, dans les ateliers où le travail à la journée est seul employé, des ouvriers qui, pour obtenir une légère augmentation, n'hésitent pas à donner leur maximum d'efforts, mais ce cas est plus rare. Le travail à la journée n'agit pas comme le travail aux pièces pour stimuler les inconscients.

Mais ce dernier a d'autres inconvénients. Non seulement il pousse l'ouvrier à donner le maximum de productivité ; non seulement il instaure à l'état permanent, dans l'atelier, le *système de la sueur*, comme disent nos camarades d'outre-Manche. Mais en déterminant une émulation malsaine, il suscite des rivalités, des haines entre ouvriers. Il est « le plus grand commun diviseur » qui assure la domination des contremaîtres, directeurs ou patrons dans l'atelier et étouffe toute velléité de revendications.

Il n'est pas douteux non plus que le travail aux pièces, allant jusqu'au système de la sueur, donne des produits imparfaits, sabotés involontairement. L'ouvrier n'a plus qu'une préoccupation, gagner autant que son voisin. Et voilà, snobs de l'automobilisme, le secret de vos pannes au cours de vos randonnées. Soyez persuadés que les voitures de courses, qui font la réputation de certaines marques, ne sont pas exécutées par des ouvriers travaillant aux pièces, mais par une équipe qui a tout le temps nécessaire de produire, de retoucher et de recommencer le travail si cela est nécessaire.

Il y a mieux, ou plutôt il y a pire : le travail aux pièces est si intensif qu'il ruine la santé des ouvriers en quelques années. Certains industriels limitent le maximum du gain, mais toute préoccupation de ménager la santé de leurs ouvriers est étrangère à cette résolution. C'est même quand le gain est limité par le chef d'entreprise que les contremaîtres s'ingénient à le faire dépasser par leurs créatures afin d'avoir une indication de la diminution de tarif à imposer, diminution qui leur procurera une sérieuse gratification. De plus, certains ouvriers congédiés, ou quittant librement l'atelier, s'imaginent faire une belle farce ou simplement se procurer un bénéfice extraordinaire en réglant leurs travaux au moment de leur départ à un taux supérieur au maximum fixé par l'industriel lui-même. Il va sans dire que le plus souvent leur travail est si mal fait qu'il faut le recommencer, le résultat est toujours le même, ce sera une nouvelle diminution que devront subir ceux qui voudront rester à l'atelier.

Bien que ce tableau du travail aux pièces paraisse sombre, nous sommes certainement au-dessous de la vérité en ce qui concerne la mécanique. Comment y remédier ? Est-ce en votant une fois de plus dans les congrès corporatifs ou confédéraux sa suppression, que nous y arriverons ? L'expérience antérieure permet d'en douter. Mais ne pourrait-on essayer de le réglementer, d'indiquer les moyens d'atténuer, sinon de supprimer ses pernicieux effets ? Là est la question.

Mais pour obtenir un de ces résultats, il faut supposer une force d'organisation que possèdent deux ou trois professions seulement. Car il ne suffit pas, surtout en ces matières, d'une minorité pour entraîner la majorité. Il ne s'agit plus d'une lutte à engager où l'enthousiasme, l'élan, sont les seuls facteurs. C'est une surveillance de tous les instants sur les faits et gestes des ouvriers d'un même atelier qu'il faut exercer : un seul d'entre eux, en effet, peut compromettre, par son indiscipline, les résultats de longues et patientes campagnes. En un mot, ce n'est guère que par le contrat collectif de travail, substitué au contrat individuel imposé par le patron, qu'on pourra supprimer le travail aux pièces ou le réglementer au profit des ouvriers.

La réglementation du travail aux pièces n'est pas chose facile dans toutes les professions. Certaines, telles la typographie, le tissage, possèdent un criterium de la valeur, un nombre déterminé de lettres à la ligne, ou un nombre de fils au centimètre. Les ouvriers peuvent, dès lors, travailler en commun aux pièces, en commandite, disent les typographes : aucun ouvrier d'une équipe ou commandite n'a intérêt à donner le maximum de son effort de productivité ; il n'en aurait pas le bénéfice, qui serait partagé par ses collègues. Si la commandite a fixé par exemple le maximum de la production et que l'un d'eux le dépasse quand même, il suffira que les autres ralentissent, retardent la livraison pour rétablir la somme de production fixée par eux.

Il se peut aussi qu'un ouvrier de l'équipe ou commandite produise moins, pour des raisons de santé, d'âge, etc., ses collègues n'auront qu'à faire un léger effort pour lui assurer le même salaire. Il va sans dire que ce mode de production, généralement employé dans la composition des journaux, exige de chacun des ouvriers de la commandite le sentiment des responsabilités très développé. Nous n'en sommes, hélas, malheureusement pas encore là partout.

Cependant le régime de la commandite a pu s'appliquer dans la construction des voitures. Après une longue grève victorieuse les ouvriers de cette profession ont pu supprimer l'odieux marchandage, cette surexploitation d'ouvriers par d'autres ouvriers.

Ce qui a été possible dans la *voiture* ne paraît pas impossible dans d'autres professions. Les ouvriers concourant à la production d'un même objet peuvent s'associer, créer une commandite, désigner celui d'entre eux qui distribuera le travail, et ils ne craindront plus les actes d'égoïsme qui ont une si grave répercussion dans la profession. Pour citer quelques exemples, les tourneurs de vilbrequins d'un atelier de construction d'automobiles travaillent et règlent ensemble le boni de leurs travaux, et de même pour les cylindres, les pistons, les différentiels, etc., etc. En un mot, dans le même atelier, il y aurait autant de commandites qu'il y a actuellement d'équipes, les ouvriers ne se verraient plus imposer des chefs incapables, dont la seule mission est de guetter la possibilité d'une diminution.

Mais, qu'on supprime le travail aux pièces ou que nous commencions par imposer une réglementation, les ouvriers d'abord doivent s'organiser, se discipliner librement, sinon toutes les résolutions qu'ils prendront dans leurs congrès iront rejoindre leurs devancières et leur exploitation continuera à devenir plus féroce.

Pierre Coupat,
Secrétaire de la Fédération des Mécaniciens.

La réduction des heures de travail

La première question inscrite à l'ordre du jour du Congrès d'Amiens, après les rapports du Comité confédéral, est la continuation de la propagande des huit heures.

Continuera-t-on la propagande dans le but d'atteindre d'emblée, sans étapes, la journée de huit heures, comme cela avait été décidé déjà au Congrès de Bourges, ou adoptera-t-on une tactique plus en rapport avec la réalité des choses et la possibilité d'un succès ?

Verrons-nous ceux qui, au Congrès de Bourges, ont proposé les huit heures maximum pour le 1er Mai 1906, revenir à la charge et assigner une autre date au même objet de nos communs désirs ?

Je ne pense pas qu'il en sera ainsi, car on pourrait rappeler aux auteurs de la proposition de Bourges que, tandis qu'une partie des autres corporations se lançait à corps perdu dans une lutte presque sans issue, ils restaient, dans leurs corporations, parfaitement tranquilles et ne s'occupaient pas plus de réaliser la résolution qu'ils avaient fait prendre que si elle n'avait pas existé.

Doit-on alors abandonner l'idée de la journée de huit heures ? Pas du tout. Mais je considère d'abord qu'il est toujours dangereux de jouer au prophète et de dire longtemps à l'avance, pour un si gros effort surtout, tel jour nous ferons ceci, tel jour nous ferons cela ; les hommes ni les choses ne sont à notre disposition et, malheureusement, l'organisation ouvrière française est loin de pouvoir, avec quelque chance de succès, livrer une bataille dont l'enjeu serait la journée de huit heures.

Si on examine le mouvement de mai 1906, on peut dire qu'il n'a donné aucun résultat en ce qui concerne la journée de huit heures et seulement quelques résultats partiels pour la journée de neuf heures, dans de très rares corporations. Le mouvement a été, en général, fort restreint : cela vient certainement de ce qu'il est difficile de faire admettre par des travailleurs faisant onze et douze heures et plus qu'ils feront à partir de certain jour fixé huit heures au maximum. Une foule d'objections, maintes fois développées déjà, surgissent aussitôt et l'on se butte à de véritables impossibilités morales et matérielles.

Sans rien abandonner de l'idée de la journée de huit heures, le Congrès de Bourges — et j'ajouterai les congrès antérieurs — auraient été bien inspirés si, à la place de vœux et même de résolutions platoniques en faveur de ce maximum de durée de travail, ces congrès avaient organisé une action pratique en faveur de la réduction progressive de la durée du travail journalier.

Si, depuis dix ans, l'effort des travailleurs organisés s'était porté sur ce point, les ouvriers n'attendraient pas en ce moment du Parlement le vote d'une loi fixant le travail journalier des adultes à dix heures au maximum, et cela par étapes successives.

Si depuis dix années les organisations ouvrières mieux inspirées avaient réussi à obtenir, par leurs propres moyens, le maximum de onze heures, puis celui de dix heures, elles seraient en meilleure posture pour demander actuellement neuf heures, ce qui serait plus près du but à atteindre que ce que nous avons actuellement.

Je ne veux pas dire cependant que tout l'effort de propagande a été perdu, puisque le ministre du Commerce et de l'Industrie va présenter au Parlement un projet de loi limitant immédiatement la journée de travail à onze heures ; puis, par deux étapes successives de deux années chacune, la journée sera enfin réduite d'une heure encore, c'est-à-dire onze heures à la promulgation de la loi, dix heures et demie deux ans après, puis dix heures après une nouvelle période de deux années ; quatre ans après sa promulgation la loi recevrait donc son plein effet.

Quelle sera l'attitude du Congrès d'Amiens en face de ce projet de loi qui apporte une réduction des heures de travail que l'action ouvrière seule n'a pu imposer directement au patronat ? Dira-t-on que l'on doit s'en désintéresser et même le combattre parce qu'il ne parle pas de la journée de huit heures, malgré qu'il s'en rapproche ; niera-t-on l'effet des lois alors que le repos hebdomadaire, qui semble bouleverser un peu les habitudes patronales et... ouvrières, vient d'être acquis à la classe travailleuse par un vote du Parlement ?

J'espère qu'on sera plus prudent, plus circonspect, surtout plus sincère, et qu'on cherchera à améliorer cette loi sur le chantier même.

Partant de ce point que, depuis 1848, rien n'a été fait légalement pour la diminution générale du nombre des heures de travail des adultes, que depuis quelques années une partie importante de ceux-ci est cependant réglementée par la loi sur les ateliers mixtes et ne fait que dix heures, alors que les ateliers où il n'y a que des hommes de plus de dix-huit ans peuvent en faire douze, ne pourrait-on soutenir que les dix heures pour tous devraient être acquises légalement et sans délai ?

Si tout l'effort des travailleurs syndiqués se portait sur cette importante question, la loi pourrait être améliorée aussi en ce qui concerne les dérogations, et si les dix heures n'étaient acquises immédiatement, peut-être pourrait-on obtenir la suppression d'une étape ou la diminution de la longueur de celles proposées ; ce serait là un résultat sérieux.

Si le Congrès d'Amiens prenait sur cette question la résolution que doivent souhaiter tous ceux qui ne se paient pas de mots, et que le succès vienne couronner les efforts des organisations ouvrières, le Congrès, ne ferait-il que cela, aurait donné un résultat autrement appréciable que celui de Bourges, malgré toutes les résolutions énergiques, viriles, etc..., mais sans suite, prises à ce dernier.

L. Prost,
de l'Union des Mécaniciens de la Seine.

LES LOIS OUVRIÈRES EN PROJET

L'Arbitrage obligatoire

Sur l'initiative du Comité confédéral, le Congrès d'Amiens aura à examiner et à donner son avis sur « les lois ouvrières en projet ». Si le Congrès veut faire œuvre utile, il consacrera le temps nécessaire à cet examen ; il instituera une discussion sérieuse sur ce sujet, et, pour cela, dès l'abord, il devra circonscrire la discussion et débarrasser son ordre du jour véritablement trop chargé.

Les « lois ouvrières en projet » ne doivent pas venir à l'ordre du jour du parlement sans que les syndicats n'aient nettement et avec clarté fait entendre leur voix.

Pressés par l'action revendicative de la classe ouvrière, par la conscience tous les jours plus développée des travailleurs, gouvernants et députés radicaux doivent — si l'action cléricale ne les absorbe pas complètement — faire œuvre sociale. Ils se rendent bien compte des désirs et aspirations du monde du travail ; ils comprennent fort bien que leur crédit électoral ne se peut conserver que s'ils font *quelque chose* pour les travailleurs. Les discours ministériels prononcés depuis les élections ont paru indiquer les préoccupations des puissants du jour, et c'est surtout pour mettre un terme aux grèves et aux revendications syndicales que l'on veut légiférer.

C'est ainsi, de par ces désirs et aussi les événements, que se trouve placé au premier plan le projet de *l'arbitrage obligatoire*.

Les gouvernants, l'auteur et les partisans de ce projet veulent, disent-ils, mettre un frein aux désordres sociaux que provoquent les grèves ; ils veulent aussi éviter à la classe ouvrière des sacrifices inutiles. Mais les syndicats ne seront pas dupes. Les privations et les misères des travailleurs, luttant pour arracher des améliorations jugées par eux nécessaires, n'inquiètent point les puissants du jour. Ce n'est point là leur souci.

La vérité, c'est qu'ils ont charge des intérêts capitalistes, que les grèves compromettent, et ils veulent, par ce projet, les sauvegarder.

Et ce projet d'arbitrage, de réglementation, qui circonscrit toute l'action et la discussion dans l'usine, qui fixe des délais et les conditions de vote serait, s'il était adopté et subi, l'étouffement, la compression des revendications. C'est la plus grave atteinte qu'on puisse porter au droit de grève ; c'est la meilleure solution de paix sociale.

La grève, arme mauvaise et parfois cruelle, est pourtant la seule que possède le prolétariat. Il la doit conserver.

Et si les travailleurs organisés ont à formuler leur avis sur la question, ils diront que dans les conflits du travail l'intervention du gouvernement et de l'État n'est point nécessaire, pas plus pour réglementer la grève que pour protéger le patronat.

Qu'on laisse employeurs et employés aux prises, que les forces policières, que la force armée ne soient pas mises à la disposition des exploiteurs contre les travailleurs. C'est tout ce que nous demandons à l'État.

Si le patronat n'avait pas à son entière disposition toutes les forces de compression et de réaction, s'il était livré à ses propres ressources, si les deux parties se trouvaient seules en présence, les grèves auraient une autre solution, d'autres résultats que ceux obtenus jusqu'à ce jour. C'est tout ce que nous demandons, c'est cette solution qu'adoptera le Congrès. Toute autre ne peut que mieux affermir l'exploitation dont souffrent les travailleurs.

*
* *

Sans nous appesantir sur les *contrats collectifs*, qu'aucune loi d'un parlement bourgeois ne peut solutionner, que seule l'organisation ouvrière pourra imposer, on nous présente la *fameuse participation aux bénéfices* avec, comme corollaire, *la représentation ouvrière dans les conseils des sociétés industrielles.*

Voilà la vraie, la bonne tarte à la crème. Participation aux bénéfices, c'est le programme du répugnant Biétry qui triomphe.

Représentation ouvrière dans les conseils de direction, c'est l'étouffement des revendications, c'est la résignation organisée et mise au service du capital.

On sait — il n'est point besoin de citer de faits précis : ils sont nombreux — que partout où le patronat a organisé cette fameuse participation, soit par des primes annuelles ou encore par versements à la caisse des retraites, que les travailleurs sont plus exploités que partout ailleurs, qu'ils sont les plus soumis, les plus résignés. C'est un moyen qui permet, en plus d'une bonne et douce quiétude, d'assurer des bénéfices plus importants.

Les syndicats luttent pour autre chose de plus précieux : ils veulent la conscience ouvrière libre et saine, ils veulent son développement complet.

Et voyez-vous des travailleurs siégeant au conseil d'administration du Creusot ? Non, ils n'ont pas à assumer cette besogne ; ils n'ont pas à sanctionner et légitimer l'exploitation du travail.

Qu'il s'agisse des entreprises de l'État, du département et de la commune, il est logique que les travailleurs intéressés participent à la direction ; on travaille pour la collectivité, au bénéfice de tous. Mais il n'en est pas de même de l'industrie privée qui ne s'exerce qu'au profit des parasites, des exploiteurs. Les travailleurs n'ont pas à assurer leurs bénéfices.

Ils doivent s'organiser fortement, bien discipliner leurs efforts, afin, tout en conquérant tous les jours des conditions meilleures au travail, d'arriver à son plein affranchissement.

Et c'est parce qu'on veut s'opposer et retarder le plus possible cette solution inéluctable qu'on sert ces fameux projets.

Le prolétariat organisé saura, en son Congrès d'Amiens, par une résolution nette et claire, mettre en garde les travailleurs.

J. LAUCHE,
de l'Union des Mécaniciens de la Seine.

MODIFICATIONS AUX STATUTS

Les Fédérations de métiers

La question des Fédérations de métiers se trouve encore portée à l'ordre du jour du Congrès d'Amiens. C'est regrettable, d'abord pour le temps qui sera ainsi perdu et ensuite pour l'esprit d'intolérance et d'autorité que manifestent les partisans de cette discussion.

L'argumentation qui sera développée à ce sujet ne pourra différer de celle sempiternellement servie dans les circonstances précédentes : l'égoïsme professionnel, l'esprit de corps et enfin la magistrale finale du « tous ensemble pour l'assaut invincible de la forteresse patronale ».

Ces trois formules sont aussi insuffisantes qu'erronnées pour modifier la préférence de ceux qui envisagent la question sans passion et avec un peu d'expérience.

L'égoïsme professionnel, qui est l'argument malveillant que l'on débite à profusion, puise incontestablement sa source dans la constatation évidente que les intérêts professionnels sont susceptibles d'être mieux défendus par la vigilance et la compétence des Fédérations de métiers. Cette constatation ne peut nullement effaroucher les partisans de ce mode d'organisation, elle est au contraire une des fortes raisons qui justifient leur persévérance. Il faut s'entendre sur ce point. Existe-t-il une seule Fédération de métier ou d'industrie, nationale ou régionale, qui porte à la hauteur d'un principe l'indifférence absolue pour la défense des intérêts « égoïstes » de profession ? Existe-t-il un seul propagandiste syndicaliste qui, dans ses tournées d'organisation, n'excite pas cet « égoïsme » en traçant devant les salariés parfois insensibles le tableau de leurs propres souffrances et l'indignité de leur propre situation ? À l'aide de comparaisons, d'envolées généreuses et philosophiques, ne tentent-ils pas tous d'éveiller les désirs, en faisant ressortir les intérêts « égoïstes » que provoquerait presque immédiatement pour eux le fait de s'organiser ?

Alors pourquoi tant vitupérer contre un égoïsme qui est en réalité le moteur moral de la vie, et qui n'a d'action et de pouvoir réels que contre les éléments qui obstruent et mettent en péril l'existence de chacun ?

Au point de vue professionnel, ce moteur a sa force multipliée. Son rôle et son pouvoir élargis s'attaquent nécessairement aux abus et aux iniquités qui entretiennent son énergie et contre lesquels le dirigent les forces coopérantes qui les subissent.

Certes, son action quotidienne est limitée aux horizons considérables d'une profession ; mais, pour qu'il y ait égoïsme méprisant de sa part, il faudrait prouver qu'il reste indifférent aux mouvements généraux et que le seul fait de son activité intérieure rend impossible l'activité analogue des autres corporations.

Esprit de corps, clame-t-on dédaigneusement, et l'on assaisonne ridiculement la formule avec les mots « Jurande et Maîtrise », dont l'absurdité de l'accouplement exigerait une longue et historique démonstration.

Eh bien! pour répondre à cette imputation, je puis donner l'affirmation, qui peut paraître paradoxale, que les Fédérations de métiers reposent seules sur des bases précises qui excluent tout esprit de corps.

Pourquoi Fédération d'industrie? Pourquoi établir des limites entre la matière, lorsque l'on refuse celles établies *naturellement* par la nature de la production et les connaissances et les différences professionnelles?

Pourquoi exiger que le mouleur, par exemple, qui façonne les pièces mécaniques, les articles de chauffage, tout le matériel de canalisation, tous les articles en fonte du bâtiment, qui, dans les diverses régions, travaille exclusivement pour vivre de ces spécialités et dont le produit va directement de ses mains dans celles des ouvriers du bâtiment, soit classé à une seule industrie? Pourquoi ne pas classer la fonderie tantôt avec les ouvriers du gaz, tantôt avec les travailleurs municipaux, avec le bâtiment, etc.?

Comment expliquer que deux ouvriers, l'un faisant un lit en bois, l'autre le même objet en fer, ont entre eux la limite d'une industrie, bien que concourant à établir des objets identiques, destinés à un même fournisseur, et parfois travaillant pour le même patron.

Les charpentiers en fer et en bois se trouvent dans le même cas, mais les partisans des Fédérations d'industrie ne prétendent pas que le bois et le fer peuvent se côtoyer.

Les bijoutiers, par exemple, sont des métallurgistes, en partie, et ne serait-il pas insensé, pour obéir au préjugé de la matière, de diviser cette corporation et de répartir ses membres entre les Fédérations de la Pierre, des Cuirs et Peaux, de la Métallurgie, des Industries du bois, etc., selon les matières avec lesquelles sont confectionnés les bijoux ou les objets d'art?

Les peintres sont-ils de la métallurgie lorsqu'ils peignent et vernissent des machines, du bâtiment lorsque ce sont des habitations qui sont l'objet de leurs soins, de l'ameublement lorsqu'ils s'occupent à des meubles?

Il faudrait cependant établir cette nomenclature d'affectation, et je mets au défi quiconque de ne pas tomber dans l'incohérence ou dans le morcellement absurde et impraticable s'il ne tient pas compte, dans la plupart des cas, de la délimitation logique, rationnelle et scientifique qu'imposent les limites incontestables d'une profession.

Les partisans des Fédérations de métiers résoudront ces questions aussi simples que limpides en ce sens :

Les mouleurs, par le seul fait qu'ils moulent, resteront mouleurs et unis lorsqu'ils travailleront soit pour le bâtiment, soit pour le chauffage, le gaz, la mécanique ou la canalisation.

Les peintres sont toujours peintres, quel que soit le fer ou le bois qu'ils peuvent décorer. Les charpentiers resteront charpentiers malgré la nature des matières premières qu'ils emploieront, et les bijoux de corail, de bronze, de fer, de peau ou de bois seront toujours confectionnés par des travailleurs qualifiés bijoutiers. Il n'y a donc là ni dissection nuisible, ni confusion, ni égoïsme professionnel, ni esprit de corps, mais simplement la constatation inévitable que parmi les travailleurs qui se confondent, qui s'enchevêtrent et qui contribuent à un ensemble de production, il y a des maçons, des charpentiers, des peintres, des mouleurs, des mineurs, des mécaniciens, etc., etc. Ce ne sont pas les Fédérations de métiers qui ont créé ce catalogue : il n'est que la conséquence des besoins et des désirs des individus.

« Tous ensemble pour être plus forts », voilà la phrase magique, captivante et impérieuse qui surgit alors comme dernière et meurtrière cartouche. « Tous ensemble » prend de suite, réclamé avec une telle persistance, la signification d'un groupement compact, se préparant à un formidable choc qui ne pourrait venir que d'un seul côté à la fois.

« Tous ensemble », pour beaucoup, semble signifier les nerfs tendus, les yeux vigilants, les poings levés pour une bataille imminente et décisive.

On persiste à ne tolérer aux organisations ouvrières qu'un rôle exclusif de bataille à l'exclusion de toute éducative préparation. On semble croire que la lutte est elle-même l'aboutissant des aspirations ouvrières, quand elle n'est que la conséquence des obstacles rencontrés et le moyen inévitable d'imposer la transformation sociale par la réorganisation intégrale du travail.

« Tous ensemble » signifie, pour les partisans des Fédérations de métiers, l'action concertée, la direction commune, le but unique provoqué par les mêmes aspirations, par les mêmes haines et les mêmes injustices.

« Tous ensemble » veut dire action constante, violente ou pacifique, des multiples Fédérations, contre les abus, contre la cruauté, contre les puissants, avec les moyens appropriés à chacune d'elles, avec les tempéraments qui les constituent et avec les méthodes qu'elles trouvent pratiques et efficaces.

« L'ensemble », nous ne voulons pas le considérer dans de grandes masses disciplinairement alignées, mais dans les initiatives convergentes, dans l'éducation dirigeant les cerveaux vers les mêmes remèdes et vers le même idéal.

« Tous ensemble », nous le comprenons comme le ralliement de la pensée et de l'impatience, mais aussi comme le signal de l'action coordonnée, où les corporations, toutes à la fois, s'attaqueront à leurs propres exploiteurs, feront front devant leurs propres et immédiats adversaires, engageant ainsi la lutte partout où la résistance s'affirme.

Et si la lutte est décisive, si le prolétariat peut espérer mettre fin définitivement à l'odieuse exploitation capitaliste, nous estimons, là encore, que les Fédérations de métiers sont les mieux préparées à cette complexe éventualité. Elles seules pourraient, par leur organisation technique et professionnelle, donner les indications les plus indispensables et les plus précises pour la nouvelle organisation du travail et la répartition des produits.

En résumé, les Fédérations de métiers, de l'aveu même de leurs adversaires, s'attachent davantage à la défense des intérêts professionnels. L'esprit de corps qu'on leur reproche ne peut être prouvé et la délimitation de leur sphère d'activité n'est ni imposée par un préjugé ni par l'égoïsme, mais par des considérations d'ordre pratique incontestable.

Pour les mouvements d'ensemble, elles sont adhérentes à la Confédération, tiennent compte de ses décisions, s'inspirent de sa tactique et de ses indications dans la même mesure que les autres Fédérations.

Je n'ignore pas que certains camarades mettent sur le compte du morcellement ouvrier les défaites récentes de certains conflits. Le véritable motif est tout autre et son remède est plus pressant que la discussion des Fédérations de métiers, car ces grèves ont prouvé une chose capitale, c'est qu'il n'y a pas encore, en France, beaucoup de syndiqués.

Raoul LENOIR,
Secrétaire de la Fédération des Mouleurs.

Vers l'unité ouvrière par la disparition de la Fédération des Bourses

Le Congrès d'Amiens, je veux l'espérer, mettra au point l'œuvre d'unité ouvrière ébauchée il y a quatre ans, au Congrès de Montpellier.

Il réalisera cette unité en décidant que la Fédération des Bourses, apportant à la Confédération générale du Travail le concours des Syndicats, qui déjà lui appartiennent par leurs fédérations d'industrie ou de métier, ne sera plus considérée comme un organisme central de cette Confédération.

Aussi bien la proposition de modification des statuts confédéraux et notamment de l'article 2, déposée par sept syndicats du bâtiment, lui permet de réaliser cette étape nouvelle vers l'unité ouvrière, vers l'organisation rationnelle du prolétariat.

Voici d'ailleurs cette proposition :

« La C. G. T. est formée par les fédérations nationales (à leur défaut les fédérations régionales) d'industrie (à leur défaut, les fédérations de métier). Elle admet ensuite les syndicats dont les professions ne sont pas constituées en fédération d'industrie ou dont la fédération n'est pas adhérente à la C. G. T. Les organisations de métier adhérentes à la C. G. T., antérieurement, continueront à y fonctionner comme par le passé, les syndicats admis isolément seront groupés par fédérations d'industrie lorsqu'ils seront trois. »

Ce projet, comme on vient de le voir, exclut la Fédération des Bourses du nombre des facteurs qui concourent à la constitution de la Confédération générale du Travail.

Nous aimons à croire qu'il sera adopté.

Sans doute la Fédération des Bourses a joué pendant quelques années un rôle important dans l'organisation ouvrière. Elle a eu son utilité, sa raison d'être : le nier serait méconnaître l'histoire du mouvement ouvrier durant ces vingt-cinq dernières années.

Après le Congrès de Nantes, en 1894, Pelloutier pouvait écrire qu'elle était la « seule organisation vivante » du prolétariat.

Elle était même si vivante qu'elle manifesta plus tard une certaine répugnance à entrer dans la Confédération générale du Travail.

Toutefois Pelloutier, qui la dirigeait et qui avait su lui donner une si féconde impulsion, était un esprit trop avisé pour retarder l'union des différentes organisations ouvrières et aviver l'antagonisme existant alors entre elles. Et le double Congrès de Toulouse, en 1897, enregistra l'entrée de la Fédération des Bourses dans la Confédération générale du Travail.

Mais cette union, ce mariage de raison ne constituait pas — tant s'en faut — l'unité ouvrière. Liés par les mêmes statuts, les deux grands organismes de la Confédération, Bourses du Travail et Fédération des Fédérations, se trouvaient souvent en antagonisme au sein même du Comité confédéral, se reprochaient mutuellement de chasser sur leurs terres respectives et, en 1901, la Bourse du Travail d'Aix proposait nettement la disparition de la Fédération des Bourses par sa fusion avec la C. G. T.

Cette proposition fut repoussée, mais il fut entendu que cette question d'unité ouvrière, que posait aussi — sous une autre forme — la Bourse du Travail de Montpellier, serait reprise par les prochains Congrès — celui d'Alger pour les Bourses, celui de Montpellier pour la Confédération.

Des efforts sérieux ont été faits à ces Congrès pour la réaliser. Ils n'ont pas abouti pleinement ; toutefois la question de l'unité a été posée sérieusement, loyalement. Si elle n'a pas été résolue, c'est que dans l'état actuel des esprits, elle ne pouvait pas l'être. Mais elle a été amorcée de telle façon qu'aujourd'hui le Congrès d'Amiens serait impardonnable s'il ne mettait pas la dernière main à l'œuvre si bien préparée par le Congrès de Montpellier, grâce aux efforts du plus grand nombre et en particulier de Niel qui fut et qui, j'en suis sûr, est resté l'ardent partisan de l'unité ouvrière complète, sans restriction.

Il n'a pas suffi, en effet, que la Fédération des Bourses prenne le nom plus modeste de « Section des Bourses » de la Confédération, pour que le problème soit résolu.

Tous ceux, d'ailleurs, qui prirent à ce sujet la parole au Congrès de Montpellier, savaient qu'ils ne travaillaient pas à édifier une œuvre définitive, et quand on relit, comme je viens de le faire, les discours prononcés, on reconnaît vite que la portion d'unité que les congressistes se proposaient de réaliser n'était par eux considérée que comme une étape vers une organisation plus adéquate au but que se propose le syndicalisme.

Il m'apparaît que ce jour est venu. Le secrétaire de la Bourse du Travail de Montpellier disait à Alger : « De deux choses l'une : ou bien ces deux organisations (Fédération des Bourses et Confédération du Travail) peuvent, sur certains points, diverger de vues, et alors cette dualité ne permettrait pas l'entente recherchée ; ou bien, au contraire, elles seront du même avis avec toutes les questions, et l'utilité des deux institutions pour poursuivre le même but, avec les mêmes moyens, n'apparaît plus. »

Ces paroles sont, aujourd'hui encore, d'actualité. La Fédération des Bourses, complètement fondue dans la Confédération générale du travail, n'a plus sa raison d'être. Quatre années ont suffi à ce travail d'absorption rendu plus facile par la loi fatale de l'évolution.

Les Bourses du travail ne s'y sont pas trompées. Au cours de ces dernières années, bien peu de celles qui ont eu besoin du concours des Bourses sœurs se sont adressées à la Fédération des Bourses. Toutes ou presque toutes ont passé par dessus la tête du Comité fédéral et de son secrétariat. L'*Ouvrier syndiqué*, de Marseille, dans son numéro du 15 septembre, à propos de la question du viaticum posée au Congrès d'Amiens, écrivait cette phrase suggestive : « Il y aurait lieu d'inviter les Bourses à rechercher des ressources en dehors des cotisations des syndicats par tous les moyens qui pourraient être soumis à leur appréciation. La section des Bourses ou, *en cas de disparition de cet organisme*, la Confédération générale du travail elle-même, est toute désignée à cet effet. »

Le Comité fédéral non plus ne se fait pas d'illusions. Son rapport, publié ces jours derniers, est le plus pitoyable plaidoyer qui jamais ait été écrit en faveur d'une organisation désuète et qui, ayant conscience de la vanité de son œuvre, essaie de se faire pardonner l'existence posthume que, grâce au mouvement acquis et à la périodicité des Congrès, elle conserve encore.

Le Congrès d'Amiens dira certainement que les Bourses du travail ne peuvent continuer à payer des cotisations pour une ombre de fédération rendant des ombres de services, et les Bourses du travail, rendues à leur véritable rôle d'éducation locale, ne seront plus, en quelque sorte, que les vaguemestres, les fourriers de la Confédération à laquelle elles continueront d'adhérer.

E. GUERNIER,
Secrétaire de la Bourse du Travail de Reims.

Rapports des coopératives et des syndicats confédérés

La question des rapports entre les coopératives et les syndicats confédérés est portée à l'ordre du jour du Congrès d'Amiens.

Elle passe cependant à peu près inaperçue, tellement la question des rapports entre la C. G. T. et le Parti socialiste absorbe tous les syndicalistes. Elle soulève, il est vrai, moins de passions chez tous nos camarades et, il faut bien le constater, la « politique » est encore de toutes les questions celle qui remue le plus promptement les hommes de notre pays. Et cette constatation n'est d'ailleurs à l'avantage de personne, car il y a de multiples problèmes qui ont une importance aussi capitale.

C'est ainsi que la question coopérative semble ne préoccuper, dans les milieux ouvriers, qu'un nombre relativement restreint de militants.

Et, pour notre part, nous ne sommes pas fâchés que le Congrès corporatif ait lieu cette année à Amiens, afin de pouvoir démontrer aux camarades indifférents vis-à-vis de la question coopérative que ce moyen d'action peut rendre d'utiles services à la classe ouvrière.

Quand les congressistes, après avoir visité l'installation et l'immeuble de l'*Union d'Amiens*, auront appris, en effet, que presque tous les employés de cette coopérative remplissent les fonctions les plus importantes dans le mouvement ouvrier local, quand ils auront pu apprécier quels services ces hommes — absolument indépendants vis-à-vis du patronat et qui ont la faculté de disposer de tout leur temps quand il s'agit de la propagande — peuvent rendre à leurs organisations, quand ils sauront, enfin, que les corporations en grève|reçoivent une aide efficace chaque fois qu'elles ont recours à la coopérative, peut-être se seront-ils rendu compte qu'on ne saurait tenir en suspicion un mouvement aussi important.

La notice sur l'*Union d'Amiens*, qui sera distribuée, d'ailleurs, à tous les congressistes, donnera, plus amplement que je ne pourrais le faire dans un court article, des détails sur l'organisation intérieure et le véritable rôle de cette grande coopérative.

Qu'il me suffise de citer un fait qui vient de se passer tout récemment.

Les boulangers syndiqués, luttant pour obtenir|le repos hebdomadaire par roulement, ont, en effet, à un moment donné, reçu une aide véritablement précieuse de la coopérative.

Au moment où les énergies semblaient s'émousser chez ces grévistes, l'Union coopérative — qui accorde, depuis deux ans déjà, le repos hebdomadaire par roulement à ses boulangers — informait le public, par voie d'affiches, qu'elle baissait son pain de 0 fr. 05 au kilo jusqu'au jour où les patrons boulangers de la ville accorderaient satisfaction à leur personnel.

Ce fut pour les patrons un « soufflet » aussi mémorable qu'inattendu. Ces hommes, qui arguaient de l'impossibilité d'augmenter leurs frais généraux pour pouvoir donner satisfaction à leur personnel, restaient bouche bée quand on leur parlait de la « Coop » qui non seulement assumait ces sacrifices, impossibles pour eux, mais encore vendait son pain — de qualité bien supérieure — au-dessous du tarif général de la ville.

Et comme l'*Union* vend au public depuis la loi sur les patentes, c'est en foule qu'on se pressait, en ville, autour des voitures de livraison. Cinq cents kilos de pain : tel fut le chiffre *d'augmentation* de la cuisson quotidienne dès les prémiers jours de cette mesure.

Si nos camarades boulangers, vraiment peu aguerris aux mouvements grévistes, avaient pu tenir encore une quinzaine de jours, tous les patrons de la ville capitulaient. Cela ne faisait de doute pour personne ici. Il fallait, en effet, céder devant cette formidable pression ou accepter, de gaîté de cœur, de voir partir toute la clientèle à la Coopérative.

Cette petite expérience coûta mille francs à l'*Union*.

Ce fait seul suffit à démontrer, mieux que tous les discours, ce que vaut le mouvement coopératif lorsqu'il a pour objectif principal d'aider la classe ouvrière dans son formidable effort de libération intégrale.

Je sais bien, d'autre part, que beaucoup de coopératives ne pratiquent pas ainsi la solidarité et que, pour elles, les principes du syndicalisme sont relégués bien après la question commerciale. C'est précisément ce qu'il faut empêcher si nous croyons, sincèrement et fermement, que le mouvement coopératif peut être dirigé nettement dans le sens de la question sociale.

C'est en établissant des rapports sérieux et continus entre le syndicalisme et la coopération que nous arriverons, précisément, à faire entrer ces coopératives dans la bonne voie.

Et tout le gain en sera pour le syndicalisme. En amenant à lui cette force indiscutée qu'est la coopération, il bénéficiera de multiples avantages et de précieux concours lorsque les travailleurs réclameront au patronat un peu plus de bien-être et de justice.

CLEUET,
Secrétaire de la Bourse du Travail d'Amiens.

Rapports de la C. G. T. et des Partis politiques

I

LA RÉSOLUTION DE TOURCOING

En portant à l'ordre du jour du 8e Congrès national des travailleurs textiles, qui s'est tenu en août à Tourcoing, la question « *des rapports devant exister entre les organisations économique et politique du prolétariat »* et en soumettant la résolution qui en est issue au Congrès confédéral d'Amiens, les auteurs de la proposition n'ont pas eu l'arrière-pensée que ses adversaires leur prêtent si volontiers. Il n'entre pas dans leur esprit d'inféoder les organisations corporatives à une organisation politique quelconque. Seulement, ils pensent, avec juste raison, que si l'action syndicale doit être poursuivie avec une persévérante ténacité, afin d'atténuer l'exploitation quotidienne des travailleurs et de les soustraire le plus possible à celle-ci, cette action n'est pas suffisante pour supprimer la propriété individuelle qui engendre le salariat.

La lutte du travailleur syndiqué, par la grève, contre le patronat, ne comporte pas, ne saurait comporter la disparition des causes qui font de lui un prolétaire, obligé pour vivre de vendre sa force de travail au capitaliste possesseur des moyens de production et d'échange, parce que l'action syndicale se meut forcément dans des limites prescrites, assignées par la loi.

Cette loi, qui a été faite pour lui, contre lui et sans lui jusqu'ici, il faut qu'il la change et la fasse tourner à son profit. Il ne peut obtenir cela qu'en doublant son action syndicale d'une action aussi vigoureuse sur le terrain politique afin de chasser du pouvoir législatif tous les adversaires du prolétariat, les capitalistes, qui font intervenir la puissance de l'État et de ses institutions : *police, armée, magistrature*, à l'asservissement des travailleurs au capitalisme.

Au lieu de procéder par la négation, qui consiste à s'affirmer « adversaire de l'État et de ses institutions au point de vue politique et adversaire de l'État et de ses institutions au point de vue syndical », nous tenons compte de la structure de la société actuelle et de ses contingences, et nous en voulons poursuivre la transformation en société socialiste et égalitaire, en l'attaquant par tous ses côtés vulnérables.

Notre tactique. — Au lieu de clamer que le syndicat se suffit à lui-même et que les concepts syndicalistes constituent une doctrine pouvant se substituer à la philosophie et aux tendances générales du socialisme moderne, en même temps que servir de seul moyen d'affranchir les travailleurs du salariat à l'exclusion de tous autres; au lieu de faire de la politique par des moyens extra-syndicaux tels que *l'antimilitarisme, l'antipatriotisme, l'antiparlementarisme*, puis enfin d'aboutir à *la grève générale révolutionnaire expropriatrice*, nous observons la légalité sur le terrain syndical, en dehors duquel ne saurait s'aventurer aucun syndicat sans s'exposer à se voir dissoudre comme association illicite, et nous ne nous préoccupons — bien que partisans d'une action politique, mais seulement sur le terrain politique — que de questions professionnelles et économiques.

Contrairement aux syndicats à tendances anarchistes libertaires, qui ont recours aux moyens extra-syndicaux que nous citons plus haut, c'est ce qui nous permet de pouvoir recevoir dans le sein de nos syndicats, tous les salariés « sans distinctions d'opinions politiques, philosophiques ou religieuses », sans leur imposer aucun *Credo*, comme on s'efforce d'en établir la légende.

Sur le terrain politique, nous sommes révolutionnaires, parce que nous voulons déloger du pouvoir législatif, la bourgeoisie capitaliste et nous servir du pouvoir central pour l'exproprier des moyens de production et d'échange, afin de les restituer à l'ensemble des travailleurs, qui rentreront ainsi en possession du patrimoine légué par les travailleurs morts aux travailleurs vivants qui se trouveront ainsi affranchis du salariat, cet esclavage moderne ayant fait place au travail associé et fraternel.

Cette double action, déployée par le même prolétariat sur deux terrains différents, est celle employée depuis de nombreuses années déjà par les ouvriers des Ardennes, de l'Aisne, de la Somme, du Nord, des Vosges, de l'Isère, de l'Allier, etc., etc.; elle a donné des résultats palpables et tangibles. A celle-ci, ils en joignent même une troisième, qui n'est certes pas de trop, c'est l'action coopérative.

Par le syndicat, les ouvriers sont arrachés de leur isolement et se dressent contre l'exploitation capitaliste, empêchant ici une diminution de salaire, obtenant là une augmentation, intervenant ailleurs pour une hygiène meilleure, se cabrant pour obtenir de meilleures conditions de travail ou contre une des mille iniquités dont souffrent journellement les travailleurs.

Les syndiqués, librement, achalandent les coopératives qui, presque partout dans le Nord, abritent les organisations ouvrières et servent ainsi de Bourses du travail d'où aucune décision du gouvernement ou des municipalités ne peut les faire sortir. En outre des avantages réalisés par chaque sociétaire, venant alléger les difficultés de la vie ouvrière, les bénéfices permettent encore de créer des bibliothèques, des secrétariats d'hygiène, des consultations judiciaires et médicales gratuites, soustrayant les blessés du travail au trafic honteux des médecins des compagnies d'assurances et des agents d'affaires véreux.

En temps de grève, des secours en pain sont donnés aux sociétaires. Lors des grèves textiles de Lille, Armentières et Houplines, c'est là que résida le secret qui a fait résister à Lille 6.000, à Armentières et Houplines 20.000 et 30.000 grévistes pendant trois et quatre mois. Durant la grève des textiles de Gand, le Vooruit a distribué 1.250 pains par semaine, formant un total de 20.000 francs de secours aux grévistes.

Enfin, par des conférences politiques, économiques, philosophiques; par des représentations théâtrales données avec le concours des orateurs et des artistes-amateurs, par des fêtes familiales coopératives et syndicales où excellent et rivalisent de zèle les sociétés chorales et instrumentales, toujours ouvrières, par des sociétés enfantines dans le genre de celle des Pupilles de Gand et autres de toutes sortes, s'élaborent les éléments et les institutions de la société future, car c'est dans ces forteresses ouvrières qu'elle s'affirme incontestablement. Ne sont-elles pas la négation la plus haute et la plus nette de la société marâtre et chaotique actuelle? Évidemment si !

Ces sociétés coopératives fournissent encore aux travailleurs, qui luttent sur le terrain politique, le nerf de la guerre qui leur permet de « déloger » des pouvoirs publics : Conseils municipaux, Conseils généraux, Chambres, les bourgeois qui y trouvent le moyen de décupler leur toute puissance sur le terrain économique. C'est autant de places fortes que ne possède plus l'adversaire et qui, aux mains du prolétariat, augmentent d'autant sa puissance d'action, le prédisposant par cela, comme par l'administration des syndicats et des coopératives, à l'administration de la société de demain.

Il y a dans le Nord une fédération de ces coopératives, au nombre de 12, comprenant 30.000 membres ; une fédération du Parti socialiste avec plus de 10.000 membres et un contingent de 105.000 électeurs et 8 députés socialistes. Les syndicats sont au nombre de 315, avec 76.932 syndiqués, venant en second rang après le département de la Seine. L'unité la plus complète est réalisée sur ce triple terrain syndical, coopératif et politique. Nulle part, les organisations ouvrières en France ne sont aussi puissantes et aussi redoutées par la bourgeoisie capitaliste. Leurs actions sont séparées, mais ces forces se juxtaposent sans se confondre, chacune agissant sur le terrain qui lui est particulier, bien que souvent composée des mêmes éléments.

Osera-t-on dire que le prolétariat du Nord n'est pas plus près du but final que ceux qui se font ses contempteurs dans le monde ouvrier ?

L'action directe. — La méthode de *l'action directe*, si toutefois on peut l'appeler ainsi telle qu'elle est entendue généralement, engendre une confusion dans la pensée prolétarienne, confusion qui ne peut que lui être préjudiciable.

Pour les uns, elle consisterait à se passer d'intermédiaires et de toutes personnalités politiques dans les conflits économiques et à laisser les intéressés seuls débattre leurs différends. De celle-là, nous sommes partisans — sans rêver qu'elle ne s'accompagnera jamais de grabuge car nous ne voyons pas toujours bien les grévistes calmes, sages et bien gentils quand ils sont victimes d'iniquités patronales et de brutalités policières ; — celle-là, au fur et à mesure qu'elle s'établira, sera une preuve que la conscience ouvrière s'accroît, s'affirme nettement. Y pousser les syndicats le plus possible est l'œuvre à laquelle nous avons déjà, dans le passé, voué nos efforts, nous nous y consacrerons encore dans l'avenir.

Pour d'autres, c'est faire du bruit, briser portes et fenêtres, jusqu'à ce qu'il y ait intervention des pouvoirs publics, proposant et obtenant une transaction quelconque, ou alors c'est l'émeute, la révolte.

De la mise en demeure à l'action directe, de l'action directe à la révolte, de la révolte répétée, étendue et soutenue dans un ensemble de localités, à la grève générale révolutionnaire expropriatrice. C'est bien là la tactique définie par Pouget au Congrès de Bourges, lors de son intervention pour soutenir la mise en application des huit heures ! Si c'est ainsi que Pouget et ses amis entendent garantir la liberté d'opinion des syndiqués radicaux, modérés, nationalistes et ministérialistes, que doit leur assurer l'article 2 des statuts de la Confédération, nous croyons qu'ils outrepassent le but que ledit article définit. A la vérité, nous ne voyons pas bien un syndiqué nationaliste s'accommoder de l'antipatriotisme, de même que nous ne voyons pas mieux un syndiqué modéré, radical ou ministérialiste opérant l'expropriation des capitalistes par la grève générale révolutionnaire expropriatrice, étant donné que le radical n'est pas pour la suppression de la propriété individuelle et que les autres sont pour les moyens pacifiques exclusivement. Si les intéressés se trouvent ainsi satisfaits, c'est qu'ils sont de composition facile.

Mais, est-il besoin de le dire, de cette tactique nous ne sommes pas, ne voulant pas assumer la lourde responsabilité d'entraîner à ses fins la masse non éduquée, non préparée à cela. Notre conception à nous est tout autre, nous l'avons expliquée.

Avec la tactique de l'*action directe* ainsi comprise, on a beau vouloir n'être que deux belligérants — patrons et ouvriers — il intervient toujours un tiers : c'est le gouvernement avec la puissance compressive et répressive dont il dispose. Il est l'émanation de la classe capitaliste et son chargé d'affaires, c'est lui qui les règle enfin quand les intérêts des siens sont menacés.

Tant que les partisans de cette tactique se bornent à la préconiser dans les réunions et les congrès, le gouvernement estime qu'il n'y a pas péril en la demeure, mais quand ils s'avisent de passer de la parole aux actes, c'est une autre affaire. Nous n'en voulons pour preuve que la mise en état de siège, en mai dernier, de toutes les villes où un mouvement gréviste s'est produit, même où les grèves n'avaient rien d'illégal ; la tactique préconisée à Bourges avait servi de prétexte suffisant. Il faut qu'il soit bien compris que cette tactique, pas plus que celle d'un genre de sabotage qui consiste à jeter du pétrole dans les fours, du sable dans les machines, ne sont pas praticables. En même temps qu'elles mettront le gouvernement à même de dissoudre nos associations syndicales, elles aliéneront aux grévistes la sympathie de l'opinion publique, avec laquelle il faut bien compter, et elles nous rejeteraient loin du but.

C'est pourquoi nous préférons notre tactique, qui consiste à grouper d'abord les travailleurs en syndicats, afin de les soustraire à l'éparpillement et leur donner conscience de leurs forces ; en coopératives ensuite et, en dehors de ces moyens d'action, de coordonner leurs efforts vers la prise du pouvoir central qui, avec des lois protectrices obtenues par l'action électorale au préalable, telles que celles sur les accidents, sur la réduction des heures de travail, sur le repos hebdomadaire, ainsi que d'autres qui pourront être obtenues, amélioreront la condition sociale du prolétariat et perfectionneron ses moyens de lutte contre la classe capitaliste à laquelle, un jour, devenus plus forts et plus conscients, nous arracherons le pouvoir central pour opérer la transformation de la propriété privée en propriété sociale.

Notre proposition a pour but de dissiper une équivoque, il s'agit de savoir si les syndicats qui composent la Confédération du travail entendent se passer du concours de lois ayant pour effet d'améliorer les conditions économiques de la classe ouvrière et s'ils n'admettent que l'action syndicale directe seule, en opposition et à l'exclusion de toute action électorale, afin d'éliminer du pouvoir législatif tout adversaire d'une législation protectrice des travailleurs.

Ceux qui reconnaissent l'efficacité des lois protectrices du travail estiment par conséquent que l'action syndicale directe est insuffisante et ils ne peuvent pas ne pas voter notre résolution.

En la formulant, nous voulons aussi faire cesser la lutte intestine que les militants actuels de la Confédération font journellement aux autres militants — souvent les mêmes — qui sont organisés sur le terrain politique, poursuivant le même but. Nous voudrions que cessent ces injures, ces calomnies et ces insinuations perfides contre le Parti socialiste, qui est celui qui se préoccupe le plus d'arracher le prolétariat à sa servitude économique, à assurer l'amélioration de son sort et sa libération définitive du salariat.

Nous croyons que les réformes sérieuses, telles que la *journée de 8 heures, le minimum de salaire, le droit syndical pour tous, des retraites pour la vieillesse des travailleurs*, seraient avant longtemps emportées de haute lutte si, par des ententes intermittentes d'abord, permanentes ensuite, ces deux organismes ne s'opposaient pas l'un à l'autre.

En votant cette résolution, les délégués au Congrès d'Amiens auront assuré avant peu la suprématie du prolétariat sur tous ses adversaires.

C'est ce que nous voulons !

V. RENARD,
Secrétaire de la Fédération du Textile.

II

Il me semble que la question portée au Congrès d'Amiens par la Fédération du Textile (sur les rapports de la C. G. T. et des partis politiques), n'est pas bien comprise. Certains militants, que le mot seul de parti politique fait bondir, déclarent sérieusement qu'il s'agit en l'espèce d'embrigader les syndicats dans le parti socialiste unifié.

Je sais bien que (même pour les antipoliticiens), c'est faire de la bonne politique que d'exagérer à dessein, de déformer, de dénaturer une proposition dont on ne veut à aucun prix, mais je pense bien que les congressistes d'Amiens n'accepteront pas, pour étudier la proposition du Textile, les lunettes grossissantes et de déformation, que l'on veut leur mettre sur le nez à cet effet.

Cette proposition n'atteint en rien l'autonomie des syndicats. De quoi s'agit-il, en effet ? Simplement de mener, en certaines occasions propices, une action parallèle dans la Confédération Générale du Travail et le Parti socialiste pour l'obtention de réformes ayant un caractère général.

Mais c'est pourtant logique cela, nécessaire même, et n'a rien de commun avec les ententes qui se sont produites ultérieurement entre les différents partis socialistes qui existaient à ce moment, car cette entente d'alors était une alliance effective, puisque les syndicats adhéraient aux partis mêmes, et par conséquent se ressentaient fatalement de leurs différends.

Ce n'est pas le cas aujourd'hui. D'abord il ne s'agit pas d'une entente de tous les instants, mais simplement de mener une action commune entre les deux organismes chaque fois qu'un mouvement général sera entrepris par la classe ouvrière.

A quoi bon nier l'efficacité de l'action politique ? La loi sur le repos hebdomadaire n'est-elle pas là pour nous démontrer sa nécessité ?

Prenez en effet la discussion de ce projet de loi, au Sénat, avant les élections législatives du 6 mai. Vous y verrez que malgré les ordres du jour *très énergiques*, émanant d'organisations souvent même *très révolutionnaires*, la discussion traînait ; des dérogations injustifiées pullulaient dans le projet qui, ainsi adopté, ne changeait presque rien à l'état de choses existant.

Prenez au contraire la nouvelle discussion de ce même projet de loi au Sénat, mais après les élections législatives où le parti socialiste remporta un succès notable, vous y verrez le changement produit, le revirement de certains sénateurs jusque là opposés, et finalement les nouvelles améliorations, rejetées précédemment, introduites dans le projet définitif.

Cela prouve qu'il est nécessaire que la classe ouvrière organisée ne dédaigne aucun terrain d'action.

Du reste, ce n'est pas la première fois qu'une entente est préconisée dans les syndicats, non seulement entre le parti socialiste et la C. G. T., mais également avec la Bourse des Coopératives socialistes. Voici en effet le vœu qu'émettait l'année dernière la Bourse du travail de Troyes, adhérente à la Confédération Générale du Travail :

« La Bourse du travail de Troyes, dans le but d'opérer un rapprochement entre la Confédération générale du travail, la Bourse des Coopératives socialistes et le Parti socialiste, a émis le vœu qu'une Commission d'entente soit constituée entre ces trois organisations. Cette Commission aurait pour but d'aplanir des différends existants ou de les prévenir, et apporter sur le terrain économique une unité d'action (au moins sur certains points) entre les trois organisations, tout en respectant la manière de voir de chacune d'elles. Le mouvement ouvrier, lancé dans cette voie, ne tarderait pas à prendre une ampleur inconnue jusqu'à ce jour. »

Ce vœu, tout comme les vœux qui sont envoyés aux pouvoirs publics, resta lettre morte et ne fut même jamais discuté à la C. G. T.

Là est pourtant l'avenir du prolétariat organisé. Tous les jours la nécessité de cette action apparaît de plus en plus, et, quelle que soit la décision qui sera prise à Amiens sur ce sujet, elle s'imposera d'ici peu.

R. MONTÉLIMARD,
des Teinturiers-Dégraisseurs.

III

Dans quelques jours s'ouvrira à Amiens le XVᵉ Congrès national corporatif. Quel sera le résultat de ses travaux ? Telle est la question qui se pose à tous ceux qui militent et désirent voir l'organisation ouvrière grandir en nombre, en puissance, et surtout en force morale.

Nous ne sommes pas de ceux qui sont satisfaits du travail accompli — il est vrai que nous sommes exigeants. Nous souffrons de la marche chaotique du mouvement ouvrier, qui n'a su encore se donner une ligne de conduite exempte de reproches.

Le travailleur français a certainement beaucoup de qualités, entre autres celle de tous les salariés du globe, de donner le meilleur de soi-même pour le profit des autres.

Ceci fait, entre le travail et la soupe, même pendant ces moments, il y a des travailleurs, des salariés, qui pensent, qui aperçoivent leurs chaînes ; ils méditent, ils cherchent les meilleurs moyens à employer pour terrasser les hommes qui les tiennent courbés dans un état de servitude avilissant. C'est le sentiment de révolte qui naît en eux ; plus tard ce sera le raisonnement.

De tous les exemples que nous avons eus, nous devons constater péniblement que si un nombre respectable de travailleurs sont épris de ce sentiment de révolte à l'encontre de ceux qui les oppriment, la grande généralité ne s'est pas encore libérée de cet esprit atavique, source de préjugés qui perpétue l'erreur dans le milieu social actuel.

On semble avoir besoin de guide, tout en clamant hautement : « Ni Dieu, ni Maître. » On y va de son adhésion plus ou moins tacite à des théories qui reposent souvent sur l'intérêt individuel plutôt que] sur des principes, et maintes fois sur rien du tout. On suit des hommes, on est prédisposé à suivre ceux qui ne font pas violence aux habitudes, fussent-elles mauvaises, et qui, par habileté, maintiennent les masses dans un état d'accroupissement.

Le syndicalisme français a cette prétention louable d'unir tous les salariés, de les dresser en face de l'exploiteur, dans un état permanent de lutte.

Là prennent naissance diverses conceptions : les uns n'entrevoient dans le syndicat qu'un moyen d'arriver à élever leur salaire, à améliorer leur situation de salariés ; c'est peut-être le plus grand nombre qui pense ainsi.

D'autres ne croient pas que le syndicalisme doit réduire son action à des besoins immédiats, tout en faisant tous les efforts possibles pour les obtenir ; ils pensent qu'il est nécessaire de faire du syndicat un champ de culture fertile pour les membres qui le composent ; là ils doivent pouvoir faire leur éducation économique, arriver à la compréhension des choses, dont l'aboutissant est la suppression du patronat et du salariat.

D'autres enfin prétendent faire du syndicat l'unique organisation de combat, et par cette arme seule doit périr la société capitaliste, à les entendre.

Telle nous apparaît l'organisation syndicale française ; c'est ce milieu hétérogène en idées, auquel nous devons donner le plus de cohésion possible. Et il nous apparaît nécessaire qu'à Amiens soit défini le but poursuivi et les moyens qui pourront être employés sans être traités de « jaunes ». Il faudrait aussi faire en sorte qu'il n'y ait plus de heurts, de contradictions entre l'individu dans le syndicat et ce même individu hors le syndicat.

La question est très délicate, car chacun voudra faire prévaloir ses vues particulières ; il n'est pas certain que le Congrès arrive à contenter tout le monde.

C'est sur la proposition du Textile qu'aura lieu la bataille ; dès maintenant nous pouvons affirmer que la question ne sera pas résolue dans le sens indiqué par ses auteurs.

Mais si la conception du Textile ne prévaut pas, il est néanmoins nécessaire que le Congrès prenne une résolution. Quelle conception sera admise ?

Je ne crois pas que le syndicalisme français doive se cantonner sur la seule action corporative. Il y a nécessité de dissiper l'égoïsme chez les individus qui ne viennent au syndicat que pour leur intérêt personnel, pour des besoins immédiats, dont ils espèrent profiter, et qui bornent là leur activité.

Griffuelhes écrivait, voilà quelques semaines, dans *l'Humanité*, qu'au syndicat on admettait tout individu qui justifiait de sa qualité de salarié, et qu'aucun *credo* ne lui était imposé. Selon ce que j'ai pu comprendre, il ne veut voir dans le syndicat qu'un groupement d'hommes unis dans un but unique d'intérêt ; il y voit une masse agissant, une fois quelle a obtenu pour elle une satisfaction quelconque. Elle s'en contente un instant pour réclamer plus tard un autre os à ronger, et continuellement.

Certes, Griffuelhes traduit bien l'état d'esprit d'un grand nombre de salariés, mais je crois qu'il y aurait danger à vouloir faire au syndicalisme français une figure aussi étroite et égoïste.

Dès leurs premiers Congrès, les syndicats se sont affirmés pour l'émancipation intégrale. Du fait qu'un ouvrier adhère à un syndicat, il accepte un *credo*, qu'on le veuille ou non ; je ne crois pas que le Congrès voudra leur enlever ce qui fait leur force morale, leur idéal ; s'il le faisait, il commettrait une erreur profonde.

Nous devons tenir compte de la réalité des choses ; j'imagine qu'il serait téméraire de continuer à juger *a priori* comme néfaste tout progrès qui résulte et peut résulter des délibérations des corps élus.

L'antiparlementarisme de quelques-uns ne peut prétendre pouvoir isoler de la vie publique la partie la plus saine, la plus active du prolétariat. Mais de là à vouloir faire alliance avec le Parti socialiste, il y a un espace. Ne pas se combattre mutuellement, cela doit nous suffire ; car il est regrettable que deux organisations ayant le même but, poursuivant toutes les deux la fin de l'exploitation de l'homme par l'homme, ne puissent se respecter entre elles.

Les antiparlementaires, autrement dit les syndicalistes anarchistes, ne voient d'ennemis politiques que chez les socialistes, et, avec une ténacité que rien n'effraie, pas même la raison, font dans les syndicats et les organisations centrales la plus détestable des politiques. Ils favorisent consciemment la puissance politique des capitalistes ; après, ils accusent leurs camarades d'organisation, ayant un mandat électif quelconque, de ne rien faire ; ils les accusent d'être contaminés par le milieu « pourri » — c'est généralement le terme employé — qu'est le Parlement, les Assemblées départementales ou communales ; enfin tous ceux qui s'intéressent de la chose publique sont, d'après eux, des hommes ayant déserté l'arène ouvrière pour celle de la bourgeoisie ; ils considèrent que, seuls, les bourgeois ont le droit de s'occuper politiquement et administrativement des affaires du peuple.

Cette politique doit disparaître de nos organisations centrales, comme elle doit disparaître des syndicats, mais non pour y incorporer une autre politique de parti.

Niel, dans un article plein d'à-propos publié par *l'Humanité*, reprenait la thèse de Guérard au Congrès de Bourges : « Oui, pas de politique dans les syndicats, même pas de politique anarchiste. »

Je crois que, momentanément, c'est la thèse que le Congrès doit admettre, c'est le *modus vivendi* nécessaire pour la vie des syndicats ; plus tard nous verrons ce que l'expérience nous permettra d'admettre.

E. HARDY,
des Ouvriers Maréchaux.

DE L'ANTIMILITARISME

J'ai déjà dit, dans la *Voix du Peuple*, combien il me paraissait impossible que le Congrès d'Amiens pût « consommer » les *26 questions* de son ordre du jour. Il va résulter de cette surcharge déraisonnable qu'aucune question ne sera discutée dignement, alors qu'il en est quelques-unes qui demanderaient une étude sérieuse et approfondie.

Mais il y a un moyen de suppléer à l'insuffisance du congrès ; c'est de discuter dans tous les lieux publics : journaux, revues, tribunes, etc., les questions de l'ordre du jour, et, parce qu'elle offre ce moyen à toutes les bonnes volontés, la *Revue syndicaliste* doit être félicitée.

Pour mon compte personnel, je voudrais dire deux mots d'une question qui a fait un bruit retentissant et qui n'a pas cessé d'en faire.

L'antimilitarisme est de plus en plus à l'ordre du jour des discussions syndicales. Il est né dans les milieux ouvriers, non pas tant de l'antipatriotisme proprement dit que de l'anticapitalisme.

L'antipatriotisme est un sentiment supérieur qui implique un développement considérable de la raison individuelle et de la conscience des hommes. Cette haute culture sociale est loin encore, malheureusement, d'être le fait d'un grand nombre d'ouvriers, pour lesquels l'antimilitarisme ne se confond pas forcément avec l'antipatriotisme.

Au contraire, l'antimilitarisme syndical s'explique par des raisons plus immédiates et repose sur des motifs plus concrets.

Bon nombre de travailleurs, aux prises chaque jour avec la force armée, que la bourgeoisie emploie pour défendre ses privilèges illégitimes, comprendrond la nécessité immédiate de propager des sentiments ayant pour but de faire des soldats des « frères » au lieu d' « ennemis », sans saisir pour cela la nécessité future de propager l'antipatriotisme dans le but de supprimer les guerres.

Aux yeux de ces ouvriers, les guerres ne procèdent pas des mêmes raisons économiques que les grèves, et quand ils voient les capitalistes allemands faire la guerre aux capitalistes français, ils ne croient pas tout d'un coup à cette « alliance universelle des capitalistes » — qui légitimerait notre antipatriotisme le plus farouche — puisque les capitalistes des diverses nations se dévorent entre eux.

Cette confusion des intérêts patronaux explique la confusion dans les esprits ouvriers.

Lorsque des ouvriers français sont en grève, ils voient d'abord devant eux des patrons français qui, parce que le gouvernement est avant tout leur serviteur, demandent à l'armée un concours qui ne leur fait jamais défaut, et ils ne voient pas comment des patrons allemands pourraient se réjouir de cette intervention de l'armée au profit de patrons français, puisqu'au contraire, en vertu des principes de concurrence et de lutte commerciale, les patrons allemands auraient intérêt à la défaite des patrons français.

Si donc les ouvriers voient clairement que l'armée favorise les intérêts des patrons français, ils ne voient pas si clairement qu'elle favorise les intérêts des patrons allemands, c'est-à-dire qu'ils ne voient pas clairement que l'armée *française* soit une sauvegarde des intérêts capitalistes *universels*.

S'ils voyaient cela, ils seraient et ils devraient être antipatriotes. C'est-à-dire que, comprenant que leur esclavage économique dépend autant de l'existence des patries que de l'existence des classes sociales, pour s'émanciper totalement, ils travailleraient à la destruction des unes et des autres.

Ne le comprenant pas, ils se contentent d'être antimilitaristes, en tant que l'armée peut leur nuire, non pas dans leur qualité de Français, mais dans leur qualité d'ouvriers.

Il y a même, parmi ces antimilitaristes, d'excellents patriotes. Leur

antimilitarisme consiste à déconsidérer l'armée, chaque fois que les services qu'elle rend aux patrons sont évidents, et à prendre toutes les
mesures nécessaires pour que les soldats cessent d'être les assassins des
ouvriers.

Leur antimilitarisme ne va pas jusqu'à dire aux soldats qu'en cas de
guerre ils ne devraient pas marcher, ou qu'ils devraient retourner leurs
armes contre leurs chefs. La preuve qu'il ne va pas jusque là, c'est que
si l'armée cessait *vraiment* d'être mise au service des patrons dans les
grèves, ils cesseraient d'être antimilitaristes et reconnaîtraient même,
dans certains cas, la nécessité d'une certaine *défense nationale* contre les
invasions possibles de l'étranger.

Le tout est de savoir si le syndicalisme doit pousser l'éducation de
l'antimilitarisme nécessaire jusqu'à l'antipatriotisme.

Il en est du patriotisme ou de l'antipatriotisme comme de la politique
d'État ou de la politique anarchiste : sur ce sujet, les opinions des travailleurs sont extrêmement variées et il y en a encore pour de beaux
jours avant qu'elles soient « unifiées ».

Il m'apparaît donc que transporter la discussion de ces questions pas-
sionnantes dans le domaine syndical serait commettre une faute extrêmement préjudiciable au syndicalisme, s'il est vrai — ce que *personne*
n'ose contester — que le syndicalisme doit se différencier de toutes les
autres formes de groupement des hommes, en ce sens qu'il est le seul
groupement devant et pouvant réunir dans son sein *tous* les travailleurs,
sans distinction d'opinions politiques.

Nous venons de voir que, pour des raisons diverses, certains travailleurs étaient antimilitaristes sans être antipatriotes. Il est certain que si
l'on donne à l'éducation du syndicalisme une note nettement antipatriotique, on va chasser des syndicats tous les patriotes ; de même, si on lui
donne une note patriotique, on va en chasser tous les antipatriotes, et je
vois là un affaiblissement certain, une cause d'anémie de plus du syndicalisme.

Au contraire, il n'est pas un ouvrier qui ne légitime l'antimilitarisme
syndical fait pour empêcher l'intervention de l'armée dans les grèves,
ou tout au moins pour annihiler l'appui criminel qu'elle prête au
patronat.

Il s'ensuit que le syndicalisme doit continuer son œuvre antimilitariste, qui a le don d'unir tous les travailleurs dans leurs luttes quotidiennes contre le patronat, et qu'il doit négliger l'antipatriotisme qui a
le don de diviser en faisant vibrer toutes les cordes ou toutes les passions
politiques, dès qu'on y touche.

Il est certain que cette conclusion ne plaira pas à quelques-uns de nos camarades. Je les mets bien au défi, pourtant, d'en trouver une plus logique, *sans se dépouiller de leur vêtement syndical.*

Du reste, je connais tels antipatriotes farouches qui ne permettraient aucune espèce d'alliance du syndicalisme et de ce qu'on est convenu d'appeler le « pacifisme bourgeois », sous prétexte que les questions dont s'occupent les « pacifistes » ne sont pas du ressort du syndicalisme. Et, syndicalement parlant, ils auraient, ma foi, raison. Ne les avons-nous pas vus, en effet, se gausser des quelques syndiqués qui, sans alliance aucune, assistèrent au congrès des « pacifistes », à Nîmes, en 1904?

Pourquoi ne seraient-ils pas logiques avec eux-mêmes? Et pourquoi, pour les mêmes raisons d'incompatibilité, ne condamneraient-ils pas toute espèce d'alliance avec les « pacifistes révolutionnaires », c'est-à-dire avec les antipatriotes?

Cela veut-il dire que, personnellement et en dehors de ma qualité de syndiqué, je réprouve la propagande antimilitariste ou antipatriotique poussée jusqu'à ses extrêmes limites? Nullement.

Moi aussi, je prétends que la classe ouvrière ne sera totalement émancipée que quand elle aura détruit les patries en détruisant les classes. Quoique encore il y ait deux façons de concevoir la fin des patries : on peut les supprimer géographiquement, c'est-à-dire faire qu'il n'y ait plus entre elles aucune limite matérielle; on peut les supprimer politiquement, c'est-à-dire faire que, par une Fédération plus ou moins mondiale ou par tout autre moyen, les patries ne soient plus des causes efficientes de guerre en tant que patries.

Mais cette éducation spéciale peut se faire et doit se faire par des groupements de propagande spéciaux en dehors des organisations syndicales. Il y en a, et s'il n'y en a pas, il n'y a qu'à en créer. Il y a les groupements antimilitaristes, reliés nationalement et internationalement, qui répondent parfaitement à cet objet. Que les syndiqués pratiquent dans leurs syndicats l'antimilitarisme *syndical,* c'est tout ce que nous leur demandons. S'il leur plaît, en plus, de pratiquer l'autre, qu'ils s'affilient aux groupements créés pour cela.

Du reste, l'antimilitarisme au premier degré qui se pratique dans les syndicats est un excellent terrain de préparation à l'antimilitarisme qui se pratique en dehors. Et c'est bien suffisant.

Enfin, *le syndicalisme en lui-même* et sans qu'il soit besoin de rien y ajouter, est aussi une excellente école d'antipatriotisme. Par les relations de plus en plus fréquentes qu'il crée entre les travailleurs de tous pays, par des manifestations analogues à celle qui eut lieu à Londres en 1901 et qui peuvent se reproduire lorsque les circonstances les font naître, par la création et le développement des fédérations professionnelles internationales, par la tenue de congrès économiques de tous les pays, par sa correspondance, sa presse, ses brochures, par l'étude d'une langue internationale et par tous autres moyens qui ne sortent pas de son cadre, le syndicalisme repousse de plus en plus les guerres dans le gouffre de l'éternel oubli, et rapproche chaque jour l'ère de l'éternelle paix entre les peuples.

L. NIEL,
Secrétaire de la Bourse du Travail de Montpellier.

II

L'Antimilitarisme et les Syndicats

La nomenclature des questions portées à l'ordre du jour du Congrès d'Amiens indique que l'expérience n'a pas corrigé les habitudes des travailleurs français. Une quinzaine de numéros composent cet ordre du jour, et autant de numéros figurent aux questions diverses. Il n'est pas permis de croire que l'on pourra examiner avec soin un ordre du jour aussi chargé, alors que trois ou quatre questions, à elles seules, suffiraient à occuper toutes les séances tenues en une semaine. Souhaitons que les délégués aient le bon sens d'éliminer, dès le début, des questions qui sont loin d'avoir un caractère d'urgence ; cela déblaiera le terrain et il sera permis de consacrer plus de temps à la discussion des questions les plus intéressantes ou les plus graves.

Parmi ces dernières, je place précisément la question de l'antimilitarisme dans les syndicats et je veux en parler aujourd'hui aux lecteurs de la *Revue Syndicaliste*.

*

Pendant les premières années qui suivirent la guerre de 1870, encore sous l'impression pénible que m'avaient laissée l'invasion et l'annexion de l'Alsace, mon pays d'origine, j'étais resté un fervent partisan de la revanche, car je conservais pour le pays natal un culte vivace qui ne s'est pas refroidi, malgré les trente-cinq années écoulées depuis que je me suis expatrié. Chaque fois que je vais en Alsace, j'y éprouve les plus doucés émotions, tout mon passé de jeunesse, pourtant privée de tous les plaisirs de cet âge, se réveille, et je subis alors de délicieuses impressions dans ce cadre merveilleux qui se déroule sur le versant alsacien des Vosges.

Plus tard, mêlé de plus en plus au mouvement ouvrier et aussi au mouvement philosophique qui caractérisent la nature française et surtout Paris, mes idées se modifièrent insensiblement sous l'influence du positivisme, doctrine qui embrasse, dans sa synthèse, l'humanité tout entière, en y comprenant la famille et la patrie.

L'idée de la revanche avait fini par disparaître de mon esprit; je reconnaissais qu'il était impossible de vouer deux ou plusieurs nations à une guerre atroce, horriblement sanglante, pour courir les chances de reconquérir l'Alsace et la Lorraine, dont l'annexion avait déjà été si funeste à la France, mais aussi à l'Europe tout entière, transformée en camp retranché.

L'observation des faits politiques et économiques m'avait amené à reconnaître la nécessité de l'organisation ouvrière par delà les frontières, suivant en cela l'exemple donné par le patronat, les capitalistes, les savants. Dès le Congrès du Havre, en 1880, j'affirmais la nécessité de cette organisation internationale, et j'y ai travaillé activement, sincèrement, chaque fois que l'occasion me l'a permis. C'est la Fédération française du Livre qui a eu l'honneur de l'initiative, dès 1889, de la création d'une Fédération corporative internationale. Elle vient de montrer admirablement son esprit de solidarité : Pendant le récent mouvement qu'à eu à soutenir la Fédération française du Livre, la Fédération typographique internationale a envoyé 161.000 francs! Aucune organisation corporative en France n'a été l'objet d'une si belle et si puissante manifestation de solidarité internationale.

Mais cette modification dans mes opinions, consacrée par des actes, la sincérité de mes convictions en faveur de l'organisation internationale du prolétariat n'a pas détruit en moi l'idée de patrie, l'attachement à mon pays, où je n'ai pas toujours été heureux, cependant. C'est ce qui explique que je n'ai pu encore m'associer à la propagande antipatriotique et antimilitariste à laquelle s'attachent un certain nombre d'intellectuels et des militants syndicalistes, principalement les libertaires et les révolutionnaires.

*
* *

La propriété, la famille, la religion, le gouvernement, sont l'objet d'anciens et toujours renaissants assauts. La patrie, jusqu'à ces derniers temps, avait été respectée, au moins, par la grande masse de la population; mais aujourd'hui se manifestent aussi contre cette religion concrète qui rallie encore les habitants d'une même nation, de violentes critiques en vue de détruire, d'anéantir cette croyance et, en conséquence, d'abattre cette autre institution-l'armée.

J'estime pourtant qu'il y a une distinction capitale à établir entre l'antimilitarisme et l'antipatriotisme que répandent dans les syndicats, non sans danger pour le recrutement et la vitalité de ces organisations, un certain nombre de propagandistes.

Le *Mouvement socialiste* a consulté, sur ces questions qui passionnent vivement l'opinion, en France, depuis l'affaire Dreyfus, un certain nombre de militants syndicalistes en vue. A part ma réponse, ils ont tous affirmé leurs sentiments antipatriotiques et antimilitaristes, ne réservant que des épithètes injurieuses pour ceux qui ne pensent pas comme eux.

Malgré cela, aujourd'hui encore, je me prononcerai contre leurs idées, faisant une distinction nécessaire entre les opinions qui ont été exprimées et qui alimentent la propagande actuelle, conséquence inévitable du matérialisme qui anime toutes les conceptions sociales et économiques modernes. Il y entre autant de préjugés, d'erreurs, d'opinions fausses sur le passé que nos ancêtres en conservaient sur une foule de questions. Le jugement porté sur certains phénomènes est la conséquence de ce fait qu'on apprécie les événements et les hommes du passé sans se placer à l'époque où ces événements se produisaient et sans tenir compte des idées qui prévalaient à l'époque où se produisaient les phénomènes. C'est absolument contraire à l'observation scientifique des faits.

Je me bornerai, dans cet article, à examiner dans quelle mesure le prolétariat français peut combattre le militarisme, et si ce genre d'antimilitarisme a besoin d'être accompagné par l'antipatriotisme.

* *

Il y a un fait historique qui n'est contesté par personne : c'est que sur tous les continents, sous toutes les latitudes, que le régime de la propriété commune ou individuelle y domine, partout il y a une petite ou une grande patrie qui a ses limites territoriales, ses habitudes, ses mœurs, son langage, son gouvernement, sa religion. Je n'apprécie pas la valeur de ces institutions ; je me contente de constater qu'elles existent. Ces patries ont subi une extension ou une réduction territoriale due, la plupart du temps, à la guerre. L'histoire de la civilisation humaine indique que l'humanité, au cours de son évolution, passe par trois phases successives : la première a été la période conquérante, pendant laquelle se sont formées les patries et les nations, élargissant de plus en plus le cercle où la paix pouvait régner. La deuxième phase est la période défensive, qui diminue chaque jour les chances de guerre, période dans laquelle se trouve encore le monde occidental ; enfin la troisième phase, que nous entrevoyons et vers laquelle nous dirige l'évolution sociale, est le régime pacifique et industriel. Toutes les manifestations en faveur de la paix qui se produisent dans les deux mondes indiquent d'une façon incontestable que l'ensemble des populations aspirent vers cet idéal pacifique. Les efforts du prolétariat internationaliste contribueront sans nul doute à la réalisation du régime final indiqué par Auguste Comte.

Mais, de ce que des aspirations générales en faveur de la paix se manifestent, peut-on raisonnablement conclure que la guerre sera bientôt supprimée et qu'elle ne figurera plus parmi les fléaux qui accablent l'humanité ?

Le système de la conquête militaire a-t-il totalement disparu de notre planète ? Le régime militaire définitif va-t-il être définitivement abandonné pour réaliser le régime pacifique avec sa consécration logique : la suppression de l'armée, suppression qui doit être simultanée dans tous les pays ?

Aucun domaine de la pensée ne démontre avec autant de force et d'évidence quelle distance énorme sépare les désirs des esprits généreux de la brutale réalité ! Toute la phraséologie courante sur le règne prochain de la paix, de l'arbitrage, pourtant si souhaitable, entre les nations, ne changera rien aux sentiments vrais des populations et surtout des divers gouvernements avec leurs visées, leurs calculs, leurs ambitions.

Il est cependant hors de doute que l'esprit militaire s'affaiblit, que les sentiments patriotiques s'émoussent au point que, dans toutes les réunions de famille ou corporatives, on n'ose presque plus faire entendre nos chansons nationales ou patriotiques. Il est non moins certain que la jeunesse n'accomplit le service militaire qu'avec regret; il en est ainsi depuis longtemps, puisque l'enrôlement obligatoire a succédé à l'enrôlement volontaire. Mais ces constatations ne signifient pas que le régime militaire disparaisse bientôt; il suffit de se rappeler les crises récentes d'impérialisme qui ont agité l'Amérique et l'Angleterre. Les convoitises de l'Allemagne, de la Russie, les troubles incessants des provinces balkaniques sont autant d'indices que l'esprit de conquête n'est pas encore apaisé. Et plus près de nous, en France, la politique coloniale ne nous a-t-elle pas exposés aux périls de la guerre? Fachoda et Algésiras nous ont montré où pouvait nous conduire la conquête dissimulée ou ouverte des colonies.

La première besogne que le prolétariat ait à accomplir, en poursuivant l'établissement de la paix, c'est de combattre avec énergie les crimes de la politique conquérante, de la conquête coloniale par laquelle nous avons fait pénétrer tous les vices occidentaux, bien plus que la civilisation, dans des pays qui nous valaient bien.

*
* *

Mais suffira-t-il que les travailleurs expriment leurs désirs de paix et de fraternité internationale pour que leurs vœux se réalisent? Cette espérance n'est-elle pas menacée par de fréquentes désillusions?

Si la conquête militaire et brutale se dissimule davantage et si elle est de plus en plus condamnée par l'opinion, si le régime militaire défensif se substitue peu à peu au régime conquérant, et malgré les sympathies en faveur de la paix qui se manifestent un peu partout, — la conférence de La Haye en est le témoignage officiel, — est-il permis de croire que nous n'assisterons plus aux horreurs de la guerre? Pour s'illusionner à ce point, il faudrait oublier qu'aux convoitises territoriales ont succédé les rivalités industrielles, la terrible concurrence économique, auxquelles il faut rattacher les conquêtes coloniales. Les luttes entre nations sur le terrain économique et commercial nous préparent d'inquiétantes perturbations. La conquête des marchés, la poursuite d'une clientèle toujours plus indispensable, en rapport avec l'activité et la population nationales, entretiennent et excitent des rivalités industrielles redoutables entre les peuples.

La concurrence économique ne se limite plus à l'Europe et à l'Amérique elle prend un caractère mondial, planétaire; les pays orientaux entrent en lice, et nul ne peut prédire quelles en seront les conséquences.

Avec de telles complications, qui compromettent la vie matérielle des peuples, il serait de la plus extraordinaire témérité de s'imaginer que les conflits armés vont disparaître devant quelques manifestations d'antipatriotisme ou d'antimilitarisme. Elles pourront aggraver la situation du pays où elles se produiront, mais elle ne supprimeront pas d'un coup le phénomène. Une nation saine et vigoureuse ne consent pas à s'affaiblir, à s'annuler ou a disparaître de l'action par pur sentiment. L'instinct de la conservation est tout aussi vigoureux, sinon plus, dans une collectivité nationale que chez un individu.

Et enfin, cette collectivité appelée patrie n'est pas une création spontanée, superficielle, due au hasard ; c'est une création qui a des racines profondes dans le passé, à la formation lente de laquelle ont collaborée de nombreuses générations. C'est un agrégat de labeur, de peines, de souffrances, d'efforts intellectuels et moraux formé par les siècles écoulés. Il serait puéril et fou de prétendre détruire un organisme qui s'est constitué partout où les hommes ont vécu, où ils vivent groupés, où les hommes sont unis pendant des siècles pour diriger leur activité collective, les faire coopérer à des œuvres communes, liant l'individu, la famille au milieu, leur permettant de participer aux richesses générales et collectives, créées non par une classe mais par tous les membres d'une même nation. C'est sous l'influence du sentiment de la patrie commune que s'est développée la sociabilité entre concitoyens. Si le patriotisme peut être considéré comme un égoïsme collectif, il contribue néanmoins au développement du sentiment social, car il habitue les citoyens à envisager les événements d'après leur action générale, combinant les efforts de tous en faveur de la collectivité nationale, tout en sauvegardant les intérêts particuliers.

Dans le passé, la formation, l'évolution, les progrès de chaque patrie se sont accomplis sous la protection de la force militaire. C'est là un autre fait historique que rien ne peut détruire. Mais si cette protection nécessaire a été exercée, dans le passé, par le régime militaire, comme toutes les forces sociales, ce régime a commis des abus et des crimes qui justifient les critiques. Mais aujourd'hui, sous l'influence des aspirations pacifiques qui se manifestent en France, avec notre caractère généralisateur et sentimental, on veut détruire le patriotisme par l'antimilitarisme et on combat le militarisme pour paralyser les sentiments patriotiques, gravement compromis par le nationalisme ou chauvinisme criard et prétentieux.

Dans les deux cas on a manqué de mesure, on a exagéré les critiques qui contribuent à affaiblir les moyens de défense nationale.

**

Je n'insiste pas sur cette action antipatriotique ; je reconnais que la notion de patrie, sans disparaître, se modifiera, et qu'à la haine des autres peuples, qui était le principal caractère du patriotisme dans le passé, succédera un patriotisme épuré, fait de dévouement à la collectivité sous la protection de laquelle on est né, où on a grandi, où l'on est devenu un citoyen utile à la famille, à la patrie, à l'humanité.

Mais je fais une première hypothèse que, sous l'action d'une propagande antipatriotique constante, la France ne soit plus en mesure de se défendre, que l'immense majorité des citoyens refuse de remplir leurs devoirs militaires, serait-on assez naïf de penser que la France, militairement impuissante, imposerait le respect aux autres nations voisines, vigoureusement armées, poursuivant avec une inlassable activité, la suprématie politique et économique? L'exemple de la France suffirait-il pour amener le désarmement des autres puissances, notre action antimilitariste rayonnerait-elle rapidement sur les voisins qui nous entourent au point de les décider à nous imiter? Chimère imprudemment entretenue, utopie dangereuse, l'idée qui ferait espérer la disparition totale du régime militaire! Supprimé par les Français, il nous serait vite imposé par les envahisseurs, qu'ils nous viennent de l'est ou du nord, de l'occident ou de l'orient.

Autre hypothèse; — il faut bien raisonner sur des hypothèses puisque les phénomènes qui nous occupent sont tout à fait éventuels — dans l'état actuel de concurrence économique universelle, les rivalités industrielles, dans lesquelles entreront bientôt tous les continents, pourront devenir plus ardentes, plus violentes encore, et alors serait-il sensé de concevoir la disparition prochaine du régime militaire derrière lequel toutes les nations placent encore leur sécurité?

Que la marche de l'humanité vers un état de civilisation supérieure soit trop lente, que nous travaillions les uns et les autres à écarter les obstacles nombreux qui s'opposent encore à l'avènement du régime pacifique et industriel, j'en conviens; et pour cette tâche les organisations syndicales peuvent être extrêmement utiles en travaillant au développement des relations internationales, en combattant les excès du militarisme, en manifestant une énergique opposition aux conquêtes coloniales, source de tant de convoitises et de crimes. En fait, la propagande du prolétariat international doit s'attacher à préparer la paix entre les peuples, à rendre la guerre de plus en plus rare et à obtenir la neutralité de l'armée dans les conflits économiques entre patrons et ouvriers. Il y a, dans cette voie, une heureuse initiative à prendre.

*
* *

Il découle clairement des observations qui précèdent que le militarisme est appelé à disparaître au fur et à mesure que surgira le régime pacifique, régime normal d'un avenir dont personne ne peut préciser la durée de la période de pénétration définitive.

Or, pendant cette longue période de transition, l'armée restera un organe de défense, le groupement national vivra et il devra conserver toute sa vigueur comme doit la posséder tout individu qui veut vivre et agir.

Appartient-il donc aux syndicats de comprendre dans leur propagande, dans leur action sociale, l'antipatriotisme et l'antimilitarisme, ainsi qu'en donnent l'exemple nombre de militants syndicalistes qui s'en font une spécialité destinée à leur assurer l'auréole du martyre ?

Je réprouve nettement le chauvinisme tapageur qui sème la haine des autres nations et constituerait une menace permanente de guerre s'il trouvait de nombreux disciples; mais, d'autre part, je n'admets pas davantage la propagande de l'antipatriotisme dans les syndicats où il n'a rien à voir, si ce n'est pour diviser les esprits, pour susciter de violentes disputes et amoindrir les forces ouvrières. La neutralité syndicale doit respecter les sentiments intimes des membres du syndicat au même titre que les idées religieuses ou politiques.

Quant à l'antimilitarisme, s'il a rallié dans les syndicats un certain nombre de partisans, il contribuera également à jeter la division parmi les adhérents. Il est plus d'une profession, plus d'un syndicat où il serait souverainement imprudent de faire de la propagande antimilitariste. Il y a des idées qui doivent être respectées et qui ne font pas partie du domaine syndical. Du reste, les socialistes allemands l'ont su montrer et le secrétariat ouvrier international a préféré se priver de la présence des représentants français de la Confédération du Travail plutôt que d'inscrire, sur la proposition de Pouget, la question de l'antimilitarisme à l'ordre du jour de son dernier Congrès.

J'estime donc que ce n'est pas le rôle des syndicats de s'occuper de l'antimilitarisme, de détruire l'organe défensif de la nation. Mais il en va autrement lorsque l'on combat l'intervention de l'armée dans les conflits entre patrons et ouvriers, lorsque la force militaire est mise abusivement au service de la force capitaliste. C'est là un fait qui mérite d'être examiné de plus près, il justifie les récriminations ouvrières.

Chaque fois que les grèves ont été marquées par un conflit sanglant entre les grévistes et l'armée, de violentes protestations se sont élevées, des haines vives se sont manifestées, et toujours les mêmes réclamations se formulaient contre l'intervention de la troupe, cause de dangereuses provocations.

Chaque fois aussi se posait ce problème : devant les rivalités d'intérêt des patrons et des ouvriers, en cas de conflit, le gouvernement doit-il et peut-il observer une rigoureuse neutralité en évitant l'envoi de troupes sur le lieu de la grève? Si la grève garde un caractère pacifique, l'absence de l'armée se comprend et se justifie. Mais si, au contraire, au milieu de l'effervescence et de la colère des grévistes devant l'attitude intransigeante et dure d'un patron, les personnes et les choses sont menacées, l'intervention de la force doit-elle être préventive ou seulement avoir lieu lorsque des violences et des actes de destruction se sont produits? Tant que l'ordre n'est pas assuré, tant que la sécurité matérielle n'est pas garantie, quel est le gouvernement, sauf des cas tout à fait exceptionnels, qui osera endosser la responsabilité du refus de protéger les personnes, les maisons, les ateliers et les usines? Et la méthode de l'action directe, certaines excitations, favoriseront-elles l'abstention si désirable de l'armée? Une récente expérience a démontré que la neutralité de l'armée ne suffisait pas à empêcher les désordres et les violences. Que d'intéressantes observations il y aurait à faire à ce propos!

*
* *

Je termine ce long article — l'importance du sujet m'en excuse — en résumant la pensée qui l'a inspiré :

La meilleure méthode, la seule qui soit susceptible de nous acheminer, sans dangers, vers la suppression des armées permanentes, vers la disparition du militarisme, c'est de créer une opinion favorable dans tous les pays, c'est de faire une incessante propagande dans les milieux ouvriers en faveur de l'organisation internationale du prolétariat, c'est de combattre partout la politique de conquête, coloniale ou autre, c'est d'affirmer sans cesse les avantages de la paix, le respect des autres peuples. Parallèlement à cette action des travailleurs, qui jouera un rôle considérable sur l'opinion, s'exercera aussi celle des philosophes, celle des savants, et enfin celle des gouvernements suivra.

Dans cette action générale sera aussi bien comprise la propagande en faveur de la neutralité de l'armée dans les grèves; cette action pourra s'exercer dans les syndicats en faisant comprendre aux jeunes recrues quels sont leurs devoirs; il faudra créer une mentalité dont les officiers catholiques ont donné l'exemple à l'occasion de l'application de la loi sur les Congrégations. Mais à ce rôle des syndicats il faut ajouter aussi celui d'user leur influence et leur autorité à éviter les violences sur les personnes et la destruction des choses. Celui-ci est la conséquence nécessaire de celui-là.

On comprend facilement qu'il faudra une mentalité plus développée, une moralité plus haute, pour faire concourir tous les efforts individuels et collectifs à l'œuvre de régénération par la lente et progressive installation du régime final de l'humanité, régime pacifique qui assurera l'aisance créée par l'activité industrielle; les relations entre les peuples deviendront plus sympathiques, l'amour et la bonté écarteront la guerre jusqu'ici provoquée par la haine et les convoitises inassouvies.

La tâche est grande et noble, elle ne doit pas effrayer notre courage.

A. KEUFER,
de la Fédération du Livre.

Nous aurions souhaité avoir sur la grave question de l'attitude de la classe ouvrière en cas de guerre l'article d'un camarade. Indépendamment, en effet, de son importance générale, elle a, du fait même du voyage du secrétaire confédéral à Berlin et de sa répercussion sur les rapports entre la Confédération générale du Travail et les autres organisations nationales des syndicats, une actualité singulière. C'est une résolution capitale, à notre sens, que le syndicalisme français aura à prendre à Amiens, en ce qui concerne les relations internationales des syndicats. A défaut d'un article de ce genre, nous avons cru utile de publier une vivante et spirituelle épître de Vignols à un militant bourgeois du pacifisme.

LA CLASSE OUVRIÈRE ET LA GUERRE

Pacifisme et Socialisme (1)

Ker Avel, en Paramé, 21 juillet 1906.

Cher Monsieur,

Votre lettre, datée, par mégarde sans doute, du 11 juin, m'est arrivée ici le 13 du présent mois, en mon absence, ainsi que le manifeste annoncé, manifeste adressé à la classe ouvrière et aux militants socialistes, pour les engager à faire cause commune, sur le terrain du pacifisme, avec les sociétés de la Paix.

En tant que délégué de la Fédération nationale des syndicats maritimes et de la Fédération socialiste de Bretagne, — celle-ci adhérente au Parti socialiste unifié, — je ne puis répondre aujourd'hui officiellement ou même officieusement : la première de ces organisations ne tiendra son Congrès annuel qu'en octobre, probablement, la seconde au printemps prochain.

Je crois pouvoir affirmer, toutefois, que leurs réponses seront négatives, pour des raisons de principes, de méthode, de but.

* *

Il est toujours gênant de marcher ensemble quand on diffère d'opinions sur des principes essentiels. Mais, direz-vous, les socialistes et les pacifistes non socialistes n'auraient à marcher ensemble que sur le terrain du pacifisme, où leurs principes sont les mêmes; ils n'auraient rien à modifier de leurs autres principes sociaux respectifs.

Erreur. Un principe essentiel des pacifistes non socialistes est le légalitarisme et le gouvernementalisme, c'est-à-dire : la *légalité* est pour eux un véritable principe et, conséquence inéluctable en l'espèce, ils ont aussi pour principe que l'on doit, exclusivement par des moyens légaux, peser sur les déterminations des gouvernements pour les obliger à marcher dans la voie du pacifisme.

Le socialisme est *alégalitaire*, même en fait de pacifisme, et *antigouverne-*

---

(1) Cet article, sous forme de lettre, devait être adressé, le jour où il fut rédigé, à un membre de la Commission d'études du XIVᵉ Congrès universel de la Paix. J'avoue l'avoir oublié des semaines durant ! Je l'ai retrouvé hier 18 septembre ! Il n'a donc pas été adressé à son destinataire, — qui pardonnera, je l'espère, mon oubli. Cet oubli, je le répare de mon mieux en donnant ma lettre-article à la *Revue Syndicaliste*, dont le numéro arrivera sans doute encore à temps aux membres du Congrès international de la Paix, qui vont tenir leur session à Milan ces jours-ci.

A la fin de l'appel et questionnaire, adressé par le bureau international permanent de la Paix, « aux militants du prolétariat international », il est dit que les réponses seront publiées, si possible, dans la revue *la Paix par le Droit*. Mais la mienne est tardive ; mieux vaut donc l'insérer dans la *Revue Syndicaliste*, qui, d'ailleurs, si elle est beaucoup moins connue des Pacifistes, l'est bien davantage des camarades socialistes.

mental ; et il proclama, il y a bien des années, sa volonté de « substituer au gouvernement des personnes l'administration des choses ».

J'ajoute, pour prévenir une objection logique : Évidemment, en face de la trinité, — quelle trinité ! — Cléricalisme, Militarisme, Capitalisme (moyens et but), la seule grande force sociale actuelle qui, elle aussi, soit fortement organisée nationalement et internationalement, c'est l'État ; nous le constatons, et, agissant en conséquence, adressons — sceptiquement — à cette puissance le texte de nos revendications. Pourquoi sceptiquement, je le dirai plus loin.

Notons-le au passage : la divergence d'idées entre les syndicalistes révolutionnaires et les socialistes parlementaires réside simplement en ce fait que les derniers, — j'entends viser ceux qui n'ont aucune arrière-pensée d'égoïsme personnel ou oligarchique — ont ou croient devoir affecter, en l'efficacité de l'action légale et gouvernementale, une confiance que nous, syndicalistes révolutionnaires, trouvons incomparablement trop grande et, fût-elle seulement affectée, fort dangereuse, comme risquant de développer, au détriment de l'individualisme, la foi en l'État-Providence, d'amener des désillusions multiples, de déterminer ainsi une série de conséquences, mentales et sociales, tout à fait déplorables. — Il n'en reste pas moins que, de part et d'autre, le principe est le même, comme le but : destruction progressive de l'idolâtrie du légalitarisme et de l'étatisme, et « substitution de l'administration des choses au gouvernement des personnes ».

⁂

Mais, direz-vous sans doute, nous aussi, pacifistes non socialistes, voulons supprimer peut-être, au moins réduire progressivement, « le gouvernement des personnes ». Et surtout vous allez répondre : « Puisque, même syndicalistes révolutionnaires, votre scepticisme, quant à l'efficacité de l'action législative et gouvernementale, n'est pas absolu, puisque vous admettez parfois cette action comme pis-aller provisoire, comme une sorte de succédané très médiocre et de sanction très relative de votre action directe, vous pouvez, durant un laps de temps indéterminé, faire cause commune avec nous.

Eh ! non, car il y a intérêt *général*, pour nous, à travailler dès à présent et de toutes nos forces à l'affaiblissement théorique de l'étatisme et pratique de l'État et des gouvernements, — État « bourgeois », gouvernements « bourgeois », qui sont toujours et partout, malgré des apparences contraires parfois, cléricaux (au sens profond du terme, c'est-à-dire autoritaires), militaristes et capitalistiques. — Intérêt relativement *restreint* aussi, pour nous socialistes, à poursuivre dès à présent cette lutte à outrance ; je veux dire intérêt quant au pacifisme, quant à la suppression des guerres internationales et de la « paix armée », qui, toujours plus, équivaut à une vaste guerre internationale, par les innombrables gaspillages directs et indirects d'hommes et d'argent qu'elle occasionne, par les exemples de brutalités, d'iniquités et d'immoralité qu'elle provoque, par les ruines qu'elle accumule ainsi : ruines matérielles et intellectuelles, ruines morales et sociales.

Or, au point de vue social, même s'ils envisagent le seul côté *restreint*, la question pacifisme, les pacifistes non socialistes seraient en contradiction avec eux-mêmes s'ils voulaient lutter contre l'État et contre les gouvernements, — « forces légales » organisées, sur lesquelles ils comptent le plus.

D'autre part, au point de vue social *général*, l'immense majorité des pacifistes qui composent les Sociétés de la Paix, n'étant pas socialistes, — au contraire — ont tout intérêt à conserver, à renforcer même (sauf modifications de médiocre intérêt pour nous, socialistes) l'État « bourgeois », les gouvernements « bourgeois », ces grands organismes antisocialistes.

*
* *

Ainsi :

a) Il est contradictoire pour des pacifistes de s'adresser aux susdits État et gouvernements, forcément capitalistiques sous peine de mort, — le capitalisme ne les soutenant que sous condition de réciprocité, et forcément militaristes, le capitalisme ayant besoin urgent du militarisme, soit pour faire la guerre ou menacer de guerres internationales ou coloniales, soit et surtout, et toujours davantage, contre « l'ennemi de l'intérieur », contre le socialisme (1) ;

b) Donc, il est contradictoire, pour l'immense majorité des pacifistes groupés dans les Sociétés de la Paix, puisque non socialistes, de rechercher l'alliance des socialistes, ennemis naturels de ces État et gouvernements ; et il serait contradictoire, de la part des socialistes, d'accepter cette alliance ;

c) La contradiction serait d'autant plus forte des deux parts que l'immense majorité des membres des Sociétés de la Paix, n'étant pas socialistes, sont, consciemment ou non, et de gré ou de force, en tant qu'individus, des partisans et des soutiens, les uns du régime social actuel, les autres d'un « réformisme » que nous, socialistes, déclarons « insuffisant jusqu'à l'ironie ».

Autres observations :

Vous croyez à la conférence de la Haye, dont nous, socialistes, pensons à peu près ce qu'en écrirait sans doute un ex-collaborateur du *Chat-Noir !* Vous accordez, par contre, relativement trop peu d'importance, semble-t-il, à l'action pacifiste de certains faits économiques, prévus cependant par vous : « L'abolition, par exemple, des barrières douanières entre les nations »,

---

(1) Et c'est pourquoi nous, socialistes, adressons *sceptiquement*, comme je le disais plus haut, les textes de nos revendications. à l'État et aux gouvernements. — **et pourquoi nous ne devrions pas les leur adresser du tout,** à mon avis, — parce que, fatalement prisonniers du capitalisme, ils n'accordent des « réformes » qu'en rechignant et traînassant de longues années ; que ces « réformes » sont des demi-mesures ou quarts de mesure, fort peu et fort mal appliquées toutes les fois qu'elles gênent les exploiteurs du prolétariat, c'est-à-dire toujours, — donc en totalité (ou de si peu s'en faut !) plus mauvaises que bonnes, étant des trompe-l'œil qui risquent d'illusionner les masses et, par suite, de retarder le mouvement prolétarien ou de le dériver vers le trop fameux *socialisme d'État*. (« Prenez, Monsieur ! Il est bénin, bénin ! il est détersif, détersif : — Oh oui ! énergiquement « détersif ! »)

qui fut un des vœux exprimés en 1891 par votre troisième Congrès international.

Sans nier la force des idées, les socialistes croient qu'elles sont bien plus souvent et bien davantage la résultante des grands faits historiques, surtout des faits d'ordre économique, que les protagonistes de ces faits ; que les grands faits historiques d'ordre politique, moral et social, sont eux-mêmes, à peu près toujours, la résultante surtout de grands faits d'ordre économique. Je pourrais apporter ma contribution personnelle d'historien, si j'en avais la place ici, à la confirmation de cette théorie marxiste de « l'interprétation économique de l'histoire », en montrer, d'après l'évolution du commerce et de la colonisation aux xviie, xviiie et xixe siècles, la parfaite justesse.

Comme application au sujet qui nous occupe, les socialistes croient que le pacifisme, et avec lui le socialisme, feraient des progrès énormes du jour où il aurait été créé un Zollverein des États de l'Europe occidentale et centrale, que ce serait un acheminement vers la constitution des États-Unis d'Europe. Toutefois, les socialistes croient que ce Zollverein sera non pas tant le résultat d'une propagande d'idées « pacifistes », socialistes ou autres, que la conséquence fatale d'autres mouvements économiques. C'est à aider un peu cette évolution, à la faire comprendre, que nous voulons employer nos forces à cet égard.

Donc, là encore, vos idées et votre action ne coïncident pas du tout avec les nôtres.

*
* *

De tout ce qui précède, il résulte qu'il est impossible au pacifisme non socialiste et au socialisme de faire cause commune ; que loin d'accroître la force du pacifisme non socialiste, le socialisme lui serait sans doute une cause d'affaiblissement, parce que l'entrée, dans les Sociétés de la Paix, des organisations socialistes, ou même, simplement, d'un grand nombre de leurs membres, déterminerait une quantité considérable de démissions dans ces Sociétés de la Paix ; qu'à tout le moins, très certainement, cette alliance serait pour le socialisme et les socialistes une cause de gêne, de compromissions, de dissentiments, de pertes de temps à discuter dans les Congrès du Parti et dans les Congrès corporatifs « le cas du pacifisme », de discussions aigres, génératrices de dissociation.

*
* *

Mais, dira-t-on encore, il y a déjà dans les Sociétés de la Paix plusieurs socialistes, par exemple le camarade Pierre Quillard et le signataire même du présent article ; ils ne paraissent point s'y trouver gênés ni songer à démissionner.

D'accord, mais ils s'y trouvent en tant qu'individus, non en tant que socialistes, et leur nombre proportionnel est infime. Même n'y figurant pas comme délégués de leurs organisations respectives, il y aurait inconvénient à ce qu'ils y fussent ou très nombreux ou, par leur situation très en vue, implicitement représentatifs soit de partis socialistes parlementaires soit de groupements ouvriers (en ce dernier cas surtout, les inconvénients seraient graves).

Je me résume, ainsi que je l'ai fait ici même, en traitant la question *Syndicalisme et alcoolisme* : Socialistes, faisons nos affaires nous-mêmes et faisons les-bien ; mais jamais d'alliances, même temporaires, avec des partis ou organismes « bourgeois ! »

Cela dit, je reconnais que le pacifisme non socialiste, malgré ses défauts, ses faiblesses, son optimisme étonnant (la conférence de la Haye, etc., etc.!) travaille à une œuvre utile en luttant contre le chauvinisme et ses manifestations, contre le militarisme, les guerres, la paix armée, les armées permanentes, etc. Je reconnais aussi que, consciemment ou non, il travaille partiellement au triomphe du socialisme et l'aide à détruire quelques-unes des assises les plus puissantes de nos sociétés dites civilisées : la sauvagerie ancestrale, l'instinct de domination brutale, l'admiration du courage le moins utile comme le moins difficile, la jalousie et l'antipathie idiotes pour qui n'est pas « de la nation », l'extase béate et béotienne devant l'uniforme qui « tire les yeux à cent pas », — et cette colossale ânerie du : « Si tu veux la paix, prépare la guerre », c'est-à-dire : si tu veux éviter l'incendie, accumule les matières incendiaires !

Certes oui, les pacifistes non socialistes ou nettement antisocialistes (c'est tout un) aident au triomphe du socialisme, comme les nobles dilettantes du philosophisme au xviiie siècle aidaient au triomphe de la Révolution bourgeoise de 1789. Et j'en suis reconnaissant, je le dis sans ironie aucune, à ceux d'entre eux qui se rendent compte des conséquences de leur œuvre et la poursuivent quand même, mettant le devoir de conscience au-dessus de l'intérêt de classe et de famille.

Un dernier mot aux rédacteurs de l'« Appel aux militants du prolétariat international » et aux autres pacifistes non socialistes qui l'approuvent sans réticence :

« L'un de vous, Messieurs, vient de m'écrire : « Jusqu'ici il y a un fossé entre le pacifisme « bourgeois » et le pacifisme « ouvrier ». Oui, et ce fossé j'ai tenté d'en montrer la profondeur ; non pas fossé, mais abîme. Ou, comme l'affirmait naguère avec une élégante brutalité un de vos hommes d'État : « Nous ne sommes pas du même côté de la barricade. » Mais, si profond soit le fossé, si haute la barricade, le premier n'est pas si large, pas si impénétrable la seconde, que nous ne puissions causer utilement d'un bord à l'autre et nous adresser par dessus de très courtoises salutations durant nos brèves suspensions d'armes. Cela est « très français », voire « très régence », et nous le pratiquons volontiers ici à votre égard comme vous venez de le pratiquer au nôtre.

Léon VIGNOLS,
Délégué de la Fédération nationale des syndicats maritimes.

FÉDÉRATIONS DÉPARTEMENTALES ET BOURSES DU TRAVAIL

Le Congrès d'Amiens porte comme onzième question à son ordre du jour : « Création de Fédérations départementales ou régionales ». Quoique présentée au Congrès sous le nom « diverses Bourses, cette question a déjà fait l'objet de discussions au Comité confédéral et d'un [rapport du camarade Yvetot, secrétaire de la section de Bourges. Ce rapport a été publié dans les numéros 277 et 278 de la *Voix du Peuple*.

Quels sont les motifs qui ont provoqué l'élaboration de ce projet? A la lecture du rapport, nous en découvrons deux : 1° le souci de libérer les syndicats de l'influence politique des Conseils municipaux ; 2° celui de simplifier le système représentatif des Bourses du Travail.

Nous nous refusons à voir, de prime abord, un parti pris quelconque dans une proposition faite par un camarade, parce qu'il n'aurait pas le même point de vue que nous sur le mouvement syndicaliste.

C'est pourquoi nous croyons nécessaire d'engager une discussion sérieuse sur la question, en donnant notre pensée, quitte à nous rallier à de meilleures raisons, s'il s'en présente qui soient susceptibles de nous convaincre.

En ce qui concerne la formation de Fédérations départementales ou régionales, sans toutefois nier la nécessité de trouver, tôt ou tard, un moyen de simplifier le mode représentatif des Bourses du Travail, non seulement au Comité confédéral, mais encore aux Congrès corporatifs, ainsi que pour toutes les autres organisations, nous trouvons deux inconvénients. Le premier, déjà signalé par le camarade Guernier, secrétaire de la Bourse de Reims, est celui d'une augmentation de frais pour les syndicats. Le deuxième est celui d'une disproportionnalité [représentative des Bourses au Comité confédéral.

Nous voyons, en effet, par le tableau présenté dans le rapport suscité, que les départements de la Seine (9 Bourses), de l'Hérault (5 Bourses), du Nord (5 Bourses), de l'Allier (4 Bourses), du Cher (4 Bourses), de la Loire (4 Bourses), n'auraient droit chacun qu'à un délégué, comme les départements, au nombre de 36, qui ne possèdent qu'une Bourse.

D'autre part, si, par ce système, on arrive à toucher à l'autonomie et à l'initiative des Bourses, nous voyons là une situation pleine de dangers ; et ce côté de la question ne serait pas le plus facile à résoudre. Les syndicats, comme les hommes, évoluent dans une société donnée ; qu'ils le veuillent ou non, il faut qu'ils comptent avec les nécessités du milieu. Je ne veux pas dire par là qu'ils doivent s'incliner devant des conditions imposées par la volonté ou les caprices d'un Conseil municipal, duquel ils sollicitent une subvention et un local. Non, au contraire, si une Bourse est obligée d'avoir recours aux subventions municipales ou départementales — ce sera encore le cas pour la généralité des Bourses, pendant longtemps, malheureusement — elle doit exiger que l'autonomie des syndicats ne soit pas atteinte par cette subvention ; que leur indépendance reste entière ; enfin, que le local fourni par la municipalité pour l'installation des syndicats soit entièrement géré par le Comité général de la Bourse qui n'y devrait tolérer que les syndicats reconnus et admis par lui.

Ces conditions, qui sont tout ce qu'il est possible d'exiger d'une municipalité, doivent suffire à sauvegarder les principes du syndicalisme.

Il est bien entendu qu'il y a des cas exceptionnels dans certaines villes, soit du fait d'opinions irréductibles d'un Conseil, soit du fait d'événements au cours desquels les syndicats et la Bourse attirent sur eux des mesures répressives pour être sortis de la légalité en défendant les intérêts ouvriers dont ils ont la charge. En l'occurence, comme le rappelle fort justement le rapport du camarade Yvetot, il y a un moyen, préconisé par le Congrès de Nice, c'est la constitution d'une Union locale par les syndicats de la Bourse.

Mais ces cas, étant isolés, ne peuvent servir de raisons suffisantes pour une transformation complète des organisations établies librement par les syndicats.

Nous savons par la pratique combien les organisations tiennent à la personnalité qu'elles ont acquise et nous les approuvons. C'est pourquoi la pensée qui semble avoir présidé à l'élaboration de ce projet nous inquiète.

Quant, au Congrès de Montpellier, on a décidé l'*Unité ouvrière* en reliant dans un même organisme les Fédérations de métiers et d'industrie et les syndicats nationaux, d'une part, les Bourses du Travail ou Unions locales d'autre part, on a eu soin d'éviter tout ce qui était de nature à jeter le trouble dans les organisations existantes. C'est ainsi que des Fédérations régionales ont été admises à côté des Bourses, quoique formant double emploi avec elles.

L'idée dominante du Congrès était, en effet, d'écarter d'avance toute dualité entre organisations procédant d'un même principe, le syndicat, et, par suite, d'éviter à celui-ci la dangereuse alternative d'avoir à exécuter des résolutions différentes ou même contraires.

Créer de nouvelles fédérations à côté des Bourses ou Unions locales, serait combattre l'esprit même qui a constitué la C. G. T. et tourner le dos au but poursuivi, c'est-à-dire l'union de toutes les forces ouvrières pour l'émancipation prolétarienne.

En admettant que le Congrès d'Amiens vote ce projet, que se passera-t-il ? La plupart des syndicats n'en tiendront pas compte, eux qui ont déjà tant de peine à comprendre l'utilité et la nécessité d'être confédérés ; ils conserveront, surtout où ils n'ont pas lieu de s'en plaindre, leur organisation et leur manière d'agir. On les aura inquiétés inutilement dans leur autonomie par des mesures qu'ils considéreront comme autoritaires.

Le seul résultat, nous le craignons, c'est que la porte ne soit ouverte aux intrigues et aux manœuvres. Des fédérations se créeront sur le papier et, en raison des statuts, elles seront admises à la Section des Bourses. Inévitablement, des rivalités se produiront, amenant avec elles la discorde qui absorbera l'activité des syndicats au grand plaisir du patronat.

Le Congrès d'Amiens a une mission plus salutaire à remplir. C'est celle de rappeler les militants au respect des principes syndicalistes qui sont d'affermir la défense par tous les moyens, sans exception, des intérêts du travail et des travailleurs, d'écarter de nouveaux sujets de division et d'aplanir les difficultés qui existent.

C'est la seule façon, à notre avis, de compléter et d'assurer définitivement l'Unité ouvrière, qui a été votée à Montpellier, mais qui a besoin d'entrer dans nos mœurs syndicales, si l'on ne veut pas voir anéantir les efforts et les sacrifices passés et s'envoler pour longtemps les espoirs du prolétariat français.

A. Nicolas,
Secrétaire de la Bourse du Travail de Saint-Quentin.

LE CONGRÈS TRADE-UNIONISTE ANGLAIS

Le trente-neuvième Congrès annuel des Trade-Unions s'est ouvert à Liverpool le 3 septembre et s'est tenu pendant toute la semaine. Les délégués, au nombre de 491, représentaient 1.554.000 trade-unionistes ; et cette assistance constitue un record dans l'histoire du Congrès depuis que la double représentation a été abolie en 1894. Un trait notable du Congrès a été la présence, comme délégués, de trente membres du Parlement, dont la plupart furent élus à la Chambre des Communes aux élections de janvier, sous les auspices du Comité de représentation ouvrière, appelé à présent le Parti du Travail (*Labour Party*).

D.-C. Cummings, le secrétaire général des chaudronniers, présidait. Avant de passer aux questions générales du Congrès, il présenta une résolution de sympathie avec le peuple Russe, dans sa lutte pour la liberté politique et industrielle. Cette résolution fut adoptée par l'ensemble des délégués qui se levèrent en silence. Ce sentiment fraternel fut mieux manifesté encore par la décision du Congrès d'organiser une souscription dans les Trade-unions, pour aider financièrement le mouvement russe, et par la désignation du président et du secrétaire (W.-C. Steadman, membre du Parlement) pour accompagner la députation qui doit aller en Russie à la fin de ce mois, dans le but de présenter une adresse, signée par plus de 300 membres du Parlement anglais, à la Douma.

La plus importante discussion eut lieu au sujet d'une résolution présentée par J. Sexton (des travailleurs des Docks) insistant auprès des fractions du mouvement trade-unioniste et du mouvement ouvrier pour une plus complète unité d'action politique dans le pays et dans la Chambre des Communes, sur des bases strictement indépendantes. Actuellement, le Parti du Travail, comprenant les trente membres du Parlement élus sous les auspices du Comité pour la représentation ouvrière, et composé à la fois de socialistes et de trade-unionistes, siège constamment dans l'opposition et prend au Parlement la même attitude indépendante que celle qu'il adopte pour sa propagande dans les circonscriptions. L'autre fraction, le groupe Trade-unioniste, compte 23 membres et continue à être considéré comme une aile du gouvernement libéral. Cette dernière fraction comprend plusieurs des députés des mineurs, dont les unions hésitent en ce moment à s'affilier au Parti ouvrier et à faire cause commune avec les autres fractions de la classe ouvrière organisée. En matière purement trade-unioniste les deux groupes votent solidement ensemble, mais il est reconnu que l'obstination des mineurs à rester à l'écart du mouvement général affaiblit considérablement la force et l'influence de la classe ouvrière en dedans et en dehors du Parlement.

Après une courte discussion, la résolution fut adoptée par 756.000 voix contre 543.000, et le Comité parlementaire, corps exécutif du Congrès, reçut des instructions pour convoquer une assemblée des deux groupes parlementaires, afin de tenter d'établir un accord plus complet. Un débat animé eut lieu sur la question de l'arbitrage et de la conciliation dans les conflits industriels, mais, bien que la plupart des discours aient été prononcés en faveur de la proposition, une majorité de 397.000 voix vota contre la motion.

En l'absence d'une résolution concernant le *Trades Disputes Bill* (Bill sur les conflits industriels) actuellement soumis au Parlement, D.-J. Shackleton (des tisseurs), député, présenta, au nom du Comité parlementaire, une réaffirmation de la décision du Congrès précédent : à savoir qu'aucun Bill sur les conflits industriels ne sera satisfaisant s'il ne garantit ce que l'on entend comme situation antérieure au jugement du Taff-Vale, c'est-à-dire la complète immunité des caisses des Trade-unions, qui resteront toujours en dehors du débat. Il a été remarqué, en effet, que tandis qu'il y a quatre ans le Bill établissant ce principe fut rejeté par 39 voix lors de son introduction à la Chambre des Communes, il fut soutenu cette année par une majorité de 350 voix. Bien que le gouvernement, dans sa propre motion, eût cherché à affaiblir le principe vital de la revendication trade-unioniste, l'influence du Parti du Travail et du Parti trade-unioniste au Parlement avait forcé d'adopter une ligne d'action plus favorable, et il y a maintenant toute probabilité pour qu'un Bill satisfaisant soit inscrit au livre des lois.

On rappela le succès remporté par les mineurs français avec l'établissement d'une loi des huit heures par paliers, au cours d'une discussion sur l'adoption d'une réforme semblable dans notre pays. Voilà vingt ans que cette mesure est réclamée avec et sans le Parlement, et, bien qu'elle ait passé en seconde lecture à la dernière session, le Gouvernement l'a renvoyée à un comité ministériel et a remis ainsi la question à un autre temps. Les mineurs de Durham, qui demeurent à présent les seuls adversaires industriels de la loi au Parlement, restèrent neutres quand on procéda au vote au Congrès, et les mineurs de Northumberland, qui ont jusqu'ici formé une partie de l'opposition, soutinrent cette année le Bill, conformément à la résolution récemment prise par leurs membres. La résolution fut adoptée, ainsi qu'une autre en faveur d'une journée générale de huit heures.

George N. Barnes (des mécaniciens), député, présenta une résolution invitant le gouvernement à instituer un système national de retraites. Il exposa le cas dans un discours énergique et fut suivi par Pete Curran (des gaziers), qui le soutint, et l'impôt sur la rente foncière comme la source d'où on tirerait les ressources.

D'autres résolutions affirmèrent les principes de l'arbitrage international et du désarmement, d'un salaire minimum pour les travailleurs de l'État, réclamèrent l'extension des pouvoirs des municipalités, des habitations plus confortables pour les ouvriers, un amendement à la loi des manufactures, des *transports* à meilleur marché pour les ouvriers, une réforme des lois foncières, etc., etc.

Le travail des membres du Parlement, pour augmenter la portée du Bill de compensation déposé par le gouvernement, fut hautement approuvé et loué, et un débat eut lieu sur le sujet analogue de l'assurance obligatoire, le Parti du Travail étant invité à insister en faveur de cette réforme comme corollaire nécessaire du Bill cité plus haut.

De vigoureux discours furent prononcés en faveur de la nationalisation des chemins de fer, canaux, mines et minières du pays, et la solution laïque du problème de l'éducation fut encore approuvée après une discussion prolongée.

Il faut noter encore l'attention remarquable que tous les journaux du pays apportèrent aux délibérations du Congrès.

Les succès du Parti du Travail en janvier dernier et, si l'on peut dire, le transfert de la lutte pour les droits des trade-unions, de l'arène des circonscriptions à la Chambre des Communes, ont eu pour effet d'éveiller l'intérêt du public pour toutes les questions industrielles, et le résultat a été que les deux mouvements socialistes et trade-unionistes croissent en nombre et en influence.

J.-S. MIDDLETON,
Secrétaire-adjoint du Parti du Travail.

L'ORGANISATION BELGE EN 1905

Grâce à un effort persévérant, et malgré des difficultés de toutes sortes, nos camarades de la Commission syndicale belge viennent de publier une nouvelle statistique du mouvement en Belgique. La Commission syndicale, en effet, n'est pas de l'opinion de notre camarade Griffuelhes : elle croit qu'il y a quelque utilité à collaborer au travail, même « fait uniquement de paperasses et de statistiques » qu'est celui du secrétariat international des syndicats, et elle a eu à cœur de fournir à « l'Internationale » des renseignements exacts sur sa force.

Il y avait en Belgique, au 31 décembre 1905, 148.483 syndiqués, se répartissant ainsi : 94.151 adhérents à la Commission syndicale du P. O. B.; 17.841 catholiques ; 34.833 indépendants, mais reconnaissant la lutte de classes ; 1.685 libéraux.

Voici, par métiers ou industries, le chiffre des adhérents, à la même date du 31 décembre 1905. Nous indiquons, en même temps, les gains ou pertes sur 1902.

Textiles : 28.162 (+ 15.274); Vêtement : 1.680 (— 1.391); Métaux : 10.564 (+ 2.614); Mines : 60.895 (+ 5.895); Bâtiment : 6.304 (+ 1.671); Alimentation : 948 (+ 398); Bois-Ameublement : 4.956 (+ 2.527); Cuirs et Peaux : 3.406 (+ 2.316); Transport : 3.421 (+ 1.912); Carrières : 3.483 (pas de chiffres en 1902); Verrières : 6.200 (— 500); Livre : 3.971 (+ 926); Tabac : 1.858 (+ 458); Art et Précision : 3.714 (+ 3.714); Papier : 640 (+ 640); Manœuvres : 2.006 (+ 1.655); Professions diverses : 1.505 (+ 660); Employés de commerce : 4.159 (+ 4.159); Ouvriers communaux ou services publics : 611 (+ 611).

On peut juger des remarquables progrès accomplis depuis trois ans, depuis le jour où les prolétaires belges ont mieux compris qu'il n'est pas de lutte de classes efficace sans action syndicale. Si une pareille statistique ne sert qu'à donner confiance, à activer l'ardeur des militants, cela suffit à justifier l'effort de ceux qui l'établissent.

Théâtre du Peuple d'Amiens

Au nombre des attractions qui attendent les Congressistes à Amiens, il en est une, d'un caractère tout à fait particulier et local, c'est la représentation que compte donner à ses camarades ouvriers le Théâtre du Peuple d'Amiens.

Comme toutes les autres organisations ouvrières de la ville — et ceci a son importance — il est sorti des syndicats ouvriers, sous le contrôle moral desquels il reste placé et dont il complète toutes les fêtes corporatives.

Mais c'est là sa moindre originalité. Nombre de centres ouvriers ont maintenant leur théâtre particulier, pour l'éducation de la classe ouvrière.

Les camarades d'Amiens ont fait mieux que d'exiger le titre de syndiqué de leurs membres. Ils ont voulu — et ils y ont réussi — se suffire à eux-mêmes. Recrutés dans toutes les professions, ils ont utilisé tous les dévouements et toutes les compétences pour orner leur salle, brosser les décors, faire la scène et les costumes.

Ils ont rêvé et fait mieux encore. Utilisant le goût personnel du camarade Becquerelle pour le théâtre, ils ont constitué peu à peu leur répertoire. Depuis quatre ans, ils ont déjà interprété *quatre pièces inédites* que peu de nos camarades connaissent encore à l'heure actuelle, et qui pourtant sont admirablement propres à compléter l'éducation ouvrière. D'un art simple, presque sans décors, faciles par conséquent à monter (les camarades d'Amiens l'ont prouvé en les interprétant tout seuls), elles se prêtent merveilleusement à toutes les manifestations de la vie ouvrière.

On pourra en juger par l'interprétation d'une nouveauté : *Veille au grain*, comédie en 3 actes que le camarade Becquerelle a écrite spécialement pour les fêtes du Congrès et qui est éditée par lui pour la circonstance.

C'est le tableau saisissant des difficultés que présente la coopérative de production et les moyens de les surmonter.

Ce sera donc, pour les congressistes, un régal d'une saveur particulière que de voir à l'œuvre la vaillante troupe ouvrière, et nous applaudissons à l'avance à l'idée de nos amis Amiénois.

Les retraites Ouvrières

On va reparler bientôt des retraites ouvrières. Le Sénat, malgré son hostilité, devra bien aborder la discussion du projet de loi voté par la Chambre. Et les camarades syndiqués, qui ont souvent traité par le dédain les discussions de la Chambre, feront peut-être bien de suivre attentivement celles que le Sénat nous réserve. Ils y seront aidés par la brochure que notre collaborateur George Fréville a publiée sur ce sujet, et dont nous n'avions pas encore rendu compte (Bibliothèque socialiste, n° 38. Société nouvelle de librairie et d'édition, 101, rue de Vaugirard, Paris). Le but que Fréville s'est proposé, en effet, était moins de donner un exposé et un commentaire du projet de loi adopté par la Chambre, que de préciser l'idée même de retraites ouvrières ou d'assurance sociale. Il a étudié les différentes tendances qui se sont manifestées lors des débats parlementaires ; il a surtout finement critiqué bien des préjugés, et dissipé des confusions. Qu'est-ce que l'assurance, au juste, et en quoi diffère-t-elle de l'assistance ou encore de la retraite des fonctionnaires ? Quelle différence fondamentale y a-t-il entre un projet d'assurances ouvrières et l'idéal de petit rentier qui hante tant de cerveaux français et qui a inspiré tant de merveilleux projets de retraites pour tous ? Quels intérêts politiques ou sociaux se dissimulent souvent sous de solennelles déclarations de principes : contre l'obligation, pour la liberté de prévoyance, ou pour le développement de la mutualité ? Quels avantages et quels dangers présentent exactement la capitalisation ou la répartition ? Quelle est enfin la portée, grande, mais limitée cependant, d'une telle loi ? Telles sont toutes les questions générales qui se posent et se reposeront, même après l'établissement réel d'un système de retraites. Fréville donne sur toutes des indications claires, précises, et qui souvent ne manquent pas de finesse. Son idée principale, celle à laquelle il revient constamment et celle qui le guide dans toutes ses critiques, c'est la notion scientifique de l'assurance, l'assurance qui, à la différence de tant d'institutions mutualistes, n'est pas une entreprise aléatoire, qui repose sur des données strictement scientifiques, qui, par sa certitude même, contribue à l'éducation sociale des bénéficiaires, mais qui, en vertu des mêmes principes, exige que l'on précise le risque à assurer et qu'on délimite exactement son champ d'action. C'est au nom de cette idée, que Fréville critique et approuve ; et c'est, on le reconnaîtra, une idée qui vaut d'être méditée dans le monde ouvrier, et particulièrement dans le monde syndical. On aurait pu souhaiter qu'elle fût dégagée, mise en évidence, et la démonstration eût été ainsi plus impressionnante. Telle qu'elle est cependant, avec ses répétitions et ses retours, elle est très convaincante. Et l'auteur la pourra compléter très utilement en donnant en quelques pages une théorie de l'assurance, si je puis dire. Avec son sens exact de la vie ouvrière et sa documentation scientifique, il rendra certainement service.

Comité antialcoolique ouvrier

Le Comité antialcoolique ouvrier nous a envoyé une première communication signée du camarade Jules Uhry, sur la nécessité de créer des sociétés antialcooliques ouvrières. Il nous trouvera tout dévoués à son œuvre, prêts à l'aider, et selon la ligne générale de conduite tracée ici même par notre ami Léon Vignols. Uhry s'appuie d'ailleurs sur les articles de Vignols, croit comme lui à la nécessité d'un mouvement antialcoolique purement ouvrier, et dissipant les craintes exprimées par Vignols, à l'occasion de la conférence Vandervelde, défend le Comité antialcoolique de l'accusation de trahir la classe ouvrière et faire le jeu des bourgeois. Le Comité, où se rencontrent d'ailleurs beaucoup de nos collaborateurs, Héliès, Lauche, Malardé, Martinet, a déjà publié, en brochure, la belle conférence de Vandervelde (Adresser les demandes à la librairie du Parti socialiste, 16, rue de la Corderie, Paris).

Les rapports Confédéraux

La brochure contenant les rapports des Comités et des Commissions de la C. G. T., pour l'exercice 1904-1906, nous est parvenue trop tard pour que nous ayons pu charger encore notre numéro d'un examen attentif de ces rapports. Au demeurant, les discussions qu'ils ne manqueront pas de soulever à Amiens nous permettront d'y revenir, lors du compte rendu du Congrès.

Notons pour aujourd'hui simplement quelques chiffres. La Confédération comptait, au 1er juillet, 61 fédérations adhérentes ; 3 organisations ont disparu par suite de fusions ; 12 fédérations, nouvelles ou anciennes, ont fait leur adhésion. Ces 61 organisations contiennent aujourd'hui 2.339 syndicats confédérés (contre 1.043 en 1902, 1.220 en 1903, 1.792 en 1904). Le nombre des organes corporatifs fédéraux est aujourd'hui de 25. Au 31 mai 1904, les organisations adhérentes payaient pour 158.000 membres ; au 31 mai 1906, pour 203.273 membres. Du 1er juin 1904 au 31 mai 1906, les recettes se sont élevées à 20.586 fr. 85, les dépenses à 19.324 fr. 05.

Du côté de la Section des Bourses, il y avait, en juin 1906, 135 Bourses, auxquelles adhéraient 1.609 syndicats, contre 110 Bourses avec 1.349 syndicats en 1904, ce qui représente une augmentation de 25 Bourses et de 260 syndicats. 30 Bourses nouvelles ont adhéré. Les recettes de la Section des Bourses ont été, pendant l'exercice, de 15.566 fr. 65 ; les dépenses de 13.845 fr. 60.

Le Gérant : L. GERVAISE  Imp. coopérative ouvrière de Villeneuve-St-Georges (S.-et-O.)

Supplément au Numéro 18

DE

La Revue Syndicaliste

LES RAPPORTS DE L'ACTION SYNDICALE

ET DE L'ACTION POLITIQUE

QUELQUES OPINIONS, QUELQUES EXPÉRIENCES

En Belgique

I

On peut être partisan de la neutralité des syndicats sans être adversaire de l'action politique. En Belgique, comme ailleurs, certains de nos amis, préoccupés de donner au mouvement syndical la plus grande expansion possible, se figurent que le meilleur moyen d'y parvenir, c'est de détacher les groupements syndicaux du Parti ouvrier et de les rendre, par là même, accessibles aux ouvriers de toutes les opinions.

Je suis, pour ma part, d'un avis diamétralement opposé, et cela, tout aussi bien dans l'intérêt du mouvement syndical que dans l'intérêt du mouvement politique.

Au point de vue politique, d'abord, la chose se passe de démonstration : partout, en effet, où les groupements politiques du socialisme perdent contact avec l'organisation syndicale, les préoccupations d'ordre électoral et parlementaire ne tardent pas à devenir prépondérantes. On parle bien encore de syndicats, de coopératives, d'associations ouvrières — car cela ne fait pas mal dans les discours ou les articles — mais, au fond, on a d'autres soucis. Débarrassés du contrôle direct de la classe ouvrière, les députés s'habituent à faire à leur tête. Ils ne regardent plus que du côté de leurs circonscriptions. Ils se figurent, ou font semblant de se figurer, que l'on peut faire la révolution sociale à coups de textes de loi. Au demeurant, ils attachent beaucoup plus d'importance au privilège des bouilleurs de crû qu'à l'application des lois de fabrique. Et, par une ironie du sort, quand le crétinisme parlementaire a développé toutes ses conséquences mauvaises, les anarchistes et autres adversaires de l'action politique invoquent, en faveur de la séparation du syndicalisme et de la politique, tous les abus qui résultent précisément de cette séparation !

Voilà pour le point de vue politique. Mais il y a le point de vue syndical, et d'aucuns soutiennent que l'affiliation des syndicats au Parti socialiste, ou tout au moins leur participation directe à l'action socialiste, peut être très favorable au Parti socialiste, mais au détriment du mouvement syndical.

Eh bien, ici encore, je ne puis partager cet avis, et cela pour deux raisons principales.

La première, c'est que les syndicats, abandonnés à eux-mêmes, ne tardent pas à reconnaître l'insuffisance de leur action propre et la nécessité d'y joindre l'action politique. L'exemple de l'Angleterre, où les Trade-Unions sont plus fortes que partout ailleurs, l'établit d'une manière éclatante. Tôt ou tard, par la force des choses, les Syndicats sont amenés à participer à la politique, et comment pourraient-ils mieux le faire qu'en associant leur effort à celui du Parti socialiste ?

Mais il y a une seconde raison, qui parle, plus que toutes autres à mes yeux, en faveur de l'union intime du mouvement syndical et du mouvement politique : c'est que les Syndicats qui font du syndicalisme pur ne tardent pas à être imprégnés de l'esprit conservateur le plus excessif.

Peut-être cette dernière affirmation paraîtra-t-elle paradoxale à nos lecteurs de France, où ce sont précisément les syndicalistes purs qui se réclament le plus énergiquement du syndicalisme révolutionnaire. Et certes, je conviens volontiers qu'au début, des syndicats peu nombreux, n'ayant que de faibles ressources, composés surtout d'un noyau de militants, pourront sembler parfois plus révolutionnaires que le Parti socialiste lui-même.

Mais ouvrez-les à des ouvriers de toutes les opinions. Laissez-les prospérer au point de vue matériel. Supposez qu'ils acquièrent la force des Trade-Unions et vous verrez bientôt la neutralité syndicale donner ses fruits : le pavillon syndicaliste révolutionnaire ne servira plus qu'à couvrir l'égoïsme corporatif d'une majorité n'ayant d'autre souci que ses intérêts immédiats.

Pour qu'il en soit autrement, pour que le syndicalisme ne dégénère pas en corporatisme, pour que la politique, d'autre part, ne devienne pas du politiculage, il faut que l'action politique soit le prolongement de l'action syndicale et que les deux mouvements se prêtent un mutuel appui.

Est-ce à dire que nous proposions le système belge — l'affiliation des syndicats au Parti socialiste — comme un modèle à suivre en tous pays et en toutes circonstances ?

Telle n'est point du tout notre pensée. Mais ce que nous affirmons, avec une conviction basée sur l'expérience, c'est que l'idéal à poursuivre, constamment et par tous moyens, c'est le rapprochement et non pas le divorce de l'action politique et de l'action syndicale.

E. Vandervelde,
Membre de la Chambre des Représentants de Belgique.

II

Jusqu'à ce jour, et après 22 ans d'existence, le Parti ouvrier belge a toujours réuni en son sein les organismes prolétariens, qu'ils aient pour objet unique : politique, organisation syndicale, propagande antimilitariste, éducation socialo-esthétique, éducation physique ou organisation coopérative, pourvu qu'ils reconnaissent le principe de la lutte des classes et adoptent la déclaration de principes inscrite en tête du programme théorique et pratique du P. O.

Le Conseil général forme le Comité directeur du Parti. Il est composé des délégués des *fédérations régionales politiques*, des *fédérations de métiers*, des fédérations des jeunes gardes, des députés et sénateurs socialistes (ceux-ci n'ont que voix délibérative) et du délégué de la Commission syndicale.

Le bureau est nommé pour un an au Congrès du Parti, à Pâques. C'est lui qui exécute les décisions du Conseil général et des Congrès.

La *Commission syndicale* est simplement une section du Conseil général. Elle se compose d'un délégué par *fédération de métier et de deux délégués du Conseil général.*

Son bureau est choisi pour un an, dans et au cours du Congrès annuel, à Noël.

Les fédérations de métiers et les syndicats affiliés au Parti ouvrier (politique), comme les syndicats non affiliés, soit par indifférence, soit par neutralité politique, peuvent adhérer à la Commission syndicale.

Il y a, en effet, des fédérations et des syndicats, indépendants de tout parti politique, qui paient la cotisation annuelle à la Commission syndicale et qui s'abonnent au *Journal des Correspondances.*

Ces quelques notes descriptives suffiront sans doute à montrer la tendance du P. O., c'est-à-dire la corrélation intime, heureuse, d'après nous, qui existe entre les organisations politiques et les groupements syndicaux.

C'est à ce mariage volontaire, librement admis, que doit être attribué le succès énorme obtenu par le prolétariat belge depuis qu'il a offert le combat à la société capitaliste.

Son unité, semblable à la glorieuse unité du Parti ouvrier danois, a assuré plus d'une victoire au prolétariat belge :

Le droit de vote,

Les lois ouvrières,

Les représentations ouvrières dans tous les corps délibérants,

Conditions de vie meilleures par les coopératives et les syndicats,

Améliorations dans la vie du soldat (fils d'ouvrier).

De tout cela, presque rien n'existait avant 1884, date de la fondation du

Parti ouvrier en Belgique. Ce sont là, il nous semble, des résultats tangibles.

Quand il a fallu obtenir le droit de vote pour la classe ouvrière, tous les syndicats sont allés jusqu'à la grève générale pour arracher du Parlement la déclaration d'égalité politique qui, pour être incomplète, n'en est pas moins la reconnaissance du droit de citoyen au dernier des « manants ».

Quand il a fallu obtenir des lois ouvrières, les députés au Parlement, aux Conseils provinciaux et communaux, d'une part, et les associations professionnelles, d'autre part, se sont prêté main-forte, et la bourgeoisie a bien dû abandonner une partie de ses privilèges au profit des travailleurs.

Aujourd'hui, dans les corps délibérants, aux expositions, dans les Congrès et Commissions d'études, on voit, non plus des bourgeois seuls, mais des ouvriers qui apportent dans ces anciens milieux de somnolence le cri de révolte et d'espoir du prolétariat.

Dans les casernes elles-mêmes, l'unité du Parti ouvrier belge a fait sentir ses effets. Tandis que les jeunes gardes mènent la propagande antimilitariste autant avant l'entrée du milicien que durant son séjour à la caserne, des syndicats accordent des secours à ceux de leurs jeunes membres tombés au sort, et les députés se font souvent, à la Chambre, l'écho de la vie des casernes et des maisons militaires de correction.

Depuis, le soldat est mieux traité.

Naturellement, notre idéal n'est pas atteint ; l'édifice bourgeois ne branle pas encore, bien que nous ayons obtenu des réformes par la coalition permanente des forces politiques, syndicales et coopératives ; mais il paraîtra évident à tout esprit non prévenu que de telles transformations, obtenues dans un pays de haineuse réaction, doivent être attribuées à l'unité du mouvement prolétarien et ont eu pour effet de secouer l'apathie séculaire des travailleurs belges. N'est-ce pas beaucoup ?

Certes, de même que dans tout ménage un nuage peut venir assombrir le beau ciel bleu, de même dans un vaste parti comme le nôtre, où se trouvent réunis tous les tempéraments, où il a fallu trouver le moyen de jeter un pont entre les deux fractions essentielles du pays, dont les langues, les mœurs et les croyances sont essentiellement différentes, il est évident que des dissentiments ont eu lieu, ont lieu ou auront lieu ; néanmoins, grâce à l'unité du Parti, grâce à l'action commune de toutes les forces ouvrières, les dissentiments fondent comme neige au soleil dès que l'intérêt du prolétariat est en jeu.

Il n'y aurait que ce résultat là que nous devrions partout, dans tout pays, magnifier le mariage entre l'action politique et l'action économique (syndicale et coopérative).

A ce sujet, un débat important aura lieu à la Maison du Peuple de Bruxelles.

A ceux qui viendront nous dire : « Si les syndicats et les fédérations de métiers étaient indépendants de tout parti politique, les ouvriers viendraient plus aisément à l'organisation », nous demanderons : « Votre action sera-t-elle réformiste ou révolutionnaire ? »

S'ils nous affirment qu'elle sera réformiste, nous leur rappellerons nos œuvres faites dans ce sens et nous leur lirons notre programme de réformes pratiques ; s'ils la déclarent révolutionnaire, nous leur demanderons d'en faire l'affirmation publique, et, dans ce cas, nous pouvons leur prédire que les ouvriers timorés ou indifférents n'iront pas plus chez eux que chez nous.

Dès lors, pourquoi tenter de déchirer l'unité tandis que nous progressons, lentement, il est vrai, mais nous progressons quand même, au fur et à mesure que la propagande connexe de *tous* les groupes du Parti produit ses effets.

Oui, en présence de l'association des forces capitalistes sur *tous* les terrains, il importe d'associer *toutes* les forces ouvrières sur *tous* les terrains et non pas de les désassocier, comme nous en voyons le triste spectacle dans quelques autres pays.

Quant aux syndicalistes qui se déclarent adversaires de l'action parlementaire, nous leur disons qu'en agissant ainsi ils abandonnent aux mains des ennemis une arme redoutable dont la pointe est encore tournée vers nous, tandis que la garde devrait être entre les mains prolétariennes.

S'ils nous disent qu'ils sont antiparlementaires par dégoût des hommes, nous leur dirons : « Faites comme nous ; nos mandataires sont sous la surveillance absolue du Parti tout entier et ils sont censurés dans nos Congrès. »

S'ils nous répliquent : « L'action parlementaire est impuissante à résoudre la question sociale », nous ripostons que nous sommes d'accord avec eux, mais nous ajoutons, les questions de surveillance étant observées, qu'elle est un moyen d'éducation populaire puissant, et s'ils ne voient comme seul moyen que l'action collective violente, l'insurrection, qu'ils la fassent, mais qu'ils en acceptent alors la responsabilité.

Quant à nous, une telle responsabilité nous pèserait trop lourd sur la conscience : nous refusons de mener à la boucherie l'élite du prolétariat, tandis qu'elle doit s'appliquer longtemps encore à faire la révolution des idées dans les cerveaux ouvriers, portés au fatalisme par des siècles d'esclavage économique, intellectuel et moral.

Elle doit, cette élite, s'occuper de l'enfant, du jeune homme, de la jeune fille, de la femme, de la mère et des hommes, afin de leur faire admettre la possibilité d'une rénovation sociale. En agissant ainsi, elle fait la révolution des idées et des sentiments, prélude de la révolution sociale.

Et cette action ne peut avoir une efficacité complète que si elle est menée par les forces ouvrières *librement centralisées et complètement unifiées.*

Voilà, exactement exprimé, pensons-nous, le sentiment de la grande masse du prolétariat belge organisé.

A. OCTORS,
de la Commission syndicale du Parti ouvrier belge.

III

En Danemark

L'union entre l'organisation socialiste démocrate danoise d'un côté (*Union socialiste démocrate*), et l'organisation des Syndicats de l'autre côté (*Syndicats coopérants du Danemark*) se caractérise par ceci : la direction supérieure du parti politique élit deux de ses membres pour entrer dans la direction supérieure des syndicats, et vice-versa. Pratiquement, ces deux côtés du mouvement socialiste-démocrate restent inséparables en s'appuyant et se suppléant mutuellement.

Dans les Bourses du travail des provinces se groupent les syndicats locaux. L'organisation commune présente tous les candidats aux élections politiques et communales, et ce sont seulement ces candidats qui obtiennent le vote des ouvriers.

A Copenhague, ce sont nos unions politiques, organisées dans chaque circonscription électorale, qui présentent nos candidats au Folketing (Chambre des communes). Les candidats pour le Sénat et pour les Conseils municipaux sont choisis par une assemblée formée du Comité dirigeant des unions de notre parti dans cette ville, et du Comité des Syndicats, à savoir : un représentant pour les syndicats comptant jusqu'à 1.000 membres, et deux pour ceux qui ont plus de 1.000 membres.

La loi danoise exige le payement d'un impôt communal correspondant à une recette annuelle d'au moins 1.390 francs, pour avoir le droit de voter aux élections communales. Nous avons réussi, par une agitation très énergique, à faire payer au moins le minimum d'impôt exigé en ce cas à presque tous les membres des syndicats ouvriers, et nous avons ainsi pu élire un grand nombre de représentants socialistes démocrates. De plus, les syndicats soutiennent de diverses façons l'activité socialiste au Parlement et dans les Conseils municipaux, par exemple, par des meetings de démonstration et par la discussion des questions communes, dans les Congrès syndicaux. C'est par cette collaboration que nous avons pu — parmi beaucoup d'autres résultats — faire tant progresser la question de l'assistance qui doit être prêtée, par l'État, aux sans-travail.

Une fois par an, une souscription est ouverte à la fois dans les syndicats et dans les unions politiques pour couvrir les frais d'élection. Dans les syndicats, ces cotisations s'obtiennent de la même manière que pour les cotisations extraordinaires pour les grèves : le syndicat vote une certaine somme à payer individuellement, en général 35 centimes. Et de même, les organisations politiques votent des contributions, en cas de grands arrêts du travail qui ne sauraient être supportés par les syndicats seuls.

Notre organe principal, c'est le *Social Demokraten*, fondé en 1871 par les syndicats de Copenhague. Ce journal se publie tous les jours à 52.000 exemplaires, à peu près. Le surplus s'utilise surtout pour fonder et maintenir des journaux socialistes démocrates dans les provinces. Tant que ces journaux ne font pas leurs frais, la caisse du *Social Démokraten* paye le déficit ; s'il y a un surplus, il est de même versé dans cette caisse.

L'administration de ce journal est entre les mains d'un Comité de trois membres, élus par une assemblée dite de contrôle, composée de 154 représentants, dont 30 élus par les unions politiques et 124 par les syndicats. La même assemblée élit aussi le rédacteur en chef et le gérant pour chaque année. Les camarades qui, pour le moment, remplissent ces postes, les remplissent depuis vingt-cinq ans. Les rédacteurs et fonctionnaires des journaux de province, sont, sous la responsabilité nécessaire, nommés par le Comité de contrôle du journal principal. Dans toutes les villes de province où paraît un de nos journaux, il existe de même une assemblée de contrôle, sous la surveillance de laquelle la feuille est dirigée. Presque tous nos rédacteurs et collaborateurs sont ouvriers et membres des syndicats.

La collaboration entre les syndicats et le parti politique est bonne en Danemark ; elle se fait de ce point de vue que les deux organisations sont des branches parallèles du mouvement socialiste démocrate. Sans ce sentiment d'indispensabilité mutuelle, les classes inférieures danoises n'auraient jamais pu tant avancer en influence et se procurer le respect dont elles jouissent, de fait, actuellement.

M. OLSEN,
Secrétaire de l'Organisation centrale des Syndicats danois.

IV

Un avis d'Allemagne

La question des rapports entre les syndicats ouvriers et les partis politiques de la classe ouvrière, c'est-à-dire les partis socialistes ou social-démocrates, n'est plus une question de théorie spéculative. Une riche expérience recueillie dans les divers pays de civilisation moderne l'a fait sortir de l'océan des théories abstraites et en a fait un problème à résoudre, selon les conclusions qui résultent d'une analyse méthodique de ces expériences.

Que sont ces expériences ? A côté des pays où les syndicats se sont, pour la plupart, formés et développés tout à fait en dehors du ou des partis socialistes ouvriers, pays dont l'Angleterre est le type classique, nous avons un bon nombre de pays où les syndicats, en grande majorité, sont nés et ont grandi dans le plus intime rapport avec le parti politique du pays en question — tantôt comme enfants, ou créations de ce parti, tantôt comme ses sections, tantôt même comme l'un et l'autre. C'est ce dernier cas, par exemple, qui se rencontre au Danemark, où les syndicats doivent en majorité leur naissance au parti social-démocrate et où les sections ou branches locales des syndicats sont en même temps sections de l'organisation locale du parti politique. Il y eut même un temps où, à l'exception de quelques rares syndicats « neutres », tout le mouvement syndicaliste, comme tel, était partie intégrante du parti socialiste. Mais en 1898 une séparation, ou plutôt une différenciation — car elle se fit en toute harmonie — eut lieu.

Les syndicats se donnèrent une organisation nationale centrale du mouvement syndicaliste, le *Samwirkende Fagforbund*, la Fédération des syndicats unis, dont le président est aujourd'hui Martin Olsen, et qui comprend environ les quatre cinquièmes du mouvement syndicaliste danois. Le Fagforbund n'admet de syndicats locaux seulement que lorsqu'ils ne se sont pas séparés du syndicat national de leur métier ou de leur industrie ou qu'ils ne se tiennent à l'écart de lui que pour des raisons reconnues suffisantes. A la fin de 1904, le Fagforbund comprenait 47 syndicats nationaux centralisés, ayant ensemble 964 sections locales et 14 syndicats locaux. Il envoie deux membres de son comité au comité du parti social-démocrate et deux membres de ce dernier sont reçus comme membres au comité du Fagforbund. C'est ainsi que l'unité du mouvement ouvrier politique et syndical est maintenue. Un régime pareil existe en Suède et en Norvège. En Autriche et en Belgique, c'est presque la même chose, et en Allemagne beaucoup de camarades, dans les deux camps, poussent à une union semblable.

Mais restons au Danemark. Ce petit pays est, en proportion de sa population industrielle, le pays le mieux organisé au point de vue syndicaliste. Tandis qu'en Angleterre même, les trade-unions n'embrassent, en tout, pas plus de 30 p. 100 du monde ouvrier du pays, et cela encore, dans beaucoup de cas, d'une manière très insuffisante, vu le grand éparpillement des forces dans un nombre ridicule de faibles syndicats de localité ou de district ; au Danemark, plus de 50 p. 100 des ouvriers des deux sexes, et plus de 70 p. 100 des ouvriers mâles du pays sont organisés syndicalement et, dans la grande majorité des cas, dans des organisations centralisées ou fédérées nationalement. Le Danemark a, dans son histoire syndicale, une lutte qui, au point de vue de l'étendue et des sacrifices faits, surpasse en comparaison tout ce que nous savons de l'histoire syndicale anglaise, si pleine pourtant de luttes grandioses : nous voulons parler du grand lock-out de 1899 qui engloba, en chiffres ronds, 40.000 ouvriers, ce qui équivaudrait certainement en France à plus de 500.000 ouvriers, et qui coûta 2.814.000 couronnes danois, c'est-à-dire 3.870.000 francs, dont 3 millions en chiffres ronds furent recueillis au Danemark même, ce qui équivaudrait, en France, une somme de **40 millions de francs!!** Quel pays peut montrer dans son histoire de pareils sacrifices? .

Mais si le Danemark, où parti politique et mouvement syndicaliste sont intimement liés, peut invoquer de si heureux résultats — et il les invoque pour les deux mouvements — doit-on conclure de là qu'il faut partout et tout de suite imiter ce vaillant pays? Ce serait, certes, une conclusion un peu précipitée.

D'abord, il ne faut pas oublier que le mouvement socialiste et syndicaliste trouva au Danemark, à son origine, une terre à peu près vierge. Le mouvement a grandi parallèlement à l'industrie de ce pays qui, aux temps de l'Internationale, était presque sans manufactures et sans fabriques importantes. Il n'y a pas là de traditions du passé qui pressent sur les vivants ; il n'y a pas de questions politiques complexes qui viennent troubler l'esprit de l'ouvrier danois ; il n'y a pas de questions ecclésiastiques qui déchirent le pays ; il n'y a même pas une question sérieuse de la forme gouvernementale du pays ni des rivalités dynastiques. Le Danemark est une monarchie constitutionnelle, et comme la population paysanne, qui est monarchiste, comme d'ailleurs la bourgeoisie des villes, forme la grande majorité de la nation, la question de la république demeure à l'état d'une question abstraite. Étant données toutes ces conditions, la politique du parti social-démocratique pouvait, sur presque tous les points, être réglée sans discussions passionnées ni scissions sérieuses. Elle fut opportuniste dans le sens le meilleur du mot. Propagande active pour l'idée socialiste et l'organisation politique et économique du prolétariat, agitation énergique pour des réformes politiques et économiques, action électorale au parlement et aux municipalités, parfois même alliance avec des groupes de la gauche bourgeoise ou plutôt paysanne avancée en vue de réformes urgentes.

Telle est, en résumé, l'histoire du parti social-démocrate danois. Si le parti avait été composé exclusivement d'ouvriers syndiqués — et en majorité il le fut — sa politique ne pouvait pas être grandement différente. Le sens pratique prévalut. Il se révèle entre autres par le fait que déjà, au commencement des années quatre vingts, le jeune parti ouvrier danois, bien qu'il ne fût composé alors que d'un petit nombre d'hommes et qu'il eût été terriblement atteint par la défection de ses chefs Pio et Gebeff, possédait par ses propres ressources, à Copenhague, un grand bâtiment avec une salle splendide pour son journal, ses bureaux, etc., etc.

L'exemple danois prouve donc, en tout cas, qu'un lien très intime et même une union fédérative peuvent exister entre parti ouvrier politique et mouvement syndical, sans que le progrès et la puissance agressive de ce dernier reçoivent le moindre préjudice. Le mouvement syndicaliste danois doit à son union avec le parti socialiste sans doute beaucoup de sa cohésion, de la largeur de ses vues, de sa force d'embrigadement. L'union signifie aussi une économie, concentration avantageuse des forces.

Et cela est aussi le cas dans presque tous les pays où pareille alliance existe entre parti socialiste politique et mouvement syndicaliste.

Il faut cependant rechercher si cet heureux résultat n'est pas dû au fait que le parti socialiste s'est abstenu de toute immixtion dans les questions spéciales d'organisation, etc., des syndicats, et il faut se demander quel était la conduite du parti sous ce rapport. Et, dès l'abord, il ne faut pas se dissimuler le fait que, même dans les conditions si peu complexes de la vie politique danoise, un nombre qui n'est point tout à fait négligeable de syndicats se tiennent en dehors de la fédération unie. Vers la fin de 1904, ils représentèrent presque le quart des forces syndiquées, c'est-à-dire 22.000 environ sur un total de 90.000. Il est vrai que ces syndicats ne sont pas tous pour cela hostiles à la fédération unie, et, si je ne me trompe, quelques-uns d'eux sont depuis lors entrés dans la fédération, cependant que d'autres observent toujours une attitude amicale. Mais il y en a d'autres aussi qui sont moins sympathiques, et des cléricaux s'exercent à fonder des syndicats chrétiens. Jusqu'ici, ils n'ont pas eu de grands succès : il paraît même que le mouvement « chrétien » est à l'état d'agonie, mais si cela est le cas, c'est assurément dû au grand prestige qu'a déjà conquis le mouvement de la fédération unie et de ses alliés. Car dans d'autres pays les efforts des cléricaux, catholiques ou protestants, ont été moins insignifiants, et quoique nulle part les syndicats chrétiens ou libéraux n'aient réussi à embaucher la masse des ouvriers des métiers auxquels ils s'adressent, il est certain qu'une proportion relativement petite suffit parfois pour porter une atteinte sérieuse aux efforts des ouvriers en lutte avec les patrons.

C'est ce qui rappelle à la prudence. Assurément il est bien à désirer — et ce doit être un but directeur pour tous les socialistes — que tous les cadres organisés de la classe ouvrière soient unis dans une vaste fédération qui, tout en laissant à chaque groupement spécial son autonomie nécessaire pour l'accomplissement de ses fonctions spéciales, réunisse les forces de la manière la plus méthodique et efficace. Mais on ne peut pas arriver à cela par force. Surtout dans les pays de luttes politiques traditionnelles et compliquées, il ne faut pas précipiter la chose. Une alliance inconsidérée ou hâtée peut être une source d'affaiblissement pour chacun des deux alliés au lieu d'augmenter leur puissance. Surtout là où les vues théoriques sur les formes d'organisation et sur les luttes elles-mêmes sont encore en discussion, une union trop étroite entre parti politique et syndicats porterait en elle les sources de ruptures nouvelles et désastreuses.

L'organisation syndicale de la classe ouvrière est d'une telle importance pour le socialisme que chaque socialiste convaincu renonce plutôt à voir le syndicat embrigadé à son parti que de voir le syndicat lésé en quelque manière par cet embrigadement. « L'homme n'existe pas pour le sabbat, mais le sabbat pour l'homme », disait un antique proverbe. De même avec les partis socialistes, ils sont là pour l'organisation émancipatrice de la classe ouvrière, et non le contraire. Leur premier devoir est donc d'aider au mieux à cette organisation. Cela nécessite beaucoup de patience et de discrétion. Mais plus on procède avec discrétion, moins le résultat final peut être douteux. L'un ou l'autre des syndicats peut être plus ou moins conservateur, le mouvement syndicaliste dans son ensemble, du moment où il a atteint une certaine étendue, est par la nature des choses une force socialiste dont la route converge à celle du parti socialiste. Et l'alliance se fait avec d'autant plus de facilité et d'avantages qu'elle est le résultat naturel d'un besoin senti par la masse des syndiqués eux-mêmes.

Autant qu'on peut juger les choses du dehors, le besoin le plus urgent du mouvement syndicaliste français est aujourd'hui le rassemblement des forces divisées et éparpillées dans des cadres d'industrie ou de métier, établis nationalement, et l'éducation des ouvriers français pour la création et le maintien d'organisations efficaces.

L'hostilité qu'on observe chez un nombre grandissant de syndiqués contre le subventionnisme paraît être un mouvement très salubre. Le syndicat, certes, n'est pas un but en lui-même. Mais c'est une institution indispensable, dont la mission ne finira pas avec la domination capitaliste. C'est pourquoi tout ce qui peut porter atteinte à son esprit d'indépendance doit être combattu, et de même tout ce qui diminuerait sa puissance d'embauchage. De ce point de vue, la question de l'entrée des syndicats dans l'organisation des partis socialistes doit, à mon avis, être considérée dans les divers pays et résolue selon les conditions particulières du pays en question. Une formule générale abstraite n'existe pas.

Ed. BERNSTEIN.

PARTI ET SYNDICAT EN SUISSE

Pour pouvoir se faire une idée du mouvement socialiste et syndicaliste de la Suisse, il est tout d'abord nécessaire de connaître le développement politique et économique de ce pays.

On sait que la Suisse est un État confédéré, qui était auparavant une Ligue d'États. La Confédération suisse, comme s'appelle cet État, a sá Constitution commune, son Parlement, formés du Conseil national, élu au suffrage universel, et du Conseil du Canton, qui, comme la Chambre française des Députés et le Sénat, siègent ensemble comme assemblée fédérale, en certaines occasions, comme, par exemple, pour l'élection du Conseil fédéral, composé de sept personnes, et pour l'élection de son président.

La législation fédérale et les fonctions du Conseil fédéral sont limitées : elles concernent entre autres : l'armée, les douanes, les relations extérieures et quelques parties de la législation ouvrière (protection et assurances), l'enseignement, etc... En beaucoup d'autres domaines, chacun des 22 cantons est autonome, a sa constitution à lui, sa représentation populaire, ses lois, forme en soi une république.

Ces circonstances, et la différence du développement économique dans les différents cantons, contribuèrent à ce fait qu'il y a encore vingt ans, il ne pouvait être question d'un mouvement ouvrier unitaire en Suisse, ni sur le terrain politique, ni sur le terrain syndical. Tandis que dans les cantons industriels un prolétariat se formait et entreprenait la lutte contre le patronat, par l'organisation politique et syndicale, dans d'autres cantons arriérés il n'était même pas question de mouvement ouvrier, et même aujourd'hui, dans certains cantons, on en est encore aux premiers débuts. A cela s'ajoutent, comme circonstante importante, les différences de race et de langue. A l'Est, domine la race germanique, avec la langue allemande comme langue écrite et divers dialectes; à l'Ouest et au Sud, c'est la race latine, avec la langue française et la langue italienne. Dans les trois domaines linguistiques, le mouvement ouvrier fut influencé par les travailleurs des pays voisins et de même langue, et il en est encore ainsi aujourd'hui.

Dans les conditions politiques où vit la Suisse, chaque citoyen pouvant, à vingt ans prendre part à l'activité politique, il ne fallait pas penser à limiter les ouvriers à une pure activité syndicale; il arriva, dès le début, que dans les occasions politiques, les syndicats se déclarèrent solidaires des Sociétés ouvrières (politiques); dans les luttes syndicales, les Sociétés ouvrières solidaires avec les syndicats. Cette solidarité s'affirma, bien que les syndicats, à peu d'exceptions près (parmi lesquelles nous devons citer les typographes), adhérassent, dès leur fondation, au socialisme, tandis que les Sociétés ouvrières ne firent ce pas que beaucoup plus tard.

Les premières Sociétés ouvrières furent fondées par des étrangers, de même, dans la fondation de la plupart des syndicats, les étrangers — et particulièrement les allemands — jouèrent le principal rôle, circonstance qui fit que les travailleurs indigènes ne les virent pas avec satisfaction. C'est seulement par la fondation de la Société du Grütli (1) que se développa chez les ouvriers suisses une vie politique plus active.

La société du Grütli est une société politique qui fut fondée, en 1838, à Genève, par des Suisses allemands. Au début, d'après les statuts, le but de la société qui, peu à peu, s'étendit à toute la Suisse, était le libre échange des idées, l'éducation et l'enseignement en toutes matières; plus tard, la Société s'occupa directement de politique et se tint constamment à l'avant-garde. En 1892, il fut décidé, dans une assemblée de délégués, que la Société du Grütli adhérait au socialisme, et elle est aujourd'hui comme l'épine dorsale du parti socia'iste en Suisse.

Comme une des dates historiques qui intéressent la question que nous traitons, il faut citer encore la fondation de la vieille *Ligue ouvrière suisse* qui eût lieu à la Pentecôte de 1873, dans un congrès tenu à Olten. La Ligue ouvrière suisse dura de 1873 à 1880. Elle comprenait les sections de l'Internationale qui demeuraient fidèles au Conseil général (à la différence des anarchistes), les syndicats, les sociétés d'études ouvrières allemandes (qui le plus souvent avaient comme membres les étrangers parlant allemand), ainsi que les sociétés du Grütli de presque toutes les grandes villes. La Ligue avait un caractère syndical très prononcé et s'occupait de l'organisation d'institutions de secours. Dans les nombreuses luttes de salaires de la classe ouvrière suisse, comme dans ses campagnes politiques, la Ligue ouvrière suisse, dans son ensemble, et toutes ses sections isolées sont intervenues courageusement, et de même encore dans les campagnes politiques pour la protection et les assurances ouvrières, en particulier surtout dans la propagande pour l'établissement de la loi des fabriques, entrée en vigueur en 1877.

Au 7e Congrès du 6-8 novembre 1880, à Olten, la Ligue ouvrière fut dissoute. A sa place furent créés la *Fédération suisse des Syndicats professionnels* et un *Parti socialiste suisse*. Comme organe commun des deux organisations parut, à partir du 1er janvier 1881, à la place du *Tagwacht (Le Réveil)*, paru depuis 1869-1870, l'*Arbeitorstimme (La Voix de l'Ouvrier)*.

Avant de donner quelques détails sur la Fédération syndicale suisse, il est nécessaire de parler ici encore d'une forme d'organisation que l'on ne rencontrera pour ainsi dire pas, sous une forme semblable, à l'étranger. Les Bourses du Travail françaises en sont peut-être l'approchant. Ce sont les *Unions ouvrières* locales, qui, dans quelques cantons se sont développées en Unions cantonales. Elles sont constituées par les syndicats, la section ou les sections de l'endroit, de la Société du Grütli, et autres sociétés ouvrières, sociétés ouvrières générales, sociétés ouvrières allemandes, sociétés de femmes, unions d'ouvriers italiens, etc.

Au point de vue politique, la plupart de ces Unions adhèrent au socialisme La politique qu'elles soutiennent est une politique socialiste. Elles mènent

---

(1) Ainsi appelé du mont Rütli (ou Grütli), où, d'après la légende, fut fondée, il y a 6.700 ans, la Ligue des Suisses confédérés.

la campagne de la classe ouvrière aux élections et aux votes, dans le domaine communal, cantonal ou fédéral. Au point de vue syndical, elles réprésentent de préférence les intérêts communs aux différents syndicats d'un même endroit. La célébration locale de la fête du 1er mai est aussi le fait des Unions ouvrières locales.

Beaucoup d'Unions ouvrières sont généralement, avec leurs membres de nationalité suisse, membres officiels des *partis ouvriers socialistes cantonaux*. La plupart des Unions ouvrières ont désigné un journal ouvrier déterminé comme leur organe, ou publient elles-mêmes un journal.

Les *Unions ouvrières* de Berne, Zürich, Bâle, Winterthur, Saint-Galles, Lucerne entretiennent par leurs propres ressources, sans subvention de l'État ni des communes, des *secrétariats ouvriers* qui ont pour objet de donner des renseignements dans toutes les questions intéressant le travail, d'activer l'organisation et la propagande économiques et politiques, d'intervenir dans les conflits entre ouvriers et patrons, de recueillir des renseignements sociaux, de rédiger les pétitions aux pouvoirs publics, etc.

L'organisation nationale des syndicats de Suisse est la *Fédération suisse des syndicats professionnels* (comme la C. G. T. est celle de France), elle comprend presque toutes les fédérations d'industrie ou de métier de Suisse. Jusqu'en 1898, l'*Arbeiterstimme* était l'organe officiel commun de la Fédération des syndicats et du parti socialiste suisse, et, pendant de longues années d'ailleurs, le seul organe socialiste suisse. Peu à peu, en plusieurs endroits, des organes socialistes furent fondés et l'extension du mouvement syndical rendit nécessaire une *division du travail*. On fit donc de l'*Arbeiterstimme* un organe exclusivement syndical, mais elle n'a jamais cessé de soutenir la cause du socialisme. Vers 1898 aussi, et surtout par l'initiative du secrétaire ouvrier suisse, Greulich, une tendance se manifesta pour placer les syndicats suisses sur un terrain *neutre*, tant au point de vue politique qu'au point de vue religieux.

Une Union de ce genre, neutre politiquement et confessionnellement, existe déjà depuis 1887, à savoir dans la *Nouvelle Ligue ouvrière suisse* qui se compose des sections de la Fédération des Syndicats, des sections de la Société du Grütli, des caisses ouvrières de maladie, des organisations des employés de chemins de fer, des sociétés ouvrières chrétiennes, en un mot, de toutes les organisations ouvrières de Suisse qui veulent adhérer. Cette nouvelle Ligue ouvrière doit sa création aux efforts faits pour établir un *secrétariat ouvrier suisse*, subventionné par la Confédération. Une subvention de ce genre a été demandée parce qu'il existait déjà en Suisse des secrétariats pour le commerce et l'industrie, et pour l'agriculture. Ce secrétariat ouvrier a donc été établi, et il reçoit une subvention annuelle de 25.000 francs. A côté du secrétaire ouvrier travaillent, au bureau de Zürich, deux adjoints, et, en outre, un adjoint a son siège à Biel, et un autre à Genève, (Jean Sigg). Tous les trois ans a lieu un Congrès ouvrier où sont traitées toutes les questions fédérales se rapportant à la politique sociale, et où l'on procède à l'élection du secrétaire ouvrier et du comité confédéral qui conduit les affaires.

A un de ces Congrès ouvriers, en 1898, la question de la neutralité vint en discussion. Le camarade Greulich réussit, par son éloquence, et en dépit de l'opposition du camarade Fürholy qui était l'autre rapporteur, à faire voter les assistants en faveur de la neutralité syndicale, qui fut défendue en même temps par un représentant des ouvriers chrétiens, le professeur Becle, de Fribourg. Il se trouva une grosse majorité en faveur de la résolution de neutralité.

Au Congrès de la Fédération des Syndicats, en 1900, on résolut, en application de cette résolution, de changer les statuts de la Fédération. Le passage qui indiquait précédemment que la Fédération des Syndicats *se lient sur le terrain du socialisme*, fut effacé, et le programme formulé comme suit, dans les deux premiers articles :

BUT ET ÉTENDUE

ARTICLE PREMIER. — En présence de la forte et complète organisation du patronat, industriels et artisans, une organisation également forte et complète de la classe ouvrière est nécessaire. Par elle seule, cette dernière pourra :

Revendiquer et exercer son droit de collaboration lors de la fixation du contrat et des conditions de travail ;

Maintenir et améliorer ses conditions d'existence ;

Défendre et augmenter ses biens moraux et les droits de l'homme ;

Participer d'une manière convenable aux richesses croissantes de la société ;

Travailler, comme membre autonome, au développement de la société.

ART. 2. — Pour atteindre ce but, la Fédération suisse des syndicats professionnels devra s'étendre à toutes les organisations syndicales et professionnelles de la Suisse, afin d'augmenter, par une centralisation bien comprise, la puissance des Fédérations et sociétés locales et de rendre effective la solidarité de la classe ouvrière de la Suisse tout entière.

De même, les différentes Fédérations qui avaient indiqué dans leurs statuts qu'elles adhéraient aux principes du socialisme, s'accommodèrent à cette résolution et effacèrent ce passage. Mais nous devions faire, avec la neutralité, de tristes expériences.

Les promesses des représentants des ouvriers chrétiens d'amener leurs adhérents à nos syndicats, désormais neutralisés, non seulement ne furent pas tenues, mais bien au contraire, du côté chrétien, on multiplia les efforts pour fonder des syndicats chrétiens. Des deux parts, on se reprocha le manquement à la parole donnée. On fit même à la rédaction de l'*Arbeiterstimme* le reproche d'écrire, après comme avant, dans le sens socialiste, ce qui d'ailleurs était bien la vérité, mais ne pouvait être l'objet d'aucun reproche.

Dans nos syndicats, la situation est demeurée la même qu'auparavant : aucun ouvrier n'est tenu de faire une profession de foi politique ou religieuse, mais le fait est que la plus grande partie de nos syndiqués sont socialistes.

Au Congrès de la Fédération des Syndicats, en 1904, à Lucerne, on chercha à faire admettre les organisations chrétiennes comme organisations à part dans la Fédération des Syndicats ; les chrétiens devaient payer annuellement une somme globale à la Fédération. A une grosse majorité, la proposition fut repoussée.

Au Congrès de la Fédération syndicale qui s'est tenu à Bâle, à Pâques dernier, les statuts furent de nouveau changés. Une modification a été introduite simplement dans l'article 2, où il est dit maintenant :

> Pour atteindre ce but, la Fédération suisse des syndicats professionnels devra s'étendre à toutes les organisations syndicales et professionnelles de la Suisse, *constituées sur le terrain de la lutte de classe...*

Dans l'esquisse historique que nous venons de faire des rapports du mouvement politique avec le mouvement syndical, on peut remarquer que dans ces deux domaines du mouvement ouvrier suisse, il a toujours existé une collaboration harmonieuse, qui, aujourd'hui encore, dure sans être troublée. Dans la Suisse française, il est vrai, quelques syndicats, influencés par le mouvement antiparlementaire et le conflit entre syndicat et parti qui existent en France, se sont laissés entraîner à prendre position contre notre tactique. De ce côté aussi, on a fait de la propagande pour l'action directe. Mais il n'a pas été fait d'application pratique de l'action directe, et les dernières luttes de salaires dans la Suisse française ont enseigné à beaucoup d'ouvriers qu'ils doivent se plier à notre tactique, à celle qui consiste à travailler sans trêve à l'organisation.

La bonne entente entre l'organisation politique et l'organisation syndicale de la Suisse s'est exprimée à tous les Congrès du parti et des syndicats par ce fait que des invitations mutuelles étaient adressées de comité à comité, et que des *actions communes* étaient décidées. La *collaboration intime entre le parti et les syndicats* ne s'est pas manifestée seulement dans les Congrès politiques ou syndicaux, mais encore dans les faits. A l'occasion des votes sur les projets de lois qui touchent la classe ouvrière, lors des initiatives de lois et des referendum, les deux organisations ont agi en commun.

Au dernier Congrès du Parti, à Olten, et au précédent, à Zürich, des résolutions furent introduites par des représentants des syndicats et adoptées par les délégués, invitant les travailleurs sous les armes (les miliciens) à refuser l'obéissance, s'ils étaient compris dans des convocations pour les grèves et s'ils recevaient l'ordre de tourner leurs armes contre leurs frères.

Un manifeste édité et signé en commun par les Comités de la Fédération suisse des syndicats et du parti socialiste suisse, manifeste dans lequel il est protesté contre les convocations de troupes en cas de grèves, se terminait par l'appel suivant, qui constitue un programme commun d'action :

> Mais seules, les protestations ne suffisent pas. Prenons à cœur les paroles de nos précurseurs, de Marx et d'Engels : « L'émancipation des travailleurs de l'esclavage du salariat ne peut être que l'œuvre des travailleurs eux-mêmes. » *Que chaque travailleur professionnel se fasse un devoir de faire partie de son syndicat et que chaque syndiqué s'organise sur le terrain politique.*
>
> Ce n'est que par l'action commune de notre organisation politique et économique que nous parviendrons à améliorer nos conditions de travail et de salaire, ce n'est qu'ainsi qu'il nous sera possible de faire bon usage de nos droits et de nos libertés politiques. Réveillons les ouvriers endormis, amenons-les à la conscience de classe, cherchons à organiser les ouvriers étrangers qui viennent dans notre pays et avilissent les salaires, participons aux élections et aux votes dans un sens de véritable et saine politique sociale, cherchons à faire entrer dans les corps législatifs des représentants du peuple producteur, alors les représentants de la classe des exploiteurs seront obligés de quitter leur siège et une nouvelle ère de liberté et de justice pourra commencer.

F. Thies.

Deuxième Année.   N° 19.   Novembre 1906.

Vingt Centimes

La Revue

Syndicaliste

MENSUELLE

SOMMAIRE

PARIS

PUBLICATIONS DE LA SOCIÉTÉ NOUVELLE DE LIBRAIRIE ET D'ÉDITION

(Anc' 17, rue Cujas)

ED. CORNÉLY et C'°, ÉDITEURS

101, RUE DE VAUGIRARD, 101

Paraissant le 15 de chaque mois.

France : Un an . . . . 2 fr. **40** | Étranger : Un an . . . . . . 3 fr.
  —   Six mois. . . . . . 1 fr. **20** | —   Six mois. . . . . 1 fr. **50**

Les abonnements partent de mai et de novembre.

Nous serons reconnaissants aux camarades de nous envoyer le montant de leurs abonnements par mandat-poste, pour éviter les frais de recouvrement.

Prière d'adresser tout ce qui concerne la rédaction ou l'administration au camarade Albert Thomas, administrateur-délégué de la *Revue Syndicaliste,* 101, rue de Vaugirard, Paris.

Administration

Le nombre de nos abonnés croît en ce moment avec continuité. Malgré la grève, malgré l'interruption de douze semaines, dont nous avons souffert, malgré la gêne de beaucoup de camarades après les grèves de mai dernier, nous avons très sensiblement dépassé le nombre d'abonnés que nous avions à la fin de notre première année. Les encouragements que les camarades ne cessent de nous donner nous convainquent de l'utilité de notre effort. Nous le poursuivrons.

Mais nous ne pouvons dissimuler que la Revue ne couvre pas encore ses frais, qu'il nous faut encore, cette année, recourir aux souscriptions de camarades. A mesure que notre œuvre s'étend, nos frais augmentent : frais de services, frais de correspondance, frais d'annonces, frais de composition, car nous voici souvent contraints, par l'abondance de la copie et l'importance des événements, à substituer le 8 au 9, à faire des numéros de 32 pages, voire même de 64, comme ce numéro d'Amiens qui nous a presque ruinés.

Nous demandons aux camarades de nous aider, moins par des souscriptions qu'en nous faisant des abonnements, en nous achetant des collections, en achetant nos brochures.

Car nous avons déjà une brochure, et nous aurons bientôt notre *Collection de la Revue syndicaliste.*

Nous avons réuni, sous le titre *Parti et Syndicats,* dans une élégante brochure à *vingt centimes,* les réponses à notre enquête sur les rapports entre les Syndicats et le Parti socialiste, dans les différentspays. On y trouvera les réponses contenues dans notre supplément au numéro 18 ; l'article de Quist et *une partie* de l'article de Middleton, insérés dans le présent numéro ; *mais, en outre, des réponses de Keir Hardie, pour l'Angleterre ; de Hueber, pour l'Autriche ; et de C. A., pour l'Italie, où, comme on sait, d'importantes décisions, tout récemment, ont été prises au Congrès syndical de Milan et au Congrès socialiste de Rome.*

Nous demandons à nos camarades de nous prendre le plus possible de ces brochures. Nous comptons bientôt en publier d'autres.

Deuxième Année.   N° 19.   Novembre 1906.

La Revue Syndicaliste

ABONNEMENT	Paraissant	ABONNEMENT
✖	le 15 de chaque mois.	✖
Un an......... 2 fr. 40	Le numéro : 0 fr. 20	Un an......... 2 fr. 40
Six mois....... 1 fr. 20		Six mois....... 1 fr. 20

NOTRE TÂCHE

Voici le Congrès confédéral passé : on trouvera plus loin le texte des résolutions les plus importantes qui y furent prises. Au jour le jour, ou plutôt au mois le mois, nous serons certainement amenés à reprendre, les uns ou les autres, la plupart de ces résolutions : elles embrassent, en effet, tout le champ de l'action syndicale. Nous voudrions, aujourd'hui, simplement tenter de définir, d'après les débats mêmes d'Amiens, la situation générale de la Confédération et rechercher ainsi dans quelles conditions nous pouvons désormais poursuivre notre tâche.

Au lendemain de Bourges, on avait coutume d'opposer les syndicats réformistes aux syndicats révolutionnaires, les partisans de l'action directe aux partisans de l'action parlementaire, les légalistes aux contempteurs de la loi, les majorités mutualistes aux minorités conscientes, les centralistes aux fédéralistes, que sais-je encore ? Les distinctions, dans leur outrance, valaient ce qu'elles valaient : elles n'en étaient pas moins fort en faveur. Dès sa naissance, la *Revue Syndicaliste* fut du réformisme, de la droite ! — Va pour la droite !

Après deux ans, l'on a pu constater à Amiens que ces oppositions s'étaient plutôt atténuées, que ces distinctions s'étaient estompées. Les partisans de l'action directe, en fait et parfois même en paroles, ont reconnu que la loi ne manquait point toujours de fécondité révolutionnaire ; les partisans des réformes légales avaient de tous temps avoué que l'intervention directe de la classe ouvrière était nécessaire pour imposer l'application des lois. On n'a point retrouvé, à Amiens, la lutte des deux tendances, des deux méthodes, si opposées, au dire de certains, qu'elles devaient s'exclure. Pour un peu, cette fois, l'on n'aurait plus parlé — on connaît la formule — que de « différences de tempéraments ».

C'est au mouvement de mai, c'est aussi à la proposition du Textile, qu'il faut faire remonter ce résultat. La proposition du Textile a amené un déclassement : elle a démontré que tel anti-réformiste n'était pas on ne peut plus soucieux de l'autonomie syndicale ; elle a prouvé aussi que parmi les réformistes comme parmi les révolutionnaires, il se trouvait des partisans aussi décidés — quoique souvent pour des raisons diverses — de l'indépendance absolue de l'action syndicale. Elle a prouvé que, dans la Confédération grandissante, la traditionnelle opposition avait vécu, et qu'il y avait désormais un fond de principes communs, suffisamment nets, pour que des groupements nouveaux puissent se former, groupements passagers, accidentels, sur telle ou telle question, sans que l'unité générale pût être jamais menacée, comme elle l'était par l'antagonisme constant de deux méthodes qu'on s'acharnait à opposer. En ce sens, la Confédération sort du Congrès d'Amiens plus forte, plus cohérente, qu'elle ne l'était au lendemain de Bourges.

Est-ce à dire qu'il n'y a pas eu à Amiens de tendance prédominante ? En aucune manière. Le Congrès d'Amiens a marqué une nouvelle victoire des syndicalistes révolutionnaires, des *leaders* de la Confédération, de ceux que, dans les polémiques anciennes, on appelait en bloc les anarchistes. C'est à une forte majorité que furent adoptés les rapports de la Section des Fédérations, de la Section des Bourses, et même encore de la *Voix du Peuple*, malgré l'opposition d'extrême-gauche, si l'on peut dire, qui se manifesta... contre son modérantisme. C'est leur ordre du jour, l'ordre du jour de Griffuelhes qui a été voté sur les relations entre la Confédération et les partis politiques ou les sectes philosophiques. C'est pour la défense de leur conception que le Congrès a posé ses conditions au syndicalisme international. C'est leur théorie du syndicalisme révolutionnaire qui a été habilement introduite, même dans des ordres du jour que leur allure générale ou leurs conclusions pratiques rendaient acceptables pour presque tous. Et c'est parce que leur doctrine générale se trouvait exagérée et faussée dans l'ordre du jour Yvetot sur l'antimilitarisme et l'antipatriotisme que cet ordre du jour n'a recueilli qu'une majorité relative et discutée. Oui, c'est bien une victoire nouvelle du syndicalisme révolutionnaire. A quoi bon nier les faits ?

Mais il importe de préciser cette victoire ; il importe surtout de préciser ce qu'est, ce que devient le syndicalisme révolutionnaire.

Le syndicalisme révolutionnaire s'est affirmé à Amiens comme *méthode* ; il n'a pas voulu — il n'aurait pas pu — s'affirmer comme *parti*. Par la résolution Griffuelhes, le but révolutionnaire de transformation sociale, d'expropriation capitaliste et de suppression du salariat s'est trouvé unanimement accepté : il est inscrit, d'ailleurs, dans les statuts mêmes de la Confédération. Il était à peine besoin de rappeler que, dans l'esprit de tous les syndicalistes français, le syndicalisme « prépare l'émancipation intégrale ». Par la même résolution, la méthode par excellence du syndicalisme révolutionnaire, la méthode de la grève générale, a été acceptée par la presque unanimité des congressistes d'Amiens. Mais, d'autre part, en reconnaissant à ses membres la liberté de militer dans d'autres organisations politiques, d'être anarchiste ou socialiste — et le choix, forcément, s'arrête là, puisqu'un radical-socialiste même nie plus ou moins la lutte de classes, et répudie la suppression du patronat, — en reconnaissant, dis-je, cette liberté d'appartenir à des *partis*, la Confédération a reconnu qu'elle n'était pas un *parti*, pas même, — n'en déplaise à Pouget, — le parti du Travail.

Et si l'on veut comprendre tout le prix de la distinction, il suffit de se reporter aux débats du Congrès socialiste de Limoges, aux deux interprétations contradictoires qui y furent données des débats d'Amiens, à celle des partisans de la motion du Tarn, à celle des partisans de la motion du Nord. Les uns ont reconnu dans la résolution Griffuelhes une résolution de *méthode* ; les autres, se souvenant surtout de nombreuses déclarations antérieures et de précédents historiques beaucoup plutôt que des débats récents, ont dénoncé la Confédération comme un *parti*, opposé au parti socialiste, et dont l'action était dirigée contre la sienne.

Ce sont, à mon sens, les premiers qui ont raison ; et ils se sont trouvés en majorité à Limoges. Envisageant le mouvement prolétarien dans son ensemble, ils ont affirmé que la Confédération, organisation économique ayant le même but final que le Parti socialiste, ne pouvait contrecarrer l'effort de cette dernière organisation, organisation surtout politique. Ils ont affirmé que les deux *méthodes* de révolution ne pouvaient s'opposer ; ils ont affirmé, enfin, leur confiance en la nécessité, la fatalité d'une « libre coopération ». Et je crois qu'ils ont sainement apprécié la situation actuelle.

Mais il n'en reste pas moins vrai que la tendance existe qui pousse la Confédération à devenir un parti politique au sens large du mot, un vaste parti socialiste antiparlementaire. C'est l'idée avouée de quelques hommes, et qui s'entendent merveilleusement à pousser leur pointe particulière dans la bataille générale, comme ces héros d'Homère qui attirent toute la mêlée de la bataille vers le Dieu ou la Déesse qu'ils veulent atteindre et faire rentrer dans l'Olympe.

On s'est beaucoup plu, ces derniers temps, à évoquer les souvenirs des luttes entre Marxistes et Bakouninistes dans l'Internationale. On s'est rattaché à l'une ou à l'autre tendance. Il aurait mieux valu remonter quelques années plus loin dans le passé, à l'époque de la première Internationale, où tous, marxistes, proudhoniens, trade-unionistes anglais, etc., collaboraient librement à l'œuvre d'organisation économique, tout en menant séparément, et selon leurs méthodes propres, leurs batailles politiques. A tout prendre, l'inspiration serait meilleure. Et il importe qu'on ne soit pas mal inspiré pendant les mois qui vont suivre. Car le fait est là, la résolution est là qui invite le Comité confédéral, si la question de la grève générale n'est pas posée à la prochaine Conférence internationale des syndicats, à entrer en relations avec les différentes organisations nationales, c'est-à-dire à fonder bientôt un nouveau centre de relations internationales, c'est-à-dire à opposer une nouvelle Internationale syndicale à l'ancienne, c'est-à-dire à refaire les scissions des Marxistes et des Bakouninistes.

On me dira que j'exagère, que nous n'en sommes pas là. Mais je dis qu'il faut y veiller ; je dis qu'il faut mettre en garde nos camarades de la Confédération contre cet entraînement. Ils iraient, ce faisant, contre la résolution même d'Amiens, si précieuse pour l'unité du mouvement ouvrier.

Nous aurons certainement à revenir sur toutes les questions résolues à Amiens. Dans un monde aussi vivant que le monde syndical, aucune question n'est jamais tout à fait résolue. Mais nous avons tenu à signaler dès maintenant, tout à la fois, la fécondité et les dangers des résolutions du dernier Congrès.

Ces vues précisent notre tâche. Nous craignons qu'après leur victoire d'Amiens nos camarades syndicalistes révolutionnaires ne se trouvent entraînés de plus en plus, et malgré eux, à donner à la Confédération un caractère de parti. Tous les syndicalismes étrangers, dans leur évolution, aux moments de leur croissance, ont été ainsi plus ou moins entraînés ; et nous redoutons que des attaques injustes n'accentuent cette évolution. Nous craignons également que l'affirmation du but final — affirmation dont nous nous réjouissons, car elle indique que le vieux corporatisme, uniquement dominé par des préoccupations égoïstes et immédiates, est dès maintenant, chez nous, périmé, — nous craignons, dis-je, que cette affirmation ne nuise un peu à la défense professionnelle, au « petit travail quotidien », comme disent nos camarades d'Allemagne. C'est par la défense professionnelle, méthodiquement poursuivie, c'est par les fortes organisations, par les hautes cotisations, par toute la cohésion donnée à l'ensemble des ouvriers d'un métier, qu'on peut le mieux préparer la transformation sociale.

Il est de fait qu'aujourd'hui, de tous côtés, on éprouve ce besoin de reviser la théorie traditionnelle du syndicalisme : Bringmann, en Allemagne, Niel, à Amiens, et beaucoup d'autres ont dit combien cette revision était nécessaire. Jean Grave a commencé, dans les *Temps nouveaux*, une étude sur ce sujet; Kampffmeyer, dans des articles de la *Metaller-beiter Zeitung*, qu'il réunira sans doute en volume, esquisse une théorie d'ensemble du mouvement ouvrier, et voici qu'à son tour, le revisionniste par excellence, notre ami Édouard Bernstein, commence une série d'études sur le syndicalisme dans les *Sozialistische Monatshefte*. Nous nous efforcerons ici, pour notre modeste part, de contribuer à cet important mouvement d'études. Nous le ferons au jour le jour, avec ces sentiments de tolérance et de cordialité qui restent le souvenir le plus précieux de nos journées d'Amiens.

Albert Thomas,

LA PROTECTION LÉGALE DES TRAVAILLEURS

Les Conventions internationales

Aussi passionnée que soit l'hostilité d'une fraction des travailleurs français contre la législation sociale, aussi forte que soit leur défiance, cela n'empêchera pas, et avec raison, l'immense majorité du monde ouvrier et des autres parties de la société de recourir à l'intervention de l'État pour la réalisation de certaines améliorations d'ordre général, ou pour la suppression de certains abus devant lesquels l'initiative privée se déclare impuissante.

C'est parce que cette législation protectrice a paru nécessaire que l'Association internationale pour la protection légale s'est créée en 1900. Depuis cette époque, elle a fait de la besogne utile : ses décisions, élaborées au cours de ses assemblées générales, ont fourni les éléments qui ont servi de base aux conventions signées à Berne, en septembre dernier, par les principaux États de l'Europe.

La première de ces conventions, à peu près conforme au protocole arrêté à Berne en avril 1905, porte interdiction du travail industriel de nuit des femmes dans les entreprises occupant plus de dix ouvriers et ouvrières, exception faite pour les ateliers de famille.

Cette convention a été signée par quatorze États : l'Allemagne, l'Autriche, la Belgique, le Danemark, l'Espagne, la France, la Grande-Bretagne, la Hongrie, le Luxembourg, les Pays-Bas, le Portugal, la Suède et la Suisse.

La mise en vigueur est fixée au 1er janvier 1911.

La seconde convention porte interdiction de l'emploi du phosphore blanc dans l'industrie des allumettes, à partir du 1er janvier 1911. Sept États seulement ont adhéré à cette convention ; ce sont : l'Allemagne, le Danemark, la France, l'Italie, le Luxembourg, les Pays-Bas et la Suisse.

Je me contente de mentionner ces deux conventions ; les journaux en ont publié le texte complet au moment où elles ont été signées par les plénipotentiaires et nous en avons parlé lors de leur élaboration. Il suffit de signaler le fait que l'action internationale pour la protection légale des travailleurs ne se réalise pas avec 'a facilité que l'on pourrait désirer. Bien des ménagements sont nécessaires, car les intérêts industriels et commerciaux sont prompts à s'effaroucher.

Quatrième Assemblée générale de l'Association internationale pour la protection légale des travailleurs

C'est du 27 au 29 septembre dernier, à Genève, que l'Association internationale a tenu sa quatrième assemblée, peu de jours après le beau résultat obtenu à la conférence de Berne, dont il vient d'être question. Cette assemblée ne pouvait travailler sous de plus heureux auspices.

Treize États étaient représentés. Pour la France, MM. Fontaine, directeur de l'Office du Travail ; Millerand, député ; l'abbé Lemire, député ; Raoul Jay, professeur de droit ; Ivan Strohl, industriel ; Fagnot, de l'Office du Travail ; Lorin, Martin-Saint-Léon, Alfassa et Keufer.

La place qui m'est réservée ici est trop limitée pour que je puisse y faire une appréciation des travaux de l'Assemblée ; je me borne donc à indiquer les résolutions qui ont été votées, celles du moins qui peuvent intéresser les lecteurs de la *Revue syndicaliste*.

Les sections ont été chargées d'élaborer des rapports sur l'application des lois du travail et sur le travail des enfants. Des résolutions ont été prises concernant le travail de nuit des jeunes ouvriers : ce travail sera interdit d'une manière générale jusqu'à 18 ans ; l'interdiction sera absolue jusqu'à 14 ans. En ce qui concerne la durée maxima de la journée de travail, l'association a été d'avis que des conventions internationales devaient être établies ; et, pour se prononcer en connaissance de cause, elle demande à ses sections des rapports sur ce sujet également. En ce qui concerne le travail à domicile, l'Association a estimé, là encore, nécessaire l'action des pouvoirs publics. Elle a invité ses sections nationales à réclamer de leurs gouvernements des mesures légales, édictant l'obligation, pour les entrepreneurs, de tenir à jour un registre des personnes qu'ils emploient, et d'avoir un tarif régulier et affiché des prix de façons ; elle les a invitées, en outre, à poursuivre l'extension aux travailleurs à domicile de l'inspection du travail et des assurances sociales, et à provoquer la formation de syndicats professionnels et de ligues sociales d'acheteurs. Heureuse du résultat déjà obtenu par l'interdiction du phosphore blanc, l'Association va continuer son action contre tous les poisons industriels ; elle vient d'entamer une nouvelle campagne contre les composés du plomb et elle continuera pour les autres intoxications. Enfin, les sections auront encore à présenter des rapports, pour aider à réaliser, par une entente internationale, le principe de l'égalité des nationaux et des étrangers au point de vue de l'assurance ouvrière.

Ces diverses résolutions, élaborées en Commission, laissent une lourde besogne à accomplir à l'Office international siégeant à Bâle, et à la prochaine assemblée générale qui se tiendra également en Suisse, en 1908.

Congrès international pour la lutte contre le chômage
tenu à Milan les 2 et 3 octobre 1906.

Il est toujours intéressant d'enregistrer, aussi modestes qu'en soient les résultats, les efforts accomplis en vue d'améliorer les conditions sociales du prolétariat, pour mettre un terme ou pour atténuer ses souffrances.

C'est évidemment dans cette intention que la *Societa Umanitaria*, de Milan, a organisé le Congrès international contre le chômage, tenu dans cette ville les 2 et 3 octobre 1906.

La *Societa Umanitaria* est une institution qui ressemble beaucoup au *Musée social* de Paris. Elle a été fondée à la suite de la généreuse donation d'un philanthrope, M. Loria. Il serait intéressant de mentionner les résultats obtenus, le but poursuivi par cette institution. Aujourd'hui, je me bornerai à dire quelques mots de ce Congrès et des résolutions qui y ont été prises.

De nombreux rapports avaient été imprimés et distribués avant la tenue du Congrès ; c'était une excellente préparation pour la discussion, car des rapporteurs généraux étaient désignés pour conclure : 1° sur les causes du chômage ; 2° sur les conséquences ; 3° sur les remèdes.

M. Varlez, de Gand, dont la compétence en cette matière est indiscutable, était l'un des rapporteurs.

Différents États étaient officieusement représentés, et un certain nombre de professeurs d'économie sociale et politique ont pris part aux travaux du Congrès, composé de plus de 200 délégués. La Bourse du travail de Paris était représentée ; le syndicat des dames comptables de Paris, celui des fleuristes y avaient envoyé des déléguées. Le syndicat typographique de Paris, la Fédération française du Livre y avaient des représentants.

Les discussions ont été courtoises et fort intéressantes. Plusieurs orateurs ont fait retomber le chômage, qui sévit durement sur de nombreux travailleurs et les voue à la misère, sur le mauvais état de l'organisation sociale, et, pour eux, le remède ne se trouvera que dans la suppression du mal ou de la cause, c'est-à-dire la suppression de la société capitaliste.

Mais enfin, quelle que soit la cause, la société n'est pas encore changée, et il ne suffit pas de proclamer un principe absolu, il faut résumer la question en une formule pratique.

Les délégués ouvriers, réunis à part, ont proposé au vote du Congrès la motion suivante :

I

« Le Congrès, considérant que son devoir est, avant tout, de rechercher les moyens aptes, non à supprimer le chômage, mais à en atténuer les conséquences, décide de s'abstenir de toute résolution sur la recherche de ses causes premières ; affirme que les mesures les plus capables de le réduire proviendront de l'action que l'organisation ouvrière exercera sur les horaires, les salaires, le contrat de travail, la répartition du travail au soin des groupes ouvriers, les formes diverses de la coopération et de la mutualité ouvrières ; qu'une seconde série de mesures efficaces pourra être obtenue par une pression politique exercée sur l'État et les Corps locaux, et il émet le vœu que l'intervention des pouvoirs publics prenne les formes suivantes : exécution, dans toutes les industries, de relevés statistiques périodiques du chômage ; constitution, dans les centres les plus populeux, de bureaux de placement mixtes gratuits pour les métiers où le fonctionnement du placement n'est pas directement réglé par les parties intéressées, et coordination internationale des bureaux de placement ; organisation de l'assurance, soit obligatoire, soit facultative, avec répartition des frais qu'elle comporte entre l'État, les employeurs et les ouvriers ; faciliter le crédit aux groupes ouvriers, surtout en vue de locations collectives ; subventions de l'État, des provinces et des villes aux Caisses de chômage ouvrières. »

Approuvé par la majorité des votants ; quelques abstentions.

II

« Le Congrès affirme que l'État est tenu d'affecter au développement des travaux publics et de l'agriculture les sommes attribuées aujourd'hui au budget de la guerre, afin d'atteindre, par le défrichement de toutes les terres incultes, à une augmentation de la production et à un plus grand emploi de la main-d'œuvre agricole. »

Je le répète, la discussion a eu un caractère élevé et les idées les plus diverses se sont exprimées librement. Seulement, beaucoup d'orateurs ont oublié qu'il ne s'agissait pas de formuler des principes, de résoudre le problème social, mais bien de rechercher les moyens pratiques pour remédier à un mal dont souffrent tant de travailleurs.

Il serait bien téméraire d'affirmer que ce Congrès, le premier qui se soit organisé en vue d'étudier et d'essayer de résoudre ce gros problème, ait réussi. C'est, en tous cas, un premier et louable effort ; il sera certainement suivi.

Auguste KEUFER.

LE MOUVEMENT A L'ÉTRANGER

Le Congrès de Mannheim

La question « Parti et Syndicat » a été déjà souvent traitée depuis qu'il existe un mouvement ouvrier allemand. Mais elle l'a été d'une manière toute particulière pendant les derniers dix-huit mois, après que le Congrès syndical de Cologne se fut prononcé contre la grève générale (1). Ce n'est pas l'usage — heureusement — dans le mouvement ouvrier allemand, de discuter comme dans un salon : cependant, on en vint, dans les discussions sur ce problème, à des conflits fâcheux qui, souvent, dégénérèrent en querelles personnelles. Plus d'une fois, l'on put même redouter que de pareilles querelles ne portassent sérieusement dommage au mouvement ouvrier.

Il s'agissait principalement de savoir si le mouvement syndical devait être traité comme une partie indépendante du mouvement ouvrier ou s'il devait se subordonner au Parti social-démocrate. Pour pouvoir se former un jugement sur cette question, il est nécessaire qu'on se représente les conditions politiques au milieu desquelles doit se développer le mouvement ouvrier allemand. On sait qu'il n'y a pas, en Allemagne, de loi uniforme sur les associations, mais que chacun des vingt-six États fédéraux a une loi particulière sur les associations, à l'exception de quelques petits États où le régime des associations et des réunions n'est point du tout défini par la loi. Ces lois datent, sans exception, du milieu du siècle précédent, c'est-à-dire d'une époque où la réaction était, en Allemagne, pire qu'aujourd'hui même, et où le mouvement ouvrier était encore si faible qu'il lui fut impossible d'obtenir une modifications de ces lois. Elles tendaient toutes, d'ailleurs, à mettre des entraves à tout mouvement libéral. On sait que l'effort des auteurs de ces lois a complètement échoué. Le mouvement ouvrier allemand a prouvé qu'il peut surmonter tous les obstacles qui lui sont opposés par le gouvernement et les autorités dans le but d'empêcher sa croissance. Il a réussi à trouver les formes d'organisation qui permettent aux travailleurs d'échapper aux lacs de la législation sur les associations. Les formes d'organisation s'accommodent simplement aux différentes lois, et l'on peut dire que ces dernières n'opposent plus au mouvement ouvrier d'obstacles un peu sérieux que dans de petites localités de contrées arriérées. Dans les grands centres, à fortes organisations, la soumission aux prescriptions de la loi est une gêne beaucoup plus pour les autorités policières que pour le mouvement ouvrier.

D'après toute une série de lois sur les associations, les associations qui s'occupent de questions politiques ne peuvent accepter dans leur sein ni

---

(1) Cf. *Revue Syndicaliste*, 2ᵉ année, p. 121.

femmes, ni mineurs, ni apprentis. Bien plus, jusqu'en 1900, ces associations ne pouvaient se fédérer. Or, comme il est tout à fait nécessaire pour les syndicats qu'ils puissent accepter aussi des femmes et des jeunes gens, et qu'ils puissent s'étendre sur toute l'Allemagne, ils durent s'abstenir de toute action politique officielle. Il ne leur fut donc pas possible de poursuivre déclarément la réalisation du socialisme. Ils durent plutôt limiter leur activité à améliorer, autant que possible, les conditions de salaires et de travail de leurs membres à l'intérieur de la société capitaliste mais en employant des moyens qui, au moins, ne créent aucun obstacle à la réalisation du socialisme. Les syndicats durent donc, en un mot, se résoudre à observer la « neutralité politique », et à abandonner aux associations politiques l'action socialiste particulière. De même, il sembla qu'il était tout à fait prudent de tenir les syndicats à l'écart des controverses religieuses. Le seul point commun aux deux organisations fut qu'elles se plaçaient également sur le terrain de la lutte de classe.

Ainsi s'établit entre les syndicats et le Parti socialiste une vraie division du travail, qui se manifesta encore plus clairement lorsque les syndicats développèrent leur système d'assurances mutuelles et que leur influence croissante sur les conditions du travail leur imposa des tâches de plus en plus nombreuses qui, à la vérité, n'étaient pas toujours de nature socialiste, mais intéressaient vivement leurs membres. On peut donc penser que même si les lois réactionnaires sur les associations n'avaient pas existé, cette division du travail, issue de la nature des choses, se serait imposée au cours du temps. Pour l'action politique de la classe ouvrière, il n'y a point besoin de divisions en groupes corporatifs : le mécanicien peut agir à côté du tailleur, le tisserand à côté du forgeron, etc. En outre, le travailleur encore inconscient, indifférent, se sent plutôt attiré au Syndicat qu'au Parti, parce que le premier est plus capable de lui apporter des avantages matériels que le second, dont les efforts tendent à un idéal encore assez éloigné, hélas !

L'éducation de l'ouvrier allemand conscient se fait habituellement de la manière suivante : attiré par les avantages matériels en perspective, il adhère à son Syndicat. Le Syndicat, par ses conférences, par son organe corporatif, par sa bibliothèque, par la continuelle rencontre avec des camarades animés des mêmes préoccupations, développe son éducation, surtout dans le domaine économique. Il sort peu à peu de son ancienne inconscience et commence à considérer d'un œil critique les différents partis politiques. Selon son intelligence et son intérêt, il voit plus ou moins rapidement que pas un parti politique bourgeois ne veut sérieusement et ne peut représenter sans réserve et expressément ses intérêts politiques. La conscience de son devoir s'éveille en lui : il entre à la section socialiste de sa circonscription et participe selon ses forces à l'action politique de la classe ouvrière, qui a pour but de remplacer le mode de production capitaliste par le mode socialiste et, jusqu'à la réalisation de cet idéal, d'introduire des mesures législatives qui soient propres à améliorer le sort des travailleurs.

Comme j'ai eu l'occasion de le dire naguère (1), c'est dans ces toutes dernières années que nos syndicats ont atteint leur plus grand accroissement de membres. Il va de soi qu'une très grande partie de ces membres se trouve encore dans la période de début de l'évolution que nous venons de décrire et n'a pas encore reconnu que c'est le devoir de tout ouvrier conscient d'être aussi membre d'une section socialiste, de s'abonner à un des 63 organes du parti et de participer avec zèle à l'action politique. C'est un fait regrettable, mais indéniable, qu'il y a d'une part 1 million et demi d'ouvriers syndiqués et de l'autre seulement 400.000 organisés politiquement. En outre, on ne peut contester l'existence de ce danger, à savoir que ceux qui s'occupent exclusivement de syndicalisme ou exclusivement de politique et négligent — soit par manque de temps, soit pour toute autre raison — l'autre partie du mouvement ouvrier, tombent, avec le temps, dans une certaine étroitesse de vues qui peut finalement causer quelque dommage au mouvement. Il s'est trouvé ainsi de nombreux camarades du parti pour affirmer précisément que cette étroitesse de vues était particulièrement remarquable chez les fonctionnaires syndicaux. Ces craintes étaient exagérées. Mais d'autre part, les camarades du parti, qui formulaient cette critique contre les fonctionnaires syndicaux, ne voyaient point qu'eux-mêmes, les critiqueurs, et avec eux certains autres camarades qui s'occupaient exclusivement ou presque exclusivement de politique, n'étaient pas exempts d'étroitesse de vues. Oui certes, et l'on peut affirmer que les syndicalistes comprennent beaucoup mieux la vie du parti que maint *Nurparteiler* (occupé seulement du parti) ne comprend l'action syndicale.

Si fâcheuse que soit cette situation, il apparaîtra, à quiconque réfléchit, qu'elle était fatale. L'accroissement des syndicats dans les dernières années imposait à leurs *leaders* une telle masse de nouveaux devoirs et une telle quantité de travail que beaucoup d'entre eux, en dépit de leur bonne volonté, ne pouvaient agir politiquement comme il eût été souhaitable.

Puis se produisirent les évènements que j'ai racontés dans mon article « La grève générale et les syndicats allemands ». D'autres divergences d'idées se manifestèrent sur la nécessité du chômage le jour du 1er Mai. Jusqu'en 1904, chaque année, aux congrès du parti, la classe ouvrière fut invitée à suspendre le travail partout « où cela était possible sans dommage matériel ». Mais cette éventualité de dommage matériel devenait plus certaine d'année en année. Que les organisations patronales décidassent chaque année, en grand nombre, d'exclure les ouvriers chômeurs pendant un certain nombre de jours, c'était encore là le moindre mal. C'est celui, en tous cas, que la classe ouvrière pouvait supporter le plus facilement. Mais pire est le dommage qui provient pour les ouvriers de ce que les syndicats, par suite du chômage du 1er Mai, ne peuvent à cette époque rien entreprendre pour le bien de leurs membres. Ce furent les idées qu'on exprima au congrès syndical de Cologne. Mais après que ce Congrès eut provoqué, dans quelques milieux du parti, un

---

(1) Page 122.

mouvement de mécontentement contre les fonctionnaires syndicaux, il ne peut paraître étonnant qu'à Iéna la résolution accoutumée sur la fête de mai fût accentuée : l'invitation à cesser le travail partout où il n'y avait point de dommage matériel à redouter fut transformée en une invitation à cesser le travail « partout où cela était possible ». Et cette accentuation indéniable fut surtout bien marquée par la manière dont une série d'organes du parti entreprirent la propagande en faveur du chômage. A les en croire, les membres du parti auxquels il était impossible de chômer le 1er Mai ne devaient plus être considérés du tout comme de vrais camarades du parti. Les conséquences fâcheuses d'une pareille agitation ne se sont pas fait attendre. De nombreux patrons en sont venus à considérer le chômage au 1er Mai comme une rupture de contrat, et il s'est trouvé au moins un tribunal industriel, celui de Hambourg, pour soutenir cette vue et condamner à des dommages-intérêts les travailleurs inculpés. Les patrons, dans la reliure, prirent le chômage comme prétexte pour se libérer de contrats collectifs qui leur étaient désagréables. Ils déclarèrent, en de nombreux endroits, que le chômage constitue une rupture de contrat et que le tarif conclu n'avait plus désormais aucune valeur pour eux. Ils jugèrent le moment favorable pour dicter à leurs ouvriers des conditions de travail plus mauvaises. La conséquence fut un long combat qui a atteint l' « Union des relieurs » de telle manière qu'elle aura besoin de plusieurs années pour se remettre. Les ouvriers électriciens de Berlin ont été frappés de la même façon.

Si l'on se rappelle, d'autre part, ce que nous avons dit de la grève générale et des syndicats allemands dans la *Revue syndicaliste* de septembre, il apparaîtra clairement que la situation réclamait d'être éclaircie. On y est arrivé sur plus d'un point au Congrès du Parti à Mannheim. Le Congrès a comblé les espérances que nous avions exprimées ici, et déçu ceux qui escomptaient une scission dans le mouvement ouvrier. Le mot d'ordre du Congrès fut : « Assez de querelles, de quelque côté qu'elles proviennent ! » Sans doute, les vives discussions n'ont pas fait défaut à Mannheim ; mais tous les orateurs, sauf de très rares exceptions, ont manifesté clairement leur effort pour servir la cause et rechercher ce qui unit plutôt que ce qui divise.

Le rapporteur sur la grève politique de masses fut de nouveau, cette année, le camarade Bebel. A Iéna, il s'était agi de faire entrer la grève générale parmi les moyens de lutte du prolétariat allemand. A Mannheim, il s'agissait de combattre les fausses interprétations que l'on avait données, de divers côtés, de la résolution d'Iéna. Il s'agissait, en outre, d'examiner les possibilités d'application de la grève de masses. Ce fait explique que Bebel qui avait parlé à Iéna comme un agitateur enflammé, parla au contraire, à Mannheim, avec tant de prudence et de calme, que différents orateurs crurent voir une contradiction entre ses deux discours. Ce n'était cependant point exact. S'il se manifesta une différence entre ses deux discours, elle tenait exclusivement au changement de situation. Cette fois, son discours fut

un vif démenti adressé aux camarades qui avaient tiré de la résolution d'Iéna
cette conséquence « que ce serait bientôt le grand coup » et qui avaient
propagé la grève politique de masses d'une manière qui faisait craindre que
la classe ouvrière ne fut détournée du travail pratique du présent, aussi bien
dans le domaine politique que dans le domaine économique. Bebel expliqua
que pour pouvoir mener une grève en Allemagne ou en Prusse, avec chance
de succès, nous devions être autrement armés que nous ne l'étions présentement et que nous ne pouvions l'être de longtemps : aussi le Comité directeur
devait-il protester contre l'opinion de quelques camarades, à savoir que nous
aurions dû risquer la grève de masses, même avec la certitude d'être vaincus.
Une telle action, continua Bebel, serait un non-sens et amènerait une débâcle.
Il serait inconcevable de commencer une grève de masses sans que les
masses y soient disposées, *et l'état d'esprit dont peut sortir une grève générale
ne se crée point artificiellement*. On a pu le voir lorsqu'au milieu d'août
dernier, les chefs de la social-démocratie russe ont décidé la grève générale
à une majorité des deux tiers. Cette grève générale échoua, parce que la
grande majorité des ouvriers et des organisations ouvrières déclarèrent
qu'ils n'y prendraient point part. Ce fait devrait être une leçon digne de
remarque pour ceux qui croient que la grève générale peut se faire à tout
moment. Si un attentat est projeté contre le suffrage universel, ou si l'on
veut ravir aux travailleurs le droit de coalition, « alors, dit Bebel, il n'y a pas
à se demander si nous *voulons*; alors, nous le *devons*. Les droits que nous pos-
sédons, nous ne les laisserons pas prendre, car nous serions de tristes et
misérables sires. A ce moment, il n'y a plus à marchander ni à discuter.
Nous devons tous marcher au feu, dussions-nous rester sur le terrain ». Mais
ce qu'il a dit à Iéna garde sa valeur : « Avant que nous nous engagions dans
de grandes batailles, nous devons d'abord sérieusement organiser, faire de
la propagande, éduquer politiquement et économiquement l'ouvrier, le rendre
conscient et capable de résister, l'animer pour le moment où nous devrons
lui dire : « Tu as à jouer le tout, parce que c'est une question vitale qui se
pose pour toi, comme homme, comme père de famille, comme citoyen. » Au
nom du comité directeur tout entier et de la commission de contrôle, Bebel
déclara donc : « Nous soutenons que la grève de masses est nécessaire,
*mais nous ne nous laisserons pas pousser à une pareille grève, de quelque côté
que vienne la provocation* ». Quant à la question des syndicats et de la grève
de masse, on a exprimé, dit-il, l'idée que la résolution de Cologne est contradictoire à celle d'Iéna. Il ne veut rien dire à ce sujet, mais il se réjouit de
rappeler que les discussions des comités syndicaux (à la conférence de
février, dont le procès-verbal a été livré à la publicité par la trahison des
anarcho-socialistes) ont montré qu'en dépit de tout ce qui fut dit de désagréable sur le parti, nous nous sommes beaucoup mieux entendus qu'il ne
semblait possible après Iéna.

Le contre-rapporteur, le camarade Legien, président de la commission
générale des syndicats allemands, s'occupa des discussions de la commission générale et du Comité du parti à propos de la grève politique de

masses et de tout ce qui en sortit. Sur la question de la grève de masses, il déclara qu'il considérait, pour l'instant, comme une erreur de s'arrêter à un moyen de combat déterminé. Mais il est faux aussi, continua-t-il, de considérer la résolution de Cologne comme dirigée contre la grève de masses. A l'excuse de ceux qui ont attaqué cette résolution (1), il faut dire ou qu'ils ne l'ont pas lue ou qu'ils ne l'ont pas comprise. Dans la résolution de Cologne, ce qui se trouve repoussé, c'est la *propagande* de la grève de masses. *Mais si l'on en vient réellement à la grève de masses, alors les syndicats se trouveront au premier rang*. Il ne s'agit ici encore que d'assurer l'unité entre le parti et les syndicats.

Ces deux discours rencontrèrent une grande approbation. Bebel avait déposé une résolution d'après laquelle le Congrès se bornait à confirmer la résolution d'Iéna. Legien y apporte un amendement, marquant que la résolution de Cologne n'était pas en contradiction avec elle. Bebel accepta l'amendement au nom du comité directeur et de la commission de contrôle. Le camarade Kautsky avait proposé d'apporter à la deuxième partie de la résolution une addition qui était propre à remettre de nouveau en question tout le travail d'unité accompli à Mannheim. Il y avait, dans cette addition, une phrase disant que les camarades du parti devaient se sentir liés par les résolutions du Congrès, aussi bien dans leur action syndicale que dans toute autre action. Ce que nous avons dit plus haut suffit à montrer le dommage qui aurait pu résulter de cette addition pour le mouvement ouvrier allemand. Kautsky a montré, par son amendement, qu'on peut avoir beaucoup de mérite dans le domaine théorique, et être tout à fait étranger à ce qui concerne la pratique du mouvement. Il fut facile aux contradicteurs de saper ses arguments. Bömelburg (président des maçons), et Reichel (2ᵉ président des ouvriers en métaux) parlèrent avec efficacité. Devant cette opposition, Kautsky retira la phrase incriminée ; et le reste de son addition qui, à la vérité, était superflu, mais ne pouvait nuire, devint le deuxième paragraphe de la résolution.

Au vote, l'amendement Bebel-Legien (I, alinéa 1) fut voté par 323 voix contre 62. L'ensemble de la résolution, y compris la première partie de l'addition Kautsky, fut adopté avec 386 voix contre 5. La résolution eut donc le texte suivant :

« I. — Le Congrès confirme la résolution d'Iéna sur la grève politique de masses, et, après avoir reconnu que la résolution du Congrès syndical de Cologne n'est pas en contradiction avec la résolution d'Iéna, considère comme close toute discussion sur le sens de la résolution de Cologne.

« Le Congrès recommande encore une fois, et avec une insistance particulière, à l'attention de tous, les résolutions qui ont trait au renforcement et à l'extension du parti, à la diffusion de la presse du parti, à l'entrée des membres du parti dans les syndicats, des syndiqués dans le parti.

---

(1) Cf. le texte de la résolution : *Revue Syndicaliste*, loc. cit. p. 121.

« Aussitôt que le Comité directeur tient pour nécessaire une grève politique de masses, il doit se mettre en relations avec la Commission générale des syndicats et prendre toutes les mesures utiles pour assurer le succès de cette action.

« II. — Les syndicats sont absolument nécessaires pour améliorer la situation de la classe ouvrière dans la société bourgeoise ; ils ne sont pas moins nécessaire que le Parti socialiste, qui a à mener la bataille pour pour relever la classe ouvrière et lui assurer des droits égaux à ceux des autres classes dans le domaine politique, mais qui, outre cette besogne immédiate, tend à libérer la classe ouvrière de toute oppression et exploitation par l'abolition du salariat et par l'organisation d'un système de production et d'échange reposant sur l'égalité sociale de tous, c'est-à-dire de la société socialiste, — but auquel l'ouvrier syndiqué conscient doit nécessairement tendre. Les deux organisations doivent donc s'aider mutuellement et collaborer dans leurs luttes.

« Pour donner aux actions qui intéressent également les syndicats et le Parti une direction uniforme, les directions centrales des deux organisations doivent chercher à s'entendre.

« Mais, pour assurer cette unité de pensée et d'action du Parti et des syndicats, qui est indispensable pour la victoire de la lutte de classes prolétarienne, il est nécessaire que le mouvement syndical soit guidé par l'esprit de la social-démocratie. C'est le devoir de tout camarade du Parti d'agir en ce sens. »

Tout le débat eut lieu dans le plus grand calme, et en toute objectivité. Seule la camarade bien connue, Rosa Luxembourg, apporta une note discordante, qui fut bientôt étouffée.

Les dispositions pacifiques qui régnaient dans le Congrès se manifestèrent encore d'une autre manière. Malgré les vilenies dont s'étaient rendus coupables, vis-à-vis du mouvement ouvrier en général, les localistes, on ne prit pas de mesures contre eux. Il fut décidé de tenter encore une fois d'obtenir leur réunion aux syndicats centralisés sur les bases d'une résolution prise en 1901, par un Congrès du parti. Si cette tentative ne réussit pas, le parti aura dans son prochain Congrès à prendre enfin des mesures.

Le prochain Congrès ouvrier international ayant à prendre position sur le chômage du premier mai, aucune nouvelle résolution ne fut prise.

Comme nous l'avons dit, nous pouvons, d'une manière générale, envisager avec une vive satisfaction tout le cours de ce Congrès. Les divergences d'opinion ne disparaîtront pas dans l'avenir. Elles sont le signe d'un mouvement vivant et qui prospère. Mais il faut espérer qu'à l'avenir le Congrès restera comme un modèle de la manière selon laquelle de telles divergences doivent être traitées. C'est seulement ainsi que les paroles du discours de clôture de Singer peuvent devenir vérité. Il disait, en effet :

« Camarades ! De même que le Main et le Neckar s'écoulent tous deux dans le grand et puissant fleuve du Rhin, de même Parti et Syndicat sont deux affluents de ce grand fleuve où viennent se jeter tous les affluents du mouvement ouvrier prolétarien. De même que les deux rivières se réunissent et finalement se confondent dans un même puissant courant, de même les syndicats et le parti politique se réunissent dans tous les cas où il s'agit des intérêts de la classe ouvrière, des intérêts du prolétariat. »

A. QUIST,
de l'Union des Ouvriers en métaux d'Allemagne.

Congrès corporatifs anglais

Les deux principaux événements qui ont marqué le mouvement trade-unioniste anglais en octobre ont été les Congrès annuels de la Fédération des Mineurs et des Employés de chemins de fer. Les succès de la classe ouvrière aux élections générales de janvier ont eu un effet différent sur l'attitude de chacune de ces organisations, à l'égard de la tactique politique indépendante adoptée par le récent mouvement ouvrier, et à un moindre degré à l'égard du mouvement socialiste caractérisé qui est né dans notre pays. Les mineurs ont été les pionniers de la représentation trade-unioniste dans les corps politiques anglais ; ils ont été, pendant une période considérable, représentés à la Chambre des communes par des membres de leur métier. Depuis 1874, les députés mineurs ont siégé au Parlement, mais ont constamment soutenu le parti libéral, leur sympathie personnelle pour les traditions libérales les ayant empêchés de prendre cette position indépendante qui est devenue la base même du nouveau mouvement ouvrier. Une section seulement des mineurs s'est définitivement associée au Parti ouvrier et les deux membres qu'elle a envoyés au Parlement travaillent et votent avec le nouveau parti. Le reste des députés mineurs, à la Chambre des communes, bien qu'ayant formé un groupe trade-unioniste avec d'autres élus, de sympathies *labour-liberal,* continuent d'être considérés comme une aile du gouvernement libéral.

Après les élections générales et l'influence qu'elles donnèrent au Parti ouvrier indépendant, fort désormais de trente députés, il fut décidé qu'un vote serait organisé dans la Fédération des Mineurs à l'effet de savoir si elle s'affilierait formellement au nouveau mouvement, si elle contribuerait à sa caisse, et si elle insisterait pour que ses membres se joignissent au parti indépendant. L'annonce du résultat de ce vote a été le gros événement du Congrès des Mineurs à Swansea. On apprit que dans les districts du Pays de Galles, de l'Écosse et du Yorkshire, de même qu'en Lancashire et en Cheshire (la section déjà affiliée au parti ouvrier) là sympathie pour le nouveau mouvement était très vive. Les deux districts de Northumberland et Durham qui, tout récemment encore, étaient opposés au Bill des huit heures, ne font pas partie de la Fédération, et, par suite, ne furent pas consultés sur la question de l'affiliation au parti ouvrier. On avait prévu que les autres districts repousseraient la proposition, surtout en raison de la vive opposition manifestée par plusieurs des leaders anglais, et dans l'ensemble on ne s'attendait pas à ce que le vote fut favorable à l'affiliation. Les évènements justifièrent ces prévisions, mais il y eut un désappointement général en présence du petit nombre de votes exprimés dans les deux sens ; ce qui rendit la consultation presque sans valeur au point de vue pratique. Sur un total de 487.000 membres, 193.936 seulement prirent la peine de voter ; 92.222 votèrent en faveur de la nouvelle politique et 101.741 pour le maintien du système actuel dans ses traits principaux. Dans plusieurs districts, les majorités en faveur de l'affiliation furent suffisamment nombreuses pour les amener probablement à se joindre aux forces ouvrières comme sections distinctes, et cela à une date peu éloignée. Il est reconnu de tous les côtés que le résultat est trop indéfini pour être décisif, et la petitesse de la majorité a surpris un tant soit peu les vieux trade-unionistes qui suivent le sentier battu de la politique « ouvrière libérale ».

Pour une grande part, l'opposition à l'affiliation fut causée par l'insinuation que le nouveau parti ouvrier était aux mains des socialistes. En vérité, le parti est composé à la fois d'organisations socialistes et de Trade-Unions, et un certain nombre de ses membres sont des socialistes déclarés ; mais le fait que les deux groupements avaient accepté la plateforme commune de l'indépendance politique fut diligemment passé sous silence, et le croque-mitaine du socialisme fut évoqué devant les mineurs, comme un mal qu'ils devaient éviter.

Par une curieuse ironie des circonstances, cependant, après que le vote eut été annoncé et qu'il devint clair que, pour le moment, une association plus complète avec le parti à tendances socialistes était impossible, le Congrès inaugura ses travaux et adopta à l'unanimité une résolution demandant la *nationalisation* des mines et des carrières !

Le Bill des huit heures provoqua une discussion intéressante au même point de vue. Il y a des années que le Bill a été voté par des Parlements successifs, mais comme gouvernements sur gouvernements ont également négligé d'en faire une loi, aucun progrès n'a été fait, l'excuse à cette inaction étant invariablement l'opposition des sections du Nortlumberland et de Durham. Récemment, cependant, les ouvriers de Durham ont changé d'attitude, pendant que l'opinion changeait dans le reste du district, et l'on espérait avec confiance que le présent gouvernement aiderait au passage du Bill à cette session. Ce fut donc avec des sentiments variés que la décision prise par le secrétaire d'État de l'Intérieur, ministre libéral, de renvoyer le Bill à une commission spéciale chargée d'examiner les conséquences économiques de cette mesure, fut reçue par les mineurs radicaux, partisans du Gouvernement. Les leaders qui s'étaient plus particulièrement engagés dans la propagande en faveur de la tactique de l'indépendance désignèrent dans l'échec de la réforme l'habituelle méthode libérale en matière de réformes industrielles, et un long et vigoureux débat eut lieu à ce sujet au Congrès.

On doit faire des démarches auprès du secrétaire d'État de l'Intérieur pour lui demander de s'intéresser à la transformation du Bill en loi à la date la plus proche possible, mais il y a peu d'espoir d'un résultat efficace. Ce sont des incidents de ce genre qui amènent une grande partie du peuple à voir la logique de la tactique indépendante. Il n'y a pas, en effet, le moindre doute à avoir : si les deux groupes ouvriers au Parlement étaient fondus en une seule unité indépendante, le gouvernement serait forcé de cesser co'badinage du constant ajournement des réformes.

Il résulte très clairement des chiffres du vote et du ton général des discussions au Congrès, que la foule des mineurs, à la suite de beaucoup de leaders, marche à grands pas dans la direction du socialisme. Nous avons un proverbe anglais qui dit que : « C'est un dur travail que d'apprendre de nouveaux tours à un vieux chien », et il est en effet difficile pour les vieux leaders des mineurs, qui ont été depuis des années les disciples de l'école libérale, de voir la pleine signification du nouveau mouvement. C'est à la jeune génération que le nouvel idéal et la nouvelle tactique parlementaire en appellent, et dans plusieurs centres l'accroissement du sentiment trade-unioniste va de concert avec le développement heureux de la propagande socialiste. C'est dans les South Wales, où les mineurs trade-unionistes ont cessé le travail afin de forcer leurs camarades non unionistes d'adhérer à l'Union qui, elle, assure à *tous* les meilleures conditions de travail et les meilleurs salaires, c'est, disons-nous, dans ce district précisément que la diffusion de la foi socialiste est le plus heureusement poursuivie.

*_**

Pendant que les mineurs réglaient ainsi leurs affaires à Swansea, les employés de chemins de fer étaient réunis de même dans la ville voisine de Cardiff. Ici encore, l'objet principal du Congrès fut la question de l'indépendance politique des trade-unionistes. Les employés de chemins de fer ont été représentés depuis plusieurs années au Parlement par leur secrétaire général, le député Richard Bell, qui, pendant un moment, fut adhérent au nouveau Parti ouvrier, mais qui a constamment refusé d'adhérer à la politique définie par ce Parti dans ses quatre derniers Congrès, politique selon laquelle ses candidats et membres du Parlement s'engagent à refuser tout concours aux candidats des autres partis politiques. En égard à l'habileté de Mr Bell, dans sa sphère particulière de politique industrielle, sa société a bien voulu lui permettre d'occuper la position de tirailleur, et le résultat de ses actes a été tel qu'il est considéré comme un soutien du parti libéral, pour les principes duquel il professe d'ailleurs la plus vive sympathie. Les trois autres candidats des employés de chemin de fer, cependant (deux d'entre eux ont gagné leurs sièges aux dernières élections), avaient rempli le souhait exprimé par la Société à son Congrès et étaient restés loyalement aux côtés du Parti ouvrier, au Parlement et en dehors, reconnaissant que les intérêts de leur propre groupe industriel seraient mieux servis par un Parti solide dont les membres agissent à l'unisson pour n'importe quelle question industrielle qui peut surgir. Or, depuis que Mr Bell a refusé ainsi de s'aligner avec le Parti ouvrier, il a gardé encore la sympathie d'un certain nombre d'employés de chemin de fer, quoiqu'il y ait peu de doute sur le fait que l'opinion prépondérante dans sa propre société soit contre ses principes.

La Commission exécutive de la Société avait proposé « que tous les candidats parlementaires dussent signer et accepter les conditions du Parti ouvrier et se soumettre à sa discipline parlementaire ».

Comme cela s'appliquait seulement aux candidats, distingués ainsi des membres du Parlement, cela n'avait aucune importance pour la position de Mr Bell jusqu'à ce qu'il revienne devant ses électeurs aux autres élections générales. Après une chaude discussion au cours de laquelle Mr Bell se plaignit de l'ingratitude de la Société pour son travail passé, la proposition fut votée par 37 voix contre 22. Deux ans auparavant, la même résolution fut rejetée par un double vote et l'an dernier elle eut le même sort, par une majorité de 14 votes. Ce changement prouve à l'évidence que les succès parlementaires du nouveau Parti ont saisi l'imagination de la grande masse des ouvriers de chemins de fer et qu'ils sont prêts à suivre le progrès du mouvement qu'ils ont le mérite d'avoir inauguré, il y a sept ans.

Plus tard, pendant le Congrès, une tentative fut faite pour forcer Mr Bell à adhérer au nouveau Parti ouvrier. On augmentait de la sorte le revenu de la Société en n'ayant plus à verser la somme de 200 livres par an que paierait la caisse du Labour Party, et on rendait aussi la position de Bell égale à celle des autres députés, employés du chemin de fer, MM. Wardle et Hudson. Cette proposition fut rejetée par une majorité considérable. Il fut clairement reconnu qu'après avoir permis à Mr Bell de faire sa campagne électorale en tirailleur, il aurait été injuste de le forcer à changer son attitude à présent, quoiqu'une justice strictement démocratique doive, à tout prendre, le contraindre de poursuivre la politique indépendante tracée par l'Union qui l'engage.

Profitant du moment où le monde politique était calme, la presse des Partis usa le mieux possible de l'allure anti-socialiste des deux Congrès. Le vote des mineurs fut traduit comme un recul décisif des socialistes, et Mr Bell, qui chercha à cacher les mérites ou démérites de son propre cas par de vives et fausses attaques contre le caractère de plusieurs membres socialistes du Parti ouvrier, fut salué par les journaux libéraux et conservateurs comme le seul sauveur du socialisme. La presse hurla littéralement aux socialistes et à leur foi politique, et les ministres du cabinet libéral rivalisèrent avec les leaders des Tories pour dénoncer les nouvelles doctrines collectivistes. Un résultat amusant de tout ce tumulte a été l'adhésion de la *Société libre ouvrière* (une organisation patronale et jaune) à l'attitude de ces leaders trade-unionistes qui, comme Mr Bell, s'opposent à l'union des socialistes et trade-unionistes dans le nouveau Parti ouvrier. Comme le prévoyait le socialisme trade-unioniste, toute cette magnifique publicité a porté la question du socialisme et de ses propositions pratiques devant un public plus étendu que celui que l'on aurait pu atteindre par aucun autre moyen, et le résultat, c'est que le mouvement socialiste défini comme il s'exprime dans l'I. L. P. (l'Independent Labour Party — qui n'est qu'une section du grand Parti ouvrier) augmente rapidement en nombre et en influence.

Pendant que les ministres du cabinet dénonçaient le socialisme et tout ce qu'il signifie, les membres d'une Commission spécialement choisie par le gouvernement, et dans laquelle siégeaient ces mêmes ministres, étaient occupés à considérer combien il est évidemment favorable de placer les canaux et les chemins de fer de l'Irlande sous le contrôle de l'État !

On semble porté, du côté des politiciens et des trade-unionistes de la vieille école, à répudier le socialisme, mais à accepter volontiers, ou tout au moins à envisager les puissantes installations de l'administration socialiste.

Pendant que le caractère politique du Trade-unionisme en Angleterre se trouve ainsi ajourné, industriellement des signes d'agitation se remarquent parmi les industries les plus qualifiées. Sur la Clyde, les chaudronniers et industries de même ordre ont suspendu le travail après s'être vu refuser une avance de salaires ; et l'on éprouve des difficultés dans les sections de mécaniciens à apaiser des conflits. J'ai déjà fait allusion à l'agitation des mineurs et je suis heureux de dire que leur action a réussi à gagner de larges adhésions à leur Union parmi ceux mêmes qui, désireux d'accepter tous les profits éventuels, se refusaient encore, cependant, à partager la responsabilité et à contribuer au soutien de l'Union. En raison des nombreux récits hostiles qui ont été publiés sur ces troubles miniers, il est bon que nos amis continentaux sachent que les propriétaires de mines refusent de traiter avec les Trade-unionistes en tant que corps, mais forcent la Fédération des Mineurs à répondre pour tous les travailleurs de la fosse.

Cette semaine, une de ces terribles explosions de mines qui manifestent aux yeux de tous les conditions de vie effrayantes des mineurs, a eu lieu à Wingate (Durham). Vingt-sept hommes sont morts ; plusieurs avaient déjà atteint un âge — quelques-uns avaient de soixante à soixante-dix ans — où un État plus bienveillant les aurait, au moyen de pensions, soustrait à la nécessité de continuer leur dangereux labeur. Le retour constant de ces calamités industrielles dans tous les pays industriels doit, dans quelque mesure, fortifier l'internationale parenté des travailleurs. Le désastre de Courrières provoqua chez les mineurs anglais les dispositions les plus généreuses envers leurs camarades français ; les liens de solidarité créés par nos sentiments de commune humanité seront ainsi entretenus et prévaudront dans l'avenir contre toute excitation militariste et tout conflit national que la presse capitaliste de l'un et de l'autre pays chercheraient à inciter.

G.-S. MIDDLETON,
Secrétaire-adjoint du Labour Party.

Londres, le 20 octobre 1906.

DÉCISIONS DE CONGRÈS

Nous commentons, par ailleurs, les Congrès d'Amiens et de Limoges; nous croyons que nos lecteurs nous seront reconna.ssants de reproduire ici les principales résolutions prises. Tous ne se procureront point, sans doute, les comptes rendus officiels; et l'on sait comme les journaux sont difficiles à conserver ou à consulter.

Syndicats et Partis politiques

RÉSOLUTION D'AMIENS

Le Congrès confédéral d'Amiens confirme l'article 2, constitutif de la Confédération générale du Travail, disant :

« La Confédération générale du Travail groupe, en dehors de toute école politique, tous les travailleurs conscients de la lutte à mener pour la disparition du salariat et du patronat. »

Le Congrès considère que cette déclaration est une reconnaissance de la lutte de classes qui oppose, sur le terrain économique, les travailleurs en révolte contre les formes d'exploitation et d'oppression, tant matérielles que morales, mises en œuvre par la classe capitaliste contre la classe ouvrière ;

Le Congrès précise, par les points suivants, cette affirmation théorique :

Dans l'œuvre revendicatrice quotidienne, le syndicalisme poursuit la coordination des efforts ouvriers, l'accroissement du mieux-être des travailleurs par la réalisation d'améliorations immédiates, telles que la diminution des heures de travail, l'augmentation des salaires, etc.... Mais cette besogne n'est qu'un côté de l'œuvre du syndicalisme : il prépare l'émancipation intégrale qui ne peut se réaliser que par l'expropriation capitaliste; il préconise, comme moyen d'action, la grève générale, et il considère que le syndicalisme, aujourd'hui groupement de résistance, sera, dans l'avenir, le groupe de production et de répartition, base de réorganisation sociale ;

Le Congrès déclare que cette double besogne quotidienne et d'avenir découle de la situation de salariés qui pèse sur la classe ouvrière et qui fait à tous les travailleurs, quelles que soient leurs opinions ou leurs tendances politiques ou philosophiques, un devoir d'appartenir au groupement essentiel qu'est le syndicat ;

Comme conséquence, en ce qui concerne les individus, le Congrès affirme l'entière liberté, pour le syndiqué, de participer, en dehors du groupement corporatif, à telles formes de lutte correspondant à sa conception philosophique ou politique, se bornant à lui demander, en réciprocité, de ne pas introduire dans le syndicat les opinions qu'il professe au dehors ;

En ce qui concerne les organisations, le Congrès déclare qu'afin que le syndicalisme atteigne son maximum d'effet, l'action économique doit s'exercer directement contre le patronat, les organisations confédérées n'ayant pas, en tant que groupements syndicaux, à se préoccuper des partis et des sectes qui, en dehors et à côté, peuvent poursuivre, en toute liberté, la transformation sociale.

RÉSOLUTION DE LIMOGES

Le 3ᵉ Congrès du Parti socialiste (Section française de l'Internationale ouvrière) ;

Convaincu que la classe ouvrière ne pourra s'affranchir pleinement que par la force combinée de l'action politique et de l'action syndicale, par le syndicalisme allant jusqu'à la grève générale et par la conquête de tout le pouvoir politique, en vue de l'expropriation générale du capitalisme ;

Convaincu que cette double action sera d'autant plus efficace que l'organisme politique et l'organisme économique auront leur pleine autonomie ;

Prenant acte de la résolution du Congrès d'Amiens, qui affirme l'indépendance du syndicalisme à l'égard de tout parti politique et qui assigne en même temps au syndicalisme un but que le socialisme seul reconnait et poursuit ;

Considérant que cette concordance fondamentale de l'action politique et de l'action économique du prolétariat amènera nécessairement, sans confusion, ni subordination, ni défiance, une libre coopération entre les deux organismes ;

Invite tous les militants à travailler de leur mieux à dissiper tout malentendu entre la Confédération du Travail et le Parti socialiste.

Relations syndicales internationales

Le Congrès, après avoir entendu critiques et réponses sur le passage du rapport relatif aux « rapports internationaux », approuve l'attitude du Comité confédéral d'avoir momentanément suspendu les relations avec le secrétariat international qui a refusé d'inscrire à l'ordre du jour des Conférences internationales, les questions de la grève générale, la journée de huit heures et l'antimilitarisme ;

Il invite le Comité confédéral à reprendre les relations avec le secrétariat international en demandant à nouveau l'inscription à l'ordre du jour des questions précédemment refusées.

Au cas où le secrétariat international s'y refuserait, s'abritant derrière la motion votée à Amsterdam, dont il ne voudrait pas demander l'annulation à la prochaine Conférence, le Comité confédéral est invité à entrer en rapports directs avec les centres nationaux affiliés, en passant par-dessus le secrétariat international.

Sur les Lois ouvrières en projet

Considérant que les lois ouvrières en projet, telles que celles sur l'arbitrage obligatoire, participation aux bénéfices, contrat collectif de travail, représentation dans les Conseils des sociétés industrielles, ont pour objet d'entraver le développement du syndicalisme et d'étrangler le droit de grève, et notamment diviser la classe ouvrière, en ne reconnaissant pas aux travailleurs de l'Etat les mêmes libertés qu'à ceux de l'industrie privée ;

Considérant que l'Etat-patron est tenu au même titre, si ce n'est davantage, que les patrons de l'industrie privée, et en vertu même des principes de liberté dont il se réclame, à laisser aux travailleurs de l'Etat la même liberté qu'aux travailleurs de l'industrie privée ;

Le Congrès proteste énergiquement contre tout projet qui les exclurait et repousse tous ceux qui auraient pour objet de diminuer les libertés ouvrières.

Considérant que le droit nouveau auquel nous aspirons et vers lequel tendent tous les efforts des Syndicats, Bourses du travail, Fédérations et C. G. T., ne peut sortir que des luttes ouvrières sur le terrain économique ; le Congrès invite les Fédérations à se préparer à faire une agitation énergique contre tout projet tendant à l'étranglement de l'action syndicale.

Propagande des huit heures

1° Continuation de la propagande en faveur de la journée de huit heures, de la diminution des heures de travail et du repos hebdomadaire ;

2° Création, conformément à ce qui fut fait au lendemain du Congrès de Bourges, et dans les mêmes conditions, d'une Commission prise au sein du Comité confédéral, commission qui prendrait le titre de : *Commission de propagande des huit heures et de la grève générale* ;

3° Lorsqu'il y aura lieu de procéder à un mouvement d'ensemble de la classe ouvrière et de fixer une date précise, le Comité confédéral aura pour devoir soit de procéder à un referendum, soit de convoquer les organisations à une conférence semblable à celle tenue à Paris les 5 et 6 avril derniers ;

4° Fixer, chaque année, une date à laquelle les travailleurs devront cesser le travail pour s'affirmer comme puissance en face du patronat.

Les travailleurs devront en profiter pour présenter leurs revendications, en donnant toujours à la journée de huit heures ou à la diminution des heures de travail le premier plan ;

Fixer cette date au 1er mai de chaque année ;

5° Engager chaque corporation, par l'organe de sa Fédération, à tenter, d'ici le prochain Congrès, un mouvement dans la corporation à la date qui lui serait la plus favorable, en se maintenant le plus près possible de la plate-forme : *Journée de huit heures ;*

6° Le budget de la Commission serait formé : d'une part, des cotisations volontaires des organisations ; d'autre part, d'une sur-cotisation égale à 10 o/o des cotisations statutaires, tant des Bourses du travail que des Fédérations.

Le Gérant : L. GERVAISE  Imp. coopérative ouvrière
de Villeneuve-St-Georges (S.-et-O.)

Deuxième Année.   N° 20.   Décembre 1906.

VINGT CENTIMES

La Revue Syndicaliste

MENSUELLE

SOMMAIRE

PARIS

BLICATIONS DE LA SOCIÉTÉ NOUVELLE DE LIBRAIRIE ET D'ÉDITION

(Anc¹ 17, rue Cujas)

ED. CORNÉLY et Cⁱᵉ, ÉDITEURS

101, RUE DE VAUGIRARD, 101

La Revue Syndicaliste

Paraissant le 15 de chaque mois.

France : Un an . . . . **2 fr. 40** | Étranger : Un an . . . . . . **3 fr.**
— Six mois. . . . . . **1 fr. 20** | — Six mois. . . . . **1 fr. 50**

Les abonnements partent de mai et de novembre.

Nous serons reconnaissants aux camarades de nous envoyer le montant de leurs abonnements par mandat-poste, pour éviter les frais de recouvrement.

Prière d'adresser tout ce qui concerne la rédaction ou l'administration au camarade Albert Thomas, administrateur-délégué de la *Revue Syndicaliste*, 101, rue de Vaugirard, Paris.

Administration

Nous saluons encore une fois avec joie la montée ininterrompue du nombre de nos abonnements. Le mouvement ne s'arrête pas. Que les camarades continuent leur effort, et la revue vivra bientôt d'elle-même et pourra se développer.

Achetez-nous des brochures, des collections ;
Envoyez-nous des listes d'abonnés possibles ;
Signalez nos articles dans les journaux, dans les revues, dans vos conférences ;

Et nous serons bientôt assurés de l'avenir. Le moment n'est pas loin où, comme une organisation déjà grande, nous pourrons publier notre nombre d'abonnés, notre budget.

Force nous est maintenant, avec nos correspondances de l'étranger et les nombreuses études qui nous parviennent, de renoncer à énumérer les faits les plus importants du mois, comme nous en avions coutume. Les comptes rendus succincts des congrès nous mangeaient énormément de place ; et leur brièveté même les empêchait d'être vraiment utiles. De même pour les grèves. Nous nous sommes donc résignés à ne publier désormais que des articles isolés, des monographies d'actualité ; mais annuellement ou semestriellement, nous publierons des revues d'ensemble soit des congrès, soit des grèves, qui, certainement, rendront des services.

Notes et nouvelles

Sous le nom de *La Solidarité*, une maison du Peuple a été fondée le 1er décembre, à La Chapelle, 13, rue des Roses, grâce à l'initiative de Victor Dal On y trouve des consultations juridiques, une clinique médicale et dentai une université populaire, un enseignement scientifique et industriel pratiq un enseignement social, un patronage laïque.

A la fin d'octobre a été tenu, à Londres, à la suite de l'Exposition du tr à domicile, et sur l'initiative de M. Cadbury, le fabricant de cacao éditeu *Daily News*, une conférence sur l'établissement d'un minimum de sal dans les travaux à domicile. Les syndicats anglais, invités à se faire rep senter, n'ont point boudé : 341 délégués sont venus représenter 1.955.296 me bres. Le principe du minimum de salaires a été adopté ; puis, une autre r lution tendant à l'interdiction du travail à domicile.

L'office impérial de statistique d'Allemagne vient de publier trois gr volumes sur les contrats de tarif, autrement dit les conventions collectives Allemagne. Nous reviendrons sur ces importants documents.

Deuxième Année.   N° 20.   Décembre 1906.

La Revue Syndicaliste

ABONNEMENT ❦	Paraissant le 15 de chaque mois.	ABONNEMENT ❦
Un an.......... 2 fr. 40		Un an.......... 2 fr. 40
Six mois....... 1 fr. 20	Le numéro : 0 fr. 20	Six mois....... 1 fr. 20

L'ENSEIGNEMENT PROFESSIONNEL

Cette question, qui a été discutée dans la dernière session du Conseil supérieur du Travail, est, sans conteste, d'un pressant intérêt. Quand les enfants ont fait choix d'une profession, ou quand les parents leur imposent ce choix, on connaît, pour ces derniers, la difficulté, pour ne pas dire l'impossibilité, de placer les premiers en apprentissage. La substitution du travail aux pièces au travail à la journée a rendu l'ouvrier avare de son temps : il ne perdra pas une minute pour donner des conseils ou un enseignement à un apprenti ; le patron, d'autre part, tient à obtenir de toutes ses machines-outils et de ses ouvriers le maximum de rendement : il ne prendra donc pas d'apprentis, ou, s'il en prend, ce sera pour les exploiter immédiatement, car il fait de l'apprentissage même une industrie.

L'enfant, le jeune homme, placé dans ces conditions, ne deviendra, le plus souvent, qu'un spécialiste malhabile, doutant de ses aptitudes, n'ayant aucune confiance en soi, soumis, par conséquent, et prêt à subir toutes les exactions, toutes les injustices, plutôt que d'abandonner l'atelier où il est maltraité, et redoutant, par avance, les affronts qu'il pourrait recevoir ailleurs.

Dans certaines professions qualifiées, telles que la mécanique, l'apprentissage ne se fait plus guère qu'en province — à l'exception de rares ateliers de Paris. Le jeune ouvrier change d'atelier ou voyage ensuite pour se perfectionner.

Or cet état de choses ne se développe point sans placer l'industrie française dans une situation inférieure en regard de l'Amérique, de l'Angleterre, de l'Allemagne et même de la Suisse. Les pouvoirs publics s'en sont émus. On a créé des écoles professionnelles. Mais ces écoles ne sont accessibles qu'à une minorité, et les fils d'ouvriers en profitent peu, car il faut — en général — avoir fait des études primaires supérieures pour y être admis. Bien plus, certaines de ces écoles donnent un enseignement professionnel si incomplet qu'elles ne font que des déclassés. Le recrutement des professeurs techniques ou maîtres-ouvriers en est une des causes. Il y a des maîtres-ouvriers qui ne manquent ni d'habileté ni de connaissances quand ils entrent dans l'enseignement, mais qui, avec le temps, se figent, s'ankylosent dans leurs procédés. De là la nécessité qu'il y aurait de les faire retourner dans un atelier de l'industrie privée, tous les trois ou cinq ans, pour refaire leurs connaissances et réacquérir leur tour de main. Plusieurs de ces maîtres-ouvriers n'ont pas touché un outil depuis 10 ans : comment peuvent-ils encore enseigner ?

Pour pallier à l'insuffisance des écoles professionnelles, puisque le nombre de leurs élèves est infime par rapport à ceux qui désirent apprendre la profession, l'initiative privée a organisé des cours du soir Les apprentis, leur journée terminée, y viennent chercher ce qu'on ne leur enseigne pas à l'atelier. Syndicats ouvriers, syndicats patronaux se sont piqués d'émulation et ont organisé, dans beaucoup de cas, des cours certainement intéressants. Mais comment ces cours sont-ils suivis, et dans quelles conditions ?

Les jeunes gens, des enfants encore, de 13 à 16 ans qui les fréquentent, s'en viennent là, après une journée de dix heures, épuisés par la fatigue de l'atelier — et on ne la leur épargne pas — à laquelle s'ajoute encore le trajet de l'usine à leur domicile et de leur domicile à l'usine, qui prend à certains deux heures par jour. Après un repos hâtif, ils se rendent au cours ; ils y luttent contre le sommeil, beaucoup y succombent ; les plus vigoureux seulement suivent tant bien que mal les leçons du professeur qui n'est d'ailleurs, bien souvent, qu'un professeur improvisé.

C'est cependant de 13 à 18 ans que le jeune homme peut s'assimiler le plus de connaissances ; mais le surmenage qu'il subit arrête son développement physique et intellectuel quand il n'altère ou ne ruine pas à jamais sa santé.

Voilà la lamentable situation des jeunes apprentis en France, inférieure en tous points à celle qui leur est faite à l'étranger. Les chefs d'entreprises, les industriels, mangent leur blé en herbe en dédaignant de se préoccuper de l'apprentissage, car la spécialisation à l'infini enlève toute souplesse d'adaptation aux ouvriers, et ils ne peuvent plus, comme naguère, passer d'un genre de travail à un autre. C'est cette main-d'œuvre sans souplesse qui nous rend tributaires des industriels étrangers pour les machines-outils, et les temps ne sont pas éloignés, peut-être, où il en sera de même pour l'automobilisme et d'autres produits.

Si les industriels ne voient pas le danger ou ne s'en préoccupent pas, les pouvoirs publics, eux, s'en sont émus. Un projet d'enseignement technique a été élaboré et soumis à l'étude du Conseil supérieur du Travail.

L'économie de ce projet consiste à organiser des cours techniques et à les rendre obligatoires pour les apprentis, pendant trois ans. Si les élèves apprentis satisfont à l'examen technique, ils pourront être dispensés d'une année ou deux de cours et recevoir le certificat de fin d'études.

Ces cours doivent avoir lieu pendant le temps du travail, c'est-à-dire que l'industriel qui occupe des apprentis ou des jeunes gens devra leur faire suivre ces cours pendant 8 heures au minimum par semaine, ces 8 heures étant prises sur les 60 heures que fournissent ces jeunes gens à l'atelier.

Les industriels qui organisent ces cours dans leurs établissements — cours qui seront soumis à l'inspection des fonctionnaires techniques et de commissions locales — seront dispensés d'envoyer leurs apprentis fréquenter les cours publics.

L'avantage de ce projet consiste surtout à diminuer le temps de travail pour les jeunes gens des deux sexes; il leur permet de compléter leur instruction primaire, ou tout au moins de conserver les connaissances acquises de 7 à 12 ou 13 ans, enfin d'apprendre la technique de leur métier. Il leur permet de n'être plus seulement des bras, mais de comprendre ce qu'ils font, de pouvoir interpréter un plan, un dessin, sans le concours de personne.

Quelques esprits chagrins ont vu ou verront dans ce projet une consolidation du régime capitaliste ou une source de nouveaux profits pour nos exploiteurs. S'ils avaient constaté l'hostilité unanime du côté patronal pour l'obligation de ces cours, leur opinion se serait sans doute modifiée; mais il n'importe : l'essentiel, pour nous, est de donner à l'apprenti, à l'ouvrier, à l'homme, au militant peut-être de demain, tout ce qui pourra assurer sa dignité, son indépendance — dans la mesure, du moins, ou un ouvrier peut être indépendant en régime capitaliste.

L'expérience nous démontre que ce sont les ouvriers qui, au point de vue professionnel, sont le plus sûrs d'eux, qui deviennent les meilleurs militants; leurs connaissances, leur assurance, leur tour de main font qu'ils supportent mal ou pas du tout les observations injustifiées. Leur maîtrise leur donne l'audace des initiatives de réclamations, de revendications ou de créations de syndicats, au sein de l'atelier ou au dehors.

Nous avons donc intérêt à faire aboutir le projet de loi sur l'enseignement technique. Tout ce qui élève l'ouvrier, tout ce qui augmente sa confiance en lui-même, le prépare en même temps à mieux supporter les vicissitudes de l'existence et à soutenir plus valeureusement les luttes nécessaires contre l'oppression capitaliste.   Pierre COUPAT.

LA MÉTHODE DE L'ACTION DIRECTE

Impressions d'un militant

La lutte que nous avons soutenue cette année pour la journée de huit heures et les neuf semaines de grève qui s'ensuivirent furent pour moi pleines d'enseignements. Il n'y a rien, de tel que l'expérience pour juger de la valeur de telle ou telle théorie, de telle ou telle méthode : c'est aux fruits qu'on reconnaît l'arbre. Et j'ai recueilli une riche moisson. J'en demande pardon aux camarades si je suis obligé — puisqu'il s'agit surtout d'impressions personnelles — d'user du « moi » haïssable. Mais les camarades des autres corporations seront à même de juger dans quelle mesure ces expériences peuvent être généralisées.

Notre camarade Arbogast ayant déjà rendu compte, dans un des précédents numéros de cette revue, de ce que fut, dans l'Ameublement, le mouvement pour les huit heures, et la *Revue socialiste* lui ayant également consacré une enquête, je puis me dispenser de revenir sur ces faits.

Ce qui m'a le plus frappé d'abord, c'est que dans une corporation (celle des sculpteurs sur bois, qui compte sur la place de Paris environ 2.000 ouvriers), où à peine un tiers des ouvriers étaient syndiqués avant le commencement de l'année, ce chiffre montait tout à coup, aux mois d'avril et de mai, à plus de 1.500, en sorte que le syndicat pouvait se flatter d'englober, au début de la grève, la grande majorité de la corporation. La discipline, la bonne volonté, l'esprit d'abnégation et de sacrifice étaient admirables; les plus optimistes n'auraient pas osé rêver une telle unanimité. Toute parole de critique inopportune ou de découragement fut évitée — comme si chacun en avait pris l'engagement — dans les assemblées générales. Pendant toute la durée de la grève, l'ordre de bataille fut parfait, jusqu'au bout, malgré les souffrances, malgré les privations croissantes que beaucoup supportaient avec un héroïsme touchant et muet.

Or, cet admirable mouvement s'est terminé par un échec complet, un échec tel que nous avons même perdu quelques conquêtes antérieurement faites, comme par exemple l'abolition du travail aux pièces, qui refleurit aujourd'hui de plus belle.

Les causes de cet échec sont multiples; les dire, c'est découvrir le mal dont souffrent la plupart de nos syndicats.

D'abord, dans le choix du comité de grève, chargé d'imprimer la direction à tout le mouvement, une trop grande place fut laissée au hasard, à la seule bonne volonté. Les impulsifs, les violents, l'emportèrent ainsi dès le début sur ceux qui prêchèrent (ou auraient eu la velléité de prêcher) la prudence. Et leur victoire fut d'autant plus facile que la masse des nouveaux arrivés était inexpérimentée en matière d'organisation et de stratégie syndicales. Venue juste à l'heure du branle-bas, elle croyait n'avoir rien à perdre, pas plus qu'elle ne se souciait des conséquences en cas d'échec ; elle demandait le plus possible à la fois et ne voulait rien savoir de concessions, rien entendre des difficultés économiques avec lesquelles il faut compter, qu'on le veuille ou non. Le syndicat, pour elle, n'était que l'engin de guerre dont on se sert le moment venu : s'il rend, tant mieux, sinon, au revoir ! En un mot, le *sentiment de la responsabilité,* c'est-à-dire le souci de conserver les positions acquises, le souci d'obtenir des conditions permanentes et d'en acquérir successivement d'autres, le souci d'inspirer par la continuité de l'effort la confiance et le courage à tous ceux qui pourraient ultérieurement venir augmenter la puissance du syndicat — tout cela, pour elle, n'existait pas. Au fait, comment aurait-il pu en être autrement, puisque toutes les conditions préliminaires permettant d'empêcher un faux départ faisaient défaut ?

Les partisans de l'action directe s'en plaindront peut-être : ils n'ont à s'en prendre qu'à eux-mêmes. N'est-ce pas eux qui, toujours, ont enseigné à la masse cette façon de comprendre le syndicat et l'action syndicale ? N'est-ce pas eux qui lui ont enseigné que le syndicat n'est qu'un instrument de guerre et que ce n'est point la peine d'organiser des caisses de grève et de solidarité ? Et pourtant, c'est là le seul moyen d'attacher au syndicat, d'une façon permanente, la masse des travailleurs d'une corporation et de faire ainsi son éducation.

Peut-on espérer, au moins, que ces camarades profitent de la leçon ? Ou bien la possibilité de diminuer ou d'augmenter les peines et les souffrances de milliers d'êtres humains ne leur dit-elle rien ? — « Nous n'avons fait et ne faisons qu'exécuter la volonté de la majorité, nous répondent-ils ; par conséquent, nous ne sommes pas responsables. » — Il faudrait pourtant s'entendre. N'est-ce pas vous, camarades, qui reprochez continuellement aux politiciens (et avec raison) de faire de la démagogie, c'est-à-dire de promettre des choses qu'ils savent ne pouvoir tenir, de flatter les instincts, les passions, dans le seul but d'avoir la majorité et d'être élus ? Eh bien ! faites-vous autre chose ? Vous ne cherchez point à être élus, sans doute ; mais, vous aussi, vous promettez beaucoup, beaucoup trop peut-être, à la masse ouvrière, avant et pendant ses mouvements.

Mais, nous direz-vous encore, pour entraîner les masses, il faut les prendre comme on peut ; et puis, il faut aussi, par l'éventualité du recours à la violence, faire peur aux patrons, aux bourgeois : c'est un moyen comme un autre de leur arracher des concessions ». Oui, je sais, il y a même des intellectuels de talent qui — passez-moi l'expression — s'esquintent les méninges pour inventer des théories justifiant cette tactique et qui, comme par une sorte de gageure frivole (1) s'offrent à fournir une philosophie « à tout ce qu'on voudra ». Quant aux responsabilités, ces rhéteurs n'en ont cure : elles ne les atteignent pas. Mais ce truc de faire peur aux bourgeois s'use vite, « ça ne prend plus » une fois éventé, et les effets de ce « machiavélisme »

---

(1) Voir, par exemple, dans le *Mouvement socialiste,* les articles de G. Sorel : *Essai d'une philosophie de la violence.*

se retournent alors contre les ouvriers, ces éternelles victimes, qui se trouvent avoir été bernés, une fois de plus, comme par de vulgaires politiciens.

Et ici, je parle encore d'expérience, puisque j'ai été à même de constater, de près, tous ces effets. En réalité, il n'y a rien de tel qu'un échec (et un échec est presque toujours fatal avec cette méthode, puisqu'on n'est pas en état de maintenir même ce qu'on a enlevé de haute lutte, l'organisation permanente faisant défaut), il n'y a rien de tel, dis-je, qu'un échec, pour diminuer et même démolir le *prestige* d'un syndicat. Autant par une méthode sage, par un aiguillage habile, nous aurions pu, avec une telle discipline, emporter un succès certain et, partant, fortifier ce prestige pour un long temps, autant, maintenant, l'autorité de notre syndicat est tombée. De tous côtés, je n'entends dans les ateliers que récriminations contre les meneurs, contre le syndicat : un tel disant qu'il ne « marchera » plus, tel autre « qu'il ne paiera plus ses cotisations puisque ça ne sert à rien » ; ou encore tel autre, victime de la vengeance patronale, se plaignant amèrement d'avoir été abandonné à son sort, etc... Bref, c'est à qui trouvera un bouc émissaire sur qui décharger l'amertume accumulée dans son cœur par tant de souffrances, de privations et d'espérances déçues. Reste une petite minorité de dévoués, de fidèles, qui devra maintenant péniblement recommencer le travail, et à qui il faudra peut-être des années avant que le syndicat puisse entreprendre, avec quelque chance de succès, une lutte nouvelle !

Voilà un des résultats, voilà l'œuvre de cette méthode de l'action directe tant prônée !

Je sais, d'autre part, que dans beaucoup de corporations, on peut observer les mêmes effets. Seulement, on ne le dit pas, de peur de fournir des armes à nos adversaires ou de décourager ceux qui, autour de nous, ont encore gardé quelque espoir. Il faut cependant que ces vérités soient dites, il faut qu'elles nous servent de leçon. En nous les cachant, à nous et aux autres, nous courrons le risque de retomber encore dans les mêmes errements, et l'éternel travail de Sisyphe qui en serait la conséquence finirait par dégoûter jusqu'aux plus héroïques.

Cette dernière remarque m'amène à signaler un autre vice inhérent à la méthode de l'action directe, je veux dire *l'impossibilité d'exercer des sanctions*. Voici, par exemple, un ou quelques camarades travaillant dans un atelier, à qui on impose des conditions qui dépassent la mesure compatible avec leur dignité d'hommes, ou qui veulent tout simplement faire respecter la règle commune imposée par le syndicat. Ou bien ils feront un coup de tête et braveront la perspective de perdre leur gagne-pain ou bien, rendus prudents par des misères antérieures, ils calculeront les conséquences de leur acte : tout dépend alors du degré de certitude qu'il y a pour eux d'être soutenus jusqu'au bout par leur organisation corporative. S'ils n'ont pas cette certitude, il y a des chances pour qu'ils subissent les conditions qu'on leur impose, en attendant de trouver mieux ailleurs. Dans un cas ni dans l'autre, rien n'est changé, de sorte que, dans presque tous les ateliers, ce sont les « mufles », ce sont les êtres immoraux et bas qui font la loi, qui occupent les meilleures places; et les militants qui, eux, veulent faire leur devoir, se trouvent punis de leur courage; personne n'ose même plus les recommander dans un autre atelier. Aigris et découragés, ils finissent par accepter le *struggle for life* à leurs propres risques, sans plus se soucier des autres. Inutile d'ajouter que leur exemple n'est guère fait pour encourager ceux qui auraient des velléités de faire leur devoir. On me dira : « Mais, pour ces cas, il y a l'indemnité de contestation, et puis il y a les listes de souscription ». Je réponds que ces garanties sont très limitées, pour ne pas dire aléatoires. — « Le syndicat, en effet, ne doit pas être une mutualité! » nous disent nos professeurs d'action directe. — Et j'ajoute enfin que ces garanties sont tout à fait inefficaces lorsqu'il s'agit d'exercer des sanctions d'une façon plus systématique.

Autre exemple : dans telle localité ou maison de province, les mêmes articles sont produits à beaucoup meilleur marché qu'à Paris. Les ouvriers ne demandent pas mieux que de se mettre en grève, afin de ne pas nous faire tort et aussi de défendre leur propre intérêt. On promet des souscriptions, on fait circuler des listes; c'est très bien, mais cela ne donne aucune *certitude* qui permette de *calculer les chances* de la lutte entreprise et, finalement, l'argent qui rentre souvent trop tard se trouve avoir été dépensé en vain. De plus, il faut veiller à ce que la maison en lutte n'arrive pas à faire exécuter son travail ailleurs, et là, les sanctions deviennent encore plus aléatoires; à supposer qu'on connaisse l'atelier où le travail s'exécute, il faudrait pouvoir offrir une indemnité aux collègues pour qu'ils cessent immédiatement d'exécuter la commande prohibée, et ainsi jusqu'au bout, sur toute la ligne. *Sans ces sanctions consécutives, l'effort initial, avec tout ce qui s'ensuit, risque, encore une fois, d'être dépensé en pure perte.* Et non seulement le fait de *ne pas exercer ces sanctions jusqu'au bout équivaut à une prime donnée à l'immoralité,* puisque ceux qui font leur devoir se trouvent ou vaincus ou trahis, mais les témoins qui, par le succès, auraient certainement été encouragés à suivre l'exemple, se souviendront de la leçon, cependant que les mufles, les égoïstes, en fin de compte, profitent seuls et alors se disent en eux-mêmes qu'ils ont bien fait de ne pas « marcher ».

Jamais on ne dira combien cette incertitude ou absence de sanctions est faucheuse de courages, d'initiatives, de dévouements, et *surtout faucheuse de militants!*

C'est là encore un des effets, un des résultats de cette fameuse méthode de l'action directe.

Mais ce n'est pas tout. Il est encore un autre ordre de faits sur lequel il convient d'insister avant de conclure. Au cours de notre dernière grève de l'Ameublement, nous avons reçu des syndicats similaires de l'étranger, comme subsides, la somme de 6.104 francs; des syndicats adhérents à la Fédération nationale de l'Ameublement 2.569 francs, et des autres syndicats ouvriers de France 1.939 francs. On remarquera dans ces chiffres que le plus fort appoint nous fut fourni par nos camarades de l'étranger. Alors se pose la question : Serons-nous jamais en état de faire de même envers nos camarades étrangers? Sinon, la solidarité n'est qu'un vain mot, pour ne pas dire une duperie. Cela durera aussi longtemps que nous n'aurons pas, nous aussi, nos *caisses de grève et de solidarité*. Si nous voulons profiter des avantages de la solidarité, il faut aussi accepter ses obligations : il y a là un contrat, ni plus, ni moins. Or, il ne saurait y avoir de contrat si, de notre côté, nous ne pouvons offrir des garanties égales. Si notre intérêt le plus élémentaire nous commande de nous assurer l'aide et le soutien des autres en cas de nécessité, il faut que ces autres aussi puissent compter sur nous. Ainsi, l'institution de caisses de grève est non seulement une *nécessité vitale* pour obtenir des sanctions pratiques, mais encore et par-dessus tout *une obligation morale, une question d'honneur* pour le prolétariat français en face du prolétariat international.

C'est là tout un programme précis et pratique où les opinions personnelles ou les doctrines n'ont rien à voir, pas plus que lorsqu'il s'agit de construire un chemin de fer et de l'administrer. C'est de la *technique* syndicale, qui s'occupe d'abord à tracer, à créer l'engin avant de s'en servir *dans tel ou tel but*. Il va sans dire, d'autre part, que lorsque nous parlons de caisses de grève et de solidarité, il n'entre jamais dans notre pensée de vouloir rivaliser en thésaurisation avec nos patrons afin d'être, en « pognon », aussi forts qu'eux. Non, il s'agit tout bonnement de construire un échafaudage pour assurer les fruits de nos efforts et encadrer la masse, en même temps que de préparer des étais qu'il faudra faire rentrer de force partout où le niveau de la vie ouvrière, le « standard of life » a été haussé d'un cran.

Si, après les déboires manifestes et évidents que nous a valus cette méthode de l'action directe, les libertaires persévèrent à nous combattre dans la propagande et l'organisation de notre système de sanctions, je crois que nous sommes pleinement justifiés à leur dire : « Prenez garde, camarades, de ne pas vous faire les avocats d'une cause contraire à l'intérêt permanent et futur de nos syndicats; prenez garde qu'en la défendant par des moyens uniquement dictés par le sentiment, la passion ou un faux amour-propre de doctrine, on ne puisse vous accuser un jour d'avoir involontairement servi les intérêts de nos ennemis qui, eux seuls, ont intérêt à ce que nous restions dénués de ressources, et qui savent qu'ainsi — en dépit de toutes les fanfaronnades et de tous les stratagèmes — ils auront raison de nos résistances. Si vous voulez véritablement et sincèrement le bien du syndicat, le bien du prolétariat souffrant, vous devez le prouver en faisant abnégation de toutes préférences doctrinales ou personnelles, du moment que l'intérêt général l'exige. Pour cela, la simple bonne volonté suffit.

C. Mutschler,
du Syndicat des Sculpteurs.

STATISTIQUES SYNDICALES

« Statistiques, paperasses ! » On sait le mépris de beaucoup de nos camarades pour les « paperasses ! ». Évidemment, les paperasses ne sont pas l'essentiel. Mais il n'y a pas d'administration, il n'y a pas d'organisation, il n'y a pas d'action méthodique, sans paperasses. Les militants, ceux qui ont charge, ceux qui ont responsabilité de syndicats, ne peuvent « savoir où ils en sont », ne peuvent agir « en connaissance de cause », que par les statistiques, par les paperasses.

Nous tenons, quant à nous, à donner à nos lecteurs une idée exacte du mouvement syndical international. Nous avons publié en avril dernier (1re année, no 12) un résumé de la statistique du mouvement anglais. Nous indiquons aujourd'hui les résultats de la statistique annuelle de l'Office du Travail ; et notre camarade Quist donne, à grand renfort de chiffres, une idée fort exacte des syndicats allemands, ces paperassiers des paperassiers, les maîtres en la matière.

Les syndicats français en 1905

Dans son numéro du mois d'octobre dernier, le *Bulletin de l'Office du Travail* contient des renseignements, malheureusement trop sommaires, sur le mouvement syndical en France pendant l'année 1905.

Au 1er janvier 1906, on comptait 4.857 syndicats ouvriers, groupant 836.134 adhérents.

Par rapport aux résultats de l'année 1904, on constate, au cours de l'année 1905, une augmentation de 232 syndicats et de 54.790 syndiqués. En 1904, l'augmentation du nombre des ouvriers syndiqués n'avait été que de 29.768. Par contre, elle avait été, en 1903, de 71.819. On peut donc observer que si, en 1905, le mouvement syndical n'a pas présenté une activité extraordinaire, il s'est poursuivi d'une manière tout à fait normale.

Quant à la répartition régionale des syndicats, on constate qu'il y a plus de 10.000 ouvriers syndiqués dans les départements de la Seine, du Nord, du Pas-de-Calais, des Bouches-du-Rhône, du Rhône, de la Loire, de la Gironde, de la Seine-Inférieure, de l'Hérault, du Finistère, de Saône-et-Loire, du Cher, de la Loire-Inférieure, de la Haute-Vienne et du Var. Ces quinze départements comptent environ 600.000 ouvriers syndiqués, soit près des trois quarts de l'ensemble des ouvriers syndiqués. Le département de la Seine, à lui seul, en comprend 275.426, soit près d'un tiers du total. Il est vrai que certains syndicats de ce département rayonnent sur toute la France. Ces brèves observations permettent de remarquer combien sont encore nombreuses les régions dans lesquelles la propagande syndicale devrait être activement poussée. En 1905, l'action syndicale a été particulièrement intense dans la Loire-Inférieure, la Haute-Vienne, le Finistère, le Var, la Meurthe-et-Moselle. Il suffit de se rappeler quelques grands événements de la vie ouvrière des deux dernières années pour montrer que, dans ces centres, l'organisation syndicale s'est développée à la suite d'une grande effervescence parmi les travailleurs : par exemple, au cours des revendications des porcelainiers et des ouvriers de la chaussure de Limoges, des ouvriers des arsenaux dans le Finistère et le Var, des mineurs et des métallurgistes dans la Meurthe-et-Moselle.

Au point de vue de l'effectif moyen des syndicats, on peut remarquer que le nombre des adhérents à chaque syndicat est d'autant plus élevé que le mouvement syndical est plus intense. C'est ainsi que, tandis que pour l'ensemble de la France, le nombre moyen des adhérents, par syndicat, est de 192 ; il est de 830 dans le Pas-de-Calais, 484 dans la Seine, 215 dans le Nord. Or, ces trois départements sont ceux qui comptent le plus grand nombre de syndiqués. On peut en conclure que, dès que le mouvement ouvrier prend de l'importance, les travailleurs se groupent en syndicats, moins nombreux, mais qui rassemblent beaucoup d'adhérents. L'existence d'un grand nombre de syndicats n'est donc pas un signe de force ; et l'on ne peut apprécier la valeur de l'organisation syndicale que par le nombre d'individus qu'elle groupe.

Au 1er janvier 1906, 69.355 femmes appartenaient à des syndicats ouvriers. On en comptait en 1904, 69.405, et en 1903, 59.748.

Si l'on veut se rendre compte de l'étendue du mouvement syndical, on peut rapprocher le nombre des ouvriers syndiqués de l'effectif total de la population ouvrière.

D'après le dernier recensement, 4.602.326 *hommes* étaient employés dans *l'industrie et le commerce*. Or, les syndicats groupent 766.779 ouvriers et employés. Ceux-ci représentent donc environ *16 0/0* de l'ensemble de la population masculine occupée dans l'industrie et le commerce. Mais cette proportion est certainement un peu trop élevée, car le chiffre de 766.779 syndiqués comprend des ouvriers agricoles.

Quant aux *femmes*, on en comptait 2.138.511 employées dans *le commerce et l'industrie*. Les 69.255 femmes syndiquées ne représentent que *3 0/0* de cette population.

Enfin, si l'on prend l'ensemble des salariés *des deux sexes*, appartenant à *l'agriculture, à l'industrie et au commerce*, on trouve qu'ils sont au nombre d'environ 10.450.000 (sans compter les domestiques), et les syndiqués ne représentent que *8 0/0* de ce total.

Il est regrettable que le *Bulletin de l'Office du Travail* ne contienne pas la statistique des syndiqués par profession. Il eût été, entre autres choses, intéressant de voir si, comme on peut le conjecturer, et comme on l'observe à l'étranger, le mouvement syndical a pris une extension particulière parmi les ouvriers et employés des établissements de l'État.

Mais il faut également regretter que les 64 Fédérations nationales d'industrie ou de métier, et les 21 syndicats isolés qui cotisent à la Confédération générale du Travail n'établissent pas une rigoureuse statistique de leurs membres et de leurs services intérieurs. C'est à peine si les sommes versées comme cotisations permettent de se faire une idée approximative de la force syndicale des divers métiers ou même de la force confédérale par rapport à l'effectif syndical total. Au 31 mai 1904, l'effectif des membres cotisants était de 158.000 ; au 31 mai 1906, il était de 203.273. La simple comparaison des chiffres atteste une croissance notable ; mais lorsqu'on voit, en 1904 et en 1906, quantité d'organisations verser pour le même nombre de membres, on peut avoir quelque doute sur la vérité des déclarations faites. En l'absence de contrôle, les sentiments divers dont les organisations sont animées à l'égard de la direction confédérale, ou même simplement la valeur qu'elles attribuent à l'action confédérale ou à la publication des chiffres font qu'elles enflent ou plus souvent diminuent le nombre réel de leurs adhérents.

Quand donc nos syndicats, à l'exemple des camarades allemands, établiront-ils des statistiques capables de servir à compléter ou même à rectifier les statistiques officielles ?

*
* *

Les Syndicats allemands en 1905

Au début d'août dernier, a paru le rapport statistique que la Commission générale doit établir tous les ans sur les syndicats allemands. Il nous renseigne sur la situation de ces syndicats en 1905. Il faut regretter qu'il n'ait pas été possible à la Commission générale de publier son rapport plus tôt. Les chiffres qui y sont contenus n'ont déjà plus, au moment de leur publication, qu'une valeur historique, puisque grâce au puissant et réjouissant développement des syndicats, ils sont déjà, depuis longtemps, dépassés. Pour ne citer qu'un exemple, le nombre des membres de l'Union des métallurgistes, à la fin du 4e trimestre 1905, nombre cité dans le rapport, est de 259.692 ; lorsque le rapport a paru, le nombre des membres avait déjà dépassé 300.000. Et il en est de même, sinon dans une aussi forte proportion, pour les autres syndicats.

Mais même si l'on se rappelle que dans l'intervalle les syndicats ont fait encore d'autres progrès, les données du rapport sont encore propres à remplir de joie le syndiqué qui voit la magnifique croissance de l'organisation, en même temps que l'expérience quotidienne lui montre que ni l'ardeur, ni la capacité combative des syndicats ne se trouvent diminuées par leur croissance continue et l'établissement d'œuvres de solidarité.

En 1905, le nombre des membres du syndicat, à considérer la moyenne annuelle, s'est accru de 292.695, soit de 27,8 0/0. On n'avait jamais eu, jusqu'ici, un tel accroissement à signaler. Il n'y a qu'en 1896 que le pourcent de l'augmentation fut presque aussi grand (27 0/0). Mais si l'on compare l'état des membres pendant le 4e trimestre de 1905 à celui du même trimestre en 1904, l'augmentation apparaît encore plus considérable qu'en comparant la moyenne des deux années. A la fin de 1904, le nombre des membres atteignait 1.116.723 ; à la fin de 1905, 1.429.303, soit un accroissement de 312.580 membres.

Ces chiffres se répartissaient, entre les Unions, de la manière suivante, à la fin de 1905 : métallurgistes, 259.692 ; maçons, 158.680 ; travailleurs du bois, 130.141 ; mineurs, 105.060 ; textile, 77.808 ; ouvriers de fabrique, 75.870 ; bâtiment, 55.447 ; commerce et transports, 50.654 ; typographes, 44.476 ; charpentiers, 43.253 ; tailleurs, 31.286 ; peintres, 30.119 ; cordonniers, 28.546 ; tabacs, 25.907 ; brasseurs, 23.342 ; travailleurs municipaux, 20.818 ; relieurs, 17.861 ; forgerons, 17.191 ; ports et docks, 16.201 ; travailleurs de la pierre, 15.090 ; lithographes, 13.094 ; chauffeurs-mécaniciens, 11.383 ; boulangers, 11.374 ; porcelainiers, 11.149 ; verriers, 11.078 ; potiers, 11.013 ; imprimeurs, 8.086 ; paveurs, 7.364 ; stuccateurs, 7.283 ; tonneliers, 7.200 ; ouvriers en cuirs, 6.772 ; tapissiers, 6.755 ; blanchisseurs, 6.300 ; selliers, 6.010 ; employés de commerce, 5.815 ; chapeliers, 5.517 ; couvreurs, 5.115 ; sculpteurs, 4.875 ; vitriers, 4.783 ; meuniers, 4.208 ; jardiniers, 4.017 ; garçons d'hôtel, 3.908 ; chaudronniers, 3.851 ; maroquiniers, 3.579 ; marins, 3.381 ; gantiers, 3.100 ; confiseurs, 3.071 ; charpentiers de navires, 2.973 ; bouchers, 2.484 ; graveurs, ciseleurs, 2.356 ; doreurs, 1.846 ; assortisseurs de cigares, 1.839 ; pelletiers, 1.820 ; employés d'entrepôts (de coopératives), 1.452 ; coiffeurs, 1.416 ; typographes d'Alsace-Lorraine, 940 ; musiciens, 756 ; employés de bureaux, 703 ; asphalteurs, 617 ; dessinateurs (dans la fabrication du tapis), 530 ; fleurs et plumes, 510 ; graveurs de musique, 453 ; ouvriers en parapluies, 395.

L'Union des ouvriers des chantiers maritimes s'est dissoute pendant l'année. Ses membres ont adhéré à l'Union du bois ou à celle de la métallurgie.

Le nombre des femmes syndiquées a atteint 89.431.

Les 64 Unions avaient un revenu total de 27.812.257 marks (le mark, rappelons-le, vaut 1 fr. 25), ainsi répartis : métallurgistes, 5.357.728 ; bois, 3.245.075 ; maçons, 3.126.826 ; typographes, 2.407.770 ; mineurs, 1.265.567 ; charpentiers, 1.093.293 ; bâtiment, 1.017.124 ; ouvriers de fabrique, 916.230 ; textile, 785.670 ; transports, 773.530 ; peintres, 633.195 ; tabacs, 600.129 ; lithographes, 543.866 ; cordonniers, 521.540 ; brasseurs, 436.278 ; tailleurs, 369.672 ; relieurs, 353.654 ; ports et docks, 282.744. Suivaient 6 Unions, avec un revenu annuel de 200 à 250.000 marks ; 5, avec un revenu annuel de 150 à 200.000 ; 5, entre 100 et 150.000 ; 12, entre 50 et 100.000 ; 7, entre 30 et 50.000 ; 4, entre 20 et 30.000 ; 4, entre 10 et 20.000 ; et 3, avec un revenu de moins de 10.000 marks.

La somme totale des dépenses s'est élevée à 25.024.234 marks, ainsi répartis :

Nature des dépenses	Nombre d'organisations ayant fait la dépense	Sommes dépensées
Journal corporatif	64	1.415.397
Propagande	64	1.305.132
Grèves de la corporation	55	9.149.708
Grèves d'autres corporations	62	524.386

Nature des dépenses	Nombre d'organisations ayant fait la dépense	Sommes dépensées
Protection juridique..........................	57	311.239
Secours aux victimes de l'action syndicale (renvoyés de l'atelier, etc.)................	47	486.765
Viaticum...............................	44	712.820
Secours de chômage.......................	41	1.991.924
Secours de maladie.......................	38	1.920.639
Secours d'invalidité......................	7	273.960
Secours en cas de décès...................	41	328.676
Secours en cas de nécessité...............	42	296.128
Frais de déplacement.....................	39	175.551
Placement..............................	14	12.996
Bibliothèques...........................	27	37.256
Autres buts.............................	61	1.037.745
Congrès................................	56	312.798
Cotisation à la Commission générale..........	62	182.449
Contributions aux Unions de syndicats et aux secrétariats ouvriers...................	38	224.984
Frais de procès.........................	19	8.920
Traitements............................	63	466.856
Matériel d'administration.................	63	542.064

Les disponibilités de tous les syndicats s'élevaient, à la fin de l'année, à 19.635.850 marks. Sur ce chiffre, 4.940.149 marks revenaient aux typographes ; 2.732.467, aux maçons ; 2.177.198, aux métallurgistes ; 1.840.987, aux ouvriers du bois ; 1.226.445, aux mineurs ; 919.169, aux charpentiers. Si l'on répartit cette somme dans chaque Union, sur la tête de chaque membre, on a ainsi les indications suivantes : graveurs de musique, 216 mk 50 de disponibilité par membre ; typos d'Alsace-Lorraine, 147,57 ; typographes, 114, 22 ; chapeliers, 45,33 ; dessinateurs (de tapis), 34,15 ; marins, 33,09 ; relieurs, 26,07 ; maroquiniers, 23,37 ; sculpteurs, 22,43 ; charpentiers, 21,76 ; ouvriers de la pierre, 21,49 ; doreurs, 21,45 ; stucateurs, 21,23 ; assortisseurs de cigares, 20,37 ; charpentiers de navires, 19,81 ; selliers, 18,39 ; chaudronniers, 17,68 ; maçons, 17,53 ; potiers, 16,83 ; employés d'entrepôts, 16,17 ; tapissiers, 15,90 ; ouvriers du bois, 15,35 ; paveurs, 15,10 ; ouvriers d'imprimerie, 13,81 ; meuniers, 13,24 ; tonneliers, 12,37 ; gantiers, 12,05 ; cordonniers, 11,97 ; garçons d'hôtels, 11,70 ; porcelainiers, 11,56 ; peintres, 11,08 ; couvreurs, 10,19 ; employés de bureaux, 10,02 ; mineurs, 9,31 ; métallurgistes, 9,33 ; bâtiment, 8,67 ; vitriers, 8,66 ; pelletiers, 7,84 ; boulangers, 7,51 ; verriers, 7,35 ; cuirs, 6,83 ; ouvriers de fabriques, 6,68 ; musiciens, 6,63 ; lithographes, 6,21 ; barbiers, 5,74 ; graveurs, 5,68 ; brasseurs, 5,48 ; travailleurs municipaux, 5,35 ; transports, 5,12 ; confiseurs, 5,09 ; forgerons, 4,96 ; ports et docks, 4,73 ; jardiniers, 4,25 ; chauffeurs-mécaniciens, 4,11 ; tailleurs, 3,98 ; bouchers, 3,28 ; ouvriers en parapluies, 2,99 ; blanchisseurs, 2,83 ; textile, 2,82 ; fleurs et plumes, 2,76 ; asphalteurs, 2,73 ; tabacs, 2,57 ; employés de commerce, 2,47.

Ce tableau des réserves montre dans quelle mesure chacune des Unions était préparée à la lutte à la fin de 1905. Dans les conditions où le syndicalisme se trouve placé en Allemagne, une caisse de guerre bien remplie est une nécessité absolue pour les organisations. Si un syndicat dispose d'une bonne réserve, maint patron recule avant d'affronter la bataille, et il est d'autant mieux disposé à satisfaire aux revendications des travailleurs. La reconnaissance de ce fait s'impose d'ailleurs aussi, de jour en jour, à ceux des ouvriers qui tenaient encore les hautes cotisations pour inutiles ou même nuisibles, parce qu'ils croyaient que de hautes cotisations, de hautes indemnités et de grosses réserves porteraient atteinte à l'ardeur combative des syndicats. C'est exactement le contraire qui s'est produit. Et ce qui le montre mieux, ce sont les sommes dépensées par les différentes Unions pour les grèves de leur propre corporation. Voici le montant de ces dépenses : métallurgistes, 2.828.270 marks (12 mks 12 par membre); bois, 1.181.671 (9,85 par membre); maçons 989.688 (6,35); textile, 593.582 (8,86); ouvriers de fabriques, 375,131 (5,63); charpentiers, 359,888 (8,52); bâtiment, 341.333 (7,37); peintres, 228,832 (7,76); tailleurs, 206.715 (7,22); cordonniers, 204,026 (7,74); tabacs, 171.110 (6,95); cuirs, 163.316 (25,51); brasseurs, 159.148 (7,34); ports et docks, 135.437 (9,52); ouvriers de la pierre, 105.494 (7,61); transports, 104.239 (2,22). Enfin, 5 Unions ont encore dépensé pour leur grèves de 30.000 à 60.000 mks (2,36 à 8,29 par membre); 5, de 20.000 à 30.000 (0,16 à 13,35); 6, de 10.000 à 20.000 (1,39 à 7,02); 5, de 6.000 à 10.000 (0,14 à 12,32); 4, de 3.000 à 5.000 (0,24 à 1,13); 4, de 1.000 à 2.000 (0,34 à 1,03); et 2, moins de 1.000 marks) 0,08 à 0,19).

En 1905, 49 Unions payaient le viaticum (au lieu de 46 en 1904); 41 payaient des secours de chômage (au lieu de 38 en 1904 et 30 en 1903); 40 payaient des secours de maladie (31 en 1904; 21 en 1903); 6, des secours de vieillesse (5 en 1903 et 1904); 43, des secours de décès (39 en 1904). Les secours de chômage et de maladie, dont l'introduction dans les syndicats avait été, il y a peu d'années encore, très vivement combattue, trouve dans les syndicats de plus en plus d'adhérents. Un par un, les syndicats en viennent à établir ces secours. Le résultat est le même dans tous. L'élévation de cotisations que ces œuvres rendent nécessaire n'est, en aucune manière, un empêchement à l'accroissement des Unions; bien plus, il n'arrive plus si souvent, ni dans une si grande proportion, que les membres, récemment acquis, quittent rapidement les Unions. Le bon état de guerre et l'ardeur combative des syndicats n'ont donc reçu le moindre dommage de cette méthode.

Comparés avec les syndicats centralisés, les organisations appelées localistes ne jouent plus, pour ainsi dire, aucun rôle, tant qu'il s'agit, du moins, d'améliorer les conditions de salaire et de travail de la classe ouvrière allemande. Le but de ces organisations localistes ne doit pas être, d'après les indications mêmes de leurs adhérents, l'amélioration des conditions de salaire et de travail, mais elles doivent agir aussi pour la diffusion de l'esprit socialiste dans la classe ouvrière. D'après les déclarations de leurs chefs, ce qui réclame tout leur effort, c'est le souci de « l'idéal socialiste »; jusqu'à une époque récente, elles répudiaient les œuvres de solidarité, à l'exception des secours de grève. Leurs propagandistes ne laissaient passer aucune occasion de calomnier, de toutes les manières, les syndicats centralisés et leurs fonctionnaires. Et à quelques-uns de leurs représentants, tout moyen parut bon pour nuire aux Unions centralisées, même lorsque tout le mouvement ouvrier devait s'en trouver lésé. Bien qu'à tous les Congrès du Parti socialiste, la forme centralisée fut à plusieurs reprises conseillée, ces hommes, qui se prétendent les authentiques représentants du socialisme dans la classe ouvrière, ne se sont pas départis de leur tactique séparatiste. Et ils se croyaient d'autant plus de droits à la maintenir, qu'un certain nombre de membres du Parti, prenant ombrage de l'énorme développement des syndicats centralisés, paraissaient regarder avec bienveillance ce mouvement opposé. Mais, à la vérité, pendant les derniers temps, cette bienveillance a été quelque peu ébranlée, depuis qu'il s'est révélé que les adhérents du localimse syndical ne s'unissaient en aucune manière aux socialdemocrates convaincus et politiquement organisés, mais qu'au contraire, chez eux, beaucoup d'éléments anarchistes se rencontraient, beaucoup d'hommes qui, dans les circonstances actuelles, en Allemagne, doivent être considérés comme les pires ennemis du mouvement ouvrier.

Ceux qui connaissent les conditions allemandes ne seront pas surpris que le nombre des adhérents à ces organisations soit très faible. On manque de données précises sur leurs membres et leurs budgets. Les chefs de ces organisations estiment l'effectif de leurs troupes à 27.736 en 1905, contre 20.686 en 1904. L'accroissement doit être dû principalement à l'adhésion d'une organisation des transports de Berlin. Pour différents métiers, on donne les chiffres suivants : commerce et transports, 12.000 ; métallurgistes, 4.200 ; maçons, 3.500 ; charpentiers, 2.800 ; bâtiment, 1.500. Chez eux aussi, cependant, la conviction, peu à peu, se fait jour qu'il ne suffit pas d'accomplir un grand travail de parole pour pouvoir jouer un rôle dans le mouvement ouvrier ; et les avis favorables aux œuvres de solidarité se multiplient aussi chez eux. Dans certaines organisations, elles sont déjà instituées.

Il faut citer encore les syndicats Hirsch-Duncker et les syndicats chrétiens. Ces deux espèces d'organisations ont été créées dans le but « d'arracher les ouvriers au socialisme ». Aussi, les leaders de ces deux organisations n'avaient-ils, eux non plus, aucun souci de représenter sérieusement les intérêts ouvriers. Ce n'est que l'énergique exigence de la partie la plus radicale de leurs membres qui les a amenés, dans les dernières années, à essayer au moins de défendre les intérêts ouvriers. Assez souvent, il est vrai, ils s'en tinrent à des manœuvres purement apparentes, et on pourrait citer même de nombreux cas où leurs membres ont été amenés à jouer le rôle de sarrazins.

Les syndicats à tendances libérales (Hirsch-Duncker) avaient, en 1905, 117.097 membres, contre 111.889 en 1904. Les syndicats chrétiens avaient à leur actif un accroissement plus considérable, notamment parmi les ouvriers catholiques du Rhin et de la Saar. Leur nombre de membres atteignait, en 1905, 188.106 (contre 107.556 en 1904). Mais les ressources de ces organisations restent loin derrière celles des syndicats centralisés. En 1905, payaient :

	POUR LA DÉFENSE JURIDIQUE ET LES SECOURS DE SOLIDARITÉ		POUR LES LOCK-OUT, LES GRÈVES ET L'APPUI AUX VICTIMES	
	en tout mks	par membre mks	en tout mks	par membre mks
Syndicats centralisés...	3.761.622	2,79	10.160.859	7,55
Hirsch-Duncker........	276.338	2,36	286.643	2,45
Syndicats chrétiens....	173.168	0,92	1.000.320	5,32

Elle s'est montrée vaine, la crainte de ceux qui croyaient qu'il serait impossible aux syndicats d'arrêter l'effort du patronat organisé. Le contraire est arrivé, et il arrivera encore si les syndicats croissent en étendue et en force. A cet égard, les syndicats allemands sont en bonne voie. — *A. Quist.*

Un résumé d'ensemble

C'est le bulletin de l'Office du travail de l'État de New-York (numéro de septembre 1906) qui l'a tenté. Pour quelques pays (Australie, Italie, Hollande, Norvège, France), l'auteur ne disposait que des chiffres de 1904; pour les autres, ce sont les chiffres de 1905 qui ont servi d'éléments de comparaison. Et voici les résultats obtenus :

	Nombre des Syndicats	Syndiqués	Nombre de syndiqués par 100 habitants
États-Unis d'Amérique.........	—	2.000.000	2,64
Grande-Bretagne et Irlande....	16.213	1.866.755	4,50
Allemagne..................	14.828	1.822.343	3,23
France	4.625	781.344	2.00
Autriche...................	3.111	323.099	1,24
Italie.....................	—	260.102	0,80
Belgique	—	128.700	1,92
Suède.....................	—	105.000	1,92
Australie..................	—	100.626	2,64
Danemark..................	1.156	90.911	3,71
Hongrie...................	40	71.173	0,37
Espagne...................	373	56.905	0,31
Suisse....................	618	48.000	1,41
Hollande	—	37.221	0,73
Nouvelle-Zélande..........	260	27.714	3,58
Norvège..................	—	16.227	0,73

La comparaison du nombre des syndiqués avec le nombre d'habitants occupés dans l'industrie eût été plus instructive que la comparaison avec la population totale. Celle-ci indique moins peut-être le développement du syndicalisme que le point d'industrialisation où en est arrivé le pays. Telle quelle, cependant, elle ne manque point d'intérêt.

CORRESPONDANCES DE L'ÉTRANGER

Parti et Syndicats en Belgique

Le débat dont je vous avais fait pressentir l'imminence a eu lieu.

La question de l'affiliation ou de la non-affiliation des syndicats au Parti ouvrier, en l'occurence, la brûlante question de savoir s'il ne serait pas utile de déchirer la force unitaire en deux tronçons, en attendant d'autres, a été débattue, durant trois séances, au Conseil général composé, comme vous le savez, des délégués des groupements politiques et des associations syndicales fédératives, des coopératives, des jeunes gardes et des groupes d'art et d'enseignement, admirable *tout* prenant l'homme dès l'enfant, l'éduquant et pour lui-même et pour la lutte contre les partis bourgeois coalisés.

En vérité, les séparatistes n'ont pas rencontré grand succès, bien qu'ils se soient démenés comme des diables dans un bénitier. La ronde était menée par les délégués des diamantaires d'Anvers, propagandistes syndicaux dévoués qui ont rendu, aux ouvriers de ce métier de luxe, de très grands et signalés services.

Jean Bartels, Joseph Groesser et Louis Roméo qui ont pris la parole dans les débats, sont en outre des socialistes, tandis que leurs soldats appartiennent aux partis politiques de toutes nuances, même catholique et libérale.

Non, mais, conçoit-on qu'il y ait des ouvriers partisans du manchestérianisme ?

Passons.

Or, c'est précisément sur le fait de voir réunis en un seul groupement syndical des ouvriers catholiques, libéraux, socialistes, anarchistes, et... et... comment dire cela... des eunuques politiques enfin, que le triumvirat des diamantaires s'est fondé pour s'écrier triomphalement : « Voulez-vous voir augmenter le pourcentage des syndiqués? collez sur la porte des locaux : Nos syndicats sont indépendants de tout parti politique ! Vous pouvez faire de la politique hors d'ici (c'est-à-dire vous combattre), mais ici, *motus !* Disputez-vous dehors à l'effet de savoir si X... ou Z... doit être envoyé au Conseil communal ou au Parlement, mais ici doit régner la paix. »

Et il paraît que ce beau rêve est réalisé à Anvers. Tant mieux pour les diamantaires; seulement, il est à remarquer que le métier est spécial à la place d'Anvers, et qu'il constitue une sorte de monopole, autant pour les patrons que pour les ouvriers; alors, l'on comprend que ceux-ci soient obligés de se soumettre.

La diversité des autres professions et leur éparpillement sur toute la surface du pays, ne permet certes pas une telle unité.

L'exception ne confirme pas la règle...

Enfin, la conclusion du débat au Conseil général a été le maintien du *statu quo*, c'est-à-dire de l'unité. Seuls, les délégués des diamantaires ont voté contre.

La lutte pour l'abolition de l'article 310 continue. Une manifestation grandiose a eu lieu à Anvers et à Bruxelles, et les députés — ces politiciens — ont déposé un projet tendant à abolir le fameux article dirigé contre les syndicats.

Politiciens et syndicalistes se sont aussi réunis en une formidable manifestation à Bruxelles, le 18 novembre, en faveur de l'instruction obligatoire.

Donc, unité en tout et pour tout !

C'est ce qui enrage les bourgeois, tandis que nous en sommes réjouis.

A. Octors.

VARIÉTÉS

UN ENSEIGNEMENT UNIVERSITAIRE POUR LES TRADE-UNIONISTES ANGLAIS [1]

Avec l'apparition d'un parti ouvrier dans la vie publique de la Grande-Bretagne, nous avons rompu, pour la première fois, et dans une large mesure, avec cette règle non écrite de la Constitution britannique qui faisait jusqu'ici que l'homme assez riche pour entrer au Parlement, était, par là même, assez riche pour avoir été membre de l'une ou l'autre des vieilles Universités anglaises. Sans doute, ces Universités se préoccupent activement du meilleur moyen de s'adjoindre cette nouvelle force; mais elles sont lentes à se mettre en mouvement; et cependant le Labour-Party paraît chaque jour croître en force. Et alors la question se pose : Croîtra-t-il aussi en sagesse et en savoir ? Comment et où ses plus jeunes recrues recevront-elles leur éducation ?.

La tentative la plus heureuse faite jusqu'ici pour munir les classes ouvrières au moins d'un fond de culture universitaire se rencontre au collège Ruskin, à Oxford. Quoique non officiellement rattachée à l'Université historique d'Oxford, la récente institution s'est développée au milieu de la plus favorable sympathie, et les traits principaux des réu-

---

(1) A rapprocher de l'École syndicale allemande : n° 15 (2e année, p. 69).

nions hebdomadaires du collège Ruskin sont les conférences données par les têtes mêmes des plus vieux centres d'études à Oxford.

Le corps dirigeant du collège est constitué par un conseil composé d'universitaires distingués et de représentants trade-unionistes. Parmi ces derniers, l'on peut citer Geo N. Barnes, Membre du Parlement, (Union amalgamée des mécaniciens), Ald. C. W. Bowermann, M. P. (Société des compositeurs-typographes de Londres), et Richard Bell, M. P. (Union amalgamée des employés de chemins de fer). Il n'y a, à l'entrée, ni examen à passer, ni condition confessionnelle ; l'enseignement est strictement impartial ; et l'on insiste particulièrement sur ce fait que les étudiants ne doivent être poussés vers aucune confession religieuse ou croyance politique particulière. Parmi les matières enseignées, les principales sont : l'économie politique, la sociologie, l'administration locale, l'histoire industrielle, la morale, la logique, et des branches d'enseignement social du même ordre, ainsi que l'art de parler et de discuter en public. Ce programme a été spécialement réglé pour les ouvriers qui ont reçu la plus simple éducation primaire dans une école publique moyenne.

Bien que l'institution n'ait encore que sept ans d'existence, environ 270 étudiants ont passé par le collège, en y restant, dans la plupart des cas, plus d'une année. La preuve que ces étudiants sont réellement des ouvriers est clairement donnée par la profession de ceux qui y sont cette année, à savoir : 9 mécaniciens, 9 mineurs, 3 tisseurs, 2 chaudronniers, 1 maçon, 1 forgeron, 1 sculpteur sur pierre, 1 docker, 1 commis de magasin, 1 charpentier, 1 bottier et 1 charretier.

La plus grande partie des travaux ménagers sont exécutés par les étudiants eux-mêmes, qui, chacun à leur tour, frottent le parquet, lavent la vaisselle, etc. A l'exception d'un cuisinier, il n'y a point de domestiques, de manière que chaque étudiant, par son travail domestique même, apprenne tout à la fois combien le snobisme est sot et combien les gros ouvrages domestiques réclament de temps et de soins, à moins d'être réduits par une vie simple.

Un revenu de 52 livres couvre les dépenses de la table, du logement et de l'enseignement pour les quarante-huit semaines pendant lequelles le collège est ouvert annuellement,

L'institution est entretenue par plusieurs trade-unions des plus importantes.

La Société amalgamée des mécaniciens qui compte 95.000 membres (à présent plus de 100.000) a établi trois cotisations d'un penny chacune, pour aider à l'œuvre du collège. Sur les 300 livres obtenues ainsi par la première souscription, qui fut faite en 1903, 250 livres furent consacrées à l'achat des bâtiments actuels, et avec le reste (50 livres), un des camarades de l'Union passa au collège l'année entière. 150 livres de la seconde souscription furent consacrées aux nouvelles constructions, et le reste (150 livres) permit à trois membres de rester un an au Hall Ruskin. De la même façon, la troisième souscription permit à six jeunes mécaniciens de suivre les cours de l'année, et cette année, neuf membres de cette société puissante et toujours prête à aller de l'avant, demeurent au collège.

En 1904, la somme de 269 livres fut recueillie par souscriptions des Trade-unions et des sociétés coopératives, et, en 1905, le total a augmenté de 570 livres. L'Union des mineurs écossais, celle des mineurs de Northumberland, les tisseurs du Lancashire, et la Société des maçons ont toutes envoyé des étudiants au collège cette année. Une des plus vieilles amies de l'institution dans le monde trade-unioniste a été la Société des fondeurs d'aciers, qui permit à deux de ses organisateurs de passer une année sous le toit du collège Ruskin, et il y eut fête au collège, en janvier dernier, quand on apprit que l'un d'eux, Mr. John T. Macpherson, avait été élu comme candidat de la classe ouvrière, et en tête de liste, à Preston.

Le service de la correspondance au collège Ruskin est aussi remarquable en son genre que le travail des étudiants résidents. Par son moyen, hommes et femmes de tous les coins du pays et même de plusieurs colonies anglaises étudie..t, semaine par semaine, quelques-uns des sujets enseignés au collège. Depuis l'ouverture du collège, il y a sept ans de cela, plus de 6.500 étudiants ont adhéré à l'école par correspondance. Ils paient une souscription d'un shilling par mois, lisent certains livres désignés sur des sujets donnés, et envoient au collège un « essai » mensuel portant sur le sujet de leur lecture. Des séries de lectures ont été préparées sur l'histoire anglaise, la littérature anglaise, l'économie politique, le trade-unionisme, l'éducation, et sur plusieurs autres sujets dont les citoyens doivent être exactement informés. Des sommaires imprimés de la série d'études du mois sont envoyés à chaque membre, et, en plus du livre de texte, que tous étudient, des lectures parallèles sont suggérées à ceux qui peuvent lire d'une façon plus étendue.

L'œuvre du collège est fondée sur une ferme confiance en la bonne volonté des hommes à faire des sacrifices pour un idéal noble — confiance qui se heurte à toutes les tendances cyniques et matérialistes de notre temps. Sept ans ne sont qu'un temps bien court dans l'histoire de n'importe quel mouvement social, et le collège Ruskin n'est encore que dans l'enfance. Nous en avons dit assez, cependant, pour montrer que c'est un enfant d'un développement vigoureux, qui promet d'être un jour une grande puissance dans le pays.　　　　　G.-S. MIDDLETON.

Le syndicat inspecteur du travail

Nous extrayons de la **Revue populaire d'Économie sociale** *(septembre-octobre 1906), cette page remarquable de M. Raoul Jay :*

« ... Malgré tout, il semble certain que l'action des syndicats ouvriers pourrait avoir plus d'efficace si elle s'exerçait directement, c'est-à-dire si ces syndicats poursuivaient les chefs d'industrie en contravention avec les lois ouvrières.

Le pourraient-ils aujourd'hui ? Je suis disposé, quant à moi, à penser que dès aujourd'hui les syndicats, représentants de l'intérêt professionnel, devraient être admis à demander des dommages-intérêts aux industriels en faute.

Il n'en serait pas moins très intéressant de voir le législateur affirmer nettement le droit pour le syndicat d'exercer directement toutes les actions naissant des lois protectrices.

Aussi, croyons-nous urgent d'appeler l'attention sur une loi nouvelle qui vient d'établir, à ce point de vue, un précédent des plus importants.

Je veux parler de la loi du 11 juillet 1906, relative à la protection des conserves de sardines, de légumes et de prunes contre la fraude.

Cette loi punit d'une amende de 100 à 2.000 francs ceux qui ont contrevenu à ses dispositions. En récidive, le tribunal peut élever au double le maximum de l'amende et prononcer, en outre, contre le délinquant, la peine de l'emprisonnement d'un mois à un an.

On lit à l'article 6 : « Les actions résultant de la présente loi peuvent être
« exercées par :
« 1° Le ministère public, soit sur plainte, soit d'office ;
« 2° L'ayant droit à un nom de pays, de région ou de localité ;
« 3° Les syndicats professionnels régulièrement constitués représentant une 
« industrie intéressée à la répression de la fraude. »

On peut espérer que le Parlement ne se refusera pas à accepter, pour la protection des hommes, des femmes et des enfants, une règle aujourd'hui admise pour la protection des conserves de sardines, de légumes et de prunes. »

Une bonne idée

L'Union des syndicats de la Seine a décidé de créer une chorale enfantine. C'est une excellente idée : les mères viendront à toutes les fêtes syndicales ; elles participeront chaque jour plus joyeusement à la vie de l'organisation ouvrière. Mais, de grâce, ne les ennuyons pas avec des parties-conférences. C'est par la joie même qui naîtra de la fête, par l'influence heureuse exercée sur les petits, instruits de choses belles et saines, que nous attacherons les femmes au syndicat... Et après, soyez tranquilles, elles demanderont bien curieusement à leurs maris ce que c'est exactement que le syndicat, naguère si honni, et quels services il rend.

Bibliographie

— Syndicat national des Travailleurs des Chemins de Fer, 20, rue Notre-Dame-de-Nazareth, Paris. *Compte rendu du 17ᵉ Congrès national.*

La *Revue Syndicaliste* a brièvement rendu compte de ce Congrès (2ᵉ année, p. 14). Les discussions qui y eurent lieu sur la journée de huit heures, les économats et la loi Berteaux-Jaurès ont une importance générale et sont même encore de l'actualité.

Bibliographie *(suite)*

— Fédération des Mouleurs. *Compte rendu officiel du 6ᵉ Congrès national* (31 octobre-3 novembre 1905, à Bordeaux). Prix : 0 fr. 25. Maison des Fédérations, service de l'Imprimerie, 33, rue de la Grange-aux-Belles. 1906.

Une forte brochure de 171 pages, relatant toutes les discussions capitales de ce Congrès, dont Lenoir a rendu compte ici-même (1ʳᵉ année, nº 7). Sur la tactique en temps de grève et sur l'organisation intérieure d'une Fédération, peu de Congrès ont été aussi instructifs.

— Dʳ Pierrot. *Travail et surmenage.* Prix : 0 fr. 15. Maison des Fédérations, 33, rue de la Grange-aux-Belles, Paris.

Nous ne sommes pas souvent d'accord avec Pierrot; il est de ceux qui sont le plus décidément « anti-réformistes », « anti-légalistes », etc. Nous avons signalé ici-même la brochure dans laquelle il a exposé son idée de la révolution par le syndicat. Mais il suffit que nous traitions les uns et les autres un sujet d'économie sociale; il suffit que, par-delà la tactique présente, nous remontions aux principes et à la critique originelle, pour que nous nous retrouvions d'accord. Pierrot a exposé, en médecin, avec sa compétence spéciale, mais aussi avec l'habileté d'un propagandiste, toute la question du surmenage et du travail. Il a montré excellemment l'opposition, à ce point de vue, du travail antique et du travail moderne, du travail à la main et du travail à la machine; il a décrit avec clarté la fatigue musculaire, la fatigue nerveuse, et leurs conséquences immédiates : une prise plus facile aux maladies, et la multiplication des accidents du travail. On souhaiterait peut-être pour la propagande, plus de clarté parfois, plus d'aisance surtout. Mais il n'est point mauvais d'arrêter l'attention par un mot technique, d'obliger à réfléchir, de forcer à ne point lire une pareille brochure comme une histoire du *Matin*.

— *L'Union d'Amiens* : Assemblée générale ordinaire du 19 novembre 1906. Rapports du Conseil d'administration et de la commission de surveillance. Amiens, 10, place-Saint-Michel.

Dans des coopératives comme l'Union, la vie coopérative est trop mêlée à l'action syndicale, pour que nous négligions les manifestations de leur puissance. Pendant le semestre avril-octobre 1906, le boni brut a été pour l'épicerie, la boulangerie et l'entrepôt de charbons de 71.293 fr. 79. Tout de suite, 1.835 fr. ont été perçus pour le *Fonds spécial de propagande et d'éducation,* auquel vont déjà tous les bénéfices faits sur les achats des non-sociétaires.

— Fédération des Coopératives socialistes de la Région du Nord. — *La Coopération socialiste.* Brochure de propagande. Lille, 147, rue d'Assas.

Les titres des paragraphes donnent une idée de cette vivante brochure : Qu'est-ce que la coopération socialiste? — Son rôle économique. — Bon poids, bonne mesure. — Répartition trimestrielle des bénéfices. — Caisse de secours. — La coopération et la grève. — Caisse de prêt gratuit. — Education. — Conséquences morales des coopératives. — Intérêt général. — Le rôle politique.

— Édouard Vaillant. *L'évolution économique et la révolution sociale.* Brochure de 0 fr. 10, publiée par le Parti socialiste, 16, rue de la Corderie, Paris.

C'est le discours prononcé à la Chambre, le 18 juin 1906, par le citoyen Vaillant, lors de la discussion sur la politique générale du ministère Sarrien-Clémenceau.

— Propagande révolutionnaire. Nº 1. S. Deynaud. *L'homme nouveau et l'Action sociale.* Prix : 0 fr. 10. Chez l'auteur : Paris, 4, rue d'Aligre.

Une bonne brochure de propagande, d'un révolutionnarisme un peu simpliste, mais sans exclusivisme et pleine d'allure. L'homme nouveau, l'homme moderne, qui a accompli tant de révolutions, doit en faire une dernière, la révolution sociale : minimum de vie, maximum d'effort! Parti socialiste, coopératives socialistes, Confédération, que tous préparent la « poussée finale », et le capitalisme ne pourra résister !

Le Gérant : L. GERVAISE  Imp. coopérative ouvrière de Villeneuve-St-Georges (S.-et-O.)

Deuxième Année. N° 21. Janvier 1907.

VINGT CENTIMES

La Revue Syndicaliste

MENSUELLE

SOMMAIRE

PARIS

PUBLICATIONS DE LA SOCIÉTÉ NOUVELLE DE LIBRAIRIE ET D'ÉDITION

(Anc¹ 17, rue Cujas)

ED. CORNÉLY et Cⁱᵉ, ÉDITEURS

101, RUE DE VAUGIRARD, 101

Paraissant le 15 de chaque mois.

France : Un an . . . . **2 fr. 40** | Étranger : Un an . . . . . . **3 fr.**
— Six mois. . . . . . **1 fr. 20** | — Six mois. . . . . **1 fr. 50**

Les abonnements partent de mai et de novembre.

Nous serons reconnaissants aux camarades de nous envoyer le montant de leurs abonnements par mandat-poste, pour éviter les frais de recouvrement.

Prière d'adresser tout ce qui concerne la rédaction ou l'administration au camarade Albert Thomas, administrateur-délégué de la *Revue Syndicaliste*, 101, rue de Vaugirard, Paris.

Actualité

Depuis onze semaines, nos lecteurs le savent, les camarades de Fougères soutiennent vaillamment le lock-out prononcé par leurs patrons. Nous ne les ignorons pas. Mais nous paraissons trop rarement pour pouvoir sacrifier à l'actualité. La lutte terminée, un de nos camarades dira combien elle fut belle et surtout instructive. Mais c'est avec émotion qu'au jour le jour nous avons suivi ce conflit mémorable. Par les quotidiens, ou par leurs organisateurs, nos lecteurs auront certainement fait leur devoir en envoyant là-bas les gros sous nécessaires. Il n'est point trop tard, en tous cas. Les gros sous sont encore plus nécessaires au lendemain d'une lutte qu'au cours même de la bataille.

De même, nous aurons encore à reparler du repos hebdomadaire. Nous nous efforcerons de marquer les étapes, mais surtout de signaler, comme Cleuet le fait déjà dans le présent numéro, les dangers qui menacent la loi ou les dispositions dont les bénéficiaires peuvent s'autoriser. Tel doit être surtout notre rôle.

1.008 adhésions

C'est le nombre d'adhésions recueillies pendant la semaine du 10 au 17 janvier par le Syndicat national des chemins de fer. Ce chiffre atteste mieux que tout autre signe la belle poussée syndicale qui se produit à l'heure présente parmi le personnel des chemins de fer. Les débats sur la loi Berteaux, la situation créée aux cheminots par la loi sur le repos hebdomadaire, enfin les relations quotidiennes avec les Compagnies ont fait mieux comprendre à tous l'utilité du syndicat. Même dans une corporation, comme celle des chemins de fer, où l'intervention législative a une énorme influence, les salariés ne peuvent rien en dehors de la solidarité syndicale. Ce n'est que par la pression, exercée à l'aide du syndicat, qu'ils obtiendront précisément une législation efficace. Mais il importe surtout que les adhésions demeurent ; il importe que le flottement, dont souffrent plus que toutes autres, nos organisations françaises, aille s'atténuant. Souhaitons que l'Orphelinat et surtout d'heureuses interventions produisent ce résultat.

Deuxième Année.   N° 21.   Janvier 1907.

La Revue Syndicaliste

ABONNEMENT ❧	Paraissant le 15 de chaque mois.	ABONNEMENT ❧
Un an.......... 2 fr. 40 Six mois....... 1 fr. 20	Le numéro : 0 fr. 20	Un an.......... 2 fr. 40 Six mois....... 1 fr. 20

LE REPOS HEBDOMADAIRE

La brèche municipale.

La loi du 13 juillet 1906, prescrivant l'obligation du repos hebdomadaire, rencontre des obstacles nombreux pour assurer son application stricte et loyale.

A Paris, notamment, cela ne va pas tout seul ; les organisations intéressées se démènent et espèrent beaucoup de l'agitation créée par plusieurs des grandes corporations qu'a lésées la complicité du Conseil municipal et du préfet de police.

Par leur cohésion, par une action syndicale méthodiquement menée, nos camarades peuvent obtenir que la loi soit appliquée à Paris comme elle est appliquée en province. Mais après...

Après, il faudra lutter contre le système des dérogations exceptionnelles, c'est-à-dire comportant un ou plusieurs dimanches considérés comme « fêtes locales ou de quartier ». C'est là le nouveau danger que court la loi.

On n'a pas, en effet, il nous semble, assez protesté contre la dérogation des deux derniers dimanches de décembre et du premier dimanche de janvier, accordée à Paris par le préfet de police, usant de ses pouvoirs municipaux, et en province par les maires.

C'est notre nouveau ministre du Travail qui nous fait ce joli cadeau. Voici, en effet, le texte d'une circulaire qu'il adressait le 4 décembre aux préfets, et que ceux-ci s'empressaient de faire connaître, à peu près textuellement, aux maires de leur département :

J'ai été consulté par un grand nombre de préfets sur la question de savoir si la loi du 13 juillet leur permettait d'accorder aux commerçants de leur département qui ont un surcroît de travail considérable pendant la période des fêtes de Noël et du jour de l'an, une dérogation particulière à l'obligation du repos hebdomadaire.

J'ai l'honneur de vous informer qu'aucune disposition de la loi n'autorise les préfets à statuer en cette matière ; c'est aux maires qu'il appartient, dans les localités où les dimanches de la fin de décembre et du début de janvier peuvent avoir le caractère de fêtes locales, de faire une application de l'article 5.

M. le préfet de police, à Paris, a autorisé les magasins de détail à suspendre le repos pendant les deux derniers dimanches de décembre et le premier dimanche de janvier, mais il a statué en vertu de ses pouvoirs municipaux.

En vue d'éviter les interventions intempestives des divers services chargés du contrôle de l'application de la loi, je vous prie d'inviter les maires qui prendraient des arrêtés dans le sens que je viens d'indiquer, à communiquer les copies de ces arrêtés aux inspecteurs du travail, etc., etc.

Le ministre du Travail,
VIVIANI

Constatons d'abord qu'en emboîtant le pas à M. Lépine, le ministre du Travail a fait généraliser la mesure en province.

Avec un ensemble touchant, les maires des grandes villes ont pris des arrêtés visant, pour lever l'obligation du repos hebdomadaire, les dimanches choisis par M. le préfet de police.

Dans toutes les villes de France, il s'est trouvé, cette saison, que les dimanches 23, 30 décembre et 6 janvier étaient des journées de fêtes locales !

De l'application d'une loi découlent toutes ces surprises.

Le maire de Caen a interprété encore plus largement la circulaire ministérielle. Il a supprimé le repos hebdomadaire les jours précités et, de plus, *un mois* consécutif en avril et en décembre, sous le prétexte qu'il y a des foires.

C'est la première « brèche municipale » faite à la loi, et nous craignons que cette brèche ne s'agrandisse encore si, profitant du précédent, les maires prennent des arrêtés identiques pour les fêtes de Pâques, de la Pentecôte ou de l'Assomption.

Et cependant il n'y a rien de plus illégal que ces arrêtés municipaux, comme il n'y a rien de plus contraire à l'esprit et au texte même de la loi que la circulaire de M. Viviani.

Lisons, en effet, et relisons même le paragraphe 4 de l'article 5 qui a servi de prétexte à M. Lépine, puis au ministre du Travail.

Dans tout établissement où s'exerce un commerce de détail et dans lequel le repos hebdomadaire aura lieu le dimanche, ce repos pourra être supprimé lorsqu'il coïncidera avec un jour de fête locale ou de quartier, désigné par un arrêté municipal.

Ce paragraphe paraît suffisamment clair pour démontrer que le législateur a voulu limiter la non-observation du repos hebdomadaire aux seuls jours de fête *locale* ou de quartier.

A propos de l'application de cet article de la loi, le ministre du Travail ne peut donc jamais indiquer, par une circulaire ayant forcément un caractère d'application *générale*, que l'obligation du repos hebdomadaire pourra être supprimée tel et tel jour, puisque cet article ne vise que des cas *particuliers*.

Il y a antinomie absolue entre le « cas particulier » et le « cas général » ; mais M. Viviani semble s'en être peu préoccupé quand il a lancé sa circulaire.

Il a commis aussi cette insigne faute d'abandonner aux maires les destinées de la loi du repos hebdomadaire.

S'il suffit, en effet, aux maires, de prendre des arrêtés supprimant purement et simplement l'obligation du repos hebdomadaire pour les jours qui « peuvent avoir le caractère de fêtes locales », nous avons cette crainte de voir les magistrats municipaux user et abuser de ce droit (?) consacré par la dernière circulaire ministérielle.

Rien, cependant, dans la loi, ne donne aux maires comme aux conseils municipaux un droit quelconque pour accorder des dérogations exceptionnelles.

Il faut que, pour l'avenir, ce cas soit nettement tranché.

Ou bien le repos hebdomadaire pourra être supprimé quand il coïncidera avec un jour de fête locale (dont un arrêté municipal sera, en quelque sorte, la consécration officielle), et c'est là l'esprit de la loi ; ou bien il suffira aux maires de prendre un arrêté affirmant que tel ou tel dimanche « peut avoir le caractère d'une journée de fête locale » pour mettre l'application de la loi au service d'intérêts électoraux ou particuliers.

C'est, cela va sans dire, aux organisations syndicales à veiller à ce que le cas ne se reproduise plus. Il ne faut pas nous attarder à demander, comme on l'a fait cette fois, un repos compensateur.

Il faut dire bien haut que la circulaire du ministre du Travail n'est qu'une interprétation absolument fantaisiste de la loi ; il faut enfin contester le caractère légal et juridique des *arrêtés municipaux* supprimant purement et simplement l'obligation du repos hebdomadaire.

Il faut, en un mot, réclamer l'application loyale de cette mesure législative de protection ouvrière.

CLEUET,
Secrétaire de la Bourse du Travail d'Amiens.

LES SUBVENTIONS AUX CAISSES DE CHOMAGE[1]

En vertu d'une disposition insérée dans la loi de finances du 22 avril 1905, la République française subventionne, sous une forme strictement déterminée, les caisses mutuelles de secours contre le chômage involontaire. Elle donne un concours financier à ces institutions dues à l'initiative des travailleurs pour favoriser leur création et leur développement et, par leur intermédiaire, venir en aide à tous les chômeurs qui, pendant qu'ils travaillaient, ont fait un acte de prévoyance souvent difficile et toujours méritoire. Par cette mesure, le Gouvernement français remplit un devoir de solidarité envers les sans-travail. Il entend en outre faciliter, pour sa part, les études et les expériences qu'exige la solution du problème du chômage, le plus grave et le plus difficile des problèmes sociaux actuellement posés devant la conscience publique dans tous les pays industriels.

Nous nous proposons, dans le présent rapport, de faire connaître le régime des subventions établi par le décret du 9 septembre 1905, puis les résultats de la première année d'application dudit décret. Nous signalerons auparavant les travaux qui ont préparé le vote du crédit par le Parlement et, tout d'abord, les diverses mesures prises par les pouvoirs publics pour étudier ou combattre le chômage lui-même.

I

Le Chômage et les Pouvoirs publics

Les travaux de secours en cas de chômage. — Depuis fort longtemps, les autorités locales et généralement les communes, souvent secondées par des sociétés philanthropiques, organisent des travaux faciles lors des crises industrielles ou des mortes-saisons régulières, et le plus souvent en hiver. En général, ces travaux consistent à entretenir les voies, nettoyer les cours d'eau, faire de petites réparations aux édifices publics, etc. Dans certaines localités, la commune ou une société privée organise de petits ateliers où sont exécutés des travaux que tout le monde peut faire. La plupart de ces ateliers sont temporaires ; quelques-uns, pourtant, sont permanents.

Les travaux de secours, quoique peu rétribués, rendent service aux chômeurs et surtout aux ouvriers qui, affaiblis par l'âge ou la maladie, ne sont plus occupés dans leur profession que lorsque le travail est abondant ou pressé.

En 1896, le Conseil supérieur du travail, après avoir recueilli et publié de nombreux documents sur la question du chômage, et consacré sa session annuelle à les étudier, a émis divers vœux relatifs aux travaux de secours organisés par les communes. Portés à la connaissance des municipalités par circulaire ministérielle du 23 février 1897 (1), ces vœux ont donné une nouvelle extension aux travaux de secours qui, à l'heure actuelle, ont acquis une certaine importance. Pendant l'année 1904, 823 communes, réparties dans 66 départements, ont dépensé en travaux de secours une somme totale de 2.048.527 francs (2).

La loi du 14 mars 1904 sur les bureaux de placement. — Le meilleur moyen de venir en aide à un chômeur, c'est de lui procurer un emploi dans sa profession. Cette fonction utile, surtout pour les travailleurs des petites industries de l'alimentation et pour les domestiques, dans les grandes villes, était remplie par des agences autorisées par l'État, sous le nom de « bureaux de placement ». L'un des nombreux vices de l'institution consistait à faire payer le placement par le chômeur et à lui faire verser un droit d'inscription qui n'était pas même remboursé lorsqu'aucun emploi ne lui était fourni.

La loi du 14 mars 1904 (3) a mis un terme à cet abus. Elle ne supprime pas les bureaux de placement, mais elle autorise les communes à les supprimer moyennant une indemnité. Elle stipule que le placement doit être payé, non par l'ouvrier qui recherche du travail, mais par le patron qui a besoin d'un ouvrier. Elle oblige les communes de plus de 10.000 habitants à tenir un bureau municipal de placement gratuit. Enfin, elle accorde quelques avantages aux bureaux de placement gratuits créés par les syndicats de patrons et d'ouvriers, les Bourses du travail, les Sociétés de secours mutuels, etc.

Quelques villes, et notamment Paris, ont supprimé la plupart des bureaux de placement payants, et le service du placement gratuit acquiert tous les jours un plus grand développement. L'époque n'est pas éloignée où le placement, au lieu de faire l'objet d'un commerce vénal, sera une œuvre corporative, ouvrière, patronale ou mixte, mais toujours pleinement désintéressée. Il y a lieu de penser, en outre, que la loi de 1904, qui réorganise le placement en même temps qu'elle l'assainit, aidera les chômeurs de certaines professions à retrouver plus aisément et plus vite une occupation.

Statistique et enquête relatives au chômage. — Pour engager une lutte efficace contre le chômage, il faut avant tout connaître son étendue et son intensité dans l'industrie en général et même dans chacune des grandes professions. En vue de déterminer le nombre des chômeurs, à trois reprises différentes, en 1896, 1901 et 1906, à l'occasion du dénombrement de la population et du recensement des industries et professions, l'administration a posé à chaque citoyen une question relative au chômage. D'après les deux premiers recensements, la proportion du chômage est de 5,6 p. 100, soit 300.000 chômeurs environ sur 5.600.000 travailleurs de l'industrie et du commerce.

De son côté, l'Office du travail dresse, depuis 1895, une courbe du chômage

(1) *Bulletin de l'Office du travail*, janvier 1897, p. 31 ; août 1897, p. 510.
(2) *Bulletin de l'Office du travail*, février 1905, p. 147.
(3) *Bulletin de l'Office du travail*, mars 1904, p. 253.

à l'aide de renseignements que lui fournissent chaque mois les syndicats professionnels. D'après cette courbe portant sur la période décennale de 1895 à 1904, la moyenne des chômeurs dans les syndicats a été de 7,9 p. 100. Appliquée à l'ensemble des travailleurs, cette proportion donne 440.000 chômeurs.

Devant un mal social aussi grand, le Parlement désire vivement, lui aussi, étudier le problème et rechercher les solutions qu'il peut comporter. C'est ainsi que, dans sa séance du 30 novembre 1904, la Chambre des députés a donné mandat à sa Commission du travail d'ouvrir une enquête sur le chômage et de lui faire connaître, aussitôt que possible, les mesures propres à le diminuer. Mais le Parlement sait fort bien que, pour aboutir à des conclusions pratiques, les études sur le chômage exigent beaucoup de temps. C'est pourquoi, voulant donner aux sans-travail une preuve immédiate de sa sollicitude, il s'est empressé d'ouvrir un crédit en faveur des caisses de secours contre le chômage, à la suite de travaux préparatoires qu'il faut noter.

L'inscription au budget de l'Etat d'un crédit pour subventions aux caisses de chômage. — Dès qu'on put apprécier le fonctionnement et les premiers résultats du fonds de chômage institué en 1901 par la ville de Gand, la question de l'intervention des pouvoirs publics en faveur des caisses de chômage fut inscrite par M. Millerand, alors ministre du commerce, à l'ordre du jour du Conseil supérieur du travail. Sur un rapport documenté de sa Commission permanente (1) et après un débat qui occupa presque toute la session de 1903, le Conseil supérieur du travail (2) demanda aux pouvoirs publics, et spécialement à l'Etat, d'encourager par des subventions les caisses mutuelles de secours contre le chômage, puis il traça les lignes générales du régime des subventions.

Deux propositions de loi, tendant à réaliser les vœux émis par le Conseil supérieur du travail, furent déposées, en mai 1904, sur le bureau de la Chambre des députés. Mais le Parlement, voulant aboutir sans plus attendre, inscrivit au budget de 1905 un crédit de 110.000 francs et s'en remit au Gouvernement pour fixer, par décret, les règles de la répartition de ce crédit. Le régime des subventions fut institué par le décret du 9 septembre 1905, dont nous allons analyser les dispositions principales.

II

Le Décret du 9 Septembre 1905

Notons-le tout d'abord. La France a suivi avec empressement l'exemple donné par la ville de Gand ; elle a généralisé le principe du système gantois en l'appliquant à un pays industriel tout entier. Toutefois, le système français diffère du système gantois sur un point assez important.

---

(1) *Les Caisses de chômage.* — Paris, Berger-Levrault, éditeur.

2) *Conseil supérieur du Travail*, session de novembre 1903. — Paris, Berger-Levrault.

A Gand, le crédit communal sert à majorer les indemnités versées aux chômeurs. Les caisses ne sont qu'un intermédiaire entre le Comité de répartition du crédit et le chômeur lui-même. En France, au contraire, la subvention est allouée à la caisse de chômage ; le chômeur n'intervient qu'au double point de vue du calcul des subventions et du contrôle des opérations.

Le système de Gand peut fonctionner dans une commune ou une agglomération de communes. Il ne pourrait pas s'appliquer à un pays tout entier. Au surplus, la France, en même temps qu'elle vient en aide aux chômeurs, veut aussi accroître la valeur des caisses de chômage en leur laissant une responsabilité aussi grande que possible dans le fonctionnement du système. Malgré cette différence, qui ne porte d'ailleurs que sur un point secondaire, le système français, nous tenons à le déclarer, procède du système de Gand dans son principe et dans ses dispositions essentielles.

Définitions. — L'article premier du décret contient deux définitions relatives, l'une au chômage, l'autre à la nature des divers secours délivrés par les Caisses.

« Le chômage involontaire par manque de travail donne seul droit aux subventions de l'État. » Le chômage causé par incendie de l'établissement patronal, bris de machine ou tout autre accident survenu au matériel se trouve compris ; au contraire, le chômage causé, soit par la grève, soit par la maladie, est exclu.

Trois sortes de secours peuvent entrer dans le calcul des subventions : les secours sur place, les secours de route et les indemnités de déplacement.

La faveur ne peut jouer aucun rôle dans la répartition du crédit. Le droit aux subventions est formel pour toutes les caisses mutuelles auxquelles les deux définitions s'appliquent, qu'elles soient fondées par des syndicats professionnels, des caisses de maladie ou par toute autre association.

Conditions générales à remplir par les Caisses. — Pour être admises à la répartition du crédit, les Caisses doivent, en principe, remplir quatre conditions générales : 1° Être composées de membres exerçant la même profession ou la même industrie (art. 2) ; 2° compter 100 membres au minimum (art. 2) ; 3° exiger de leurs adhérents un effort permanent, c'est-à-dire le versement d'une cotisation régulière et périodique (art. 11) ; 4° assurer un service gratuit de placement (art. 4).

Il est facile de justifier les quatre conditions prescrites.

La première condition, de beaucoup la plus importante, est la seule qui puisse donner lieu à discussion. Imposer le caractère professionnel aux Caisses de chômage, c'est écarter du même coup toutes les œuvres philanthropiques du bénéfice des subventions pour les réserver délibérément aux Caisses formées par les ouvriers. C'est marquer une préférence très nette pour les caisses ouvrières proprement dites.

Il semble démontré, par les expériences faites jusqu'ici dans les divers pays industriels, que la caisse de chômage doit, en effet, avoir une base professionnelle pour donner les meilleurs résultats ou que, tout au moins, la caisse professionnelle est supérieure à toute autre forme de caisse de chômage. Le risque de chômage étant à peu près le même pour tous les ouvriers d'une profession, la cotisation, dans une caisse professionnelle, est en rapport aussi étroit que possible avec la dépense ; en d'autres termes, la prime individuelle est proportionnelle au risque collectif. Il est plus facile, dans la caisse professionnelle, d'assurer le placement des chômeurs. Le contrôle nécessaire des chômeurs — ce point délicat et important de l'institution — y est à la fois plus facile à organiser et moins désagréable à subir. Enfin, l'esprit de solidarité, beaucoup plus vif entre ouvriers de même profession, facilite singulièrement la création et le fonctionnement régulier de la caisse de chômage. Ce sont des caisses professionnelles, en effet, ces caisses de chômage qui, en Angleterre et en Allemagne, groupent 50, 80 et 100.000 adhérents, disséminés dans tout le pays.

Les règles les mieux établies supportent des exceptions. Dans les communes de moins de 20.000 habitants (1), les caisses interprofessionnelles sont admises aux subventions de l'Etat lorsqu'elles sont subventionnées par la commune (1) et comptent au moins 50 membres.

La Caisse de chômage doit — c'est la deuxième condition — compter 100 membres au moins. Il paraît difficile d'admettre qu'une Caisse d'un effectif moindre puisse raisonnablement se proposer de soutenir ses chômeurs. En dehors d'un petit nombre de cas, les caisses de moins de 100 membres n'offrent pas même la garantie d'un fonctionnement régulier.

Le décret admet pourtant les Caisses locales ne comprenant que 50 membres lorsqu'elles sont subventionnées par la commune (1). L'Etat subventionne ces petites caisses parce que la subvention communale lui assure un contrôle et aussi pour engager les communes (1) à intervenir en faveur des caisses locales (2).

Comme troisième condition, la Caisse doit obtenir de ses membres un effort permanent, par le versement régulier d'une cotisation fixée par les statuts. Cette disposition donne aux Caisses subventionnées le caractère de caisses mutuelles ; elle écarte ainsi les Caisses qui n'exigeraient pas de leurs adhérents un sacrifice personnel en. échange du droit à toucher, le cas échéant, une indemnité de chômage. L'article 13 est d'ailleurs très large : il permet aux Caisses de couvrir, dans la proportion des deux tiers, leurs dépenses par des recettes diverses : subventions, dons, cotisations de bienfaiteurs, produits de fêtes, etc.

La Caisse doit assurer un service gratuit de placement des chômeurs. Cette quatrième et dernière condition se justifie d'elle-même. L'indemnité ne doit fournir au chômeur, pour lui et les siens, que le moyen de vivre en attendant

---

(1) Le décret du 9 septembre 1905 a été modifié par décrets du 20 avril et du 31 décembre 1906. Aux termes de ce dernier, le chiffre de 20.000 habitants a été porté à 50.000 ; d'autre part, les subventions des départements sont visées au même titre que les subventions communales. V. *Bulletin de l'Office du Travail*, janvier 1907.

(2) Parmi les villes qui déjà sont entrées dans cette voie, il faut citer Lyon, Reims, Cherbourg, La Rochelle, Châlons-sur-Marne, Tarbes, Limoges, Dijon. etc. A Paris, la question est à l'étude. On trouvera des renseignements sur les subventions des municipalités dans le *Bulletin de l'Office du travail*, numéros d'octobre 1903, juin 1905 et juillet 1906.

un emploi. Le but, c'est le placement. A cet égard, nous l'avons fait remarquer précédemment, les caisses professionnelles offrent tous les avantages.

En dehors des Caisses de chômage que nous venons d'énumérer, les Caisses de secours de route formées par des unions d'associations sont également admises à participer aux subventions, aux termes du quatrième paragraphe de l'article 2. Il s'agit, en général, des Caisses instituées par presque toutes les Bourses du travail au profit des chômeurs de passage dans la localité.

Limites relatives au calcul des subventions. — Passant sur les articles 6 et 7 du décret relatifs aux clauses que les statuts de chaque Caisse doivent contenir, nous arrivons aux articles 9 et 10 prescrivant deux limites pour le calcul des subventions.

Si l'indemnité de chômage est supérieure à 2 francs par jour, la subvention ne sera calculée que sur cette dernière somme (art. 9).

Si la durée de l'indemnité de chômage dépasse 60 jours par période de douze mois, la subvention ne portera que sur les indemnités allouées à chaque chômeur pendant 60 jours (art. 10).

Les Caisses, on le voit, peuvent à leur gré fixer le montant de l'indemnité et la durée de celle-ci. Le décret prescrit simplement que le calcul de la subvention ne portera que sur une indemnité maximum de 2 francs par jour pendant 60 jours au plus par an pour chacun des chômeurs. Cette double limite empêche les Caisses riches de recevoir une trop grande part du crédit annuel, au détriment des Caisses moins favorisées. 2 francs par jour et 60 jours par an sont d'ailleurs les chiffres prévus dans les statuts de la plupart des Caisses existantes.

Taux des subventions. — Dans les limites posées par les articles 9 et 10, les subventions sont rigoureusement proportionnelles aux indemnités versées chaque semestre. La proportion, uniforme pour toutes les Caisses du même groupe, est fixée à l'avance par arrêté ministériel. Elle ne peut dépasser les maxima établis par l'article 12 du décret qui, à ce point de vue, divise les Caisses en deux groupes.

Pour les Caisses locales, le taux maximum de la subvention est de 16 p. 100 du montant des indemnités.

Les Caisses divisées en sections, c'est-à-dire les Caisses fédérales, jouissent d'un traitement plus favorable. Le taux est de 24 p. 100 au maximum, soit la moitié en sus, pour les Caisses fédérales fonctionnant dans trois départements au moins et comptant 1.000 membres au minimum.

Avec raison, à notre avis, l'État encourage ainsi, d'une façon particulière, les Caisses fédérales de chômage, c'est-à-dire les Caisses pouvant englober, dans chaque profession, tous ou presque tous les ouvriers. Tout d'abord, c'est aux autorités locales qu'il appartient de subventionner les Caisses locales. En fait, lorsque les autorités locales sont disposées à soutenir les caisses de chômage, leurs encouragements ne vont tout naturellement qu'aux caisses de la localité. Quant aux caisses intercommunales et interdépartementales, elles ont, en général, peu de chance d'obtenir l'appui des autorités locales. C'est un premier motif pour que l'Etat accorde à celles-ci un traitement plus avantageux. Il y en a beaucoup d'autres.

La Caisse fédérale est, à tous égards, supérieure à la simple caisse locale. Il suffit de rappeler l'étendue et la complexité du problème du chômage pour montrer la fragilité et l'insuffisance de la digue que peut lui opposer la caisse locale. Celle-ci ne peut résister à une crise industrielle de quelque gravité. Dans la même profession, une caisse locale peut succomber sous les charges, alors que la caisse de la localité voisine est en pleine prospérité. La caisse locale ne peut que difficilement placer le chômeur puisque, en nombre de cas, il doit quitter la localité pour retrouver du travail. Dans une caisse locale, les chômeurs épuiseront peut-être l'indemnité sans retrouver un emploi. Dans une caisse fédérale, les sections de la région feront effort pour les placer, ne serait-ce que pour diminuer d'autant les frais communs.

Dans la Caisse fédérale, la dépense pour chaque adhérent n'est peut-être pas plus faible, mais — et le point est très important — elle est moins variable, plus constante, mieux égalisée, étant répartie sur un grand nombre de membres de diverses localités. Les ouvriers de la localité où il n'y a pas de chômage paient pour les chômeurs des localités moins favorisées. Les membres de la même profession se soutiennent, automatiquement en quelque sorte, d'un bout à l'autre du pays. D'autre part, au point de vue du contrôle, les Caisses fédérales fournissent toutes les garanties, obligées qu'elles sont, vu le nombre des adhérents, de tenir une comptabilité sincère et d'en publier tous les résultats.

La supériorité de la Caisse fédérale est si manifeste qu'on pourrait soutenir que, seule, elle doit être admise aux subventions de l'État. Le décret ne pouvait aller jusque là. D'abord certaines industries, même importantes, sont localisées sur un seul point du territoire. Ensuite, les municipalités qui allouent des subventions sont encore peu nombreuses. Enfin, l'État doit donner l'exemple. Quoi qu'il en soit, on reconnaîtra que le taux de 24 p. 100, accordé aux Caisses fédérales, est pleinement justifié.

Comptabilité et contrôle. — Il va sans dire que le décret contient une série de dispositions relatives à la comptabilité des opérations et qu'il prévoit les mesures propres à empêcher les fraudes et à assurer le contrôle des subventions.

Commission des Caisses de chômage. — Sous la responsabilité du ministre du Travail, une mission importante est confiée à la Commission des caisses de chômage. Elle est chargée de préparer la répartition du crédit, de veiller à l'application du décret et à la bonne marche du service ; elle donne un avis sur toutes les difficultés qui peuvent se produire.

La Commission se compose de 11 membres : 2 membres du Parlement, 2 représentants du ministre des Finances, 3 représentants du ministre du Travail et 4 représentants des caisses de chômage. La présence de ces derniers constitue une garantie spéciale pour les Caisses. Quant à la Commission, elle a déjà prouvé, par la compétence et le zèle avec lesquels elle s'acquitte de sa tâche, qu'elle peut exercer la plus heureuse influence sur le service des subventions.

Telle est, dans ses grandes lignes, l'économie du système français dont il nous reste à faire connaître les premiers résultats.

III

L'Application du Décret. — Premiers Résultats

Les résultats de l'année 1905, c'est-à-dire du premier exercice annuel, sont très modestes. Il ne pouvait en être autrement, cette première année ayant été surtout consacrée à la création et à l'organisation du nouveau service.

Conformément au décret, le crédit a été divisé en deux parties égales, et il a été procédé à deux répartitions, une pour chaque semestre.

Pour les deux semestres, le taux des subventions a été fixé, vu le petit nombre des ayants droit, au maximum autorisé par le décret : 16 p. 100 pour les caisses locales et 24 p. 100 pour les caisses fédérales.

La Commission a fait une application très large de l'article 23 l'autorisant à accorder dispense d'une ou plusieurs prescriptions du décret. Elle a estimé, toutefois, que les règles essentielles du système devaient être observées dès la première année, afin de montrer que le droit à participer aux subventions de l'État était strictement conditionné.

Pour le premier semestre, 71 caisses ont présenté une demande ; plus de la moitié d'entre elles ne rentraient pas dans le cadre établi ou ne remplissaient pas les conditions essentielles et, en définitive, 35 caisses ont reçu 13.482 francs de subventions.

Les opérations du second semestre ont donné des résultats à peu près semblables. 77 caisses ont fait une demande ; 37 d'entre elles ont reçu 14.208 fr. de subventions.

Ainsi, sur un crédit de 110.000 francs, 27.690 francs seulement, soit le quart environ, ont été utilisés.

25 caisses ont reçu deux subventions, une pour chaque semestre, et 22 caisses n'ont touché la subvention que pour l'un des deux semestres. Au total, 47 caisses, comptant 33.682 membres, ont été subventionnées. Elles ont eu 6.645 chômeurs auxquels elles ont versé 167.713 francs d'indemnités pour 90.700 journées de chômage. Par application des articles 9 et 10 du décret, 135.467 francs, sur 167.713, sont entrés dans le calcul des subventions.

Les 25 caisses subventionnées pour toute l'année comptaient 24.233 membres ; au cours de l'année, elles ont versé 154.385 francs d'indemnités pour 84.309 journées chômées par 6.023 membres, soit près du quart de l'effectif total. Pour 125.964 francs qui sont entrés dans le calcul des subventions, elles ont reçu 26.157 francs.

Parmi ces caisses, il faut distinguer deux Caisses fédérales, formant une première catégorie : celles de la Fédération des Travailleurs du Livre et de la Fédération des Ouvriers Mécaniciens. Elles comptent près de la moitié du nombre total des membres et ont reçu plus de la moitié du montant des subventions. Ces chiffres font suffisamment ressortir leur importance. Ajoutons que la Caisse de la Fédération des Ouvriers Mécaniciens possède 59 sections réparties dans 37 départements sur 86 ; quant à la Caisse de la Fédération des Travailleurs du Livre, qui occupe le premier rang à tous égards, on peut dire qu'elle rayonne sur la France entière, puisqu'elle possède 170 sections réparties dans 83 départements.

Parmi les caisses locales, deux comptent chacune plus de 1.000 membres : celle de la Chambre syndicale des Ouvriers en Instruments de précision de Paris (1.639 membres), et celle de la Chambre syndicale des Ouvriers Moutonniers (préparation des cuirs) de Graulhet, dans le département du Tarn (1.150 membres).

Les 25 caisses subventionnées pour les deux semestres étant réparties en groupes professionnels, on voit que le groupe des industries polygraphiques, grâce à la présence de la Fédération des Travailleurs du Livre, dépasse de beaucoup les autres. Il compte plus du tiers du nombre total des membres (11.347 sur 33.682) et il a reçu plus de la moitié des subventions (17.128 francs sur 27.690).

Viennent ensuite : le groupe de la métallurgie et du travail des métaux avec trois caisses (dont celle de la Fédération des Ouvriers Mécaniciens) comptant 7.537 membres et ayant reçu 2.756 francs de subventions ; le groupe du commerce : 5 caisses, 1.760 membres, 881 francs de subventions ; le groupe des cuirs et peaux : 2 caisses, 1.362 membres, 2.357 francs de subventions, etc. (1).

Ces premiers résultats ne permettent pas de tirer des conclusions, soit favorables, soit hostiles au système français. Les unes et les autres manqueraient également de base. On ne pourra juger le système en connaissance de cause qu'après trois ou quatre années d'application.

Certes, pour notre part, nous sommes convaincus que la nouvelle institution va se développer graduellement, qu'elle rendra bientôt des services aux travailleurs et qu'elle les incitera à faire l'effort qu'exigent la fondation et la marche régulière d'une caisse de chômage. Nous sommes convaincus que, dans les professions qualifiées (*skilled*), les caisses locales existantes seront un jour prochain remplacées par des caisses fédérales rayonnant, dans chaque profession, sur la plupart des centres industriels, et englobant peu à peu la majorité des ouvriers du même métier ou de la même industrie. Pour les secours de route, il existe plusieurs caisses fédérales qui n'ont pas pris part, en 1905, à la répartition du crédit et dont, par suite, il n'a pas été parlé dans ce rapport. En ce qui concerne le secours de chômage sur place, beaucoup plus difficile à organiser, la question est à l'étude dans plusieurs Fédérations, et une troisième caisse fédérale, celle de la Fédération

---

(1) Pour renseignements plus complets sur les résultats de l'année 1905, voir le rapport adressé au Président de la République française par le ministre du Commerce, de l'Industrie et du Travail. — *Bulletin de l'Office du travail*, numéro de septembre 1906.

lithographique, qui est organisée sur un mode un peu spécial, a pris part, en 1906, aux subventions de l'Etat.

Quelle que soit notre confiance dans l'avenir du régime des subventions, en présence des modestes résultats qu'il a donnés pendant le premier exercice, il serait prématuré de soumettre des conclusions fermes, basées sur ce régime, au Congrès international pour la lutte contre le chômage. Le Congrès voudra bien considérer le présent rapport comme un simple document lui faisant connaître, avec ses premiers résultats, le système établi par la République française pour encourager les travailleurs à se garantir, par leur initiative et leurs propres efforts, contre les conséquences du chômage.

F. FAGNOT.

LE DROIT SYNDICAL

I

La loi sur les Trade-Unions en Angleterre

Les syndiqués du continent s'intéresseront au succès qui a suivi les efforts faits par le Parti ouvrier anglais pour rendre au trade-unionisme la position légale dont il avait toujours joui, d'une manière sous-entendue, de 1871 à 1901, c'est-à-dire jusqu'au jour où la décision du Taff Vale bouleversa l'interprétation acceptée de la loi (1).

Jusqu'au moment où la Chambre des lords rendit son arrêt dans l'affaire du Taff Vale, il était communément accepté que les caisses trade-unionistes se trouvaient en dehors des atteintes légales, excepté dans le cas de défaut de contrat. Il n'avait jamais été soutenu que la caisse pouvait être saisie, afin de satisfaire aux réclamations des patrons pour dommages encourus par eux au cours d'un conflit syndical.

Dans cette affaire fameuse, cependant, la *Société amalgamée des employés de chemins de fer* fut condamnée à payer 23.000 livres de dommages-intérêts à la *Compagnie des chemins de fer du Taff Vale*, et cette indemnité, avec les frais légaux, ne monta pas à moins de 43.000 livres.

Ce jugement fut décisif : il était passé de la Haute-Cour à la Cour d'appel, où il fut révoqué, mais de là à la Chambre des lords, qui maintint le verdict rendu en premier lieu, en faveur des patrons. Comme on devait s'y attendre, l'affaire suscita un vif intérêt chez les autres Trade-unions du royaume, et il fut reconnu que cette interprétation de la loi mettait aux mains des patrons une arme telle qu'il devenait ni plus ni moins impossible aux industries organisées de lutter avec quelque chance de succès.

---

(1) Cf. sur le même sujet, *Revue Syndicaliste*, tome I, p. 41, p. 129 ; Tome II, p. 10, p. 176.

Ce fut ce fait qui amena les Trade-Unions à reconquérir, sur le terrain politique, les droits dont on les avait privés dans les tribunaux. Ce fut en 1901 et en 1903 que le *Comité pour la représentation ouvrière* (appelé aujourd'hui le *Parti ouvrier*) recruta le plus grand nombre de membres, et des efforts répétés furent faits au Parlement pour réparer l'échec qu'avait subi le travail organisé. Pendant la dernière législature, le projet de loi sur les conflits industriels fut introduit à la Chambre des Communes à plusieurs occasions, mais il ne parvint jamais à franchir les dernières étapes de la procédure législative.

Lorsqu'eurent lieu les dernières élections, en janvier 1906, cependant, cette mesure devint, pour ainsi dire, la pierre de touche des candidats, dans toute circonscription où le travail organisé était une force appréciable. Tous les candidats ouvriers se déclaraient pour l'annulation de la décision des tribunaux et pour l'immunité totale des caisses des Trade-Unions, en ce qui concerne les actes injustes de leurs agents. Les candidats des autres partis furent catéchisés sur le sujet et durent soutenir le projet ou s'y opposer selon leurs vues sur la question. Le gouvernement libéral fut engagé à remettre les choses en ordre, et le dépôt de son projet sur les conflits industriels fut attendu avec un intérêt et un espoir singuliers. Cependant, quand il fut introduit par l'Attorney general, on trouva qu'il était absolument en désaccord avec les souhaits et les demandes des Trade-Unions ; et, quoi que le ministre pût invoquer avec toute l'habileté juridique en son pouvoir, le projet de loi du Parti ouvrier fut introduit, deux jours après, par Mr. Walter Hudson, membre de la *Société amalgamée des employés de chemins de fer*. A la surprise de la Chambre, le premier ministre, sir Henry Campbell Bannerman, parla en sa faveur, et ce bill fut voté en seconde lecture par 416 voix contre 66. Il était évident que la majorité des membres était favorable au bill ouvrier et opposée à celui qui avait été déposé par le gouvernement. Dans les étapes suivantes, le principe du premier fut fondu avec les dispositions du projet gouvernemental, les dispositions critiquées par les trade-unionistes ayant été soigneusement laissées de côté.

Le bill passa en seconde lecture, en mars. Pendant que les Chambres étaient en vacances, à la fin de l'été, différents ministres manifestèrent bien leur hostilité aux revendications syndicales. Mais quand le Parlement reprit ses séances et que le bill fut encore discuté, les principaux ministres, y compris même les adversaires de la veille, parlèrent en faveur du bill réformé.

Suivant la coutume adoptée par le Parti ouvrier, les deux fractions des membres du Parti convinrent de laisser le soin de soutenir le projet à Mr. D. J. Shackleton (des tisseurs), qui, par sa connaissance de la question trade-unioniste et sa façon honnête et toute droite de la présenter, avait été au-dessus de tout éloge. Ce ne fut pas l'incident le moins dramatique d'un débat, d'ailleurs particulièrement intéressant, que la production d'une liste noire patronale, preuve évidente des méthodes pratiquées par les patrons, méthodes qu'il est impossible aux trade-unionistes de découvrir par les moyens ordinaires, mais qui n'en sont pas moins persistantes. Ce document était une liste de 120 fondeurs qui s'étaient mis en grève à Halifax, et dont les noms étaient transmis par la Fédération des patrons mécaniciens aux autres patrons du pays. Il est notoire que ces listes sont mises en circulation, mais il est très rare que la preuve positive en tombe ainsi aux mains des fonctionnaires des syndicats intéressés.

Cette fois, la liste avait été envoyée au bureau de *l'Union des Fondeurs* par un patron dégoûté des méthodes employées par ses chefs de file.

Plus tard encore, dans le débat, Shackleton produisit les règles de *l'Association des patrons imprimeurs du Yorkshire*, dans lesquelles il était stipulé « qu'aucun agent de grève ne devait être employé » et « qu'une liste de ces agents doit être transmise à tous les membres de l'Association ».

Les juristes de l'opposition discutèrent la question du point de vue patronal, mais comme la grande majorité des membres s'étaient engagés à soutenir les demandes des Trade-Unions, et comme le Parti du Travail était, dans la Chambre, assez fort pour représenter effectivement la cause ouvrière, l'ancien premier ministre même, M. A. J. Balfour, au grand étonnement de ses partisans sur les bancs conservateurs et au non moindre étonnement de la presse capitaliste du pays, annonça qu'il n'était pas disposé à voter contre la mesure, et il alla si loin qu'il parut dès lors possible que le bill subît avec succès l'épreuve de la Chambre haute.

Ainsi, pendant le cours de neuf mois, le Parti du Travail anglais a justifié pleinement sa tactique d'indépendance politique ; car, il n'y a pas l'ombre d'un doute à ce sujet, sans la présence au Parlement de plus de 50 membres qui, sur ce point, étaient absolument unis dans leurs demandes, le bill du gouvernement n'aurait jamais été revisé ni mis en harmonie avec les vœux de la démocratie industrielle.

Les clauses principales du bill sont les suivantes :

Un acte fait en vertu d'une entente ou contrat par deux ou plusieurs personnes, s'il est fait à l'occasion d'un conflit industriel, ne pourra être l'objet de poursuites, à moins que le même acte, commis sans une entente ou contrat semblable soit passible de poursuites.

Il sera légal pour une ou plusieurs personnes, agissant à leur nom ou au nom d'une trade-union, ou au nom d'un patron ou d'une maison de commerce en vue d'un conflit industriel ou pour son développement, de se réunir dans ou près d'une maison ou d'un lieu où une personne demeure et travaille, ou bien là où elle fait du commerce, où encore là où se trouve habiter, si elles se réunissent ainsi simplement dans le dessein d'obtenir ou de communiquer pacifiquement des informations, ou pour persuader pacifiquement n'importe qui de travailler ou de s'abstenir de travailler.

Un acte fait par une personne en vue d'un conflit industriel ou pour son développement, ne sera pas passible de poursuites, sous le seul prétexte qu'il a pour but de pousser une autre personne à rompre un contrat d'emploi ou qu'il constitue un obstacle à l'industrie, aux affaires ou à l'emploi de quelque autre personne, ou au droit d'une autre personne de disposer de son capital ou de son travail comme elle l'entend.

Une action contre une trade-union, qu'elle soit ouvrière ou patronale, ou contre leurs membres ou leurs fonctionnaires, en leurs propres noms ou au nom des autres membres de la trade-union, en raison de quelque acte injuste, qu'on allègue avoir été commis par ou au nom de la trade-union, ne doit être admise par aucun tribunal.

Il doit être clairement compris que, dans la loi anglaise, les mots « Trade-Union », en plus de leur application ordinaire à un corps d'ouvriers trade-unionistes, s'appliquent de la même manière à une organisation de patrons, de sorte que si des avantages peuvent être assurés aux ouvriers par le bill, ils sont aussi accordés aux associations patronales, et il est intéressant de noter que c'est dans ce dernier sens que M. Balfour, dans ses discours de critique du bill, a vu le principal danger de l'avenir.

J.-S. MIDDLETON,
Secrétaire-adjoint du Parti du Travail.

II

Une nouvelle action politique des travailleurs allemands.

En France, les travailleurs organisés continuent toujours de discuter de la nécessité ou non d'une action politique de la classe ouvrière ; en Angleterre, les ouvriers ont longtemps suivi les partis bourgeois, avant d'en venir, comme ils l'ont fait dans les dernières années, à cette idée qu'une action politique indépendante était nécessaire ; en Allemagne, au contraire, il y a près de quarante ans que la classe ouvrière consciente poursuit sa politique propre. Il ne m'appartient pas de rechercher ici si les socialistes français, qui nient la nécessité d'une action politique ouvrière indépendante ont raison ; pour les ouvriers allemands, l'action politique indépendante était et est encore une nécessité pressante. C'est à l'action politique de la classe ouvrière allemande d'abord qu'on est redevable de la suppression du délit de coalition dans le code industriel qui fut rendu nécessaire par la fondation de l'Empire allemand. Puis les syndicats fleurirent, et en dépit de leur faiblesse d'alors, ils devinrent menaçants pour les patrons. Aussi longtemps que la bourgeoisie libérale, à laquelle appartenait pour la plus grande part le patronat industriel, se trouva dans l'opposition contre le gouvernement, celui-ci, et en première ligne son éminent chargé de pouvoirs, Bismarck, ne vit point avec déplaisir la croissance des organisations ouvrières ; il s'imaginait en effet pouvoir jouer des ouvriers contre la bourgeoisie libérale. Mais au fur et à mesure que les dispositions de la bourgeoisie pour le gouvernement devinrent meilleures et que la classe ouvrière servit ses propres intérêts, les organisations ouvrières eurent chaque jour davantage à subir des poursuites de toutes sortes.

Dans la session du Reichstag 1875-76 le gouvernement proposa un renforcement du Code pénal dirigé surtout contre le mouvement ouvrier. Cette modification fut rejetée par le Reichstag, qui comptait alors dix démocrates socialistes. Dans l'intervalle se produisit chez le gouvernement un complet revirement en ce qui concerne la politique intérieure. On commença à passer de la politique libre-échangiste à la politique protectionniste, en partie — comme Bismarck disait — « pour faire de l'élevage de millionnaires », en partie pour créer à l'Empire des ressources abondantes sans être obligé de charger particulièrement les classes possédantes. Naturellement, Bismarck prévoyait que la classe ouvrière ne se laisserait pas exploiter sans une vive opposition. Il était déjà tout disposé à tenter bientôt de bâillonner le mouvement ouvrier. Il saisit comme prétexte le coup de revolver que l'idiot syphilitique Hödel tira le 11 mai 1878 sur Guillaume Ier sans l'atteindre. Dès le 20 mai, fut déposée au Reichstag une loi « de protection contre les excès démocrates-socialistes ». Mais le projet de loi était rédigé de telle manière qu'il n'atteignait point seulement les « excès », c'est-à-dire les tentatives ou les actes exagérés, déraisonnables, des démocrates-socialistes, mais *tous les actes démocrates-socialistes en général.* Le Reichstag le rejeta le 24 mai 1878. Ce rejet fut dû, en partie, au fait que les libéraux, alors encore très fortement représentés au Reichstag, craignaient que la loi ne pût aussi un jour être utilisée contre eux. Neuf jours plus tard, le 2 juin 1878, un partisan des nationaux-libéraux tira de nouveau sur Guillaume Ier et le blessa légèrement. Alors le Reichstag fut dissous ; Bismarck et ses suppôts déchaînèrent une chasse furieuse, et où l'on ne recula devant aucune infamie, contre tout ce qui semblait socialiste. La bourgeoisie se laissa intimider et participa à cette chasse. Devant le Reichstag nouveau, le gouvernement déposa un « projet de loi contre les menées dangereuses de la démocratie socialiste ». Le 19 octobre, ce projet fut adopté par 221 voix contre 149, bien qu'il fût encore plus rigoureux que celui qu'avait repoussé le précédent Reichstag.

Alors s'ouvrit pour la classe ouvrière allemande une rude époque. Les organisations politiques et syndicales, établies avec tant de peine et tant de patience furent dissoutes, à l'exception de l'Union des typographes. Il fut en effet bientôt manifeste que le désir principal du patronat et de son chargé d'affaires, le gouvernement, était d'anéantir les syndicats alors déjà florissants. Avant le 30 juin 1879, 217 associations, 5 caisses de secours, 127 publications périodiques et 278 non périodiques avaient été anéanties. Même l'Union des typographes se trouvait très entravée dans son action. Comme cette Union possédait déjà alors d'importantes caisses de secours, sa direction tenta tout ce qui était en son pouvoir pour échapper aux tracasseries des autorités, ce qui lui attira souvent de grosses difficultés. On remplirait un livre si l'on voulait décrire tout ce qui fut tenté par les autorités, à l'aide de cette loi honteuse, pour étouffer le mouvement ouvrier allemand, et plus tard tout ce qui fut imaginé par la classe ouvrière pour rendre cette loi sans effet. Pendant les premières années, il sembla vraiment qu'on eût réussi à tuer du coup le mouvement ouvrier. Mais, déjà en 1881, il y eut de nouveau de la vie dans la classe ouvrière. Comme il n'était pas possible de fonder de nouveaux syndicats, s'étendant sur toute l'Allemagne, on fonda des associations professionnelles locales. Certes, beaucoup d'entre elles succombèrent de nouveau, sous le coup d'une dissolution. Mais il suffit de rappeler d'un mot ici que nos maîtres — et à leur tête l'homme de sang et de fer, Bismarck — purent réduire à une grande misère beaucoup d'ouvriers honorables et leurs familles, mais qu'ils ne réussirent pas à extirper du sol allemand le mouvement ouvrier et sa représentation politique, la démocratie socialiste. Bien au contraire, lorsque, le 20 février 1890, eurent lieu de nouvelles élections au Reichstag, le nombre des députés démocrates socialistes monta de 11 à 35. C'était un signe manifeste que l' « homme du siècle » Bismarck avait échoué misérablement dans sa crapuleuse politique d'oppression. Il prit son congé, et le 30 septembre 1890 disparut la loi des socialistes, désormais sans effet, mais qui demeurera dans l'histoire « du nouvel Empire allemand » comme une honte ineffaçable. Peu de temps avant l'entrée en vigueur de cette loi, il y avait 50.000 ouvriers syndicalement organisés ; après son abrogation, le nombre des ouvriers organisés, soit dans les associations professionnelles locales, soit aussi de nouveau dans des Unions nationales, était monté à plus de 300.000. De même la presse ouvrière — et surtout la presse syndicale — avait pris un vigoureux essor.

Désormais le mouvement ouvrier pouvait se sentir de nouveau plus libre. Mais il était manifeste que ces douze mauvaises années ne s'étaient point écoulées sans laisser de traces. Plus de dix ans après, on pouvait

encore remarquer dans les syndicats de nombreux traits qui remontaient
aux expériences tourmentées que la classe ouvrière avait dû faire alors.
Dans les années qui suivirent immédiatement l'abrogation de la loi, la
plupart des syndicats qui existent aujourd'hui, et qui sont devenus très
puissants, furent fondés. Ces premières années de leur vie ne furent point
faciles. Il sévissait alors une forte crise économique. Néanmoins les syndicats soutinrent maintes luttes. Le parti démocrate socialiste grandissait
aussi. Aux élections du Reichstag, en 1893, le nombre de ses députés
passait à 44. C'en était assez pour que maint ennemi du progrès réclamât
de nouvelles mesures d'oppression, d'autant plus que les tentatives faites
par quelques hommes naïfs pour réfuter les doctrines de la démocratie
socialiste avaient misérablement échoué. On n'avait point d'autre prétexte
pour de nouvelles mesures d'oppression que la « propagande par le fait »
que pratiquaient alors les anarchistes, en France et en Espagne.

Si on avait essayé en vain auparavant de placer la démocratie socialiste
(et on entendait par là, nous venons de le voir, l'ensemble du mouvement
ouvrier), sous le coup d'une loi spécialement faite pour elle, d'une vraie
loi d'exception, ceux qui se croyaient maintenant à la tête de l'État
croyaient agir plus habilement en combattant « les partis de révolution
sur le *terrain du droit commun* », comme disait une phrase fort en vogue
alors. On voulait introduire dans les lois existantes des dispositions, dont
l'extension caoutchouteuse, si l'on peut dire, atteindrait ce que la loi
abrogée avait manqué. Le Code pénal, le Code de justice militaire et la
loi de la presse devaient subir des modifications. Tous ces changements
devaient atteindre « les attaques à la religion, à la monarchie, au mariage,
à la famille et à la propriété », et d'autre part « l'excitation au mépris des
intérêts de l'État et des ordres supérieurs » d'une manière telle que toute
libre critique des institutions de l'État et de la société, et toute action
réformatrice énergique eussent été rendues impossibles. Le 5 décembre 1874, ce projet de loi annoncé depuis longtemps déjà et baptisé
par le peuple « projet de la révolution » arriva au Reichstag. Mais il était
évident que la situation était autrement sérieuse qu'en 1878. De plus, le
projet même était plus propre à susciter des railleries qu'à éveiller des
craintes sérieuses. Pendant trois ans et demi, une commission établie
par le Reichstag se préoccupa « d'améliorer » le projet de loi. La classe
ouvrière et sa représentation politique, le parti démocrate socialiste, ne
s'étaient naturellement pas attardés à cela et avaient développé une
vigoureuse contre-propagande. Même beaucoup de milieux bourgeois,
particulièrement des savants et des artistes, se déclaraient avec vivacité
contre la loi. Par contre, le parti du centre (les cléricaux) s'efforçait de
la rendre encore plus réactionnaire. Et cela alla même si loin que ce

parti engagea une âpre lutte avec le parti national-libéral, représentation politique du capital mobilier, et auquel adhérait notamment de nombreux industriels. Le sort du projet de loi ne pouvait plus être l'objet que de l'ironie publique. Il fut le 11 mai 1895 rejeté d'une manière particulièrement injurieuse pour ses auteurs.

Si, d'après tout ce que nous venons de décrire dans les lignes précédentes, il n'y avait plus aucun espoir d'étouffer le mouvement ouvrier qui se développait toujours avec plus de force, tout fut essayé, dans les années suivantes, de 1895 à 1897, pour lui nuire au moins le plus possible. En particulier, les tribunaux furent mobilisés, surtout contre la classe ouvrière. Le prétexte fut offert par les « jubilés patriotiques », alors en vogue. En 1895 et 1896 on célébra en effet des fêtes bruyantes, parce que depuis la guerre si glorieuse contre la France et « le rétablissement de l'Empire allemand », vingt-cinq ans s'étaient écoulés. Le 22 mars 1897 fut le grand jour de fête, parce qu'il y avait juste cent ans que Guillaume Ier était né. Le peuple travailleur, dans la mesure où il avait appris à penser un peu, se montra naturellement en majorité très froid vis-à-vis de ces fêtes célébrées sans aucun tact. Il voyait en Guillaume Ier non — comme son petit-fils Guillaume II le souhaitait — « Guillaume le Grand », mais un des plus grands réactionnaires, l'homme qui, en 1848, avant la Révolution, fut contraint de s'enfuir à Londres sous le nom de Lehmann, et qui, en 1849, après son retour, fit mitrailler les révolutionnaires dans les fossés de Rastatt. La conséquence de cette attitude fut une véritable épidémie de procès de « lèse-majesté », qui en 1895-97 furent dirigés particulièrement contre les rédacteurs responsables de la presse ouvrière et se terminèrent pour une grande part par des condamnations d'une dureté inouïe. Mais tout cela ne suffisait pas encore à nos maîtres. On essaya d'abord en Prusse d'un changement du droit d'association et de réunion. Depuis longtemps le peuple demandait qu'on abrogeât la disposition d'après laquelle des associations politiques ne pouvaient se fédérer entre elles. Quelques autres États confédérés avaient laissé tomber cette défense. Le gouvernement prussien s'y montra lui aussi disposé, mais seulement à cette condition que la loi sur les associations fût encore rendue plus mauvaise. Le 12 mai 1897, un projet de loi rédigé dans ce sens était soumis au Landtag prussien, et le 20 mai la fraction socialiste du Reichstag lançait un appel pour organiser un mouvement de protestation. Ce mouvement prenait une telle ampleur, même dans la classe ouvrière de Prusse, que le Landtag, cette citadelle de la réaction, rejetait le projet le 24 juillet 1897 par 209 voix contre 205.

Mais la réaction avait encore un deuxième fer sur le feu. Le 17 juin de la même année, Guillaume II tenait à Bielefeld un discours où il exposait

« son programme » de la manière suivante : « Protection du travail national de toutes les classes productrices, renforcement d'une classe moyenne saine, *anéantissement absolu de tout bouleversement* (Umsturz), *et les peines les plus sévères pour quiconque se permet d'empêcher de travailler librement son « prochain », s'il veut travailler.* » Cette dernière menace était à l'adresse des syndiqués qui essaient d'empêcher les sarrazins d'accomplir leur honteuse besogne. Le 11 décembre, le ministère d'Empire de l'Intérieur envoyait à tous les ministres des États confédérés une circulaire confidentielle où il les priait de réunir les documents nécessaires à l'élaboration d'un nouveau projet de loi, à l'aide duquel on espérait empêcher la classe ouvrière consciente de maintenir ses droits. Dès le 15 janvier 1898, le *Vorwaerts* était en mesure de publier cette circulaire « confidentielle ». Si le discours de Guillaume II avait déjà éveillé l'attention, la circulaire provoqua une vigoureuse agitation qui s'accrut encore lorsque, le 6 septembre 1898, Guillaume II tint un nouveau discours où se trouvait le passage suivant : « La protection du travail allemand, la protection de quiconque veut travailler, a été solennellement promise par moi à Bielefeld il y a plusieurs années. La loi sera bientôt achevée et sera dès cette année soumise aux représentants du peuple, par laquelle quiconque, quel qu'il puisse être et de quelque nom qu'il puisse s'appeler, *aura empêché un travailleur allemand, qui le désirait, d'accomplir son travail, ou l'aura entraîné dans une grève, sera puni de la maison de force.* J'ai promis alors cette peine et j'espère que le peuple, par ses représentants, sera d'accord avec moi pour protéger, de cette manière, autant qu'il est possible, notre travail national. »

Il fallut attendre cependant jusqu'au 26 mai 1899, avant que le « projet de loi pour la protection du travail industriel » arrivât au Reichstag. Dans ce projet, le renégat, le briseur de grève, se trouvait placé sous une protection légale particulière : il était élevé à la hauteur de l'Empereur lui-même ou des princes confédérés, puisqu'il n'avait plus même besoin de déposer une plainte pour « lèse-renégat », ce que le droit existant lui accordait déjà, et ce pourquoi les tribunaux lui donnaient des satisfactions suffisantes. En outre, il devait être tout à fait interdit, pendant les grèves, d'établir des postes pour amener les inconscients à la grève ou même seulement pour surveiller les ateliers où l'on faisait grève. Pour le cas où il y aurait eu « danger public pour la sécurité de l'Empire ou d'un État confédéré, ou pour la vie humaine, ou pour la *propriété*, les peines pouvaient être de **trois ans de maison de force** et même de **cinq ans** pour « les meneurs ».

Le projet de loi fut « appuyé » par un rapport fort étendu. Mais en dépit de leur longueur, ces considérations « à l'appui » étaient si pauvres, qu'elles provoquèrent une hilarité générale. La situation était sérieuse cependant pour la classe ouvrière et pour les syndicats. La commission générale des syndicats allemands entama une contre-agitation méthodique et énergique. Dans des réunions innombrables, des milliers de travailleurs manifestèrent contre l'adoption du projet. La commission générale examina chacun des cas de « terrorisme des syndicats » sur lesquels le projet était fondé, et elle fut bientôt en état de démontrer que tous les considérants étaient pur charlatanisme. Le parti socialiste naturellement ne resta pas inactif et c'est ainsi que, le 20 novembre 1899, le projet de la « maison de force » fut repoussé par le Reichstag. C'était la conclusion méritée.

On pouvait s'y attendre : le gouvernement, en dépit de ces échecs répétés, ne devait pas cesser de tenter de bâillonner les travailleurs. On n'essaya plus de le faire à l'aide d'une loi qui eût le *but déclaré* de nuire au mouvement ouvrier, mais avec une loi qui apporterait *des avantages*, si, du moins, on en croyait les considérants. On s'exerça donc alors dans le domaine de l'hypocrisie : le 12 novembre 1906 fut déposé au Reichstag un « projet de loi concernant les associations professionnelles ». On demandait déjà depuis longtemps, qu'il fût rendu possible aux syndicats d'acquérir la « capacité juridique », — c'est-à-dire la faculté d'introduire des instances en leur propre nom — de recevoir de l'argent, d'acquérir des biens et de gérer des entreprises; en un mot, d'exercer toutes les fonctions qui, d'après le droit privé, appartiennent à toutes les personnes juridiquement capables. Cette faculté fait encore défaut aux syndicats. Mais ils ont trouvé moyen de jouir de tous ces avantages, sans la loi, en confiant toutes leurs affaires à des personnes de confiance qui les réglaient en leur nom. D'après le nouveau projet, les syndicats devront pouvoir acquérir ces droits en se faisant inscrire sur un registre appelé le registre des associations. Mais, en face de cet avantage et de quelques autres assez minces, il y a de si grands inconvénients que les syndicats ont pris aussitôt position contre le projet. Le projet permet, en effet, aux esprits chagrins et grognons, de paralyser complètement le syndicat pendant quelque temps, ce qui, en particulier, pendant les grandes grèves et les lock-out, peut porter aux travailleurs les plus grands dommages. Il est surtout favorable, au contraire, aux syndicats jaunes qui, dans les dernières années, en Allemagne aussi, ont commencé d'exister avec l'aide des patrons. Il est vrai que les syndicats ne peuvent pas être contraints d'acquérir cette capacité juridique, mais on peut s'attendre à ce qu'ils soient lésés d'une autre manière. Les syndicats avaient donc une raison suffisante de combattre ce projet. La fraction socialiste du Reichstag engagea la même action, et même les représentants d'autres fractions se tournèrent contre ce projet de loi « anti-syndical ». Dans le Reichstag, après une courte délibération, il fut renvoyé à une commission. Les syndicats, de leur côté, organisèrent rapidement des manifestations contre le projet. Dans le même but, la commission générale convoqua pour janvier 1907, à Berlin, un congrès syndical extraordinaire. Mais toutes ces mesures furent rendues superflues par la dissolution soudaine du Reichstag, le 13 décembre. Du même coup, le projet de loi contre les syndicats est devenu caduc. Si le gouvernement souhaite qu'il devienne loi, il doit l'introduire de nouveau. S'il en est ainsi, le projet prendra alors une toute autre importance.

Provisoirement, il n'est donc pas nécessaire d'insister à cette place sur le détail de ses dispositions. Le gouvernement s'est rendu compte que son « bon vouloir », manifesté contre les syndicats, a été aussitôt reconnu comme une hypocrisie. Il est donc aussi possible qu'il ne dépose pas à nouveau son projet de loi, surtout si le Reichstag nouvellement élu le 25 janvier est composé de telle manière qu'il ne puisse se montrer favorable à l'adoption d'une telle loi. Le principal devoir de tous les travailleurs allemands conscients est donc aujourd'hui de veiller à ce que le Reichstag soit composé de cette manière, et c'est une joie de voir avec quel enthousiasme la classe ouvrière allemande est entrée dans la lutte électorale. Ce sont les droits les plus sacrés du peuple qui sont en cause, et non seulement cela. Il s'agit de combattre contre les horreurs coloniales, contre le militarisme, contre le renchérissement de toutes les denrées nécessaires à la vie, et ce qui n'est pas le moindre, contre le « gouvernement personnel » qui fait du Reichstag allemand une caricature de représentation populaire. Nous avons encore beaucoup à faire, nous, travailleurs allemands, mais nous sommes habitués à mener de tels combats. Notre devoir le plus prochain est de faire en sorte que le gouvernement personnel prenne fin et que les droits du peuple soient étendus. C'est dans ce but que nous prenons part à l'action politique en envoyant au Reichstag des députés socialistes.

15 janvier 1906

A. Quist

LE MOUVEMENT A L'ÉTRANGER

Le Congrès syndical belge

Comme nous le faisions pressentir dans notre correspondance dernière, les débats du Congrès syndical ont été très mouvementés, en même temps que d'une longueur désespérante ; mais ils n'ont abouti à des résultats pratiques, ni dans l'un, ni dans l'autre sens.

Les deux points principaux à l'ordre du jour n'ont point reçu de solution : l'augmentation de la cotisation annuelle à la Commission syndicale sera soumise à referendum, et la question de l'affiliation ou non au Parti ouvrier (politique) est renvoyée au Congrès extraordinaire d'avril.

La cotisation actuelle est de 5 centimes par an et par membre ; les partisans d'un secrétariat permanent voudraient la porter à 10 centimes. Le nombre des affiliés étant aujourd'hui de 55.000, c'est-à-dire de 22.000 unités supérieur à celui de l'an passé, le budget serait de 5.500 francs, somme qui permettrait de créer une permanence dans les bureaux de la Commission syndicale.

Pour être très « objectif », comme disent nos amis allemands, suivons l'ordre chronologique des débats. Nous constatons ce qui suit :

Les *diamantaires*, auteurs de la proposition, veulent un secrétariat permanent à la Commission syndicale ; ils voteront l'augmentation de la taxe.

Les *ouvriers textiles* ne voteront pas la majoration de la cotisation tant que les mineurs (ils sont 130.000 en Belgique) ne paieront pas mieux et avec plus d'ensemble. Si ceux-ci s'exécutent, les textiles paieront, non pas 10, mais s'il le faut, 25 centimes, bien qu'ils soient pauvres.

Les ouvriers *métallurgistes* parlent dans le même sens.

Les *dockers* voudraient voter la majoration, mais ils ne le pourraient à cause des sacrifices d'argent qu'ils se sont déjà imposés.

Roméo, des diamantaires, s'étonne de ce langage égoïste : « Vous nous dites que les mineurs wallons paient ! Soit. Mais en quoi cela se rapporte-t-il à l'utilité de l'organisme que nous préconisons ? Il ne faut pas que, par entêtement, on entrave la réalisation d'une œuvre à l'efficacité de laquelle tout le monde rend hommage. L'entêtement, le parti-pris, ne peut être un argument dans une assemblée de travailleurs dignes et consciencieux. »

De Brouckère, de sa parole autorisée, appuie les dires du préopinant, en même temps qu'il conjure tous les groupes de voter la majoration et qu'il engage la Fédération des mineurs à payer.

Cavrot, des mineurs, réplique qu'il a fait l'impossible pour décider l'affiliation en bloc, sans y réussir, les Congrès des mineurs ayant décidé de permettre aux groupes de s'affilier séparément. Pourtant, il promet que l'an prochain, la Fédération des mineurs du bassin de Charleroi, composée de 20.000 membres, s'inscrira à la Commission syndicale.

Conrardy, des typographes, se prononce aussi contre la majoration. Il voudrait connaître le budget à fixer.

Cam. Huysmans, secrétaire international du Parti ouvrier et délégué par le Conseil général, établit le budget comme suit :

Appointements du secrétaire................. 2.400 francs
Frais d'impression .... 3.000   —
Frais de délégations....................... 500   —
Frais de bureau............................ 500   —
                                          ____
                                            6.400

« Avec la cotisation actuelle, ajoute-t-il, il faudrait 120.000 membres. Pour atteindre ce chiffre, nous devrons attendre trois ou quatre ans, alors que nous assistons à la pleine efflorescence du syndicalisme, et que le syndicalisme chrétien prend en Flandre. Ce qui m'étonne et m'indigne, c'est l'opposition des grandes Fédérations des mineurs et des métallurgistes. De la part de fédérations solides et puissantes, c'est, selon moi, une honte! Voulez-vous amener la destruction d'une organisation centrale nécessaire, prenez-en la responsabilité. Si les secrétaires permanents (des fédérations de métiers) voulaient aller dans leurs fédérations plaider la cause de la Commission syndicale, s'ils avaient rempli leurs obligations morales, ils auraient fait triompher déjà une réforme élémentaire. » *(Applaud. et protestations.)*

Tenons-nous en là, pour ce point. Si d'autres délégués, en effet, ont encore parlé dans l'un ou l'autre sens, la proposition était condamnée dès l'instant où les grandes fédérations s'étaient prononcées contre. Ce n'est que le second jour cependant qu'il fut procédé au vote. Les groupes auront à organiser un referendum entre leurs membres sur ce point.

Quel en sera le résultat ? Nous le saurons dans trois mois.

*
* *

La neutralité syndicale, condamnée au Conseil général, est venue en appel devant le Congrès pour y être examinée du point de vue de la tactique.

Les diamantaires ont soutenu à nouveau que l'affiliation d'un syndicat à un parti politique est un obstacle au développement de ce syndicat. Leur délégué, démasquant ses batteries, a déclaré carrément que ses mandants se sont affiliés à la Commission syndicale pour la détacher du Parti ouvrier.

Alors, de violentes protestations se sont unanimement produites contre cette tendance, et les syndicats anversois d'autres corps de métiers ont déclaré ne pas admettre cette thèse. Seulement, comme nous n'avons aucun intérêt à voir se séparer en deux tronçons la classe ouvrière organisée, tous les groupes ont déclaré que le devoir des neutralistes, reconnaissant l'existence de la lutte des classes, était de rester à la Commission syndicale.

Ces derniers, cependant, se sont montrés intransigeants. Ils se retireront si le titre de *Commission syndicale du Parti ouvrier* est maintenu.

Anseele, De Brouckère, Huysmans, après avoir remarqué que cette dénomination n'empêchait nullement le développement syndical, proposèrent de remettre la question à trois mois.

« D'ici lors, ajouta le leader gantois, par des réunions amicales, entre vieux camarades que nous sommes, nous préparerons peut-être une unité d'action syndicale, semblable, dans sa beauté, à l'unité politique de la classe ouvrière. Nous irons jusqu'au bout dans la conciliation pour réaliser l'unité ! Et l'unité faite, guerre aux traîtres de notre classe, comme guerre au capitalisme ! »

C'est donc toujours l'esprit d'unité qui guide les groupements ouvriers belges, et puisque cet esprit réveille la classe ouvrière et qu'il lui a donné la conscience de classe, pourquoi ne pas tenter tout pour empêcher toute solution de continuité dans la barrière que le prolétariat oppose au capitalisme ? — *A. Octors.* Bruxelles, 6 janvier 1907.

Les Syndicats Finlandais

Avant d'être annexée à la Russie, la Finlande était, on le sait, une partie du royaume suédois et bénéficiait des institutions constitutionnelles de ce pays. Le résultat a été que même le tsar autocrate Alexandre Ier a été forcé de maintenir la constitution du pays, qu'il a annexé à la Russie en 1809 sous le titre de Grand Duché de Finlande.

Le gouvernement russe, avide et cupide, ne tarda pas cependant à inaugurer une politique provocatrice, par laquelle, selon la vieille maxime du « diviser pour régner », il tenta d'inciter la partie de la population finlandaise qui parle la langue finnoise contre la partie qui parle le suédois.

Mais cette politique donna des résultats inattendus. La lutte entre la nationalité finnoise et la nationalité suédoise se réduisit à la lutte entre deux partis : finnomans et svecomans, à la lutte entre la petite et moyenne bourgeoisie finnoise et la grande bourgeoisie (foncière et industrielle) suédoise.

Grâce à l'appui du gouvernement russe, ce furent les finnomans qui l'emportèrent. Mais quand, en 1899, la bureaucratie russe voulut absorber la Finlande, les *finnomans* durent payer « les services » obtenus. Ils trahirent leur patrie et la livrèrent au pillage des agents tsaristes.

Or, c'est au cours de cette lutte entre la bourgeoisie finnoise et la bourgeoisie suédoise qu'apparut en Finlande une nouvelle force : le prolétariat. Le développement et la concentration de l'industrie ramassèrent les ouvriers dans les centres industriels. Ils commencèrent à s'organiser. Leurs intérêts de classe les lièrent de plus en plus fortement. Et quand, l'année dernière, le joug de l'autocratie russe fut secoué, le jeune parti ouvrier finlandais se trouva sans adversaires sérieux. La grande bourgeoisie était désorganisée, la petite bourgeoisie démoralisée par le gouvernement tsariste. Sa trahison envers la patrie lui avait fait perdre toute influence morale sur les masses ouvrières et paysannes.

Grâce à cette désorganisation de la bourgeoisie, grâce à la liberté politique complète dont jouit le pays, grâce au suffrage universel pour les hommes comme pour les femmes, grâce enfin à un prolétariat rural nombreux et souffrant, le parti ouvrier socialiste finlandais peut devenir une grande force créatrice dans le pays, une force qui pourra organiser la production selon l'idéal ouvrier.

* * *

Sous le régime autocrate russe des cinq dernières années, le développement libre du mouvement ouvrier finlandais était presque impossible. Ce n'est qu'après la grève générale de 1905 que la liberté politique fut reconquise et que le jeune parti ouvrier finlandais put commencer de vivre et d'agir. Jusqu'au Congrès d'Uleaborg (été 1906), le mouvement syndical et socialiste en Finlande se trouvaient confondus dans ce parti. Il avait été fondé en 1899. Sous le nom de « Social-democrat », il existe depuis 1903. Le tableau suivant montrera le développement inouï qu'il a acquis pendant les dernières années :

	ANNÉES				
	1899	1900	1902	1904	Janv. 1906
Nombre des organisations ouvrières affiliées au Parti	13	25	41	60	177
Nombre de leurs membres	4.000	7.054	8.251	10.000	45.298

L'accroissement formidable que révèle la statistique de 1906 se produisit pendant les deux mois qui suivirent la grève générale. Mais il ne s'arrêta plus : en juillet 1906, on comptait déjà, organisées et affiliées au Parti, 421 organisations avec 62.374 membres ; en novembre 1906, 615 organisations ouvrières avec 80.000 membres environ. Ce chiffre se divise en 30.000 ouvriers de l'industrie urbaine et 50.000 paysans et ouvriers ruraux. Le premier chiffre (30.000) représente 60 p. 100 de tous les ouvriers de l'industrie urbaine. On ne peut pas s'imaginer d'autre part l'influence du parti parmi les paysans qui sont en train de s'organiser. Ils étudient le programme des ouvriers et s'affilient au parti en pleine conscience. En sept mois (de janvier à juillet 1906), le parti acquit 83 organisations rurales.

Le parti a ses agitateurs et propagandistes qui parcourent tout le pays l'un après l'autre ; chacun a sa spécialité. D'abord vient le propagandiste, spécialiste de l'organisation syndicale. Il organise les ouvriers du pays par syndicats de métier et passe au village suivant. Après lui, vient le propagandiste socialiste qui organise tous les ouvriers syndiqués en un groupe compact (comme une bourse du travail) qui s'affilie toujours au parti ouvrier et adopte son programme. A Helsingfors (capitale du pays), il y a des cours spéciaux pour les propagandistes du parti.

Et chaque dimanche ou jour de fête le Comité central envoie une quantité de propagandistes dans toutes les villes de Finlande pour faire des conférences. Il y a en outre une commission féminine spéciale pour les ouvrières et qui a également ses propagandistes.

En Finlande, il y a en tout 15 villes qui ont plus de 5.000 habitants. Dans 14 de ces villes, le parti a ses journaux. Une grande quantité de bibliothèques s'organisent. Les quelques chiffres suivants donneront une idée plus détaillée de l'état du mouvement au 1er juillet 1906 :

NOM du Syndicat national	DATE d'organisation du Syndicat	NOMBRE TOTAL des ouvriers dans cette branche d'indust^{ie}	NOMBRE de Syndicats locaux	NOMBRE des membres du Syndicat national
Typographes.....	1896	2.057	29	1.292
Métallurgie.......	1899	8.967	25	»
Cuirs et Peaux ...	1900	3.158	26	»
Menuisiers	1905	»	30	1.955
Boulangers........	1905	1.431	6	»
Ouvriers des ports.	1905	»	9	1.950
Chemins de fer...	1906	»	»	5.091
Textile	1906	9.567	»	»
Papier	1906	7.661	»	»

La plupart des syndicats se sont organisés en 1905 et 1906. De là le caractère encore incomplet des renseignements ci-dessus.

Ces syndicats ont leurs caisses de viaticum, de maladie et de pension (vieillesse), de chômage, etc. Les organisations ouvrières qui étaient réunies au parti jusqu'au 1er juillet 1906 possédaient 47 maisons, représentant une valeur de 778.115 francs. Il y avait 41 caisses différentes de secours, 12 caisses d'épargne ouvrières. Toutes les organisations avaient leurs bibliothèques et salles de lecture. Dans ces bibliothèques, il y avait 14.693 volumes qui coûtaient 30.239 francs. Elles recevaient, en outre, 766 journaux quotidiens finlandais et 12 étrangers.

Les ouvriers organisés ont 43 sociétés de musique, 27 chorales, 36 sociétés de sports différentes, 3 organisations de jeunesses. De la grève générale au 1er juillet 1906, le parti avait organisé 226 fêtes populaires. Les ouvriers organisés ont 81 des leurs conseillers communaux.

Au Congrès d'Uleaborg (été 1906), il a été décidé de séparer l'organisation ouvrière économique de l'organisation prolétarienne politique. Les syndicats formeront une organisation séparée, où tous les ouvriers, sans distinction d'opinions politiques, religieuses ou nationales, se rencontreront et lutteront pour leurs intérêts économiques, tandis que le parti social-démocrate s'occupera des élections de la Diète et surtout de la propagande socialiste. Ces deux organisations restent amicales et toujours solidaires, mais indépendantes.

Cette croissance colossale de l'organisation ouvrière, ce développement de la conscience socialiste dans le prolétariat urbain comme dans le prolétariat rural, enfin l'affaiblissement des partis bourgeois, permettront au parti ouvrier finlandais, dans un délai très court, d'exproprier la bourgeoisie des moyens de production et d'échange, et d'organiser lui-même la production socialiste. Les circonstances historiques et politiques favorisent nos camarades de Finlande plus qu'aucun autre prolétariat. Souhaitons leur succès. E. OLGINE.

Décoration syndicaliste

Le ministre du Travail a décoré Evrard, le secrétaire du vieux syndicat des mineurs du Pas-de-Calais. Nous savons le militant convaincu, l'homme de dévouement et de courage, le père de famille et l'ami tendre qu'est Evrard. Nous ne lui jetterons pas la pierre. Nous sommes persuadé qu'en acceptant la décoration, il a cru agir dans l'intérêt de son organisation et de sa classe.

Nous ne pouvons que déplorer davantage l'initiative du ministre du Travail. Elle n'est point nouvelle d'ailleurs. Le 12 janvier 1868, M. de Forcade de la Roquette, ministre de l'empereur Napoléon III, décorait trois membres de la Commission ouvrière, nommée pour l'Exposition de 1867, et dont le principal mérite avait été de réclamer avec netteté des libertés syndicales, que l'Empereur semblait prêt à accorder. C'est aux procédés du césarisme qu'on se trouvera inconsciemment ramené, tant que l'esprit de patronage et de protection n'aura point fait place à un esprit vraiment démocratique. Les syndiqués ne demandent pas de distinctions honorifiques. Ils demandent des lois de protection, bien appliquées ; ils demandent surtout une entière liberté d'action. Mais c'est là ce qu'on a du mal à leur accorder.

Un traducteur à la Bourse du Travail

Sur la demande de la Commission administrative de la Bourse du Travail de Paris, le Conseil municipal a ouvert un crédit de 3.000 francs pour l'établissement d'un service de traduction à la Bourse. Un traducteur connaissant l'allemand, l'anglais, l'italien et l'espagnol, et, naturellement, au courant des choses syndicales, se tiendra chaque jour en permanence à la Bourse, au moins pendant certaines heures.

Ainsi se trouve satisfaite une des vieilles demandes des syndicats parisiens. Les camarades étrangers qui débarquent à Paris ne se trouveront plus désemparés dans la grande capitale. Ils pourront s'expliquer, exprimer leurs besoins, dire leurs intentions ; et les secrétaires de syndicats ne seront plus contraints de recourir à des complaisances d'amis ou aux services coûteux d'un traducteur de métier.

C'est là un heureux commencement dans l'organisation des relations internationales. Ce n'est qu'un commencement. Il appartiendra à la Confédération générale de la compléter et de créer, comme d'autres groupements, son *secrétariat pour l'extérieur*.

Il n'est peut-être point de domaine où un tel organisme rendrait plus de services que dans le domaine syndical. C'est une idée qui nous est chère et sur laquelle nous nous permettons une fois encore d'insister : c'est par la défense et l'organisation des intérêts matériels communs, d'abord, que les divers prolétariats nationaux pourront commencer d'établir des relations certaines

Sur le terrain politique, à l'heure présente, en raison de leurs traditions, de leurs idéologies différentes, en raison de tout le passé historique de leurs États, ils se rapprochent et se comprennent encore péniblement. Dans le domaine des intérêts, ils sont unanimes : le problème des relations entre le capital et le travail apparaît partout à peu près identique, et les expériences sont, pour ainsi dire, immédiatement communicables. Aussi apparaîtra-t-il de jour en jour plus nécessaire qu'un dépouillement méthodique des journaux corporatifs étrangers soit entrepris, qu'un véritable office international de renseignements syndicaux soit créé, que chaque corporation, en un mot, se trouve pourvue de toutes les connaissances qui peuvent lui permettre d'assurer ou d'étendre son action. Nous avons tenté de remplir à la *Revue syndicaliste* une très petite partie de cette tâche. Ce n'est évidemment que par l'effort collectif des organisations qu'elle peut être pleinement accomplie.

Bibliographie

— ***Syndicat national des sous-agents des postes, télégraphes et téléphones.*** —
Rapport à M. le Président et à MM. les membres de la Commission des
Finances au Sénat et à la Chambre des députés ; à M. le Rapporteur du budget
des Postes et Télégraphes ; à M. le Président et MM. les Membres de la Commission parlementaire des Postes et Télégraphes.

Dans cette brochure, le camarade Grangier expose avec beaucoup de force
et de clarté les revendications essentielles du Syndicat des sous-agents : relèvement des traitements, suppression de l'avancement au choix et du favoritisme qu'il comporte, etc.

— ***Association nationale française pour la protection légale des travailleurs.***
Les numéros 5, 6, 7 et 8 de la troisième série de brochures viennent d'être
publiés (Paris, Félix Alcan, 108, boulevard Saint-Germain, éditeur). Ils sont
consacrés aux sujets suivants :

N° 5. — *La protection légale des enfants occupés hors de l'industrie.* —
II. *La loi allemande,* rapport de M. Henri Moysset, o fr. 60.

N° 6. — *Idem.* III. *La situation des enfants en France :* communications
de MM. l'abbé Mény, Gemahling, Mlle Blondelu, MM. Georges Piot, Raoul
Jay, Vignols : o fr. 60.

N° 7. — *L'extension de la loi du 29 décembre 1900 aux femmes employées
dans l'industrie :* rapport de Mme de la Ruelle, o fr. 60.

N° 8. — *La grève et l'organisation ouvrière,* par A. Millerand : o fr. 60.

— Paul Louis. — *Histoire du mouvement syndical en France (1789-1906).*
Paris, Félix Alcan, 1907. Prix : 3 fr. 50.

Nous nous proposons de revenir, dans notre prochain numéro, sur ce
volume de la Bibliothèque d'histoire contemporaine qui nous intéresse directement.

ALMANACHS

— ***L'Almanach de la Révolution pour 1907*** (o fr. 30), contient de nombreux
essais sur la vie ouvrière en 1906. Nous y signalerons surtout une importante
étude de Pierre Kropotkine sur la Révolution en Russie, un récit très complet
de la campagne contre la Bourse du travail de Paris, de Desplanques, deux
curieux documents sur la vie des travailleurs, recueillis par Paul Reclus, une
ingénieuse étude de Pierrot sur l'utilité du plaisir, un travail de James Guillaume sur Bakounine et Marx, de 1844 à 1849, et des articles de Dave, Monatte
et Malato.

— ***Almanach de la Coopération socialiste pour 1907,*** édité par la Bourse des
Coopératives socialistes, 21, boulevard Saint-Marcel, Paris (XIII°).

Par un effort persévérant, la Bourse a réussi cette année à établir une statistique détaillée de toutes les sociétés adhérentes (montant de leur effectif,
de leurs ventes annuelles, de leurs bénéfices, de leur capital souscrit, de leur
personnel, de leur contribution aux œuvres sociales). C'est là plus encore que
ses amusantes variétés ou ses vivants articles de propagande, ce qui rend
l'almanach particulièrement précieux. Les camarades coopérateurs ou syndiqués
trouveront là tous les documents utiles à leur propagande ou à l'accomplissement de leurs devoirs coopératifs. — L'exemplaire : o fr. 60 ; le cent : 50 fr.

— Nous avons reçu également : ***L'Almanach de la Coopération française,
suisse et canadienne,*** pour 1907, édité par l'Union coopérative des sociétés
françaises de consommation, 1, rue Christine, Paris (VI°) (o fr. 40, o fr. 55 par
la poste). C'est en face de celui de la coopération socialiste, l'almanach de la
coopération neutre, dont M. Charles Gide est le protagoniste. Ce n'est point
ici le lieu de discuter des théories : nous constatons que cet almanach contient
aussi de très abondants et précieux documents.

Le Gérant : L. Gervaise

Imp. coopérative ouvrière
de Villeneuve-St-Georges (S.-et-O.)

Deuxième Année.   N° 22.   Février 1907.

VINGT CENTIMES

La Revue
Syndicaliste

MENSUELLE

SOMMAIRE

LA GRÈVE DE FOUGÈRES
PAR
E. POISSON

Statistiques syndicales. — En Italie. — En Espagne. — Le syndicalisme agricole en Hongrie.

Variétés. — Un manifeste de l'Internationale.

PARIS

PUBLICATIONS DE LA SOCIÉTÉ NOUVELLE DE LIBRAIRIE ET D'ÉDITION

(Anc¹ 17, rue Cujas)

ED. CORNÉLY et Cⁱᵉ, ÉDITEURS

101, RUE DE VAUGIRARD, 101

La Revue Syndicaliste

Paraissant le 15 de chaque mois.

France : Un an . . . . 2 fr. 40 | Étranger : Un an . . . . 3 fr.
   —   Six mois . . . . . . 1 fr. 20 | —   Six mois . . . . . 1 fr. 50

Les abonnements partent de mai et de novembre.

Nous serons reconnaissants aux camarades de nous envoyer le montant de leurs abonnements par mandat-poste, pour éviter les frais de recouvrement.

Prière d'adresser tout ce qui concerne la rédaction ou l'administration au camarade Albert Thomas, administrateur-délégué de la *Revue Syndicaliste*, 101, rue de Vaugirard, Paris.

Administration

Nous nous excusons auprès de nos abonnés de nos retards répétés. Quand les soins d'administration et d'organisation d'une revue, même modeste et seulement mensuelle comme celle-ci, retombent sur un seul, et comme travail complémentaire de beaucoup d'autres, de tels retards sont fatals. En mars, cependant, nous l'espérons, la *Revue Syndicaliste* paraîtra à temps.

Quelques camarades se plaignent de ne pas recevoir régulièrement la *Revue*. La faute n'en est pas à nous. Nous surveillons soigneusement notre départ. Les numéros qui nous reviennent avec la mention « *Inconnu* » portent cependant l'adresse accoutumée, à laquelle les lecteurs ont reçu la *Revue,* et que nous indiquent nos fiches. Surmenage des postiers ou négligence de l'abonné qui ne nous prévient pas de ses déplacements ? Nous ne pouvons discerner et sommes contraints d'attendre les réclamations. En tous cas, les camarades qui désirent avoir leur collection complète, peuvent nous demander les numéros qui leur manquent. Nous les leur enverrons gratuitement.

Qu'ils nous en récompensent en faisant de la propagande. Il n'en manque pas qui ne se sont pas « doublés », nous voulons dire qui ne nous ont pas envoyé l'abonné que nous demandions à chacun de faire.

Service médical et judiciaire

Le 15 février, a été ouvert à la Maison des Fédérations un service médico-chirurgical et judiciaire. Aux termes de la loi, les ouvriers ont droit de choisir leurs médecins, lesquels sont payés de leurs consultations et des soins donnés par les patrons responsables ou leurs représentants, les Compagnies d'assurances. Mais que vaut — j'entends au point de vue de sa compétence spéciale en matière d'accidents de travail — le médecin de quartier auquel le travailleur a coutume de s'adresser ? Saura-t-il toujours indiquer exactement, dans le certificat, l'origine vraiment professionnelle du mal ? Prendra-t-il toutes les pré-

La Revue Syndicaliste

<table>
<tr><td>ABONNEMENT
✎
Un an.......... 2 fr. 40
Six mois....... 1 fr. 20</td><td>Paraissant
le 15 de chaque mois.
——————
Le numéro : 0 fr. 20</td><td>ABONNEMENT
✎
Un an.......... 2 fr. 40
Six mois....... 1 fr. 20</td></tr>
</table>

LA GRÈVE DE FOUGÈRES

Le milieu

Fougères est une petite ville bretonne qui ne se différencie guère, par son aspect et par sa situation, des localités voisines. Quoique sa population ait plus que doublé en vingt-cinq années, passant de 10.000 à 25.000 habitants, elle a gardé la physionomie d'une grosse bourgade, d'une petite sous-préfecture au milieu de campagnes perdues. Située sur une ligne de chemin de fer d'importance médiocre, dans un pays pauvre, aux landes désolées, couvertes de fougères (son nom nous l'indique), près d'une immense et belle forêt de chênes, les rumeurs des grandes villes n'ont point pénétré jusqu'à elle. Et par rumeurs, j'entends les mœurs, les habitudes de vie, la fièvre malsaine des cités tentaculaires. En un mot, c'est bien la ville bretonne des anciens temps, mais comme nous allons le voir, avec un milieu social moderne : avec l'industrie capitaliste.

A Fougères, depuis fort longtemps, on connaît l'industrie. Déjà, au xviie siècle, sous Colbert, ministre de Sa Majesté Louis XIV, il existait là d'importantes manufactures de toiles. L'histoire locale nous apprend que de longues luttes s'y déroulèrent pour maintenir les privilèges des corporations et pour assurer aux ouvriers tisseurs, peu à peu expropriés par les marchands, devenus manufacturiers, le maintien de leurs monopoles. Mais peu à peu, ces tisseurs s'habituèrent à la grande transformation économique qui, là comme ailleurs, conduisit la bourgeoisie marchande à son triomphe, et les réduisit au rôle de salariés. Depuis la Révolution, les Fougerais qui avaient pris parti pour les bleus (on voit encore la maison du tribunal révolutionnaire pieusement conservée, et placée juste au-dessous du château féodal de la duchesse Anne), les Fougerais, dis-je, devinrent des travailleurs dociles, fabriquant la toile pour les nouveaux maîtres. Mais ceux-ci, à leur tour, devaient bientôt sentir les effets de l'évolution capitaliste. Au milieu du siècle dernier, la concurrence ne leur permit point de continuer la lutte avec un matériel vieilli et des spécialités qui n'en étaient plus. L'industrie de la toile disparut alors peu à peu, et quelques tanneries la remplacèrent.

Cependant Fougères, comme tant d'autres villes de Normandie et de Bretagne, aurait perdu toute sa prospérité si, à ce moment, un sieur Cordier, ancien tailleur de campagne enrichi à millions en quelques années en Amérique et en Californie (on ne sait d'ailleurs comment), n'était revenu en son pays natal. Il trouvait là des ouvriers sans besogne, dont il connaissait par expérience la ténacité au travail, il savait leur esprit de résignation et leurs besoins plus que restreints. Il eut l'idée, avec ses capitaux, de fonder une manufacture de chaussures, assurée de prospérer avec une main d'œuvre à vil prix et une population si patiente. Il devait rapidement faire une colossale fortune, et pour les grands services qu'il s'était rendus à lui-même, le gouvernement de la Troisième République, en 1889, couronnait sa carrière en lui épinglant sur la poitrine le ruban des braves.

Mais son succès ne tarda pas à exciter les imitateurs. Lui-même installa quelques amis ; les fabriques de chaussures poussèrent comme champignons, les travailleurs des campagnes furent traînés à la ville. On en fit des cordonniers. Les fortunes s'édifièrent, et par un progrès sans interruption, Fougères est arrivée à sa situation actuelle.

Elle possède 32 fabriques de chaussures faisant par an plus de 25 millions d'affaires (ce sont les patrons eux-mêmes qui le reconnaissent) et, dans celles-ci, de dix à douze mille travailleurs de tous âges, — depuis 10 et 11 ans, — des deux sexes (il y a autant de femmes que d'hommes employées) sont occupés à confectionner « l'article de Fougères ». L'article de Fougères est, comme on le sait, un article de « camelotte », imitant la chaussure fine et habillée, tout naturellement destiné aux salariés endimanchés de tout le pays de France et d'ailleurs. C'est dire qu'avec le salariat grandissant, il était destiné à un gros succès commercial. Cela explique que du côté patronal, à part quelques bien rares exceptions, pour l'immense majorité, la fortune ne s'est point fait attendre. Et l'or ne cesse de remplir le coffre-fort de ceux qu'on appelle « Messieurs les fabricants ».

Le Prolétariat Fougerais

Le prolétariat fougerais a assisté pendant longtemps sans rien dire à cette accumulation des richesses patronales. Cependant il devenait de plus en plus nombreux. Malgré la résignation coutumière, dans de nombreuses familles, les vieilles traditions, les vieilles histoires des ancêtres tisseurs se transmettaient de génération en génération. L'idée corporative n'était point tout à fait éteinte.

Un jour, d'assez bonne heure, des raisons économiques amenèrent le réveil. Dans la période de 1885 à 1890, en effet, il se produisit, dans l'industrie de la chaussure, une énorme transformation technique. Jusqu'alors la plupart des ouvriers ou ouvrières travaillaient à la main. Aussi une faible minorité allait-elle à l'usine ; la grande majorité était occupée à domicile. Or, à cette époque, la machine fit son introduction et, comme partout, l'instrument du progrès se retourna contre les travailleurs. La main-d'œuvre ne se payait déjà guère, elle ne se paya pour ainsi dire plus. En dix années, la moyenne baissa de 30 à 40 p. 100. Et pendant que « Messieurs les fabricants » s'enrichissaient encore, les ouvriers s'appauvrissaient chaque jour davantage.

Tout naturellement, et selon une loi constante de l'histoire ouvrière, l'idée d'association et de défense ne tarde point alors à germer. En 1886, deux syndicats se forment ; leurs débuts sont modestes, leurs prétentions timides. Ils ont plutôt l'allure de sociétés de secours mutuels que de sociétés de résistance. Mais l'esprit de révolte grandit avec le mal. Les salaires baissent toujours : les adhésions sé font plus nombreuses. On compte 15.000 adhérents plus ou moins groupés. Les camarades se croient déjà maîtres de la situation.

En 1889, une grande grève éclate, comprenant 4.000 ouvriers. Le résultat est médiocre, sinon piteux. Cependant les meilleurs ne se découragent pas ; si l'organisation disparaît, c'est pour réapparaître le lendemain. Les coupes sombres obligent les têtes fortes à aller ailleurs gagner leur pain, mais le lendemain de nouvelles se révèlent. De nombreuses grèves partielles (plus de 100) occupent la période de 1890 à 1900 : elles ont toutes pour cause la lutte contre ce qu'on appelle maintenant la baisse des tarifs. Quelques satisfactions sont obtenues, il s'en suit que le mouvement syndical reprend. En 1898, 1.800 ouvriers et ouvrières sont syndiqués (presque autant qu'à la veille de la dernière grève). Malheureusement arrive 1900. De nombreux tarifs passés pour sept ans avec les patrons viennent à échéance ; il faut les renouveler, lutter encore contre la baisse. Bientôt c'est une nouvelle grande grève qui éclate : environ 6.000 hommes et femmes chôment, la moitié des fabriques. L'arrangement cependant était fait à peu près partout, quand un incident remit tout en question. Une usine, qui ne devait point dans la suite se rouvrir, l'usine Doucin, est incendiée par les grévistes exaspérés de l'intransigeance patronale. L'effet, hélas ! est désastreux (1). Les meilleurs militants sont poursuivis, arrêtés, condamnés. Les autres se démoralisent : c'est l'échec.

Échec momentané, car, tracassée par les municipalités successivement réactionnaires et républicaines, l'organisation syndicale, représentée par la Bourse du Travail, n'en résiste pas moins à une fermeture et à une campagne en faveur des jaunes. Ayant, par l'élection de quelques camarades ouvriers, forcé la municipalité à changer d'attitude, l'organisation prolétarienne, revenue à la Bourse, a employé ces six dernières années à une éducation lente et méthodique des éléments syndiqués. Ses adhérents n'avaient guère augmenté en nombre en octobre dernier ; mais à la place d'inconscients, capables d'un geste de révolte, mais non d'un long effort, elle contenait des hommes édu-

---

(1) Nous signalons ce fait, simplement parce qu'il explique la tactique de grève suivie cette fois-ci par les grévistes. Ceux-ci, se souvenant de 1900 et de l'échec, voulaient à tout prix éviter le retour de semblables faits, qu'ils jugeaient préjudiciables à leur cause.

qués, tenaces, des femmes énergiques, sachant ce qu'elles voulaient. De plus, une vieille lutte intestine entre coupeurs et cordonniers peu à peu s'apaisait. Les organisations syndicales restaient distinctes, mais les cœurs battaient à l'unisson. La division des travailleurs qui avait souvent servi aux patrons s'effaçait. En résumé, le syndicat des cordonniers comptait 1.200 membres cotisants ; le syndicat des coupeurs 300, sur 600 travailleurs de la profession, et tous deux avaient des secrétaires appointés (100 francs par mois). Ils avaient une quarantaine de mille francs en caisse à eux deux, au mois de juillet dernier. Le moment du renouvellement des tarifs pour un certain nombre de patrons approchait : les syndicats décidèrent la campagne qui fut cause du conflit actuel. Il nous faut maintenant l'aborder.

Les causes du conflit

Une simple observation générale frappait tous les travailleurs. C'est que non seulement l'association ouvrière n'était pas encore puissante, mais c'est qu'elle trouvait des difficultés à son développement et à ses succès dans les différences et la multiplicité des tarifs existant sur la place de Fougères, dans les diverses usines. Quand les ouvriers d'une fabrique faisaient une réclamation quelconque à leur patron, celui-ci, invariablement, répondait en citant des fabriques voisines qui payaient tel article moins cher, article dont précisément on lui demandait une augmentation de prix. Or, la manœuvre était d'autant plus facile que, dans la fabrication de la chaussure, la division du travail est extrême, et que les articles tarifés sont pour ainsi dire infinis. Dans une maison, rien que dans la « piqûre » qui n'est qu'une des cinq parties de la fabrication, nous avons compté 253 articles. De plus, le travail ne s'accomplit pas toujours de la même façon. Il résulte de ces faits un enchevêtrement singulièrement favorable à la défense patronale, et par suite une tendance inévitable à la baisse des salaires. Que des ouvriers d'un seul service, d'une seule maison, acceptent une diminution de prix sur un article (quelquefois, pour eux-mêmes, avec une compensation sur tel autre), dans un délai plus ou moins long, les patrons obligent à l'accepter les travailleurs des autres manufactures. C'est pourquoi le syndicat des cordonniers décida à la fin de juillet dernier qu'il fallait entreprendre dans la classe ouvrière une campagne en *faveur du principe de l'unification des tarifs*. Il décida en outre que c'était en s'autorisant de ce principe qu'on discuterait les nouveaux tarifs qu'il allait falloir fixer dans un grand nombre de maisons. L'idée devint rapidement populaire, et elle attira au syndicat de nouveaux et nombreux adhérents.

Les patrons ne tardèrent point à s'en effrayer. Leur syndicat patronal, qui existe depuis une dizaine d'années, étudia la question. Son président, M. Cordier, fils du Cordier dont nous avons parlé, comprit le danger. Le terrain de la lutte était excellent pour la classe ouvrière, car tout naturellement, au premier abord, les patrons payant le mieux devaient être fort contents de voir leurs collègues augmenter des tarifs, désastreux pour eux.

La concurrence allait ainsi devenir égale. Mais M. Cordier exposa alors que, fatalement, si les patrons ne voyaient que leurs intérêts particuliers, ils aboutiraient ainsi dans un délai très proche à ce que, en réalité, les salaires augmenteraient partout et qu'ils seraient finalement, eux patrons, les dindons de la farce. Il eut la chance de convaincre la plupart de ses collègues, qui, au nombre de 22, se trouvèrent ainsi syndiqués.

Une seule pensée occupa dès lors le patronat. Il fallait rechercher les moyens d'arrêter la campagne entreprise par les syndicats ouvriers, il fallait à tout prix la faire échouer. Cependant le temps passait. Avec le mois d'octobre, le tarif de quelques maisons finissait. La discussion commença entre les ouvriers de ces fabriques et leurs patrons.

L'accord se fit dans quatre d'entre elles, après trois petites grèves partielles, naturellement victorieuses. Le danger devenait imminent pour les patrons réacteurs. Cette façon de procéder, la discussion successive par fabrique, et la menace de grèves de maisons ou même de services d'une maison juste au commencement de la « saison » (1) devaient assurer des salaires plus élevés aux ouvriers. La capitulation du patronat, fabrique par fabrique, était fatale avant la fin de l'année. Alors la décision patronale fut prise. Il ne restait qu'une solution possible : le lock-out patronal à l'occasion du premier tarif présenté, discuté, pour n'importe quel service, pour n'importe quel patron. Cette discussion servirait de prétexte : le but vrai était autre. Le syndicat patronal avait compris que la campagne pour l'unification des tarifs ne pouvait être l'œuvre que de l'organisation ouvrière. C'était elle qu'il fallait détruire et il n'y avait que la fermeture générale qui pût amener, avec une défaite ouvrière, la ruine du syndicat, et du même coup la fin de sa campagne. Le lock-out seul pouvait empêcher l'unification des tarifs, et sa nécessaire conséquence, l'établissement d'une moyenne de salaires qui aurait constitué un relèvement assez sensible sur un grand nombre de façons.

En résumé, tel était l'état des partis, à la veille de la bataille. D'une part, les ouvriers font de l'agitation pour l'unification des tarifs, sachant qu'ainsi, tout au moins, ils éviteront les baisses de salaires et obtiendront peut-être une moyenne plus élevée. Ils sont décidés à agir par fabrique, pensant ainsi pouvoir faire capituler plus facilement le patronat. D'autre part, les patrons voient le danger de la campagne entreprise. Ils sentent qu'elle est la manifestation d'une véritable action syndicale. C'est cette action qu'il faut atteindre. Un seul moyen est à leur disposition : ils l'emploient. La preuve que cette décision était prise longtemps avant qu'éclatât l'incident choisi comme prétexte, nous la trouvons dans le *Moniteur de la cordonnerie*, journal officiel du patronat. Dans le numéro du 15 octobre, quinze jours avant la grève, une communication de Fougères était publiée, et on y trouvait la phrase suivante,

---

(1) L'industrie de la chaussure est, comme on le sait, une industrie saisonnière. L'activité de production comprend deux périodes. La plus importante, la période d'hiver, commence en novembre et finit à mi-mars, et la deuxième dure à peine deux mois, en juin et juillet. Comme on le voit, c'est normalement six mois de chômage.

bien caractéristique : « *Le temps des atermoiements n'est plus : l'heure des résolutions a sonné, il est de toute nécessité que l'union la plus étroite règne parmi les patrons. En réunion générale, ils ont décidé, à l'unanimité, de fermer leurs usines, plutôt que d'aller au-delà du tarif élaboré en commun. Le moyen est énergique...* »

Le prétexte

La maison Pitois-Aveneau avait un tarif de main-d'œuvre qui expirait le 23 octobre. Dès le 15, M. Pitois fut saisi par ses ouvriers d'un nouveau tarif. Comme il faisait partie de la chambre syndicale des fabricants, il en référa à cette dernière.

Un des points litigieux était constitué par le tarif du service de montage aux machines Boston. Ces machines, dernier perfectionnement de l'outillage, ont été nouvellement installées à Fougères, et tendent à se généraliser sur la place. Ce nouvel instrument de travail — selon la loi commune — accélère la production, mais tend, par là-même, à la réduction des salaires. Or, les ouvriers voulaient atténuer les conséquences de l'introduction des machines Boston, en obtenant une augmentation du prix du travail. Les fabricants, décidés par avance au lock-out, avaient là un prétexte. Mais il leur fallait se donner le beau rôle.

Dans ce but, ils mirent en œuvre leurs stipendiés, les jaunes, qui, à Fougères, étaient exactement 28. Profitant de ce que le secrétaire des jaunes était employé au service Boston et à la maison Pitois, ils simulèrent une entrevue avec une délégation ouvrière, dont les membres, sauf le secrétaire, n'étaient même pas employés à la même fabrique, et cette délégation, composée de jaunes, accepta naturellement un tarif qui n'était autre que celui établi et apporté par les patrons. Pour la première fois, les patrons laissaient de côté les syndicats rouges, qui, jusqu'ici, dans beaucoup de cas, avaient précisément servi d'intermédiaires entre les patrons et leur personnel, et souvent même avaient, comme conseils, assisté les ouvriers dans la discussion et l'élaboration des tarifs. Ainsi, habilement, le patronat espérait engager la bataille sur une question où les travailleurs seraient désunis. Il pourrait faire croire à la population qu'il ne s'agissait en l'occasion que d'un conflit entre rouges et jaunes, conflit dont il déclarerait se moquer et qui apparaîtrait comme la cause de la misère de 10.000 êtres humains. Enfin, par la défaite qu'il lui infligerait, il tuait le syndicat rouge, tout en laissant aux travailleurs l'illusion du syndicat par l'association des jaunes. C'était habile.

La Bourse rouge fit son devoir. Elle déclara ne pouvoir accepter, au nom des ouvriers Pitois, le tarif présenté par les patrons et accepté après entente seulement avec les jaunes. Elle prévint M. Pitois que si, au 1er novembre, date à laquelle expiraient les tarifs, l'entente n'était pas faite, les deux douzaines d'ouvrières et ouvriers employés aux machines Boston, à l'usine Pitois, quitteraient le travail et se mettraient en grève. C'est ce qui fut fait. Du 1er au 3 novembre, diverses lettres furent échangées, mais naturellement le patronat ne cherchait qu'à envenimer les choses. Enfin le 3, M. Cordier, président du syndicat patronal, fit parvenir au syndicat ouvrier une lettre décisive, où après avoir indiqué les conditions patronales, il ajoutait :

« Après ces concessions que personne ne peut contester, les fabricants déclarent, quoiqu'il arrive, qu'ils ne peuvent faire davantage. Et ils sont décidés à rendre l'opinion publique juge de la question en portant à sa connaissance, par tous les moyens nécessaires, les énormes sacrifices qu'ils ont consentis.

« Si les monteurs actuellement en grève persistent, le lundi 5 novembre, à ne pas reprendre le travail, soit aux conditions fixées par notre lettre du 26 octobre 1906, soit aux conditions antérieures, les membres de la Chambre syndicale des fabricants de chaussures, réunis ce jour, déclarent à l'unanimité se solidariser avec leur collègue en cause et prendre toutes dispositions pour une fermeture générale. »

Et comme la menace patronale n'intimida nullement les vingt camarades en grève, le lundi 5, dans toutes les usines, la proclamation suivante était lue aux ouvriers :

« Par décision de la Chambre syndicale des fabricants de chaussures de Fougères en date de ce jour, vu que les ouvriers travaillant aux machines Boston, malgré les augmentations de salaires consenties, persistent à exiger plus encore et à ne pas reprendre le travail.

« Les signataires informent que dans leurs usines tout travail cessera dans la huitaine, c'est-à-dire le lundi 12 novembre au soir, pour tout leur personnel, et ne reprendra que lorsque ces exigences auront été retirées.

« *Cordier, Bahu, Berlin, Chantepie, Dandin et Grégoire, Collet-Sénéchal, Girault-Sicard, Pautrel, Rollin-Morel, Mathieu Chauvin, Brionne, Casalonga, Blouin, Langlais, Dinard-Chevallier-Roussel, Pilois, Pichard, Bélon-Danjou-Depasse, Bordeau-Tréhu, Cochet, Gardain-Poirier, Lébouc.* »

Les ouvriers remarquèrent que, parmi les signataires, se trouvaient deux patrons syndiqués de la veille, et qui, eux, n'ayant jamais eu de tarifs, espéraient les éviter en entrant ainsi dans la bataille. Quoi qu'il en soit, dans l'après-midi, le syndicat des ouvriers cordonniers publiait une affiche demandant aux ouvriers de ne point achever la besogne pressée. Tous les ateliers étaient immédiatement désertés. Le syndicat des coupeurs déclarait par affiche faire cause commune avec les cordonniers.

Le lendemain, la Bourse placardait une nouvelle affiche qui, dès le début de cette longue lutte, nous montre bien comment les syndicats de Fougères voulaient mener la lutte et quelle tactique de grève ils étaient décidés à employer.

Ils montraient en effet, dans ce manifeste, l'acte de violence commis par les patrons ; ils relevaient le mensonge des patrons, annonçant leur décision de fermeture générale, à cause, disaient-ils, de la grève des services Boston, alors que ces ouvriers ne faisaient grève que dans la seule usine Pitois. Puis ils continuaient :

« Il est maintenant bien établi que cette raison n'était qu'un prétexte odieux pour couper dans sa racine l'action syndicale dont l'efficacité venait de se montrer d'une façon éclatante en laissant triompher rapidement les revendications de quatre maisons.

« Il y a là une manœuvre qui a pour but d'anéantir vos organisations et de frapper votre esprit d'une crainte chimérique.

« En effet, le patronat s'est imaginé que sa décision causerait à tous une terreur profonde dont il aurait profité pour imposer des conditions dérisoires. Mais l'effet obtenu est diamétralement opposé et c'est sous le coup d'une juste indignation que les ouvriers ont abandonné les ateliers et se préparent maintenant à dénoncer en bloc leurs tarifs absolument illusoires et à exiger de meilleures conditions de travail.

« *Votre devoir est de montrer à tous que vous êtes des travailleurs conscients, en observant une attitude calme et digne.*

« *Ne vous laissez pas entraîner à la violence, mais aussi ne vous laissez pas intimider : fermeté et solidarité, la victoire est attachée à ces deux mots.*

« Pour la Bourse du Travail :

« *Le secrétaire,* Jousse. »

L'organisation de la résistance

« Une attitude calme et digne », « ne point se laisser entraîner à la violence, mais ne pas se laisser intimider », « de la fermeté et de la solidarité », tels sont les mots d'ordre du syndicat, telle est la tactique des grévistes, décidée par eux et *par eux seuls*, au premier jour du lock-out, alors qu'aucun élément étranger n'est encore venu leur apporter un soutien même moral. Pendant les trois longs mois de misère, de courage et de patience qui vont venir, les Fougerais ne s'en départiront point un seul instant. Ils s'attacheront, avec une discipline merveilleuse et un esprit collectif singulièrement développé, à mettre en pratique la décision initiale. Ni les souffrances, ni les embûches patronales ou administratives ne leur feront oublier l'attitude décidée.

Surtout, dans cette revue, il importe de décrire leurs moyens de défense.

1° *Les réunions et les manifestations.* — Sauf pendant la période des négociations, durant près de trois mois, des réunions eurent lieu tous les jours. Elles avaient pour but de « remonter le moral », de mettre les grévistes au courant de la situation. Jamais, à aucun moment, le Comité de la grève ne songea à cacher la vérité aux assemblées générales. Bien plus, aucune décision importante ne fut prise sans leur assentiment. Ces assemblées, variant d'un minimum de 5.000 personnes à un maximum de 12.000, atteint la veille de l'essai de rentrée, le 9 janvier, étaient fort curieuses à voir. L'assistance y fut, jusqu'aux derniers jours de la grève, toujours gaie. Des chansons locales contre les jaunes, la *Syndicale*, l'*Internationale*, avaient un succès énorme. Arrivée toujours avant l'heure, par petits groupes, la foule, en majorité féminine, se massait dans une immense halle ouverte à tous les vents. Par les temps les plus durs de cet hiver, personne ne se retirait avant la fin. Les réunions étaient souvent fort longues, de trois et même quatre heures. Dès la réunion ouverte, le bureau en place, un silence pour ainsi dire religieux s'établissait. J'ai assisté, pour ma part, à près de quarante réunions. Je n'y ai jamais entendu la moindre interruption. Pas d'emballement, de rares applaudissements. Quand un camarade, quel qu'il fût, voulait dire quelque chose, il montait à la tribune. Le même silence l'accueillait, et, par un vote, l'assemblée acceptait ou refusait la proposition. En toute vérité, je n'ai jamais vu là une seule de ces interventions inopportunes ou ridicules qui se produisent souvent dans les assemblées populaires. Les orateurs les plus divers se sont succédé à la tribune : membres de la Confédération, députés, délégués venus pour chercher les enfants. On appréciait l'éloquence de tous, mais, disons-le tout de suite, on écoutait avant tout les camarades du Comité de la grève, les militants qui étaient considérés de Fougères. Du reste, eux seuls transmettaient les décisions prises ou à prendre. L'œuvre très utile des délégués de la Confédération et du Parti était de réchauffer les courages, de faire de la bonne propagande. Enfin, pour montrer l'attitude « digne et calme », conseillée par le Comité, la séance levée, par une seule porte, les 8 ou 10.000 assistants s'écoulaient. Dans la rue, pas un cri n'était lancé. Le local de la Bourse jaune était à quelques pas. Pour éviter les incidents et les provocations, il était recommandé aux grévistes de ne point se retirer par cette rue, et il était ainsi fait.

Il paraît qu'il y a de braves gens qui ne comprennent rien à cette tactique. Telle elle était cependant, telle je la reportais dans l'*Humanité*. Ce n'était ni moi ni d'autres qui la voulaient ainsi ; ce sont les grévistes, c'est le syndicat, qui l'avaient décidée. Et j'avoue que j'en comprenais fort bien, à Fougères, au milieu de la lutte, toute la valeur et l'efficacité. Une pareille masse de dix à douze mille personnes faisant preuve d'une telle discipline et d'une telle volonté, c'était — et les patrons ne s'y trompaient pas, — une démonstration de force bien plus considérable que l'auraient été les gestes isolés de quelques braillards, vite réduits au silence. Mais le « calme » des grévistes de Fougères n'était point fait de résignation, de peur ou de sensiblerie. Non ! Les Fougerais n'avaient pas (ils n'auraient pas été Bretons), l'horreur par principe de la violence. Ils croyaient simplement que la violence n'est pas toujours utile et qu'elle n'est pas toujours synonyme de force. Et la preuve en est que chaque fois qu'ils l'ont cru nécessaire, ils n'ont pas hésité à l'employer, où à en menacer.

Deux fois, l'administration leur refusa la salle de réunions ; le Comité décida les deux fois de tenir quand même ces réunions et au besoin de forcer les grilles. L'administration comprit. Elle céda. De temps à autre, des manifestations dans la rue étaient décidées ; par milliers, en chantant, les grévistes défilaient dans les rues. Le Comité prévint la municipalité de ses intentions. Certain jour, le maire refusa ; même réponse fut faite que pour le refus de réunions. Des sarrasins, disciples de Biétry et autres, étaient arrivés à Fougères ; le Comité se fit tribunal, s'empara des individus et, de force, les rembarqua vers d'autres lieux. Ce qui, en fait, a conduit les grévistes fougerais à chercher le calme, c'est que précisément les patrons voulaient la violence. Avec elle, ils auraient eu des troupes. Les troupes auraient effrayé les habitants, et, sans aucun doute, une rentrée eût mieux réussi que celle qui fut tentée le 9 janvier. Aussi, pour les obtenir, les provocations de toutes espèces ont-elles été tentées. Elles n'ont jamais trouvé d'écho. Les jaunes portaient leurs revolvers, tiraient en l'air ; ils ont été jusqu'à frapper — en nombre — des camarades, des femmes. Les patrons ont pu insolemment parcourir la ville en voiture à quatre chevaux, se tenir le monocle à l'œil ou la canne à la main, à la porte des fabriques, traverser, narquois, la foule des grévistes. Rien n'y a fait. C'est un exemple de discipline qui montre une foule éduquée, consciente, à l'*esprit collectif*. Elle aurait été la même, ainsi disciplinée, pour un acte de violence ; les médecins de la violence peuvent se rassurer. Elle ne l'a point jugée utile, et voilà tout. Cela ne préjuge ni ne condamne une autre tactique, ailleurs et en d'autres temps.

2° *La présence des élus socialistes.* — Pour la première fois, depuis longtemps, les députés du parti socialiste ont réapparu sur un champ de grève. Pourquoi la Bourse du Travail fit-elle appel à eux ? c'est ce qu'il importe de dire. Les syndicats de Fougères n'avaient point besoin de bergers, pas plus députés que membres de la Confédération. Les Fougerais ont toujours prétendu faire leurs affaires eux-mêmes, et ils les ont faites. Mais ils ne se sont point refusés, tout au contraire, à recevoir les enseignements et les conseils que les députés ou les délégués de la Confédération pouvaient leur donner. Ils ont jugé utile de se servir de toutes les armes qui étaient à leur disposition dans la lutte contre le patronat. Or, la présence d'élus ouvriers et de représentants du parti socialiste leur a paru une arme efficace. Que leur ont-ils, en effet, demandé, hors le concours de la parole, réchauffant les courages ? Ils leur ont demandé de les défendre contre les entreprises, les pièges et les ordres du pouvoir. Puisque, comme députés, ils représentent une partie de la souveraineté nationale, les représentants de la classe ouvrière ne doivent-ils pas se servir de cette parcelle d'autorité pour enrayer la pression du pouvoir gouvernemental toujours prompt à se mettre au service du patronat ? Et, disons-le tout de suite, c'est ce qui s'est produit au moment décisif du lock-out. Pour le voir, il suffit d'indiquer rapidement les événements qui ont précédé l'essai de rentrée fait par les patrons le 9 janvier.

Au début du lock-out, la population, les commerçants, la municipalité, l'administration préfectorale étaient nettement sympathiques aux ouvriers. Mais au bout de deux mois de résistance, l'eau bénite de cour, versée à profusion sur la tête du comité de la grève par toutes les autorités, peu à peu s'évaporait. Bientôt neutre, l'attitude du commerce devenait hostile. Les commerçants de Fougères voyaient les affaires aller de mal en pis, leur clientèle absente. Peu leur importait, désormais, le succès de qui que ce fût ; ce qu'il leur fallait, c'était une rentrée, le plus tôt possible. Ainsi se montrèrent-ils entièrement heureux de la décision du syndicat des patrons, annonçant la réouverture pour le 9. Leur sentiment ne tarda pas à se communiquer à la municipalité radicale pâle. Celle-ci n'hésita pas un instant à demander 1.500 hommes de troupe au gouvernement. Le gouvernement était plutôt gêné; aucun prétexte à un envoi de troupes n'avait, en fait, été donné. Dans les entretiens avec les grévistes, le préfet avait toujours affirmé son intention de ne pas laisser voir, en ville, « le seul nez d'un gendarme ». Cependant il ne pouvait ainsi abandonner à eux-mêmes les édiles radicaux. Aussi, peu à peu, le préfet changeait-il d'opinion. La grève n'avait-elle pas assez duré? La fameuse formule « point d'affaires » était pour notre homme le dernier mot de la sagesse. Il annonça d'abord la présence de nombreux tricornes, puis réserva ses intentions pour la journée du 9. C'est alors que le comité de grève pria les élus socialistes d'intervenir auprès de M. Clémenceau, et, tout en l'assurant de la tranquillité à Fougères, nos députés protestèrent contre l'envoi éventuel de troupes. Cette intervention fut en tous points excellente pour les grévistes. Elle fit modérer le zèle préfectoral; elle amena une déclaration de M. Clémenceau en faveur du *pickeling*. Dès lors, toute la pensée des grévistes se porta sur la réalisation de cette liberté, encore peu pratiquée en France, et tolérée officiellement pour la première fois.

Cependant le maire semblait décidé à ne point entendre la paix gouvernementale, et le préfet était peut-être heureux d'avoir un prétexte pour ne point agir : ce dernier, en effet, déclara aux grévistes qu'il ne pouvait faire grand chose, car il n'avait pas le droit de police à Fougères. Il était obligé de tenir compte du maire. Or, ce dernier, le 8 janvier, affichait l'odieuse déclaration suivante :

« Considérant que l'homme qui trouve du travail a le droit de travailler et que l'exercice de ce droit doit être assuré par l'autorité publique, le maire prend les dispositions suivantes :

« *Tous les ouvriers qui, isolément ou par groupes, se rendront aux usines, seront défendus énergiquement contre ceux qui tenteraient de les en empêcher par intimidation, menace ou force..*

« *L'entrée et la sortie des usines seront étroitement surveillées, pour assurer la liberté du travail.* »

Il mettait le comble à l'incohérence, en prenant un arrêté interdisant les « attroupements groupés ou isolés » dans la journée du 9. S'il se fût agi de municipalité socialiste, tout aurait changé. Quoi qu'il en soit, dans l'après-midi, les députés présents envoyèrent un télégramme au ministère de l'Intérieur pour protester contre l'abus de pouvoir du maire, et son intervention en faveur de la rentrée. Aussi, quand le lendemain matin, à 6 heures, nos amis se présentèrent chez le préfet pour demander des explications sur la présence de barrages de gendarmes, qu'ils considéraient comme contraires au pickeling et aux promesses du gouvernement, le préfet céda et se décida à intervenir. Dès le soir, le maire et ses adjoints devaient donner leur démission. Mais le succès des grévistes était assuré.

En effet, comme il avait été convenu, des pelotons de gendarmerie circulaient dans les rues, mais sans stationner, et les travailleurs, à condition de remuer, eux aussi, venaient jusque devant la porte de l'usine. Inutile de dire qu'il y eut ainsi 142 rentrées sur 10.000 ouvriers. Sauf quelques incidents sans importance, une bousculade où notre ami Cadenat fut malmené par les gendarmes, la conduite faite par 8.000 grévistes au secrétaire des jaunes, etc; tout se passa dans le calme. Certes, il aurait suffi du moindre geste pour décider les autorités, mal disposées, à intervenir; mais le prétexte ne fut pas donné et la victoire fut complète. Souhaitons, pour l'avenir, que les grévistes invoquent ailleurs le picketing pratiqué à Fougères : en observant la discipline et la cohésion des camarades de là-bas, ils arriveront au même résultat. Mais la réalisation n'en fut assurée certainement que grâce à la présence des élus socialistes. Tous les ouvriers de Fougères, à quelque nuance syndicaliste qu'ils appartiennent, le diront comme moi. La fameuse « écharpe » intimida les gendarmes et donna à réfléchir aux autorités qui se sentaient comme sous « un contrôle direct ». Qui donc oserait prétendre que les grévistes ont eu tort de se servir d'une arme qui leur assurait la victoire ?

3° *L'exode des enfants. — Les soupes communistes.* — Il ne suffisait pas de prendre toutes mesures contre le patronat, il fallait aussi assurer la subsistance aux grévistes, à leurs femmes et à leurs enfants. Ce fut l'œuvre des soupes, ou plus exactement des repas communistes. Déjà le prolétariat avait usé de ce moyen de résistance. Nous ne consacrerons donc que quelques lignes aux traits caractéristiques de celles de Fougères. Disons seulement que sans les repas la grève n'aurait pas duré quinze jours. 4.800 repas, en moyenne, étaient servis, en deux parties, le matin de 10 h. à 11 h. 1/4, le soir de 5 h. à 6 h. 1/2. Substantiels, abondants, les repas communistes, seules ressources des trois quarts au moins des ouvriers, permettaient aisément de se nourrir. Mais il faut vous rendre compte du nombre de personnes entretenues avec les 4.200 soupes.

En effet : 1° Chaque homme ou femme avait droit à la soupe ;

2° Chaque enfant avait droit à un demi-repas ;

3° Quand l'un seulement des membres de la famille, père ou mère, était gréviste, les enfants étaient moitié à la charge du père ou de la mère et avaient droit aux soupes ;

4° On donnait, de plus, des « portions de lait » aux grévistes pour un enfant encore au biberon ou au sein. La portion de lait était de 20 centimes par jour, versées en argent.

Grâce aux ressources venues de tous côtés, il fut possible, jusqu'à la fin, de ne refuser la soupe à aucun gréviste qui se fit inscrire.

Ajoutons que les syndiqués avaient droit à un deuxième repas dans les mêmes conditions. Ce deuxième repas était payé par la caisse spéciale du syndicat, forte, comme nous l'avons dit, d'une cinquantaine de mille francs. Mais toutes les ressources envoyées furent destinées aussi bien aux syndiqués qu'aux non syndiqués. C'était simplement un supplément au droit commun, et payé par l'organisation qui assurait le privilège du second repas aux syndiqués.

De même, les coupeurs qui avaient leur syndicat à part avant la grève (1) avaient le droit de choisir entre une indemnité hebdomadaire de 9 francs, versée par la caisse syndicale, ou participer aux soupes, au prix coûtant, c'est-à-dire 43 centimes par jour, et toucher le supplément en argent. De nombreux camarades avaient pris cette deuxième alternative. En résumé, plus de 6.000 personnes étaient nourries par les soupes. La souscription dans la France ouvrière s'est montée à plus de 60.000 francs, et les caisses des organisations ont été aux trois quarts vidées. Mais qu'importe, puisque les soupes ont produit les résultats qu'on en attendait.

Nous ne pouvons enfin parler de ce lock-out sans dire aussi un mot de l'exode des enfants. C'est évidemment ce qui a le plus occupé la sensiblerie de la bonne presse, et c'est peut-être ce qui a donné dans le public tant de retentissement à cette lutte ouvrière. Mais, avouons-le franchement, cet exode n'a pas été ce qu'il aurait pu être, ce qu'il sera demain ailleurs. A peine 500 enfants ont été arrachés du milieu de la bataille. Des milliers d'autres restaient. C'est d'abord la tuberculose latente qui n'a permis d'envoyer qu'un quart des enfants présentés, et seuls déclarés sains. Et puis, c'était aussi la nouveauté de cette action. L'accueil enthousiaste qui a été fait aux petits fougerais un peu partout nous est un sûr garant que bientôt le moyen sera plus efficace. Il faudra même un jour que ce ne soit point seulement les enfants, mais les femmes, les vieillards, que l'on arrache à la cruauté capitaliste. Le temps le permettra. L'initiative si bien réussie de la grève de Fougères aura eu le mérite de donner l'idée. Il faudra dans l'avenir lui assurer son maximum de portée.

La Solution du Conflit

Il importe enfin de faire connaître comment s'est dénoué le conflit. D'utiles enseignements peuvent y être pris.

Au lendemain du 9 janvier, la rentrée venant d'échouer, la municipalité radicale démissionna parce que le préfet n'avait pas mis à sa disposition suffisamment de troupes pour la faire soi-disant aboutir. Une situation politique embarrassante préoccupa immédiatement le représentant de M. Clémenceau. M. le Préfet d'Ille-et-Vilaine avait prêté une attention délicate aux conseils de la municipalité les jours précédents, mais la volonté de la masse était bien nette. Une seule conséquence était à noter : la débâcle inévitable de la municipalité radicale. Avec la victoire patronale, c'était M. Cordier, maire de Fougères ; avec sa défaite, le succès très probable des socialistes. Comment

---

(1) L'un des effets les plus heureux du lock-out de Fougères a été, en effet, d'amener la fusion des deux syndicats de coupeurs et de cordonniers, et l'adhésion de ceux-ci à la Confédération générale du travail, cela, du reste, grâce au camarade Drot, secrétaire de la Fédération de la Chaussure, venu, pendant la grève, réconforter le moral de ses camarades.

faire ? A tout prix, concilier les parties, pensa M. le Préfet. C'était l'intérêt radical.

Il fit donc appel, par téléphone, à deux de ses amis, comme il disait, à MM. Surcouf et Le Hérissé, députés radicaux du département. S'ils aboutissaient, on pourrait dire que l'intransigeance réactionnaire et socialiste avait envenimé les événements, et que seuls, les radicaux avaient ramené à Fougères la prospérité et le travail. Malheureusement, ces deux braves élus radicaux aboutirent à un formidable échec. Du côté ouvrier, ils furent obligés de reconnaître avoir trouvé un comité de grève et des syndicats prêts à discuter ; du côté patronal, c'est à peine s'ils ne furent pas renvoyés avec tous les honneurs dus à leur dignité d'élus. M. Clémenceau et son préfet étaient de plus en plus inquiets, car l'effet de l'intervention rendait le parti radical non plus ridicule seulement à Fougères, mais dans le pays tout entier. Le président du Conseil pensa alors qu'il était nécessaire de porter un coup plus décisif. Il favorisa l'éclosion d'une enquête sur l'industrie de la chaussure. Quatre jours après, une sous-commission du travail se rendait sur le lieu du lock-out, et le divin harmonisateur des conflits sociaux en était, comme par hasard, le président. M. Millerand avait plus d'envergure que les deux radicaux du département, et il fallait un homme d'autorité pour parvenir à un résultat. Ce dernier, en dehors de la partie officielle du programme (car, ne l'oublions pas, la sous-commission était là pour examiner l'industrie de Fougères en général), s'efforça donc de devenir le grand arbitre du conflit. Malheureusement, les ouvriers réduisirent tout de suite son rôle. D'arbitres, ils n'en avaient pas besoin. Du jour où ils s'entretiendraient avec les patrons, ils se trouveraient assez grands garçons pour s'arranger seuls. Aussi le rôle de M. Millerand se réduisait-il à mettre en contact ouvriers et patrons. Pour ce faire, il fallait discuter les termes et les conditions de l'entrevue.

L'ex-ministre socialiste commença d'abord par proposer la reconnaissance officielle des deux syndicats, jaune et rouge, et la discussion des tarifs avec les deux. Les ouvriers repoussèrent énergiquement. La deuxième proposition décidait que le syndicat appelé à délibérer avec les patrons serait celui qui, dans chaque usine, aurait la majorité. Les grévistes repoussèrent encore. Notons cependant l'habileté de M. Millerand qui, par ce deuxième procédé, essayait de faire solutionner une grande grève par le système de son projet de loi sur l'arbitrage et la grève obligatoire, pour en tirer sans doute argument à la tribune de la Chambre. Enfin, sur un troisième texte, l'accord avec les ouvriers finit par se faire.

Sur ce, M. Millerand, flanqué de M. Charles Benoist, se rendit au syndicat patronal. La discussion y fut, paraît-il, orageuse. L'ex-ministre prononça un grand discours, et malgré M. Cordier, partisan acharné de la lutte à outrance, le syndicat patronal se prononça par 17 voix contre 5 pour la conciliation. Cependant M. Cordier voulait faire ajouter au texte que les ouvriers n'auraient que l'alternative d'accepter les conditions anciennes ou un nouvel ensemble de tarifs qu'ils avaient présenté au cours de la grève. Le comité de la grève n'accepta point ; il consentit seulement à prendre pour base de discussion et d'arrangement les tarifs anciens, quitte à demander les augmentations à propos de chaque article.

La dernière manœuvre patronale était déjouée, et sans M. Millerand. En effet, M. Cordier déclarait le soir, à la première entrevue, qu'il renonçait à l'adjonction, et la déclaration suivante était signée par Gourdin, au nom du Syndicat des Cordonniers, et par M. Cordier, au nom du Syndicat des Fabricants :

Entre le Syndicat des Ouvriers cordonniers de Fougères, d'une part, et la Chambre syndicale des Fabricants, de l'autre, réunis le 18 janvier 1907 à la mairie de Fougères, sous la médiation de la délégation de la Commission du travail de la Chambre des députés, dans un but supérieur de conciliation et pour la sauvegarde des intérêts de la population laborieuse et de l'industrie fougeraise, il a été arrêté ce qui suit :

ARTICLE PREMIER. — *Les patrons de chaque usine, assistés d'un délégué du syndical patronal et le représentant choisi par des camarades de chaque spécialité assisté d'un délégué du syndicat ouvrier, se réuniront le samedi 19 janvier pour examiner dans chaque usine les tarifs des diverses spécialités.*

ART. 2. — *Le travail sera repris dans les usines le même jour sitôt l'adoption des tarifs et leur signature par les parties contractantes.*

Fait à Fougères, le 18 janvier.

On aurait pu croire la grève définitivement terminée dès le lendemain. Hélas ! M. Millerand en avait assez fait, son rôle là-bas n'était pas assez important ; les affaires du Parlement le rappelaient. Aussi, le lendemain matin, une fois la Commission partie, M. Cordier songea-t-il à revenir sur tout ce qui avait été décidé. Il menaça de rupture et exigea la discussion maison par maison, par ordre de tirage au sort, afin qu'il fût présent partout. C'était reculer la solution de 15 jours ; c'est à quoi il est arrivé. Les pourparlers ont duré trois semaines. A chaque instant, à cause de lui, ils menaçaient d'être rompus. Singulière figure que celle de cet homme, interdisant à ses collègues de faiblir dans les discussions, menaçant de s'en aller au moindre sou d'augmentation accordée ! Mélange d'entêtement breton, d'orgueil de fils de parvenu et aussi, disons-le, de médiocrité fade. Enfin, le 9 février, dans les 22 maisons, les tarifs étaient signés, et, le 11, la rentrée se serait faite sans incidents, si, la veille au soir, le patronat n'avait voulu donner la mesure de son état d'esprit et la physionomie réelle du conflit, véritable bataille de classes, par l'assassinat d'un des meilleurs militants de là-bas, le camarade Morice, tué par un fils de patron.

Conclusion

Pour conclure, rappelons que dès le début du lock-out patronal, les ouvriers exigeaient deux choses : la reconnaissance de leur syndicat et la discussion des tarifs avant de rentrer.

Or le lock-out a échoué, puisque les patrons l'ont levé sans avoir réussi à faire céder les ouvriers. Non seulement le syndicat rouge a été reconnu, mais il a été seul reconnu. D'autre part, c'est à un véritable contrat collectif qu'a abouti le drame angoissant de Fougères. Les ouvriers ne sont rentrés dans les usines qu'après avoir discuté, approuvé et fait signer par leur représentant les tarifs des divers services. C'est donc incontestablement une grande victoire morale.

Au point de vue matériel aussi, les résultats sont loin d'être à dédaigner. Certes, un meilleur résultat aurait pu être obtenu. Mais n'oublions pas que nous sommes en présence d'un lock-out. Or, il n'y a eu recul nulle part ni pour qui que ce soit. Il n'y a pas eu une fabrique où quelques articles, au moins 8 à 10, n'aient été augmentés. Enfin, si les augmentations ont été minimes, surtout dans les maisons qui payaient bien, dans certaines, où aucun tarif n'avait jamais été établi, il l'a été ; et dans d'autres qui payaient mal, l'augmentation a été considérable et a porté sur presque toutes les parties du travail.

En dehors de Fougères, pour le prolétariat en général, ce qui résultera de la lutte, c'est un exemple. Jamais pareille discipline et pareille cohésion ne s'étaient fait jour. Jamais non plus une si merveilleuse et si commune ténacité.

Enfin, dans les grèves futures, n'usera-t-on point de la même tactique qui a permis l'emploi du picketing et le succès ouvrier? Ne reparlera-t-on point souvent des soupes communistes et de l'exode des enfants? Quitte à imiter les Fougerais et à prendre modèle sur eux.

E. Poisson

STATISTIQUES SYNDICALES

En Italie

Le Bulletin de l'Office du travail italien de septembre 1906 contient, lui aussi, la statistique des organisations syndicales italiennes (1). Les organisations d'employés de l'État (postes, instituteurs, etc.) en sont exceptées. Elles feront l'objet d'une statistique spéciale. Exceptées également les organisations paysannes.

En janvier 1906, il y avait 25 organisations syndicales centralisées, comprenant 2.642 sections et 157.289 membres, contre 2.280 sections et 178.333 membres en 1904 : ce qui représente une augmentation du nombre des syndicats et une diminution du nombre des membres. Dix fédérations sont cause de la diminution totale, mais plus particulièrement

---

(1) Cf. *Revue Syndicaliste*, tome II, p. 231.

les organisations des travailleurs des chemins de fer, à la suite des dernières luttes et de la loi qui les a frappées : le *Riscatto* a vu le nombre de ses membres passer de 32.770 à 12.000; les *Sindicati ferroviari*, de 21.550 à 12.750. Ont diminué également les ouvriers de l'État (de 11.000 à 8.000) et, dans une proportion moindre, les mineurs, les ouvriers du marbre, les imprimeurs, les lithographes, les céramistes, le textile et les chapeliers. Par contre, un certain nombre d'organisations signalent une augmentation notable : les métallurgistes (de 13.000 à 23.000), les marins (de 16.000 à 20.000), les ouvriers des ports (de 5.900 à 6.500), les boulangers (de 3.600 à 3.800) et les infirmiers (de 1.700 à 3.200).

Au demeurant, voici, à la fin de 1905, le nombre de membres par fédérations :

Mineurs	2.065	Textile	5.566
Ouvriers du marbre	1.735	Cuirs et peaux	1.450
Métallurgistes	23.175	Cordonniers	4.095
Industries chimiques	652	Chapeliers	3.590
Céramistes	911	Boulangers	4.669
Verriers de bouteilles	980	Coiffeurs	621
Verriers de vitres	147	Infirmiers	3.246
Souffleurs, etc. (verrerie)	1.010	Chemins de fer *Riscatto*	12.000
Bâtiment	26.653	— *Sindicati*	12.750
Travailleurs du gaz	3.847	Ports	6.580
Bois	3.163	Marins	20.462
Typographes	8.737	Ouvriers des manufactures	
Lithographes	770	de l'État	8.412

5 organisations seulement ont un service de placement; 7 paient des indemnités de chômage (souffleurs de verre, peaussiers, chapeliers, *Riscatto* et marins); 8 paient le viaticum; une seule des secours de maladie. 18 Unions ont un journal corporatif.

L'Office du travail italien avait publié antérieurement deux autres statistiques : celle des organisations agricoles et celle des Chambres du travail. Si on rassemble les trois résultats, on a les données suivantes :

Syndicats agricoles	982	avec	221.913	membres.
Fédérations de métier	25	—	157.289	—
Chambres de travail	82	—	318.446	—

Naturellement, le total des membres indiqué par les trois statistiques est plus élevé que le nombre réel des syndiqués; la majorité des membres des Chambres de travail appartiennent en effet aux Fédérations ou aux organisations agricoles. On trouve cependant dans les Chambres de travail des milliers de membres dont le métier ne possède aucune Fédération.

En Espagne

Il faut signaler, à l'heure actuelle, en Espagne, un remarquable mouvement d'organisation ouvrière, qui se manifeste surtout depuis un an. Le commencement de déyeloppement industriel qui a marqué les dernières années, et la conscience plus avertie de la classe ouvrière contribuent également à cet essor.

Le symptôme le plus significatif, c'est évidemment le moindre flottement dans la composition des syndicats. Tandis qu'antérieurement, on comptait par année plus de 10.000 membres sortant du syndicat, le dernier rapport attestait que, dans le semestre, il n'y avait eu que 2.000 démissions ou radiations sur 34.537 membres. Et le rapport exprimait l'espoir que le flottement irait encore en diminuant et que l'Union des travailleurs espagnols ne tarderait pas à remplir toute sa tâche.

Les grèves ont fortement contribué au développement pris par les organisations. En 1905, on avait relevé en Espagne 141 grèves, auxquelles avaient pris part 19.526 personnes. 49 furent heureuses, 47 se terminèrent par un échec, 37 par une transaction; les résultats des 8 autres ne sont pas connus. En ce qui concerne leur objet, 59 eurent pour origine une demande d'augmentation de salaires; 36 une demande de réduction du temps de travail; 12 la reconnaissance du droit même de coalition; 2 le mode de paiement.

Le Syndicalisme agricole en Hongrie

Malgré des persécutions inouïes, malgré les lois d'exception dirigées immédiatement contre le mouvement syndical du prolétariat agraire, nos camarades hongrois accusent un développement merveilleux du syndicalisme agricole. Ce n'est que le 7 janvier 1906 que la Fédération des Syndicats agricoles a été constituée par les délégués de 58 communes. Aujourd'hui, elle compte 490 sections, avec 49.000 membres, dont 25.000 paient régulièrement les cotisations. C'est un résultat étonnant, surtout si l'on tient compte des salaires misérables payés aux travailleurs agricoles en Hongrie, salaires dont la moyenne annuelle ne dépasse pas 300 francs. La Fédération est en communication avec 2.500 communes, où des groupes nouveaux sont en préparation. Réunissant les ouvriers des diverses régions, et, partant, des diverses races du pays, elle représente à elle-même une petite Internationale. Il y a des groupes magyars, allemands, serbes et roumains auxquels bientôt s'agglomèreront les ouvriers des régions slovaques et ruthènes. C'est un bel exemple d'énergie prolétarienne que nous donnent les camarades hongrois, combattant sous l'absolutisme barbare des hobereaux nationalistes.

VARIÉTÉS

UN MANIFESTE DE L'INTERNATIONALE

Parce que les tisseurs refusent de conduire quatre ou six métiers au lieu de deux, le grand journal *Le Temps* les accusait, l'autre jour, d'être des routiniers, de s'opposer au progrès, et il leur opposait les théoriciens socialistes qui ont fait du progrès du machinisme la condition même du bien-être général. Nous ne nous attarderons pas à la mauvaise foi dont s'inspire cette polémique. *Le Temps* sait, comme nous, que les ouvriers ne s'opposent aux transformations techniques que parce qu'elles se traduisent, pour eux, en vertu d'un monstrueux paradoxe, par un empirement de leur situation. Quand les patrons, à l'exemple des patrons anglais, consentiront à passer des conventions avec les organisations syndicales, et à leur garantir des conditions telles que le progrès technique leur profite à eux aussi, ce jour-là, les ouvriers ne s'opposeront pas, même en apparence, au progrès.

Telle a été, de tous temps, la pure conception ouvrière. Citons-en un exemple des plus fameux, le manifeste publié par la Section parisienne de l'Internationale, lorsque, exaspérés par un inique système d'amendes, les tisseurs de Roubaix brisèrent les machines, lors d'une grève, en 1867. Nous noterons seulement que, d'une manière générale, la classe ouvrière et même l'opinion publique seraient aujourd'hui peut-être plus indulgentes à de tels actes.

La violation du droit à la vie par un patronat rapace et violent, comme celui de Roubaix en 1867, nous paraît, après quarante ans, plus insupportable et plus odieuse qu'elle ne le paraissait en 1867, même aux militants ouvriers. A cette nuance même, on pourra mesurer les progrès de nos idées.

Des troubles regrettables, accompagnés de violences plus regrettables encore, ont éclaté parmi les fileurs et tisseurs de Roubaix.

Les causes sont : 1º L'introduction de machines imposant aux tisseurs un surcroît de travail, sans augmentation de salaire, et supprimant en même temps un grand nombre d'ouvriers ;

2º L'établissement d'un règlement imposant des mesures attentatoires à la dignité, et des amendes d'une illégitimité flagrante ;

3º Enfin l'intervention de la gendarmerie dans ces détails d'intérêts privés et dans un cas où elle avait peut-être à veiller à la sécurité publique, mais non à protéger, par sa présence, les prétentions des particuliers.

La grève provoquée par ces causes a eu pour conséquence les tristes événements dont l'opinion publique a été instruite.

Dans cette situation, l'Association internationale croit devoir se prononcer et appeler l'attention des ouvriers de tous pays, en faisant les déclarations suivantes :

L'emploi de la machine dans l'industrie soulève un problème économique dont la solution prochaine s'impose impérieusement. Nous, travailleurs, nous reconnaissons en principe le droit des ouvriers à une augmentation proportionnelle, alors que, par un nouvel outillage, une production plus considérable leur est imposée.

En France, pays du suffrage universel et de l'égalité, l'ouvrier est encore citoyen lorsqu'il a franchi les portes de l'atelier ou de la fabrique. Les règlements imposés aux fileurs de Roubaix sont faits pour des serfs et non pour des hommes libres. Ils portent non seulement atteinte à la dignité, mais encore à l'existence du travailleur, puisque le chiffre des amendes peut supprimer et dépasser le taux du salaire.

Dans un pareil débat, alors qu'aucune violence n'avait été commise et que la grève commençait par l'abandon des ateliers, l'intervention de la gendarmerie n'a pu qu'irriter les ouvriers, qui croyaient y voir une pression et une menace.

Ouvriers de Roubaix, quels que soient vos justes griefs, rien ne peut justifier les actes de destruction dont vous vous êtes rendus coupables. — Songez que la machine, instrument de travail, doit vous être sacrée ; songez que de telles violences compromettent votre cause et celle de tous les travailleurs ; songez que vous venez de fournir des armes aux adversaires de la liberté et aux calomniateurs du peuple.

La grève continue ; de nouvelles arrestations ont été faites. Nous rappelons à tous les membres de l'Association internationale des Travailleurs qu'il y a en ce moment, à Roubaix, des frères qui souffrent. Que si, parmi eux, des hommes, un moment égarés, se sont rendus coupables de violences que nous réprouvons, il y a, entre eux et nous, solidarité d'intérêt et de misère ; au fond du débat, il y a aussi de justes griefs que les fabricants doivent faire disparaître. Il y a enfin des familles sans chef ; que chacun de nous vienne leur apporter son appui matériel et moral.

cautions nécessaires pour assurer à son diagnostic toute sa valeur juridique ?
Sera-t-il suffisamment outillé pour un examen radiographique ? Et enfin — la
question a hélas! son importance — ne se trouvera-t-il pas attaché plus ou
moins directement à une Compagnie d'assurances, et même — en le supposant
foncièrement honnête — n'aura-t-il jamais contre les victimes quelques idées
préconçues ?

Ce que la Confédération s'est proposée de donner aux victimes, en ouvrant
son service, ce sont précisément toutes ces garanties. Au point de vue des examens, des consultations, des soins, au point de vue capital des certificats, les
victimes trouveront, rue de la Grange-aux-Belles, toutes garanties. La radio-
graphie, utilisée par des hommes compétents, donnera tous les avantages qu'on
en peut attendre. Surtout, sans avoir d'autres démarches à faire, sans perdre
un temps souvent précieux, dans le même local, dans la même maison ouvrière,
les accidentés trouveront les indispensables conseils auprès des camarades du
service judiciaire.

Il faut féliciter les organisations syndicales de cette initiative. Elles y trouveront d'ailleurs de sérieux profits. En des périodes comme celle que nous tra-
versons, où, très évidemment, l'ardeur de lutte de l'année dernière s'est un peu
apaisée, où, entre les combats d'hier et ceux de demain, la classe ouvrière se
recueille, il importe de l'atteindre et de lui enseigner la solidarité par d'autres
méthodes que la lutte immédiate ; il importe de montrer les avantages quotidiens assurés par le syndicat, même dans les périodes pacifiques. A cet égard,
le service médico-judiciaire de la C. G. T. doit devenir le plus sûr instrument
du recrutement syndical. Il doit rendre aux organisations de la Maison des
Fédérations et à celles qui suivront leur exemple les services que rendent aux
organisations allemandes leurs célèbres secrétariats ouvriers.

La gendarmerie mobile

Les trois ministres de la Guerre, de la Justice et de l'Intérieur ont déposé un
projet de loi tendant à créer « un corps de gendarmerie mobile chargé d'assurer le maintien de l'ordre et l'exécution des lois sur les points où les circonstances exigent le rassemblement de forces importantes de gendarmerie ». Pour
parler clair, au lieu d'envoyer désormais l'armée contre les grévistes, on aura
un corps spécial de gendarmes pour grèves. Il a fallu quelque quarante ans de
propagande socialiste pour qu'on renonçât à envoyer les soldats au service des
patrons. En 1870, déjà, Esquiros et Gambetta, sur la demande impérieuse de la
section marseillaise de l'Internationale, interpellaient le ministère sur l'envoi de
troupes au Creusot. Il a fallu, pour cela, que les soldats ouvriers fussent préparés à ne pas massacrer leurs frères ; il a fallu qu'une propagande fut faite
parmi les officiers, dont les consciences réveillées se refuseront de plus en plus
à la besogne de conservation sociale et de défense des privilèges qu'on prétend
leur imposer.

Cela dit, il y a tout lieu de croire que le remède sera pire que le mal. Les
corps spéciaux de défense sociale ont été de tous temps célèbres par leur brutalité et leur étroitesse de vues. Nos pères se souviennent de la garde mobile,
créée en 48. Le gouvernement et ceux qui l'approuvent se flattent de trouver
des hommes de sang-froid, capables de résister sans violences aux colères
populaires. On peut être sûr, au contraire, de trouver dans la gendarmerie
mobile la quintessence de la haine contre le civil en général, et contre
l'ouvrier en particulier. C'est toute la différence entre l'agent de quartier et
l'homme des brigades centrales.

— Alors, quoi ?

— Alors, réalisez un peu de justice sociale, et vous aurez moins besoin de
gendarmes mobiles.

La presse syndicale

La Chambre syndicale typographique parisienne possède depuis trois mois son *Bulletin,* indépendant de la *Typographie Française*. Articles techniques, articles professionnels, articles de philosophie sociale contribuent également à donner à ce journal bien présenté, un réel intérêt.

Par contre, le *Paysan,* organe de la Fédération des travailleurs agricoles, a dû momentanément suspendre sa publication.

En Allemagne, c'est avec une admirable régularité que progresse la presse syndicale. Le *Journal des ouvriers en métaux*, qui tient la tête, tire maintenant chaque semaine à 350.000 exemplaires.

Bibliographie

— Eugène ROUSSEAU. — *Vers l'Usine modèle.* Gand, 1906. (Brochure n° 13 de la troisième année de l'Abonnement Germinal).

C'est le récit d'une visite à la fabrique de levure et d'alcool « La Royale », de Delft. L'auteur, collectiviste, croit qu'il ne faut point dédaigner, sous le régime actuel, les avantages accordés par des patrons aux idées libérales, comme M. van Marken. A l'usine, un minimum de salaires de 20 francs 59 par semaine (somme qui, paraît-il, permet, à Delft, de vivre honorablement). Mais tous les salaires subissent diverses majorations, dont l'auteur décrit le système. 10 p. 100 des bénéfices sont mis à la disposition de la direction pour qu'elle en use dans l'intérêt du personnel. Suit la description de toutes les œuvres annexes. L'auteur conclut que les ouvriers peuvent, dès maintenant, obtenir ces avantages, même de patrons non philanthropes, par leur action syndicale.

— **Confédération générale du Travail.** — *XVe Congrès national corporatif* (IXe de la Confédération) *et Conférence des Bourses du Travail,* tenus à Amiens du 8 au 16 octobre 1906. — *Compte rendu des travaux.* — Amiens, Imprimerie du *Progrès de la Somme,* 1907.

Ce fort volume de 350 pages, très denses, est un document capital pour l'histoire de notre mouvement ouvrier. Il contient les rapports des différents Comités et Commissions — le compte rendu *in-extenso* des débats du Congrès et de la Conférence, la liste des votes. A signaler, un petit avant-propos intéressant de Cleuet, qui présente le volume au nom de la Commission d'organisation.

« Le Congrès d'Amiens, écrit-il, selon l'avis de beaucoup de camarades, aura une répercussion considérable sur l'avenir du syndicalisme, parce qu'il a réuni, dans une pensée commune de liberté pour chacun et de tolérance réciproque, la presque unanimité des délégués.

Rien ne nous autorise à engager ces camarades à ne se réjouir du texte d'une motion qu'au moment précis où cette motion est appliquée, dans les faits, par ceux-là mêmes qui en assument la paternité ; cependant, qu'ils nous permettent de leur faire remarquer que nous ne croyons pas, pour notre part, à la vertu magique d'un ordre du jour.

Trop de tendances diverses se manifestent encore dans le syndicalisme français, trop de divergences de vues divisent encore les militants les plus réputés, trop d'erreurs sont encore « monnaie courante » dans le prolétariat organisé, pour espérer, de sitôt, l'entente complète et définitive de toutes les énergies qui concourent à l'organisation corporative de la classe ouvrière.

C'est à dissiper ces erreurs et ces malentendus que tous les militants sincères doivent travailler. Notre émancipation intégrale sera proche quand, par nos efforts constants, la classe ouvrière sera entrée définitivement dans la voie de la vérité. »

Le Gérant : L. GERVAISE    Imp. coopérative ouvrière de Villeneuve-St-Georges (S.-et-O.)

Deuxième Année. N° 23. Mars 1907.

La Revue Syndicaliste

Vingt Centimes

MENSUELLE

SOMMAIRE

PARIS

PUBLICATIONS DE LA SOCIÉTÉ NOUVELLE DE LIBRAIRIE ET D'ÉDITION

(Anc¹ 17, rue Cujas)

ED. CORNÉLY et Cⁱᵉ, ÉDITEURS

101, RUE DE VAUGIRARD, 101

La Revue Syndicaliste

Paraissant le 15 de chaque mois.

France : Un an . . . . 2 fr. **40** | Étranger : Un an . . . . . . 3 fr.
  —   Six mois. . . . . . 1 fr. **20** | —   Six mois. . . . . 1 fr. **50**

Les abonnements partent de mai et de novembre.

Nous serons reconnaissants aux camarades de nous envoyer le montant de leurs abonnements par mandat-poste, pour éviter les frais de recouvrement.

Prié d'adresser tout ce qui concerne la rédaction ou l'administration au camarade Albert Thomas, administrateur-délégué de la *Revue Syndicaliste*, 101, rue de Vaugirard, Paris.

L'abondance des matières nous contraint de remettre au mois prochain nos correspondances de l'étranger.

Retraites ouvrières

L'ancienne Chambre, à la veille des élections, était arrivée à élaborer un projet de retraites ouvrières, et elle en était assez fière ! — Avec quelque droit, disons-le, le projet n'avait gardé de mauvais que ce qu'il faut pour qu'une réforme sociale aboutisse sous le régime actuel. Chacun sait que cette part de « mauvais » est considérable. Cependant, grâce à un effort louable des élus socialistes, le système de capitalisation avait été amendé ; les dérisoires pensions de la période de transition avaient été accrues ; les allocations de l'État augmentées.

Et le projet s'en fut au Sénat !

Une Commission a été nommée. Elle est hostile au projet de la Chambre. Pour l'enterrer, elle a usé du classique moyen de l'enquête, du questionnaire aux organisations ouvrières. Par *oui* ou par *non*, les organisations sont consultées, et les questions sont d'une telle habileté que les réponses prévues pourront être utilisées par la Haute Assemblée contre les intentions mêmes de leurs auteurs.

Mais les syndicats ne seront pas dupes. Par un manifeste récent, la Confédération les met en garde. Elle leur conseille ou le silence, ou une réponse type, également méprisante du long questionnaire sénatorial.

Le Comité Confédéral propose aux organisations de répondre :

« Nous voulons que les vieillards et les invalides aient leur existence assurée par une retraite suffisante.

« Nous voulons cette retraite immédiate par le système de la répartition.

« Nous ne voulons pas du système de la capitalisation, parce qu'elle est une escroquerie et que l'exemple du vol de la caisse des inscrits maritimes nous montre quelles sont les intentions des dirigeants. »

La formule peut paraître rude et outrancière. Je serais disposé, pour ma part, à l'accepter. Elle affirme la volonté de la classe ouvrière de voir le législateur enfin aboutir. Par sa violence même contre la capitalisation (qui offre cependant, en face de tant d'inconvénients, des avantages incontestables) elle peut sauvegarder la part faite dans le projet de la Chambre au système de la répartition. Enfin et surtout, par son silence significatif sur la question de la contribution ouvrière, elle coupe court à la manœuvre du Sénat qui aurait tenté de se servir de l'opposition ouvrière à la contribution pour faire échouer tout système. Nous aurions préféré sans doute un appui plus ferme et plus précis au projet de la Chambre, contre lequel toutes les résistances vont se coaliser... Mais il ne faut point trop demander ! — A. T.

Deuxième Année.   N° 23.   ars 1907.

La Revue Syndicaliste

ABONNEMENT	Paraissant	ABONNEMENT
❦	le 15 de chaque mois.	❦
Un an.......... 2 fr. 40		Un an.......... 2 fr. 40
Six mois....... 1 fr. 20	Le numéro : 0 fr. 20	Six mois....... 1 fr. 20

LA REPRÉSENTATION DU TRAVAIL

Une grosse question se pose en ce moment pour les employés et ouvriers des chemins de fer. C'est celle de la représentation du travail. Spéciale encore à cette corporation, elle intéresse néanmoins tous les travailleurs, car selon la manière dont elle sera résolue dans le nouveau réseau État, il en résultera des indications précieuses pour les salariés de toutes les industries.

La solution définitive est évidemment la gestion du travail par les travailleurs eux-mêmes dans une société organisée sur la production. Mais peut-on, dans le régime à base d'autorité qu'est le régime capitaliste actuel, demander que cette solution soit immédiatement appliquée ?

Pour les employés des chemins de fer, les dirigeants ne manquent pas d'objections : « Il n'y a pas à considérer que les intérêts du personnel, il y a aussi ceux de l'État, ceux des collectivités commerciales, industrielles, agricoles, pour lesquelles les chemins de fer peuvent être, suivant les services rendus, une cause de progrès ou de décadence ! » Il y a aussi, — ne l'oublions pas — les intérêts des capitalistes, actionnaires ou obligataires ! Et ces derniers ont seuls, jusqu'à présent, été représentés et défendus dans les Conseils d'administration. Toutes les conventions des chemins de fer, on le sait, n'ont eu en vue que la garantie des intérêts du capital ; ceux de l'État, du commerce, de l'industrie, de l'agriculture et du travail ne sont venus qu'en seconde ligne.

Si le personnel demandait à gérer seul l'exploitation des chemins de fer, on pourrait lui dire qu'il veut simplement substituer sa gérance à celle des actionnaires et que la collectivité pourrait, comme sous les Conseils d'administration actuels, n'en retirer aucun avantage ni amélioration sensible.

Mais, précisément, à la différence des capitalistes qui ne voient dans les chemins de fer qu'un placement avantageux, et partant s'opposent au rachat, les travailleurs les considèrent comme un outillage national, et ne l'oublient même pas quand il s'agit d'eux-mêmes.

Le service des chemins de fer est un service public, d'où la nécessité d'une représentation de l'État. Par les subventions considérables qu'il a données à la construction des chemins de fer, l'État a acquis un droit de gestion. Il a abandonné ce droit, contre un contrôle qui est, sinon illusoire, du moins bien peu efficace. Représenté au sein du Conseil d'administration, il sera bien mieux placé pour prévoir les dépenses à engager et dans quelles limites.

Le commerce et l'industrie, qui se plaignent si fort des élévations des tarifs, de leur complication, pourront, étant appelés à prendre part à la gérance du nouveau réseau, y faire introduire, ou au moins y suggérer toutes transformations utiles pour faire aboutir leurs réclamations. Ils pourront provoquer tous travaux dans les régions intéressées. Ils se trouveront, du fait de leur représentation au Conseil, engagés non seulement à faire prospérer les industries et le commerce qui les auront désignés, mais aussi les chemins de fer.

Mais cette légitimité de la représentation de l'État et du commerce une fois reconnue, qu'on nous permette d'insister sur la représentation qui est pour nous la plus importante : celle du personnel. Mieux que par une théorie générale ou de savantes argumentations, nous marquerons les avantages que ce système peut assurer un jour aux ouvriers de toutes les industries.

C'est d'ailleurs aujourd'hui, pour les employés des chemins de fer, une nécessité primordiale que d'être représentés dans les Conseils. Il n'y a qu'à examiner la lutte engagée par eux pour l'obtention des améliorations diverses. De menus résultats ont bien été arrachés aux Compagnies, mais que sont-ils auprès de ceux qu'attend encore le personnel : repos hebdomadaire, retraites (loi Berteaux), législation du travail, minimum de salaires, etc... ?

On sait où en sont toutes ces graves questions : sous prétexte d'économie, le petit personnel d'exécution est réduit sans que l'on se préoccupe de son surmenage, tandis que certains emplois de dirigeants et les emplois de bureaux ont triplé depuis vingt-cinq ans ; en ce qui concerne le repos hebdomadaire, l'État lui-même se trouve désarmé pour le faire appliquer, en raison de la répercussion que cette application pourrait avoir sur les finances publiques par la garantie d'intérêt ; en ce qui concerne la loi Berteaux, même situation d'attente. Aucun grand problème n'est solutionné.

Le personnel ne doit donc compter que sur lui-même ; mais sa première préoccupation, — et elle est, peut-on dire, la préoccupation syndicale essentielle — doit être d'augmenter le pouvoir de ses représentants. De plus en plus, il s'aperçoit que c'est en les faisant pénétrer dans les Conseils d'administration qu'il pourra obtenir des améliorations sérieuses.

Ces délégués, en effet, arrêteront la marée montante des emplois inutiles. Ils donneront au personnel du service actif l'initiative et l'autorité qui tendent de plus en plus à être bureaucratisées. Ils feront que le chemin de fer ne soit pas considéré comme une administration hostile aux commerçants. Appelé à concourir à la direction du réseau et intéressé à sa prospérité, le personnel aura une part dans les bénéfices, et les nombreux gaspillages, pertes de colis, avaries de toutes sortes, inévitables dans une collectivité nombreuse où, dans les conditions de travail actuel, le désordre devient fatalement la règle, seront diminués ou évités. Enfin le personnel du service actif, désormais en nombre suffisant et animé du même esprit, rendra le service normal ; le public recevra ses colis en bon état, arrivera à l'heure à sa destination et verra en temps voulu les wagons mis à sa disposition.

Comme dans ces compagnies américaines où le personnel sait que toute initiative réellement lui profite, les ouvriers se trouveront stimulés à faire connaître toutes les mesures utiles pour arriver à une amélioration sensible dans l'exécution du travail.

En un mot, des conditions de travail meilleures ne peuvent être obtenues que par la représentation du personnel dans le Conseil d'administration, et c'est au prix seulement de ces conditions meilleures que la clientèle commerciale et industrielle des chemins de fer peut être satisfaite.

Qu'on me permette d'insister : ce n'est point seulement au point de vue des réformes immédiates, ni au point de vue des avantages certains que le public y trouvera, que la représentation du travail s'impose. Elle donnera au personnel des garanties matérielles et une sécurité morale, dont on éprouve de jour en jour davantage le besoin dans toutes les grandes administrations centralisées.

Je m'explique. Malgré les règles établies pour l'avancement, il n'y a aucune administration où la fantaisie et le favoritisme soient plus grands que dans les Chemins de fer. Presque tous ceux qui détiennent une part d'autorité se font un plaisir de commenter et de transformer — rarement dans un sens libéral — les réglementations diverses. Aussi, est-ce dans le personnel des Chemins de fer que les passe-droit et les injustices sont le plus fréquents. Avec la meilleure cause, si un employé réclame et obtient satisfaction, il n'en est pas moins mal vu, considéré comme une forte tête. Avec des camarades dans la direction, le favoritisme et l'injustice disparaîtront rapidement.

Enfin, la question des salaires sera aussi plus rapidement traitée. Un employé du réseau État a dressé dernièrement un tableau où il démontrait que, dans ce réseau, si certaines sinécures étaient supprimées et les gros traitements ramenés à un chiffre raisonnable, on pourrait augmenter tous les petits salaires d'au moins 100 francs. Il n'est pas douteux qu'en faisant le même travail pour les autres réseaux on obtiendrait des résultats encore meilleurs en faveur des plus malheureux. Le rôle des délégués sera — on n'en doute pas — d'améliorer les petits salaires. L'idée directrice qui a été suivie dans l'établissement du projet élaboré par la Commission spéciale du rachat a été l'augmentation des petits traitements. Aussi voit-on figurer, dans l'article relatif à la répartition des bénéfices, une part pour donner un minimum de retraite de 730 francs par an, soit 2 francs par jour et une part destinée au relèvement des petits salaires. Il n'est pas douteux que ces améliorations seront plus facilement réalisables étant faites par les intéressés eux-mêmes sur les bénéfices qui leur seront réservés que sur une augmentation des crédits afférents au personnel.

On pourrait multiplier les exemples, énumérer encore les nombreuses questions dont la solution sera rendue plus facile ou même parfois possible par la représentation du travail. Il me suffit d'avoir montré par quelques exemples, comment, par cette représentation d'un tiers concurremment avec celles de l'État et de l'industrie, une œuvre efficace pourra être faite.

Il va sans dire que cette représentation ne saurait en rien éliminer l'action syndicale. Bien au contraire, la puissance du syndicat se trouvera augmentée du fait même qu'elle pourra plus facilement atteindre à des résultats. Mais il est indéniable que, dans les limites présentes, en face des formidables administrations de réseaux, en face de ces conseils d'administration fermés, l'action syndicale n'a point pour ainsi dire où s'exercer. En dépit du syndicat, les ouvriers se trouvent infériorisés dans la défense de leurs intérêts.

Je me suis borné à notre exemple. Mais toutes les organisations syndicales, même celles qui mettent le mieux en œuvre toute la puissance dont elles peuvent disposer, feront bien de songer à cet élargissement de la lutte que constitue précisément la représentation du travail.

Au début du fonctionnement de ce nouveau rouage dans le réseau de l'État, avec des charges financières très grandes qui probablement incomberont au réseau, il pourra se produire des heurts, et les résultats pourront ne pas être très rapides. Ce sera aux travailleurs des Chemins de fer à parfaire leur éducation en apprenant à se servir de l'outil qui sera mis entre leurs mains. Ils ne devront pas perdre de vue que toute la classe ouvrière aura les yeux fixés sur eux pour voir quel résultat donnera cette mise en contact d'intérêts divers. Ce sera pour les travailleurs des Chemins de fer le meilleur stimulant.

L. ODINOT

CHRONIQUE DU REPOS HEBDOMADAIRE

Nous avons, dans un précédent article (1), exposé les dispositions essentielles de la législation nouvelle sur le repos hebdomadaire, et nous avons essayé de montrer que l'application seule permettrait d'en apprécier les effets et la valeur, et d'éprouver la bonne volonté du gouvernement.

S'il n'est pas possible de savoir, actuellement, en l'absence de documents officiels, dans quelle mesure la loi est réellement appliquée, combien il a été accordé de dérogations, et de mesurer, par le nombre des contraventions, l'ampleur de la résistance patronale et l'énergie du contrôle administratif, du moins peut-on relever dans les instructions ministérielles, dans les décisions judiciaires, dans les controverses de la tribune et de la presse, les interprétations de la loi qui exerceront une influence prépondérante sur son application.

L'interprétation administrative

Les ministres du Commerce et du Travail, qui ont été successivement chargés d'appliquer la loi du 13 juillet 1906, ont exposé leur manière de voir dans de nombreuses circulaires.

Ils ont estimé que, dans l'esprit de la loi, le repos hebdomadaire doit être donné le dimanche et, par conséquent, être collectif : « Toute autorisation, lit-on dans la circulaire du 9 août 1906, qui, faisant échec au principe de la loi, aurait pour conséquence de rendre exceptionnel le repos du dimanche, qui doit être général, irait à l'encontre des intentions manifestes du législateur. » Les dérogations essentielles au régime nouveau ont été expressément énumérées à l'article 3 de la loi et sont accordées de plein droit. Aussi ne doit-on accorder les dérogations, prévues aux articles 2 et 8, qu'avec beaucoup de mesure et de circonspection. La circulaire du 20 juillet 1906 fait observer que les commerçants qui voudront obtenir ces dérogations « devront prouver la nécessité pour le public de trouver leur établissement ouvert le dimanche, ou l'impossibilité, pour la catégorie d'établissements dont ils font partie, de fonctionner normalement en fixant ce jour de repos à leur personnel ». Et, précisant cette idée, la circulaire souligne qu'il ne s'agit pas là « de pures préférences ou de simples commodités, mais d'inconvénients graves ». Enfin, reprenant les quatre systèmes de dérogations prévus à l'article 2, la circulaire remarque que le législateur les a classés selon l'ordre de ses préférences; que les premiers sont des modalités du repos collectif, et que le dernier, le repos par roulement, celui qui se concilie le moins avec l'esprit de la loi, ne doit être accordé qu'à titre excep-

---

(1) *Revue Syndicaliste*, numéro 17, septembre 1906, p. 99.

tionnel, et lorsqu'il est reconnu qu'aucun autre système ne peut être appliqué.

Il semble bien, d'ailleurs, que l'administration estime que l'application des articles 2 et 8 ne sera nécessaire que pour une période transitoire pendant laquelle le public et les patrons s'accoutumeront au nouveau régime légal. En effet, continuant le commentaire de ces articles, la même circulaire du 20 juillet 1906 prescrit aux préfets de ne pas donner à leurs arrêtés un caractère définitif : les dérogations, accordées plus largement au début, seront progressivement restreintes.

C'est donc traduire exactement la pensée des ministres intéressés, que de remarquer qu'ils ont estimé qu'en régime normal, le repos collectif du dimanche serait la règle, et qu'il n'y serait dérogé que dans les cas expressément prévus aux articles 3, 4, 5 et 6 de la loi du 13 juillet 1906. Cette interprétation est assurément la plus équitable. Elle est conforme à l'esprit du législateur, elle ne laisse aucune place à l'arbitraire administratif, elle rend le contrôle plus efficace.

Dans le même esprit, au cours de leurs circulaires, les ministres ont fait remarquer que le pourvoi du commerçant, auquel une dérogation est refusée, n'est pas suspensif et qu'il doit, en attendant la décision de la juridiction d'appel, donner le repos du dimanche.

Les circulaires du 3 septembre 1906 et du 30 novembre 1906 signalent les cas dans lesquels l'emploi d'un personnel exceptionnel, le jour du repos des employés habituels, peut constituer une fraude condamnable. Seuls, sont admis à assister le patron, en l'absence de son personnel, ses associés, qui sont ses collaborateurs légaux, et sa femme et ses enfants, qui sont ses collaborateurs naturels. Mais il ne peut s'adresser à un personnel salarié.

Signalons enfin que la circulaire du 22 novembre prescrit aux inspecteurs du travail de se mettre en rapport avec les syndicats ouvriers intéressés à l'application de la loi.

L'attitude des partis

Le commentaire administratif ne manquait ni de netteté ni de logique, et l'interprétation qu'il consacrait était assez conforme aux opinions affirmées par les groupements ouvriers. Il n'eut pas l'avantage de plaire à de nombreux élus radicaux qui, à tort ou à raison, prêtent une influence électorale considérable à leur clientèle de petits commerçants. M. Maujan menait campagne dans le *Radical* contre le repos collectif du dimanche, et, au Conseil municipal, dans les séances des 9 et 12 novembre, les socialistes, qui proposaient de repousser les diverses demandes de dérogation, étaient mis en échec par les radicaux. Le 12 novembre, M. Bellan faisait adopter par le Conseil municipal le vœu suivant : « Le Conseil émet le vœu qu'il soit introduit dans la loi le double principe de l'entente entre patrons et employés de chaque maison, et du repos groupé dans la mesure compatible avec le maintien intégral et absolu de cinquante-deux jours de repos que la loi accorde aux employés et ouvriers. »

Ce vœu fournit toute la matière de la proposition de loi de M. Georges Berry, dont l'urgence fut discutée à la Chambre le 20 novembre. Nous n'entrerons pas dans l'exposé détaillé de ce débat, au cours duquel M. Maujan, dans un accès de sincérité, malmena socialistes et syndicats, et révéla ainsi aux travailleurs quel cas ils doivent faire de la sollicitude dont les assurent, au cours des périodes électorales, certains candidats. Nous nous efforcerons seulement de dégager les principes sur lesquels repose la proposition de M. Georges Berry.

Elle fait du repos par roulement le régime normal. Plus besoin d'autorisation administrative. Chaque patron s'entendra avec son personnel pour choisir dans la loi la dérogation qui lui conviendra le mieux. Avec ce système, le principe du repos collectif du dimanche disparaît, et, en même temps, tout contrôle sérieux. Les employés sont dépouillés d'un droit qu'ils tenaient de la loi, car peut-on soutenir sérieusement qu'ils discuteront librement avec leur patron. Le désir bien naturel de conserver leur emploi les rendra le plus souvent très conciliants. Enfin, les commerçants eux-mêmes, que la loi protégeait contre leurs concurrents, en imposant à tous un même régime légal, pourront être lésés dans leurs intérêts ou contrariés dans leurs bonnes intentions. Il suffira que la libre (?) entente d'un marchand de nouveautés, par exemple, et de ses employés, lui fasse adopter le repos par roulement pour que tous ses concurrents se voient, sous peine de préjudice, obligés d'accepter le même régime. Et que deviendront ceux-ci, si, par hasard, leurs employés ne se prêtent pas au système de la libre entente ?

Cette proposition de loi est manifestement hostile à l'action syndicale. Décider que chaque patron traitera séparément avec son personnel, c'est consacrer une prétention patronale contre laquelle se sont toujours élevés les travailleurs organisés. Le syndicat est le représentant naturel de la profession ; c'est à lui qu'il appartient d'examiner et de défendre les intérêts des ouvriers ou employés de la corporation. Aussi le syndicat des employés de Paris était-il dans son rôle lorsqu'il proposait aux patrons d'organiser un referendum parmi les employés pour connaître leur opinion sur l'application de la loi sur le repos hebdomadaire. Mais les patrons se gardèrent bien de répondre ; toutes leurs sympathies allaient vers la proposition de M. Georges Berry, qui supprimait l'action syndicale. Il faut rappeler, d'ailleurs, avec quel dédain M. Georges Berry et son allié M. Maujan parlèrent des syndicats dans cette mémorable séance du 20 novembre. M. Berry railla les faibles effectifs des syndicats rouges et leur opposa les « forts » syndicats jaunes qui se ralliaient avec enthousiasme à sa proposition. M. Maujan, entre deux plaisanteries sur la lutte de classes, réduisait de moitié, pour le besoin de sa thèse, le nombre des employés syndiqués.

Reste le fameux système du *repos groupé,* qui consiste à remplacer les 52 journées de repos hebdomadaire par des congés représentant 52 jours. Les hygiénistes, qui ont soutenu la nécessité du repos hebdomadaire, comme un moyen de protéger la santé des travailleurs, doivent trouver cette méthode d'équivalence assez plaisante. Que dirait-on d'un homme qui dormirait huit jours et huit nuits de suite, afin de rester ensuite huit jours sans dormir, ou d'un individu qui, dans un seul repas, voudrait manger pour un mois ? Mais il serait puéril de discuter un système qui est mis en avant pour le plus grand avantage des patrons. Tout le monde sait que ceux-ci sont très prodigues de congés quand vient la morte saison et qu'ils ne seraient peut-être pas fâchés de pouvoir faire légalement l'économie de leur personnel dans les moments où ils n'en ont pas besoin. M. Maujan déclarait que la loi du 13 juillet 1906 était l'organisation légale du chômage ; peut-être pourrait-on lui retourner l'argument ? Bornons-nous à remarquer que la proposition Berry, qui fait si peu de cas des syndicats, exprime assez fidèlement les désirs du patronat.

L'urgence ne fut pas déclarée sur cette proposition : elle fut renvoyée à la commission du travail.

Les circulaires des ministres du Commerce et du Travail et la discussion de la proposition Berry nous ont permis de préciser l'attitude des partisans et des adversaires de la loi du 13 juillet 1906 ; les uns s'appuyant sur l'action syndicale pour imposer dans la mesure du possible le repos collectif du dimanche ; les autres, prêtant une oreille trop complaisante aux doléances patronales et s'efforçant d'énerver l'action administrative par la généralisation du système du repos par roulement.

Il nous faut maintenant examiner quelques décisions qui ont été provoquées par l'application de la loi sur le repos hebdomadaire.

La méthode du Conseil municipal

Le Conseil municipal de Paris était appelé, aux termes de l'article 8 de la loi, à donner son avis sur les demandes de dérogations. Après avoir adopté la motion Bellan, que nous avons mentionnée plus haut, il passa à l'examen détaillé des demandes.

Il aborda cette étude sans se soucier des intentions du législateur. En effet, la loi prescrit aux autorités chargées d'assurer l'application de la loi de ne tenir compte que des besoins du public et des conditions de fonctionnement normal des établissements. Le Conseil municipal se préoccupa uniquement de distinguer les grands commerçants des moyens commerçants. Aux premiers, il refusait de parti-pris toute dérogation ; aux seconds, il accordait tout ce qu'ils demandaient. On peut s'étonner que nos économistes libéraux ne se soient pas élevés contre cette atteinte au principe de la libre concurrence. On doit, en tous cas, regretter que les conseillers municipaux aient fait passer leurs préoccupations électorales avant le respect des dispositions législatives.

D'ailleurs, le Conseil municipal faisait de sa méthode un étrange usage. Comme les socialistes, acceptant provisoirement la thèse de la majorité, voulaient faire préciser la distinction entre le moyen et le grand commerce, on leur apprit qu'une épicerie qui occupe cent employés est une entreprise moyenne et qu'un magasin de chapeaux, de chaussures, qui occupe vingt employés, appartient au commerce moyen. Ils n'obtinrent gain de cause que

lorsqu'on examina les demandes de 185 marchands de confections et de
nouveautés, dont certains occupaient 50 et 70 employés. M. Dausset proposait de leur accorder à tous le repos par roulement. Le Conseil n'accorda
la dérogation qu'à ceux qui avaient moins de 15 employés à leur service.
Ainsi la campagne menée par les gros marchands de quartier échouait
piteusement, et le système étrange conçu par la majorité radicale sombrait
dans le ridicule.

L'interprétation judiciaire

Les tribunaux administratifs et judiciaires ont, par contre, dégagé le plus
souvent assez heureusément, l'esprit de la loi.

Le Conseil d'Etat, ayant à se prononcer sur des arrêtés préfectoraux refusant
des dérogations, s'est toujours tenu dans les termes de la loi. Il a jugé que
le *fonctionnement normal* d'un moulin exigeait la présence continuelle du
personnel nécessaire pour la manœuvre des vannes de décharge. Il a
estimé encore — et l'appréciation est au moins discutable — que la
fermeture de l'établissement d'un coiffeur situé en face d'une gare et
fréquenté exclusivement par des voyageurs de passage serait *préjudiciable
au public*. Mais il a pensé que les motifs religieux invoqués par un négociant
israélite pour remplacer le repos du dimanche par le repos du samedi,
n'entraient pas dans les cas prévus à l'article 2 de la loi ; de même il a jugé
que le commerçant qui demande une dérogation doit établir par des faits
précis que le repos collectif de son personnel serait préjudiciable au public
ou compromettrait le fonctionnement de son établissement. Nous sommes
loin de la jurisprudence du Conseil municipal.

La Cour de cassation, en examinant la question de savoir si le pourvoi est
suspensif, et en concluant par la négative, a affirmé que, dans l'intention du
législateur, le repos collectif du dimanche est la règle générale. Il s'ensuit
donc que le pourvoi ne serait suspensif que dans le cas où un syndicat
ouvrier, par exemple, attaquerait un arrêté préfectoral accordant une dérogation.

Il est remarquable que ces arrêts du Conseil d'État et de la Cour de cassation confirment l'interprétation de la loi formulée dans les circulaires
ministérielles que nous avons analysées plus haut. Tant il est vrai que les
intentions du législateur deviennent lumineuses toutes les fois qu'un intérêt
électoral n'est pas en jeu.

Il convient de citer aussi les jugements et arrêts qui ont précisé l'application de la loi à certaines catégories de personnes. La Cour de cassation a
jugé qu'un *extra,* occupé avec une périodicité régulière dans un établissement soumis au régime du repos collectif, doit être considéré comme
employé de cet établissement et prendre son repos le même jour que l'ensemble du personnel. — Des circonstances de fait ont permis à un juge de
paix de considérer les gérants comme de véritables employés, soumis à la
loi du 13 juillet 1906. — Enfin, il a été jugé que les domestiques d'hôtel ne

pouvaient être confondus avec les gens de maison, domestiques attachés à la personne, et devaient bénéficier du repos hebdomadaire.

Une autre question délicate a été portée devant les tribunaux. Les ouvriers et employés ont-ils droit à leur salaire pour le jour de repos. Des juges de paix avaient rendu à ce sujet des jugements contradictoires. La Cour de cassation s'est prononcée d'une façon très nette sur ce point de droit. La loi du 13 juillet a volontairement laissé de côté la question du salaire. L'intention du législateur ressort très nettement des travaux préparatoires : il a toujours posé en principe qu'en élaborant des lois de protection ouvrière, il devait se garder de légiférer sur le taux des salaires. C'est au contrat qui lie l'employeur et son salarié que le juge devra toujours se référer dans les questions de ce genre. Si l'ouvrier est payé à la semaine ou au mois, le repos imposé par la loi ne pourra pas plus diminuer son salaire que ne le ferait une interruption causée par un cas de force majeure. Mais s'il est payé à la journée, son salaire sera naturellement en rapport avec le nombre de journées de travail qu'il aura fournies.

En résumé, l'interprétation judiciaire est en harmonie avec la jurisprudence administrative. Elle tend à faire prévaloir le principe du repos collectif, limite les dérogations et donne aux mots ouvriers et employés le sens large de salariés occupés d'une façon habituelle.

L'opinion ouvrière

Au cours de ces premiers mois d'application de la loi, les syndicats ouvriers ne sont pas restés inactifs. On sait avec quelle vigueur ils ont manifesté leur volonté de voir appliquer intégralement la loi. Sans nous arrêter sur ces événements récents, nous nous bornerons à relever les principales revendications ouvrières.

Les employés de l'habillement (nouveautés, confections, chaussures, chapellerie, chemiserie) demandent le repos collectif le dimanche. Ils estiment que le système du roulement leur apporterait un surcroît de travail, car les patrons ne sont pas disposés à augmenter leur personnel. Ils vont même plus loin et demandent la fermeture du dimanche. En effet, si le patron et sa famille tiennent le magasin ouvert le jour du repos collectif, il en résulte pour l'employé un préjudice. Comme il est payé à la *guelte*, il perd son intérêt sur les ventes qui ont été faites ce jour-là et qu'il aurait pu faire pendant la semaine si le magasin avait été fermé le dimanche. Par contre, il lui faudra le lundi remettre le magasin en ordre, faire le *déplié* : en somme, il éprouvera un surcroît de travail et une diminution de gain.

Les ouvriers boulangers sont, au contraire, favorables au repos par roulement, et ils sont, sur ce point, en parfait accord avec les consommateurs, qui demandent à manger du pain frais tous les jours. Les boulangers ne peuvent jouir du repos collectif qu'en doublant leur travail le samedi. Ils ne peuvent accepter cet épuisant surcroît de travail. Mais leurs patrons sont hostiles au système du roulement, parce qu'il les oblige à occuper un personnel plus nombreux. L'application de la loi du 13 juillet 1906 a provoqué en province une douzaine de grèves de boulangers. A l'heure actuelle, la plupart des patrons boulangers ont accepté de donner le repos par roulement.

La question du paiement du jour de repos a donné lieu à quelques grèves, surtout d'ouvriers boulangers, et, récemment, à Paris, à une grève des Tramways-Sud. Elle a été aussi l'occasion de la décision judiciaire que nous avons mentionnée plus haut.

En somme, les travailleurs, tout en manifestant leurs préférences pour le repos collectif, ont accepté le système qui ne leur apportait ni diminution de salaire ni accroissement de travail. Ils ont compris que l'intention du législateur était de leur procurer *un avantage*.

***

Tels sont les différents courants d'opinions qui se sont manifestés au cours de cette première application de la loi. Il ne semble pas que l'agitation, très superficielle, peut-être même factice, entrevue par quelques commerçants, soit de longue durée, et doive détourner le gouvernement de la voie qu'il s'est tracé, et dans laquelle il appartient aux syndicats de le maintenir.

Peut-être même doit-on considérer l'application de la loi du 13 juillet 1906 comme une expérience d'un régime transitoire préparant un système de fermeture obligatoire des magasins le dimanche. Quand les effets de la loi seront bien connus, quand les dérogations nécessaires auront été déterminées, il sera peut-être possible, tant dans l'intérêt du contrôle que des commerçants moyens qui ont à lutter contre la concurrence de ceux qui n'emploient aucun salarié, d'instituer un régime de fermeture qui paraît être la condition essentielle de l'application rigoureuse d'une loi sur le repos hebdomadaire.

Georges Fréville

L'INSPECTION DU TRAVAIL

Sans inspection du Travail, pas de législation sociale applicable. Comment l'inspection peut-elle être développée et rendue efficace? Le grave problème, tant de fois traité par les Congrès, préoccupe d'autant plus la classe ouvrière que les lois sociales vont se multipliant, et que les forces de résistance soulevées par elle s'additionnent et s'unissent. Le camarade Montélimard nous a spontanément envoyé l'article suivant. D'autres de nos amis ont manifesté l'intention de nous écrire à ce sujet. La discussion est ouverte.

L'inspection du Travail est sur le point d'être améliorée. Du moins, on pourrait le croire, à en juger par le nombre des bonnes volontés qui se manifestent pour la solution de cette question. Députés, Ministre du Travail, Conseil supérieur du Travail, Commission non moins supérieure du Travail, tous veulent l'amélioration de ce service qui, dans notre République démocratique, est loin d'être aussi bien organisé que dans certaines monarchies allemandes par exemple. Dans plusieurs de ces pays, le personnel de l'inspection du Travail atteint plus du double du personnel français.

Que pourront donner les améliorations projetées ?

La principale, c'est l'engagement pris par le ministre du Travail d'augmenter le personnel du corps de l'inspection du Travail. Quoique défectueux, le service de l'inspection rend des services ; il en rendra donc d'autant plus que le personnel le composant sera plus nombreux. Le tout est que l'engagement soit tenu.

La Commission supérieure du Travail, de son côté, a décidé d'atténuer la difficulté des examens qu'on doit passer pour être nommé inspecteur du Travail. Cela permettra aux candidats ouvriers de subir avec plus de chances de succès le concours imposé.

Le Conseil supérieur, enfin, propose de faire deux concours, dont l'un, réservé aux ouvriers, sera plus abordable. On aurait ainsi deux classes d'inspecteurs, les supérieurs et les inférieurs. Ensuite, pour donner satisfaction aux syndicats ouvriers, il demande que, pour être nommés inspecteurs, les ouvriers qui auraient subi avec succès le concours inférieur. soient syndiqués et élus par les syndicats.

Cette dernière clause donnerait en effet satisfaction aux syndicats, si le projet prévoyait que ces inspecteurs ouvriers seraient élus pour un temps déterminé, rééligibles tous les huit ou dix ans, et, par conséquent, responsables de leurs actes devant ceux qui les auraient élus. Mais le projet du Conseil supérieur est muet sur ce point-là. S'il était adopté, les syndicats seraient donc appelés à élire des fonctionnaires à vie.

Et ces élus, une fois nommés, seraient des fonctionnaires soumis, comme les inspecteurs actuels, au bon plaisir de nos gouvernants. Est-ce cela qu'ont demandé, dans tous leurs Congrès, les syndicats ouvriers (y compris ceux qui ont élu les membres ouvriers du Conseil supérieur du Travail) ?

Quelle est, en effet, notre principale critique contre l'inspection du Travail actuelle ? C'est que nous nous apercevons malheureusement trop souvent que, par suite d'ordres supérieurs, *non officiels, mais officieux*, les inspecteurs du Travail, de par leur situation de fonctionnaires, sont parfois, malgré nos récriminations, obligés de fermer les yeux sur les délits de grands patrons qu'on veut ménager. Je me rappelle personnellement que, dans un Congrès qui eut lieu à Paris il y a trois ans, Congrès organisé par la Société ouvrière de l'Hygiène des Travailleurs, un délégué de province critiquait l'inspection du Travail, déclarant qu'il avait signalé maintes et maintes fois des usiniers qui ne respectaient pas la loi sur la durée des heures de travail. Or, toutes ses réclamations, adressées à ceux qui avaient la charge de veiller à l'application des lois, étaient restées sans résultat.

« *Que voulez-vous que nous fassions*, lui répondit un jour un inspecteur du Travail; *suivant le ministre en fonctions, il arrive que lorsque nous voulons faire respecter les lois par des usiniers qui se trouvent être en même temps de grands électeurs, les procès-verbaux que nous leur dressons sont classés, et il nous est très facile de comprendre que toute insistance de notre part pourrait nous coûter notre place, ou tout au moins un déplacement.* »

Les nouveaux fonctionnaires demandés par le Conseil supérieur du Travail, quand bien même ils seraient élus par les syndicats, seront placés dans la même situation. Étant élus à vie, n'ayant pas à rendre compte de leurs actes à ceux qui les auront nommés, ils deviendront de parfaits fonctionnaires. Du reste, ceux qui voudraient se souvenir qu'ils étaient des ouvriers syndiqués seraient vite rappelés à l'ordre par leurs supérieurs.

La question des inspecteurs ouvriers n'est donc pas résolue par ce projet.

Enfin, un autre projet fut soumis ces jours-ci au ministre du Travail par le Comité central de vigilance des Conseillers prud'hommes ouvriers de la Seine. Ce projet consistait à donner le droit aux Conseillers prud'hommes ouvriers de veiller à l'application des lois sur le repos hebdomadaire et sur la durée des heures de travail.

Ces deux lois ne seront en effet vraiment appliquées que si des *délégués locaux* sont chargés de veiller à leur application. Quant bien même nos chers parlementaires accepteraient de voter les fonds nécessaires au dédoublement du personnel de l'inspection du Travail (ce qui est douteux), ce projet de délégués locaux ou régionaux serait utile.

Un inspecteur peut, en effet, faire appliquer dans n'importe quelle usine de sa circonscription les prescriptions des lois relatives à l'hygiène et à la sécurité des travailleurs, car une fois les travaux d'aménagement prescrits et exécutés, le patron ne fera pas les frais de les faire démolir, uniquement pour le plaisir de ne pas respecter la loi ; mais, en revanche, le lendemain même de la visite de l'inspecteur du travail, il ne se gênera pas pour faire faire à son personnel une ou deux heures supplémentaires, car il sait (en province notamment) que l'inspecteur qui a son siège au chef-lieu du département, et même parfois au chef-lieu du département voisin, ne peut pas faire tous les jours deux ou trois cents kilomètres pour le même usinier.

On sait en effet le rayon qu'ont à parcourir certains inspecteurs.

Un inspecteur de Bordeaux a trois importants cantons de cette ville à visiter, plus tout le département de la Charente-Inférieure, plus deux autres cantons de la Gironde et les deux importants arrondissements de Blaye et Libourne.

Dans la septième circonscription, un inspecteur a les deux départements complets de la Sarthe et de la Mayenne à visiter ; un autre, les deux départements de l'Ile-et-Vilaine et des Côtes-du-Nord ; dans d'autres circonscriptions, des inspecteurs ont jusqu'à trois départements à visiter.

Vous pensez si les lois sur le repos hebdomadaire et sur la durée des heures de travail doivent être bien appliquées dans ces régions.

Tout en ne croyant pas possible de confier aux conseillers prud'hommes (vu leur qualité de magistrats) le droit de veiller à l'application des lois citées, M. Viviani a paru être partisan de la création de délégués ouvriers élus par catégories, comme les conseillers prud'hommes. Ce serait peut-être le meilleur moyen pour que des lois, non appliquées jusqu'à ce jour, le soient enfin.

Le ministre « socialiste » Viviani osera-t-il entreprendre cette tâche ?

R. Montélimard

LA LEÇON D'UNE GRÈVE

Une grève (1) vient de se dérouler à Jeumont (Nord), qui doit retenir l'attention du monde ouvrier, à bien des points de vue.

Nous en avons fait l'historique aussi succinct que possible, avec la conviction que les conséquences à en tirer sortiront, d'elles-mêmes, des faits exposés.

Jeumont, comme toutes les villes frontières de la région, ayant chemin de fer et canaux, a été industrialisée depuis l'avènement du protectionnisme, qui fit affluer en France les capitalistes belges désireux de se conserver la clientèle française.

C'est ainsi que s'installa, à cent mètres de la frontière belge, l'usine des *Aciéries de Sambre-et-Meuse*. On devine tout de suite que les directeurs occu-

---

(1) La grève de Jeumont a été l'objet d'un grand nombre de récits et a provoqué même des polémiques. L'*Humanité*, le *Réveil des Mécaniciens*, la *Fonderie*, les *Temps Nouveaux*, la *Guerre Sociale* s'en sont successivement occupés. On trouvera dans le récit de notre camarade Marpaux un écho des sentiments que la grève a laissés chez beaucoup, à Jeumont ; il nous a paru, quant aux faits, un des plus complets et le plus objectif. N. D. L. R.

pent le plus grand nombre possible de belges, et on comprend que ces ouvriers soient tenus éloignés, systématiquement, de la France.

Les ouvriers belges jouissent, à cet effet, de facilités de transport exceptionnelles ; pour quatre sous par jour, ils peuvent rentrer chez eux. Aussi les réunions sont-elles difficiles à tenir et, sans l'initiative des français, n'y aurait-il jamais eu de syndicat à Jeumont. Les salaires, en conséquence, sont des plus bas : 5 francs au maximum pour un ouvrier de métier, 3 fr. 50 pour un manœuvre ; et cela dans un pays où les loyers se paient au minimum 20 francs par mois et la viande 26 sous la livre.

Cependant, peu à peu, les meilleurs ouvriers s'installèrent à Jeumont, 200 environ sur 1.200. Ils comprirent que leurs salaires étaient trop bas, et le syndicat envahit l'usine jusqu'alors si bien fermée.

En janvier 1906, un conflit éclata, qui se traduisit par une augmentation générale de 10 p. 100 des salaires. Les manœuvres eurent donc 3 fr. 85 au lieu de 3 fr. 50. Le succès avait été assuré par l'intervention de la Fédération des mécaniciens et de celle des mouleurs.

Ce premier succès en appelait d'autres, si les ouvriers du moins avaient su agir avec prudence ; car l'usine est prospère. Par contre, les patrons, surpris et vexés, voulurent reprendre en détail ce qu'ils avaient accordé, et commencèrent par embaucher des manœuvres à l'ancien tarif (3 fr. 50): Il y en eut, à la fin de 1906, 40 à 50 dans ce cas. Voulait-on par là énerver le syndicat, provoquer une grève prématurée ? On le croirait, car le bénéfice de cette réduction apparaît bien mince.

Quoi qu'il en soit, une grève éclata, entraînée par le syndicat des mouleurs dont le bureau ne paraît pas, en l'occurrence, avoir tenu énormément à la conciliation. Dans beaucoup de syndicats nouveaux, on est porté à faire étalage de sa force, et on se bat pour le plaisir, en quelque sorte.

Les mécaniciens, employés aux aciéries, sollicités de prendre part au mouvement, faisaient remarquer avec raison qu'à cette époque beaucoup d'ouvriers qui, à certains moments, avaient travaillé à l'usine et se trouvaient inoccupés, ne manqueraient pas de venir prendre les places des grévistes et de rendre ainsi plus difficile le succès de la grève ; les mécaniciens conseillaient donc d'attendre un moment plus favorable. Ils ne purent convaincre les mouleurs, et bientôt certains de ses membres, se trouvant engagés, de par la nature même de leur travail, dans l'affaire des mouleurs et des manœuvres de fonderie, le syndicat des mécaniciens décida de participer à la grève. Il appela un délégué de son comité fédéral sur les lieux. C'était Coupat. Lenoir, secrétaire de la Fédération des mouleurs, s'y trouvait déjà.

Sur ces entrefaites, une entrevue eut lieu entre le comité de la grève et la direction, en dehors de la présence des deux délégués. Lenoir était reparti ; la direction refusa de recevoir Coupat. N'ayant pas de bonnes raisons à opposer à la demande des grévistes, elle accepta d'ailleurs l'augmentation demandée, sauf pour quelques ouvriers âgés, embauchés dans des conditions spéciales.

De retour, les délégués proposèrent à l'assemblée générale la reprise du travail. Le secrétaire des mouleurs, Renau, combattit ces conclusions. Coupat les soutint. En rentrant, toute la salle disait : « La délégation a notre confiance. Ce qu'elle a fait est bien fait ! » Les votes successifs furent en faveur de la reprise du travail. Le dernier fut donné par 78 voix contre une dizaine. On s'est étonné de ce chiffre modique, pour une grève englobant plus de 1.000 ouvriers. C'est oublier deux choses : d'abord les mœurs des camarades du Nord, allant, venant, rentrant, partant surtout avant la fin, une fois les premiers votes donnés. C'est ensuite oublier que les ouvriers belges, en cas de grève, n'ont plus droit à leur billet ouvrier, et qu'au lieu de venir en nombre aux assemblées, ils envoient seulement un délégué par commune, qui vote pour tous les ouvriers de la commune.

En tous cas, à la majorité de l'assemblée, la reprise fut votée. Cette reprise était fixée au 2 janvier pour les manœuvres de fonderie et les mécaniciens, au 3 pour les mouleurs ; la direction ayant fait remarquer que les mouleurs ne pouvaient reprendre immédiatement le travail, ce travail ne se trouvant pas avoir été préparé par les manœuvres.

Telle fut la première phase de la grève, la plus connue, et que nous aurions passée sous silence si ce préliminaire n'était indispensable.

Mais cet accord, — cela paraîtra singulier — ne satisfit ni les patrons, ni les mouleurs.

J'ai donné les raisons de la conduite des premiers. En ce qui concerne les seconds, il est assez difficile de démêler ces raisons.

Selon quelques-uns d'entre eux, la reprise du travail n'avait pas été décidée régulièrement, le vote avait été escamoté. Et certains ajoutaient quelques calomnies à l'adresse du délégué des mécaniciens, parce qu'il avait combattu les arguments de Renau contre la reprise. C'est dans ces conditions que se produisit la rentrée du 2 janvier.

Ce jour donc, les mécaniciens et une partie des manœuvres de la fonderie rentraient. Le reste des manœuvres, sur un appel de Renau, leur secrétaire, demeuraient dehors. Le 3, jour où les mouleurs devaient rentrer, d'après l'accord conclu avec la direction, beaucoup manquaient. Une réunion des mouleurs avait lieu et ils décidaient à nouveau la grève, on ne voit pas trop sous quel prétexte. Le 5, cependant, surtout que cette grève nouvelle était mort-née, les mouleurs décidaient de rentrer le lundi 7.

On pense si la direction fut heureuse de cette fausse manœuvre. Elle se crut victorieuse et, abusant de sa pseudo-victoire, elle congédia tous les mouleurs habitant Jeumont : quarante et un.

La solidarité ouvrière devenait aussitôt une raison de grève nouvelle ; derechef elle éclata dans tout le personnel : mouleurs, mécaniciens et manœuvres, Belges et Français.

Dès lors, la direction de la grève fut laissée au bureau des mouleurs, les mécaniciens étant bien décidés à faire froidement, jusqu'au bout, leur devoir de solidarité, mais laissant la conduite de l'affaire aux intéressés.

Quelques-uns se sont plu, à l'occasion de cette grève nouvelle, à opposer la tactique de l'action directe à la tactique du *réformisme*, de l'*intervention-*

nisme. J'avoue, en ce qui concerne les grèves de Jeumont, mon incompétence à distinguer les deux méthodes ; mais ce qui est certain, c'est que la tactique de l'*action directe* n'a pas abouti à un meilleur résultat que l'*action interventionniste* ; elle a fait seulement durer la grève un mois de plus, miné les syndicats et mis les camarades dans l'embarras pour longtemps.

D'ailleurs, *action directe* n'est qu'une façon de parler. Malgré la frontière propice, il n'y eut aucune *action directe* ni contre l'usine, ni contre les jaunes, à aucun moment ; les plus farouches libertaires se sont conduits aussi sagement que des réformistes impénitents.

L'action directe, puisqu'action directe on veut, a consisté en parlottes plus ou moins nombreuses où l'on vit la société future défiler comme une série vacillante de pellicules cinématographiques. Puis, quand le secrétaire des mécaniciens proposa de provoquer l'arbitrage du juge de paix, on le combattit — et avec quelle vigueur ! — au nom des grands principes libertaires.

On apposa des affiches offrant aux grévistes de leur placer leurs enfants au dehors, comme ceux de Fougères. Cela ne put se faire, les grévistes étant éparpillés au loin dans les villages belges.

Naturellement, on n'eut pas recours aux députés (c'eût été faire de la politique) ; on se contenta, en quelques réunions « syndicales », de répéter les potins locaux.

Des chants, des cris, et ce fut tout.

Les souscriptions furent insuffisantes, l'attention de la France n'étant pas attirée sur Jeumont — les élus au moins eussent peut-être obtenu ce résultat — et les caisses des syndicats fédérés étant à sec, vu la trop grande fréquence des grèves si facilement déclarées partout. Chez les mécaniciens, la répartition fut environ de 1 fr. 50 par journée de grève ; chez les mouleurs elle fut probablement inférieure.

Cependant la grève dura sept semaines. Elle alla même un moment se développant ; les usines de Stenay et de Marchiennes, qui appartiennent à la même société que celle de Jeumont, firent grève à leur tour. Ceux de Marchiennes, malgré l'offre d'améliorations, refusèrent de rentrer, si on ne leur accordait pas la réintégration des 41 mouleurs de Jeumont.

Tant d'énergie, tant d'admirable solidarité internationale et intercorporative, déployée pour une cause aussi grisâtre, aussi floue, n'y a-t-il pas là de quoi arracher l'admiration au plus blasé ? Mais quels sentiments ne doit-on pas ressentir contre ceux qui gaspillent ainsi une pareille force dans une intention de politique et de tactiques particulières ?

Après un mois de lutte, les ouvriers étaient las, et ce n'était pas sans appréhension que l'on voyait le nombre des jaunes augmenter de jour en jour.

Enfin une plume *réformiste* intervint : *La Maubeugeoise,* puis *l'Humanité* réclamèrent l'arbitrage du juge de paix, et réclamèrent même l'expulsion des étrangers de la direction. Le coup porta ; le juge de paix offrit sa médiation qui fut acceptée de part et d'autre, par les patrons et par les ouvriers, même libertaires.

Ce que fut cet arbitrage, on le devine. Sacrifice de quelques-uns, rentrée de la plupart des congédiés, rentrée en masse du personnel ; c'était, en l'état des choses, tout ce qu'on pouvait espérer ; mais ce n'était pas une victoire brillante que l'on pût clamer à l'univers.

D'ailleurs l'augmentation acquise pour les manœuvres après la première grève n'était pas maintenue.

Les grèves de Stenay et de Marchiennes se terminèrent de même.

Ce résultat, pour être satisfaisant, aurait dû être obtenu en quinze jours par l'arbitrage. Maintenant, après cette longue grève, les syndiqués vivent côte à côte avec des jaunes, se regardant en chiens de faïence, et sont tenus à l'œil par la direction. Deux cents ouvriers environ ont quitté l'usine, ayant cherché du travail ailleurs pendant la grève ; le personnel volant, dont les mécaniciens signalaient le danger, est entré en masse. Les grévistes sont endettés, la caisse syndicale est vide ; les travailleurs belges, neufs en matière syndicale, perdent confiance ; toute revendication est rendue impossible pour longtemps. Après une aussi belle manifestation de solidarité, les ouvriers sont réduits à la défensive. Il semblerait, n'est-ce pas, que les tenants de l'action directe ne doivent guère être fiers du résultat. Il n'en est rien. On a entonné le *Péan*, chanté des hymnes de triomphe à Jeumont et à Paris.

Hélas ! il en sera ainsi tant que les syndicats ne s'appliqueront pas à voir les questions en face, sans aucun *bluff*, tant qu'ils ne se décideront pas à s'organiser sérieusement, sur des bases multiples, comme on dit en Belgique et comme on le pratique en Suisse et dans quelques-unes de nos Fédérations.

La grève n'est pas la seule forme de l'action syndicale, elle n'est qu'un moyen extrême. Pour qu'elle soit efficace, il faut qu'elle soit limitée aux possibilités financières de la corporation, et non subordonnée aux souscriptions aléatoires. Il faut aussi intéresser les ouvriers à leurs syndicats d'une façon permanente, et non pas seulement au moment du danger.

Caisses de chômage, de maladie, d'invalidité, d'orphelinat, secours de route, bibliothèques, cours professionnels, et par voie de conséquence, de fortes cotisations, des coopératives aussi, voilà le programme rationnel du syndicalisme. La fédération du métier, les caisses centrales de grève, la réglementation des conflits, l'arbitrage, tel est son champ d'action pratique.

Telle est la leçon de la grève de Jeumont. Puisse-t-elle profiter à la classe ouvrière.

J. MARPAUX

HISTOIRE DU MOUVEMENT SYNDICAL EN FRANCE (1789-1906)

Sous ce titre, notre camarade Paul Louis vient de publier à la librairie Alcan un volume de 280 pages, à 3 fr. 50, et qui est excellent. Cette histoire est écrite dans la forme des précédents volumes de Paul Louis sur l'histoire du socialisme français, et sur les étapes du socialisme. La documentation est abondante et exacte. Si l'auteur n'est pas remonté aux sources pour les premières périodes — il disposait d'ailleurs d'excellents recueils ou ouvrages qui l'en dispensaient et qui ont été mis à profit par lui d'une vivante manière — pour toute la période contemporaine, c'est sur les pièces originales, statuts et réglements d'organisation, comptes rendus de Congrès, bilans, etc..., qu'il a établi son récit.

Ce récit est, je le répète, vivant, bien ordonné. Paul Louis passe de l'étude des mutualités professionnelles à celle des « résistances », puis des résistances aux Chambres syndicales ; et il étudie depuis le second Empire le développement organique du mouvement, depuis les syndicats isolés jusqu'à la Confédération et aux groupements internationaux. Cette succession historique constitue en même temps, pour Paul Louis, un ordre logique. C'est, montre-t-il, sous l'influence du développement industriel lui-même que la classe ouvrière passe des formes primitives d'organisation aux formes modernes. L'idée est juste, et d'autant plus que Paul Louis met lui-même en garde le lecteur contre l'absolu de son idée. « Le lecteur aurait tort de croire, dit-il, que l'évolution s'est accomplie de façon rectiligne et continue ». Il y a eu, pour chaque idée, pour chaque forme, des pionniers et des attardés.

Paul Louis aboutit naturellement à présenter l'idée syndicaliste moderne, ou, pour préciser, l'idée syndicaliste révolutionnaire, comme l'aboutissant de tout le mouvement. Le réformisme lui apparaît comme une forme déjà surannée du syndicalisme.

Au premier abord, et sous l'absolu des mots, cette conception nous heurte, nous autres réformistes. On supporte difficilement d'être relégué au musée des antiques. Mais le développement même que Paul Louis donne à son idée et les définitions sur lesquelles il l'appuie prouvent que nous aurions tort de vouloir retrouver dans les oppositions d'idées qu'il a tenu à marquer, nos oppositions de groupements ou toutes nos anciennes luttes.

Paul Louis, sur bien des points, au fond, pense exactement comme nous. Lorsqu'il définit ce qu'est, selon lui, le syndicalisme moderne, et lorsqu'il le caractérise révolutionnaire « parce qu'il admet l'hypothèse d'une transformation intégrale du régime économique », il redit des choses que nous avons dites nous-mêmes ici, au lendemain du Congrès d'Amiens (nº 19, p. 201), lorsque nous marquions que « dans l'esprit de *tous* les syndicalistes français, le syndicalisme prépare l'émancipation intégrale ». Et il marque, comme nous, que, sur ces principes, « réformistes » et « révolutionnaires » (cette fois, au sens qu'ont pris ces mots dans nos querelles quotidiennes) peuvent se reconcilier. Lorsque de même il définit l'action directe — et c'est la seule définition exacte — par opposition à l'action indirecte parlementaire (p. 273), lorsqu'il y montre uniquement l'attitude nouvelle du prolétariat qui n'attend plus tout du législateur, il dégage cette idée de tous les éléments adventices qu'on tente d'y introduire. Nous avons fait nous-mêmes ici cette distinction (n° 17, couverture). C'est dire combien les conceptions générales de Paul Louis nous semblent acceptables.

Mais, ainsi replacés dans le mouvement général du syndicalisme français, nous tenons à définir d'autant plus précisément la besogne particulière qui revient aux syndicats. Paul Louis marque, dans un de ses premiers chapitres, « les lisières du syndicalisme », c'est-à-dire les entraves apportées à son développement par la législation, par la jurisprudence, par l'action de l'État, par celle du patronat et des jaunes. Le syndicalisme doit achever de les rompre. Mais, pour mieux les rompre, il fera bien peut-être de s'imposer à lui-même quelques « lisières », ou pour mieux dire quelques règles. Si, d'accord toujours avec Paul Louis, nous désirons « que les partis socialistes se considèrent exclusivement comme des émanations de la plèbe salariée », nous ne croyons pas que le syndicat comme tel doive être l'unique inspirateur de la politique prolétarienne. A la définition donnée par les Webb du syndicat, « association permanente de salariés qui se proposent de défendre et d'améliorer les conditions de leur contrat de travail », Paul Louis substitue la définition suivante, issue du mouvement moderne : « Le syndicat est un groupement de travailleurs de même métier ou de même industrie, qui aspire d'abord à relever le niveau de la vie prolétarienne dans les cadres du régime existant, puis à briser ces cadres, en préparant les éléments matériels et moraux d'une organisation économique différente ». Paul Louis a tenu à marquer dans sa définition, la préoccupation révolutionnaire des syndicats. Nous aurions souhaité qu'il marquât que cette différence d'esprit ne doit pas entraîner de modifications profondes dans l'action syndicale quotidienne. C'est par leur pratique syndicale même, par l'influence qu'ils exercent sur le marché du travail, par les conventions collectives qu'ils passent avec les patrons, que les syndicats font œuvre révolutionnaire, et qu'ils se préparent directement au rôle qu'ils doivent jouer dans la société de demain. Paul Louis évoque la vision de ce monde « où les grandes fédérations d'industrie ou de métier, après avoir abattu le capitalisme, demeureraient, sous le contrôle de la masse des producteurs, les maîtresses et les régulatrices des choses ». C'est la conception courante, parmi les syndicalistes et parmi les socialistes. Nous ne la croyons pas tout à fait juste. Dans la société de demain, les producteurs auront comme aujourd'hui sinon à défendre, au moins à débattre leurs conditions de travail, en face des collectivités de consommateurs. Et des syndicats existeront, comme aujourd'hui. Sur ce point, nous nous proposons de revenir bientôt. Il est des plus importants.

Le présent article suffit en tous cas à marquer l'intérêt du livre de Paul Louis. C'était son unique but. — A. T.

Un bon coup

C'est celui qu'ont fait les électriciens, avec leur grève. Ils ont encouru d'innombrables reproches. Il y a eu beaucoup de gens surpris et gênés, — de ces gens qui font l'opinion, des journalistes. Il ne faut point s'attarder à leur mauvaise humeur. S'ils avaient eu, comme les électriciens, la moindre idée, le moindre sens de leurs intérêts collectifs, ils se seraient trouvés avec eux, contre les trusteurs de l'électricité. Ils auraient au moins été informés des manœuvres des Schneider-Mildé-Sartiaux et Rotschild ; contre ces monopoleurs, ils se seraient défendus, tout comme les électriciens. Mais c'est bien trop leur demander.

La grève des électriciens était légitime, pleinement justifiée en ses causes comme en sa forme. Pour obliger l'assemblée municipale à tenir les promesses faites, à exiger des concessionnaires les engagements qui devaient être pris dans l'intérêt des travailleurs, ceux-ci n'avaient plus d'autre moyen que la grève. A l'heure où l'on était, les délégations aux commissions et aux groupes étaient vaines.

On a reproché aux électriciens la soudaineté de leur grève. C'est à la fois injuste et naïf. Nous sommes ici plus que n'importe qui dans le mouvement syndical, soucieux des relations régulières avec le patronat, des traités conclus et observés, des négociations avant la lutte. Dans la situation où se trouvaient les électriciens, il n'y avait plus de négociations possibles : ils étaient trompés et dupés. Quant à leur reprocher d'avoir coupé le courant sans crier gare, c'est aussi naïf que de reprocher à des ouvriers d'autres industries de faire grève, au moment des fortes commandes, et non en morte saison.

La grève n'a pas seulement frappé par sa soudaineté, mais encore par l'étendue de ses répercussions. Journaux, théâtres, cafés, industries de toutes sortes se sont trouvés arrêtés. Quelques centaines d'ouvriers se sont croisé les bras ; et la vie de toute une grande ville a été sinon suspendue, du moins entravée, gênée. Par de telles grèves, le prolétariat prend conscience de son pouvoir. Il n'a que sa force de travail. En l'accordant ou en la refusant collectivement, il est le maître. La grève générale est un formidable moyen d'action ; et le prolétariat seul en dispose. Mais cela dit, je redoute les rodomontades. Les déclarations parues dans le *Matin*, reproduites dans la *Voix du Peuple*, de certains de nos camarades de la Confédération, sont d'une confiance entraînante. J'ai grand peur que la lutte sociale ne soit pas si simple et que les coups décisifs ne soient pas si facilement portés à la société bourgeoise. Si la grève des électriciens avait duré vingt-quatre heures de plus, on aurait pu voir poindre déjà quelques difficultés nouvelles, et l'on aurait éprouvé vraiment la force des organisations.

M. Clémenceau s'était déjà posé la question « des devoirs du gouvernement ». Les journaux, qui avaient paru en retard, les lui rappelaient âprement. M. Clémenceau est un homme de gouvernement : il appela les soldats pour remplacer les électriciens. Mais, par surcroît, M. Clémenceau est un homme de pensée : en face du droit à la grève des électriciens, il invoqua le « droit à la vie » de la société tout entière. On eut à la Chambre un très vif débat. On n'oserait dire qu'il éclaira d'un jour bien lumineux cette fort grave question. Nos camarades ont tendance à la trancher d'une manière décisive par la non intervention absolue du gouvernement ; quelques ex-socialistes, non moins spontanément, se sont trouvés avec M. Clémenceau. Il est indéniable que certains services publics doivent être garantis (l'exemple de l'électricité n'est d'ailleurs pas le plus fort). Il est indéniable aussi que des intérêts collectifs doivent être sauvegardés. M. Clémenceau a voulu les sauvegarder en envoyant des soldats. C'est un moyen suranné : bientôt les soldats se refuseront à remplir cette odieuse besogne.

C'est un moyen inique : le gouvernement intervient pour les patrons, dont les usines marchent et sont entretenues, contre les grévistes qui meurent de faim. M. Clémenceau a déclaré que l'emploi des soldats n'était que provisoire. Je pense bien ! Mais combien durera ce provisoire ? Et comment M. Clémenceau contraindra-t-il les patrons à céder, s'ils refusent ? Il retirera les soldats ? Alors le gouvernement aura peut-être « fait son devoir, tout son devoir », mais le consommateur se retrouvera Gros-Jean comme devant. Il ne reste que le moyen indiqué par Jaurès : qu'on municipalise ou nationalise le service en souffrance. Mais n'est-ce pas rompre cette fois la neutralité gouvernementale en faveur des ouvriers ? Non, c'est tout simplement permettre aux ouvriers de traiter d'égal à égal avec les patrons. Une fois n'est pas coutume ! — A. T.

Une utile campagne

C'est le camarade Ghesquière qui, dans le *Socialiste* du 10-17 mars, propose... à la C. G. T. de l'entreprendre, pour la fixation légale d'un minimum de salaire.

« Elle pourrait, dit-il, inciter les syndicats confédérés à faire pression sur les pouvoirs publics pour les amener localement, régionalement et nationalement à l'établissement, dans les cahiers des charges pour les travaux publics, d'un minimum de salaire.

Dans tous les centres où les syndicats ouvriers sont créés, une étude doit être faite sur le prix local des denrées et des loyers afin de pouvoir mathématiquement établir les prix du travail sur le coût de la vie.

On pourrait mieux encore : la Confédération du Travail pourrait construire les éléments d'un projet de loi sur le minimum des salaires et le maximum des vivres et du loyer qu'elle soumettrait au Groupe socialiste parlementaire, dont la tâche législative serait d'autant plus aisée qu'elle s'appuyerait sur la volonté ouvrière, parce que plus consciente de son droit et de ses intérêts ».

Point sot, ce projet ! — Mais pourquoi diable Ghesquière l'a-t-il fait ! — Nous parions... dix abonnements à la *Revue Syndicaliste* que la Confédération ne répondra pas à l'invitation du député socialiste.

Indications bibliographiques

— Le camarade Middleton a, dans notre numéro 20, sous le titre : *Un enseignement universitaire pour les trade-unionistes anglais*, décrit le fonctionnement du *Ruskin College*. Le *Musée social* arrive après nous. Il publie dans ses mémoires et documents (février 1907, n° 2), un article de M. Jacques Bardoux sur l'*Université populaire en France et en Angleterre*, où la question est reprise. Le *Musée social* est riche : il a pu donner à cette étude de nombreuses pages. Elles sont d'ailleurs bien remplies. Nos lecteurs y trouveront sur le collège des trade-unionistes de nouveaux et intéressants détails.

— La *Revue populaire d'Économie sociale* nous ignore. Encore qu'elle ait une revue des revues et que nous fassions l'échange, elle se garde bien de nous citer. Nous signalerons cependant que M. Raoul Jay a écrit, dans son numéro de février, un très remarquable article sur la *lésion dans le contrat de travail*, en d'autres termes, sur la possibilité de corriger ou au moins d'atténuer législativement « l'inégalité économique permanente et grave » qui existe entre le patron et l'ouvrier, dans la conclusion du contrat de travail. C'est, posée autrement et sous une forme plus large, la question classique du minimum légal de travail qui se trouve posée de nouveau dans ce court article.

— Par les soins du bureau de la Fédération internationale des Transports, vient d'être publié à Hambourg le procès-verbal des discussions de la Conférence internationale des Travailleurs de Chemins de fer et du cinquième Congrès international des Ouvriers de Transport, tenu à Milan du 24 au 28 juin dernier. (Cf. *Revue Syndicaliste*, n° 15).

Le Gérant : L. GERVAISE    Imp. coopérative ouvrière de Villeneuve-St-Georges (S.-et-O.)

Deuxième Année.   N° 24.   Avril 1907.

Vingt Centimes

La Revue Syndicaliste

MENSUELLE

SOMMAIRE

PARIS

PUBLICATIONS DE LA SOCIÉTÉ NOUVELLE DE LIBRAIRIE ET D'ÉDITION

(Anc¹ 17, rue Cujas)

ED. CORNÉLY et Cⁱᵉ, ÉDITEURS

101, RUE DE VAUGIRARD, 101

Paraissant le 15 de chaque mois.

France : Un an . . . . **2 fr. 40** | Étranger : Un an . . . . . . **3 fr.**
   —   Six mois . . . . . **1 fr. 20** | —   Six mois . . . . **1 fr. 50**

Les abonnements partent de mai et de novembre.

Nous serons reconnaissants aux camarades de nous envoyer le montant de leurs abonnements par mandat-poste, pour éviter les frais de recouvrement.

Prière d'adresser tout ce qui concerne la rédaction ou l'administration au camarade Albert Thomas, administrateur-délégué de la *Revue Syndicaliste,* 101, rue de Vaugirard, Paris.

Fin d'Année

Avec ce numéro 24, la *Revue Syndicaliste* accomplit sa deuxième année d'existence. Nous nous sommes remis peu à peu du coup que nous avait porté l'interruption de douze semaines, causée par la grève de Lille ; nous avons compensé la perte d'abonnements qu'elle nous avait value. En terminant cette première année, nous avons même cent cinquante abonnés de plus qu'à la fin de la première, — c'est-à-dire avant notre interruption.

Mais, en dépit de ce progrès et malgré nos efforts pour réduire à un minimum nos modestes frais généraux, nous n'avons pu encore réaliser l'équilibre de notre budget.

Le changement d'imprimerie, — le développement de nos correspondances de l'étranger, — la nécessité de publier plus souvent des numéros de 32 et même... de 64 pages, comme celui d'Amiens — l'édition de notre brochure : *Parti et syndicats*, etc., ont accru nos dépenses dans une mesure telle qu'elles n'ont pu être compensées par l'accroissement de nos recettes. Nous avons offert à nos lecteurs, dans cette deuxième année, 348 pages au lieu de 300 ; nous avons substitué à l'information étrangère, extraite des journaux, des études d'ensemble, faites par des camarades mêlés au mouvement même qu'ils décrivent ; mais tous nos lecteurs ne nous ont point revalu cela par une propagande efficace. Comme trop d'œuvres syndicalistes, notre revue ne vit encore que par les sacrifices personnels de quelques camarades.

C'est là une situation qui ne doit pas se prolonger. Nous sommes de ceux qui pensent que les œuvres ouvrières doivent vivre par elles-mêmes, et que le subventionnisme, — même celui dont la source est la plus pure — doit disparaître.

Une fois encore, cependant, et en dépit de ce principe, nous avons

(Lire la suite page 3 de la couverture.)

Deuxième Année.   N° 24.   Avril 1907.

La Revue Syndicaliste

ABONNEMENT	Paraissant	ABONNEMENT
✿	le 15 de chaque mois.	✿
Un an......... 2 fr. 40		Un an......... 2 fr. 40
Six mois....... 1 fr. 20	Le numéro : 0 fr. 20	Six mois....... 1 fr. 20

SYNDICALISME UNIVERSITAIRE

Le dépôt par le gouvernement d'un projet de loi déniant aux fonctionnaires le droit syndical, va contraindre le parlement d'examiner de près les conceptions sociales nouvelles, que révèle le syndicalisme; et bon nombre de radicaux, qui avaient promis naguère l'extension du droit syndical aux fonctionnaires de gestion, vont être mis au pied du mur. On ne peut guère se faire d'illusion à ce sujet. L'affolement est tel à la Chambre, et telle aussi la crainte de la C. G. T., que l'on se croirait revenu au lendemain de juin 1848.

Quoi qu'il arrive, cependant, il est intéressant de voir où en sont maintenant les instituteurs. Ils ont fait un grand effort depuis quelques mois (1). Il n'y a nul doute que le projet Guyot-Dessaigne ne soit surtout dirigé contre eux.

La conception du syndicalisme universitaire se précise

En 1904, au moment où l'on commença à parler de syndicat dans les associations d'instituteurs, on ne savait guère au juste où l'on allait. Les voisins — postiers, douaniers, etc., — parlaient d'émancipation ; pourquoi les instituteurs eux-mêmes n'en auraient-ils pas parlé ? Ne se sentaient-ils pas, eux aussi, en dépit des associations, toujours opprimés et sans droits ? Mais la revendication était vague, et qui eût voulu démêler quelque chose de précis dans le mouvement corporatif enseignant aurait éprouvé bien des difficultés.

Une première tendance se manifesta un peu plus clairement cependant vers novembre 1905. Les instituteurs avaient comparé les textes des lois de 1901 et de 1884 ; ils trouvaient une série d'avantages dans la dernière ; ils firent des recherches, reprirent le compte rendu de la discussion que cette loi avait provoquée au parlement, surtout le rapport de Tolain, et ils virent que le bénéfice de la loi de 1884 ne leur était pas interdit. Ils en conclurent que, pour donner plus de force à leurs arguments, ils

---

(1) Voir la *Revue Syndicaliste* (novembre 1905), 1re année, p. 162.

devraient se ranger sous la bannière syndicale. Je ne rappellerai pas les démarches du syndicat de la Seine, le refus de récépissé par le préfet, les poursuites en correctionnelle, etc. Franchet a exposé ici même les différentes péripéties de ces luttes de la première heure. Ce que je veux retenir de ces origines, c'est la tendance toute *matérielle*, si je puis dire ainsi, des syndicats primaires.

« Le principe essentiel du syndicat primaire consiste dans la défense des « intérêts professionnels ; .....il poursuit *exclusivement* la défense des intérêts « matériels de ses membres. *Il écarte systématiquement de ses discussions ou* « *de son action toute question ayant un caractère spéculatif ou pédagogique.....* « On vit de bonne soupe et non de beau langage. Par conséquent, pas de « discussion d'ordre spéculatif, pas de politique, pas de pédagogie ; agir « autrement serait faire dévier notre action du terrain syndical. » (1)

Mais cette conception un peu trop simpliste du syndicalisme universitaire, devait être rapidement dépassée. Rapidement, d'autres pensées, d'autres conceptions et qui devaient plus étroitement rapprocher la classe ouvrière et les instituteurs se firent jour. Une nouvelle campagne, campagne de solidarité, commença cette fois.

« Nous allons, se dirent les instituteurs, demander à la classe ouvrière l'appui de son organisation pour faire aboutir nos revendications ; mais si nous ne lui offrons rien en échange, nous ne serons pas honnêtes ; » et nous nous demandâmes depuis lors constamment comment nous pouvions nous dévouer à la classe ouvrière, comment nous pouvions faire cesser les sentiments de méfiance que certains de ses membres nourrissaient contre nous.

Est-ce que les ouvriers avaient toujours eu à se réjouir de l'instruction et de l'éducation que nous donnions à leurs enfants ? Avaient-ils lieu d'être satisfaits, quand nous leur inculquions des idées de résignation ou le profond respect de la propriété individuelle intangible, quand nous excitions les sentiments brutaux d'un patriotisme outré, cocardier, haineux et revanchard ; quand, dédaigneux de la veste et du bourgeron, pleins d'un pédantisme grossier, nous ne trouvions que des défauts dans la classe ouvrière ; quand tous nos livres de morale montraient, sous les traits de l'ouvrier, les modèles de l'ivrogne, de l'imprévoyant, du paresseux, du lâche, du joueur, comme si la classe bourgeoise avait le privilège de la vertu ? Et puis à quoi rimait cette encyclopédie des programmes élaborés par les pédagogues en chambre ? Pourquoi cette uniformité de l'enseignement dans toutes les régions du pays ? Au lieu de conserver à la classe ouvrière tous les éléments sains et intelligents des générations qui grandissaient, ne tendions-nous pas tous, plus ou moins consciemment, à écrémer ce qu'il y avait de bon dans ces générations pour assurer le recrutement de la petite bourgeoisie, envieuse des privilèges des grands capitalistes et hostile à la poussée prolétarienne ?

La classe ouvrière, qui a besoin de toutes ses énergies pour organiser la

---

(1) Déclaration de *l'Emancipation*, souche du syndicat de Paris, mai 1905.

résistance et la lutte contre le capital oppresseur, n'avait-elle pas le droit d'être méfiante quand elle voyait les meilleurs de ses enfants embrigadés dans les « fonctions libérales » ou dans le cadre très conservateur de « l'administration » ? Qui était cause de cet épuisement continu des intelligences ouvrières ? Un enseignement conforme à la doctrine bourgeoise.

Et c'est pourquoi, en compensation de l'appui qu'elle pourrait donner à nos revendications, nous apportâmes à la classe ouvrière les promesses et les engagements de la déclaration suivante : « Notre enseignement ne sera « plus un enseignement d'autorité. Ce ne sera plus au nom du gouvernement, « même républicain, ni au nom de l'État, ni même au nom du peuple fran- « çais, que l'instituteur conférera son enseignement ; ce sera au nom de la « vérité. Les rapports mathématiques, les règles de grammaire, non plus « que les faits d'ordre scientifique, historique et moral qui le constituent, ne « sauraient dès lors être soumis aux fluctuations de la politique..... c'est au « contact et avec la collaboration des syndicats ouvriers que nous établirons « nos programmes et nos méthodes... » (1)

Ainsi prenions-nous nettement position. Nous offrions à la classe ouvrière l'abolition de l'enseignement de classe donné par la bourgeoisie dans les écoles primaires ; nous nous disposions à briser le cadre trop vaste des programmes abstraits pour établir l'enseignement adapté à la région, aux métiers, ou pour mieux dire au milieu économique. En un mot, « à l'ensei- « gnement abstrait, idéologique, encyclopédique de l'État, nous opposions « un enseignement pratique, concret, qui répondît aux besoins réels des « populations, aux besoins réels des producteurs ; nous voulions donner aux « enfants l'amour du travail, car le travail jusqu'ici opprimé, spolié, méprisé, « doit devenir l'idéal nouveau, le principe de toute vertu, le ciment de la cité « moderne. » (2)

La lutte pour la reconnaissance légale du droit syndical aux instituteurs

Ce fut une surprise, — agréable bien entendu — mais ce fut une surprise quand même, pour les ouvriers, de voir cette évolution si nette du mouvement syndical universitaire. On était habitué à l'indifférence des fonctionnaires et on connaissait plutôt l'hostilité, parfois même le dédain des instituteurs pour le prolétariat. Aussi la publication du manifeste syndicaliste « si justement impérieux », suivant le mot d'Anatole France, provoqua partout, dans les Bourses du travail comme dans la presse politique, un vif mouvement de curiosité. Il y avait là une nouveauté, un premier essai pour briser la lourde discipline autoritaire de l'État bureaucratique. L'accueil qui fut fait à cette tentative suscita bien des cris de colère : le grand journal conservateur, le *Temps*, les enregistra avec véhémence. Mais la répercussion fut grande aussi

(1) Manifeste des Instituteurs syndicalistes.
(2) Lettre du Comité de défense syndicale à M. Clémenceau, 20 mars 1907.

dans le personnel enseignant. Malgré l'interdiction du droit syndical prononcée par M. Briand au Sénat, malgré son affirmation que la tolérance du gouvernement devait avoir une limite, les instituteurs ne voulurent pas comprendre que leurs nouveaux groupements n'auraient de vie légale qu'autant qu'il plairait au gouvernement de les laisser vivre. Cette théorie de l'arbitraire gouvernemental ne leur parut pas digne du problème posé ; ils décidèrent de lutter contre le régime du bon plaisir ; ils organisèrent une campagne méthodique en vue de faire pression sur les candidats au moment des élections générales. Et c'est ainsi qu'ils obtinrent de la part des candidats députés, l'engagement formel de faire inscrire dans la loi l'extension du droit syndical aux agents de l'État, des départements et des communes. Le secrétaire de la Fédération syndicale des instituteurs, le camarade Nègre, fut la cheville ouvrière du Comité chargé de défendre le droit syndical ; il réussit à grouper d'une manière définitive l'immense majorité des fonctionnaires associés : travailleurs de la marine et des arsenaux, travailleurs municipaux, Fédération des tabacs, Fédération des allumettiers, Fédération des instituteurs, Syndicat des sous-agents des P. T. T., Syndicat des ouvriers de la main d'œuvre des P. T. T., Syndicat des monnaies et médailles, Association générale des agents des postes, Association des jeunes facteurs, Syndicat du Mont-de-Piété, agents des lycées et collèges, employés des ministères, gardiens de prison, Association des répétiteurs, Union générale des douanes.

Et c'est alors que, ne se sentant plus isolés, les instituteurs se lancèrent plus avant dans leur campagne syndicale. Encouragés par les organisations ouvrières, soutenus par le Comité central pour la défense de l'extension du droit syndical, ils se mirent à créer un peu partout des sections de groupement professionnel. Au début, ils déposèrent leurs statuts, conformément à la loi de 1884 : les syndicalistes de la Somme et du Finistère furent dans ce cas. Mais, appelés au ministère, l'éloquence convaincante du ministre les arrêta dans leur action ; M. Briand leur dit, entre autres choses, qu'on ne pouvait suspecter ses idées sur le syndicalisme, que, personnellement, il ne voyait pas d'un mauvais œil le développement du mouvement, mais que, tenu par les engagements de la déclaration gouvernementale ainsi que par son propre engagement au Sénat, il se voyait dans l'obligation de ne pas tolérer les nouveaux syndicats, d'autant plus que la question ne tarderait pas à être portée au parlement par le gouvernement lui-même.

Devant l'attitude du ministre, les camarades de la Somme et du Finistère résolurent de céder... Mais le gouvernement ne se décidait pas vite à porter la question devant le parlement. D'un autre côté, la Chambre, qui avait décidé de discuter dans une de ses plus prochaines séances, le rapport de M. Barthou sur les « modifications à apporter à la loi de 1884 » ne bougeait pas. Les fonctionnaires auraient attendu longtemps encore la réalisation des promesses du gouvernement et du parlement si l'énergie des instituteurs n'avait pas réveillé la torpeur de nos législateurs.

Deux ordres de faits précipitèrent le mouvement.

D'une part, ce fut la lutte contre l'ingérence politique dans les nominations et le mouvement du personnel.

Le syndicat de Marseille avait à se plaindre de l'abus révoltant causé par certains hommes politiques des Bouches-du-Rhône. Au cours d'une très vive polémique que nous eûmes, le syndicat et moi-même avec M. Carnaud, député de Marseille, *l'Humanité* reçut deux lettres de ce politicien ; ces deux épîtres, d'une naïveté déconcertante, fournirent aux syndicalistes les meilleures raisons pour continuer et pour accentuer leur propagande contre l'immoralité du parlementarisme. Le syndicat marseillais reprochait à quelques instituteurs d'avoir obtenu de l'avancement au détriment de leurs collègues, tout simplement parce qu'ils avaient rendu des services électoraux à certains députés. M. Carnaud, qui était visé en toutes lettres, répondit : « ...J'accepte « comme un honneur le reproche mérité d'avoir contribué à faire donner de « l'avancement à X., Y., Z. Tant qu'un autre mode légal d'avancement du « personnel ne sera pas édicté, je continuerai à recommander aux autorités « les instituteurs qui, comme X., Y., Z., auront rendu d'aussi grands ser- « vices, d'une part à l'enseignement et à la corporation des instituteurs, « d'autre part à la République contre la réaction. » Or, X., Y., Z., en fait de grands services rendus à la République avaient surtout été les auxiliaires précieux de M. Carnaud dans l'organisation d'une vaste souscription parmi les instituteurs de France en faveur de sa candidature. De plus, le député de Marseille écrivait cette phrase monumentale :

« Quand les inspecteurs de l'enseignement primaire opposeront à **mes** « candidats d'autres candidats plus républicains ayant plus de mérite, je « m'inclinerai toujours devant leur choix, comme je l'ai fait dans le passé. »

Cela voulait dire, en somme, que M. Carnaud se reconnaissait le droit de juger, non seulement le mérite des fonctionnaires, mais encore leur degré de républicanisme ; c'était la justification éclatante et théorique de l'ingérence politique dans l'avancement des fonctionnaires. Cette polémique eut un retentissement énorme. Un vaste mouvement contre les politiciens se manifesta dans toute la France. Partie de Marseille, la protestation contre le favoritisme gagna non seulement les syndicats, mais encore les Amicales d'instituteurs.

D'autre part, le syndicat du Rhône demanda son entrée à la Bourse du travail, ce qui entraînait l'adhésion à la C. G. T. Les camarades lyonnais n'ignoraient pas que leur acte serait exploité par la réaction comme une sorte de défi porté au gouvernement ; mais ils ne s'attendaient pas à ce que le ministre de l'Instruction publique acceptât avec tant d'empressement l'interprétation des journaux de droite, et leur étonnement fut grand lorsque M. Briand les menaça de poursuites.

Les menaces furent vaines comme l'on sait ; tous les syndicats d'instituteurs comme les syndicats ouvriers protestèrent avec une énergie et un ensemble qu'on n'avait pas encore vus. En quelques semaines, l'union la plus étroite se fit entre les travailleurs manuels et les travailleurs intellectuels; l'intention de M. Briand avait eu cet effet admirable de rapprocher dans une même communion d'idées, dans un même sentiment des responsabilités, dans une même communauté de lutte tous les exploités, qu'ils fussent du prolétariat de l'industrie privée ou qu'ils fussent du prolétariat de l'État.

Ah ! les hommes qui sont au pouvoir peuvent chercher dans l'arsenal des lois de conservation sociale, les armes désuètes des régimes déçus, ils peuvent faire voter demain des articles de législation pénale qui mettront au cachot ceux qui sont à la tête du mouvement syndical dans l'enseignement primaire ; ils peuvent donner l'ordre aux magistrats de leur classe de juguler les fonctionnaires convaincus qui mènent le combat en gens désintéressés. Quoi qu'en pense M. Briand (1), ils peuvent retirer les moyens de vivre à des hommes qui auront du mal à trouver un autre gagne-pain puisque leurs fonctions dans l'État sont une spécialité dont la préparation exclut à peu près les moyens de travailler ailleurs ; oui, tout cela peut s'accomplir, tout cela s'accomplira si, entraîné par le mouvement de réaction bourgeoise, le gouvernement Clémenceau-Briand-Viviani cède aux injonctions des radicaux-conservateurs et de leur chef, M. Maujan. Mais si demain le mouvement syndical est entravé, si dans leur désir de plaire aux bourgeois affolés par la révolte des fonctionnaires opprimés et livrés sans merci à la fantaisie des élus politiques, le gouvernement songe à user des moyens coercitifs pour faire taire les révoltés, il faut qu'il sache bien que la victoire qu'il remportera sera de courte durée. Les idées justes ne sont pas détruites parce qu'elles sont comprimées ; le mal dont souffre l'administration actuelle ne disparaîtra pas, même si la prison et l'amende sont les dernières armes employées contre ceux qui dénoncent le péril. Demain comme aujourd'hui, ceux qui souffrent se feront entendre ; l'immoralité de la recommandation politique restera ce qu'elle est : une plaie sociale.

Aussi les fonctionnaires victimes de cet état de choses continueront-ils à protester ; peu à peu ils convaincront l'opinion publique de la justice de leurs revendications ; ils démontreront par des faits, par des exemples précis, combien il serait facile d'apporter les remèdes nécessaires ; et comme ils peuvent mieux que quiconque dénoncer au public les effets détestables du parlementarisme, ils seront les meilleurs artisans du mouvement déjà si net contre les politiciens d'aujourd'hui. C'est ainsi que, par la force des choses, les prolétaires de l'État seront entraînés et dirigés vers la Confédération générale du Travail qui, elle aussi, lutte contre les parlementaires afin de pouvoir résoudre le grand problème économique de l'heure présente : l'émancipation des travailleurs par les travailleurs eux-mêmes.

Émile GLAY,
Instituteur, Délégué de la 5e circonscription
au Conseil départemental de la Seine.

---

(1) Voir son discours à l'Union des Instituteurs de la Seine.

L'INSPECTION DU TRAVAIL

Que l'inspection du travail soit insuffisante à l'heure actuelle, nul ne saurait le contester. Elle le sera davantage encore lorsque la législation ouvrière sera complète. Il est donc d'urgente nécessité d'apporter à l'organisation du corps des inspecteurs du travail les modifications indispensables.

Cependant, me sera-t-il permis de dire que si l'inspection du travail est insuffisante, si son rendement est au-dessous de ce qu'il pourrait être, la cause n'en doit pas seulement être attribuée aux inspecteurs du travail, qui, pour la grande majorité, fournissent certainement le maximum d'efforts possibles, mais encore à des causes indépendantes du service de l'inspection et qui influent sur son action en la neutralisant et souvent en la ruinant.

Ces causes de défectuosité tiennent aux lois mal faites qui permettent aux tribunaux de les réduire presque à néant par une interprétation étroite, au manque de sévérité de ces tribunaux pour les délinquants, à l'ignorance de ces lois par la majorité de la classe ouvrière intéressée, à l'insuffisance et presque à l'absence complète d'organisations syndicales dans certaines régions.

Lois mal faites. Prenons les lois réglementant la durée du travail. Il y en a trois : 1º Loi du 9 septembre 1848 ; 2º Loi du 2 novembre 1892 ; 3º Loi du 30 mars 1900 modifiant les deux premières. La première limite à 12 heures par jour la durée du travail des hommes adultes dans les usines et manufactures, mais sans obliger le patron à afficher l'horaire adopté ; ce qui lui permet de répartir les douze heures de travail sans contrôle possible et comme il l'entendra, de minuit à minuit, en deux, trois ou quatre périodes si bon lui semble. La deuxième limite la durée du travail des femmes et des enfants à dix heures par jour, entre 5 heures du matin et 9 heures du soir, et prescrit l'affichage de l'horaire adopté (sur ce point la Cour de cassation a décidé que le patron était bien obligé d'afficher l'horaire, mais qu'aucun article de la loi ne l'obligeait de le suivre — donc, prescription nulle). Enfin la troisième confirme la limitation du travail des femmes et des enfants à dix heures par jour, prescrite par la seconde, et limite à dix heures par jour le travail des ouvriers adultes travaillant dans les mêmes locaux que des femmes et des enfants, et précédemment soumis au régime des douze heures par la première. De ce fait, les infractions sont soumises à deux juridictions distinctes : les infractions à la loi de 1848-1900 aux tribunaux correctionnels ; les infractions à la loi de 1892-1900 aux tribunaux de simple police.

Je m'en tiens à cette exposition qui suffit à montrer les difficultés. Les camarades un peu au courant savent ce que les tribunaux ont fait de ces lois, et toutes les difficultés qui incombent de ce fait aux inspecteurs du travail qui restent désarmés. Mais si quelques camarades militants sont renseignés — et je suppose que ce sont surtout les abonnés à cette revue — la majorité des ouvriers, même syndiqués, s'imaginent qu'il existe une loi Millerand-Colliard limitant à dix heures par jour la durée du travail dans les magasins ; alors qu'il ne reste plus de cette loi que son ombre. Mais de leur ignorance naissent des plaintes multiples qui restent forcément sans suite... et alors on s'en prend à l'inspecteur du travail qui n'en peut mais.

Je voudrais seulement citer un exemple de la situation qui résulte de notre législation actuelle sur la limitation de la durée du travail pour montrer combien elle contient d'injustice, tant pour les patrons que pour les ouvriers.

Prenons trois ateliers de menuisiers. Dans le premier, le patron travaille avec 2 apprentis et 20 ouvriers ; dans le second, le patron travaille seulement avec 20 ouvriers, ou un nombre moindre, mais avec un moteur mécanique ; enfin dans le troisième il travaille seulement avec 18 ouvriers.

Voici au point de vue légal de la limitation de la durée du travail leur situation respective.

Dans le premier (loi 92-1900) dix heures par jour pour tous, enfants et adultes ; dans le deuxième (loi 48) douze heures par jour ; dans le troisième pas de limite. Ainsi un ouvrier qui travaillerait successivement chez les trois patrons subirait de ce fait des modifications de salaires variant avec le nombre d'heures qu'il est possible d'effectuer, et quant aux patrons ils se trouvent, au point de vue de la concurrence, dans des conditions anormales et injustes. En pratique, on a rétabli l'équilibre en supprimant les apprentis ou en tournant la loi par des moyens trop nombreux à énumérer. Mais que dire lorsque ces trois cas se rencontrent dans la même usine et que les horaires varient avec les différents ateliers dont elle est composée? Et quelles peuvent être les impressions des camarades qui ignorent toutes les complexités et tous les défauts de ces lois?

Il y aurait encore beaucoup à dire sur ce point des lois mal faites, mais la place me manque et je renvoie mes lecteurs au rapport d'un inspecteur du travail qui a été lu au deuxième Congrès d'hygiène des travailleurs en 1906 (1) et où ils trouveront de sérieuses indications.

Le peu de sévérité des tribunaux en la matière est connue, ajoutez-y la fréquence des lois d'amnistie, et l'on comprendra le peu d'efficacité de l'action de l'inspection du travail.

L'ignorance de la classe ouvrière enfin, quelqu'intéressée qu'elle soit à l'application des lois protectrices, est flagrante ; et il n'en peut être autrement. A quel moment trouverait-elle le temps d'apprendre à les connaître ? Comment pourrait-elle en saisir la complexité, surtout lorsque la jurisprudence les a encore compliquées par des interprétations souvent contradictoires? Les lois sont affichées dans les ateliers, mais qui donc a jamais eu le temps, la possibilité ou même l'envie de les lire ?

___

(1) Compte rendu du Congrès, page 52.

Mais de cette ignorance naissent des croyances erronées et des récriminations mal fondées contre l'inspection du travail.

L'insuffisance des organisations syndicales, le trop petit nombre d'ouvriers syndiqués par rapport à celui des ouvriers employés dans l'industrie est une des causes les plus efficientes et de la médiocrité des lois et de l'insuffisance de leur application. Quelles que soient les modifications qu'on apportera au corps des inspecteurs, l'inspection du travail ne vaudra que ce que vaudront les syndicats ouvriers. Un délégué ouvrier ou un sous-inspecteur émanant d'une organisation syndicale sera aussi désarmé qu'un inspecteur ordinaire, s'il se trouve dans une région où l'action syndicale est nulle, où l'éducation des ouvriers n'est pas faite. L'application des lois se traduira tout d'abord, en ses résultats immédiats, par une réduction de salaire pour les ouvriers inconscients, inorganisés, et ces ouvriers seront dès lors les premiers à offrir leur complicité au patron. Sans une éducation préalable du corps social, entretenue par des organisations sérieuses et actives, une loi de réforme — et toutes les lois de protection ouvrières sont des lois de réforme — est vouée à l'échec, et l'intervention de l'inspecteur du travail, quel qu'il soit, sera sans efficacité. La récente loi sur le repos hebdomadaire en est une preuve. L'activité syndicale ne se faisant sentir que dans une partie du pays et dans des corporations peu nombreuses a été violée dès le début, du consentement même de ceux qui devaient en bénéficier. Pour appliquer une pareille loi de toutes pièces, il eût fallu un agent en permanence à la porte de chaque commerçant, surtout dans les établissements admis au roulement, et encore les tribunaux, avec leurs amendes insignifiantes, auraient-ils bientôt rendu cette surveillance inefficace.

Il semble donc bien que, même avec les solutions proposées pour modifier l'inspection du travail, les résultats ne seront pas meilleurs.

La création de délégués ouvriers ne rendrait des services que dans quelques centres déterminés où des industries de même nature se trouvent groupées, centres peu nombreux en France.

La création de sous-inspecteurs, élus au préalable par les syndicats et devenant des fonctionnaires permanents, ne sera pas non plus la solution heureuse, ainsi que l'indiquait Montélimard le mois dernier.

Que faut-il faire alors ? Car il y a quelque chose à faire, ce qui existe étant insuffisant.

Voici ce qu'on peut proposer :

1° Agir sur le Parlement pour obtenir les modifications nécessaires des lois actuelles et augmenter leurs sanctions ;

2° Exiger des tribunaux plus de sévérité, surtout dans les cas de récidive ;

3° Augmenter la propagande syndicale ; créer dans chaque syndicat ou tout au moins dans chaque Bourse du Travail, une commission spécialement chargée des rapports avec l'inspection du travail, de l'application des lois dans les établissements dont les corporations dépendent de la Bourse du Travail ; créer un cours spécial de législation ouvrière dans chaque Bourse du Travail, ce qui, tout en éduquant sur la matière les adhérents, pourrait servir à quelques militants de préparation au concours de l'inspection du travail.

4° Augmenter le corps actuel des inspecteurs du travail de la moitié au moins de son effectif ;

5° Accorder aux ouvriers syndiqués, justifiant par un certificat spécial leur fréquentation régulière d'un cours de législation ouvrière dans une Bourse du Travail, un certain nombre de points leur permettant de concourir avantageusement au concours de l'inspection du travail. En somme, rétablir en leur faveur ce qu'on a supprimé pour les candidats munis de titres universitaires ;

6° Donner aux inspecteurs une plus grande facilité de déplacement en leur facilitant l'accès gratuit à tous les moyens de locomotion mis à la disposition du public.

En définitive, le corps de l'inspection du travail, maintenu tel qu'il existe actuellement, à la condition de lui apporter les modifications ci-dessus, donnera le maximum de résultats possibles sans créer de nouveaux éléments qui, trop souvent, seront des causes de conflits entre agents d'un même service et de dérobades aux responsabilités encourues.

Dans tous les cas il faut une augmentation de crédits. Le Parlement est-il disposé à la voter ?... Pour que la création d'un corps de délégués ouvriers ou de sous-inspecteurs donne des résultats, il faudra immédiatement des sommes assez considérables; au contraire, avec notre proposition les dépenses peuvent s'échelonner au fur et à mesure des besoins et de l'application plus rigoureuse des lois avec la possibilité d'une réalisation immédiate.

Mais la meilleure loi est encore la volonté ferme des ouvriers d'imposer par leur organisation les conditions de leur contrat de travail.

X***

CHRONIQUE DU REPOS HEBDOMADAIRE [1]

L'application de la loi sur le repos hebdomadaire a de nouveau occupé la Chambre des députés pendant le mois de mars, et, encore une fois, les radicaux ont montré que s'ils promettaient généreusement les réformes et s'ils se laissaient aller à voter des lois sociales, c'était avec la ferme intention d'en entraver l'application. Les applaudissements de leurs nouveaux amis de droite les ont récompensés de cette attitude courageuse. Ce fut le seul fait saillant de cette discussion qui vit défiler tous les arguments que nous avons analysés dans notre précédente chronique.

Voir *Revue Syndicaliste*, n°s 17 (septembre 1906) et 23 (mars 1907).

Le gouvernement fut appelé à donner son sentiment dans ce triste débat. M. Viviani se tira habilement d'affaire. Ses anciennes sympathies socialistes, sa situation de ministre du Travail lui recommandaient quelque respect de la loi, qu'il s'ingéniait, par ailleurs, à laisser tomber en désuétude. Il reprit la thèse gouvernementale que nous avons déjà exposée, fit justice des critiques adressées à la loi, laissa entendre que la législation nouvelle n'avait pas causé tous les maux qu'on lui avait attribués. Le ministre du Travail se donna l'attitude facile du théoricien, il voulut bien reconnaître que la loi n'était pas absurde, il démontra *qu'elle était applicable*. Un homme de gouvernement, soucieux de conformer ses actes à ses principes, aurait dit *sa volonté de l'appliquer.*

M. Viviani ne le fit point : il accepta un banal ordre du jour, péniblement élaboré par M. Sarrien, l'homme à tout faire des radicaux apeurés. On appliquerait « libéralement » la loi, c'est-à-dire qu'on ne l'appliquerait pas du tout ; et le gouvernement soumettrait en temps opportun, aux Chambres, un projet de modification de la dite loi. Quelles seraient ces modifications, de quelles tendances s'inspireraient-elles ? On se garda soigneusement de le dire, car la majorité actuelle, qui témoigne de son intelligence par son sens de la complexité, aime les situations embrouillées.

M. Guyot-Dessaigne, garde des Sceaux, à qui ses premiers maîtres n'ont pas donné un sens très net de la légalité, crut comprendre. Répondant à M. Paul Beauregard qui, dans la séance du 28 mars, demandait au gouvernement de montrer quelque indulgence pour les contrevenants, le garde des Sceaux déclara qu'il avait prié le ministre des Finances de ne pas presser le paiement des amendes pour les condamnations acquises, et qu'il avait décidé de suspendre les poursuites contre les contrevenants. Il n'était pas possible de renoncer plus nettement à l'application de la loi.

Le ministre du Travail prit alors son air le plus courroucé. Lorsqu'il a besoin d'affirmer sa personnalité, M. Viviani redevient socialiste. Il offrit, dit-on, de rendre son portefeuille. On était en pleine incohérence ; aussi les choses s'arrangèrent-elles parfaitement. M. Guyot-Dessaigne amnistia par circulaire les contraventions passées ; il ne préjugea pas de l'avenir. Il poussa même le libéralisme jusqu'à laisser entendre que les ouvriers et employés condamnés à la suite des événements des 19 et 20 janvier dernier pourraient faire l'objet de mesures gracieuses.

* * *

Ces divers incidents de la vie politique occupèrent d'ailleurs fort peu l'opinion publique, les radicaux avaient annoncé trop bruyamment leur intention de sacrifier la loi, et ils opéraient avec une frénésie maladive : il eut été vain d'essayer de leur faire entendre raison.

Les travailleurs, privés d'une loi bienfaisante, comprirent bien vite qu'il leur fallait faire leurs affaires eux-mêmes. Ils avaient cru quelque temps que les parlementaires écouteraient leurs revendications et ils avaient manifesté pour obtenir l'application de la loi. Mais les députés se soucient peu des cortèges et des meetings ; ils s'en remettent à la police du soin de faire cesser les trop vives réclamations. D'autre part, ils sont trop nouvellement élus pour s'intéresser bien sincèrement aux demandes des électeurs. Les travailleurs songèrent donc à une autre tactique.

La loi est devenue inapplicable, du fait de l'obstruction radicale ; qu'il n'en soit plus question. Mais les ouvriers peuvent toujours demander à leurs patrons certaines conditions de travail, et ils peuvent essayer de les leur imposer par la grève : à la tactique politique de l'intervention légale, ils substitueront la méthode syndicale du contrat collectif. Les travailleurs de l'alimentation sont entrés dans cette voie, ils tentent une grève générale ; d'autres sans doute suivront.

* * *

Et de nouveau, les radicaux s'inquiètent. La grève des électriciens les a profondément troublés, la perspective de grèves nouvelles les affole. Ils laissent entendre que le droit de grève pourrait bien être limité, et un obscur député de la Côte-d'Or a développé, dans l'*Aurore*, sa thèse du droit de grève relatif.

Faut-il s'étonner de ce manque de sang-froid de la part des radicaux ? Est-ce que ce ne sont pas les mêmes hommes qui tolèrent que des fonctionnaires soient poursuivis pour leurs opinions, et qui croient naïvement que la critique de la pensée infaillible de M. Clémenceau constitue un véritable crime de lèse-majesté. Ils appartiennent à la bourgeoisie aveugle qui fut complice des lois scélérates. Mais, dans leur peur du changement, ils ne voient pas qu'en détruisant une loi, qu'ils avaient élaborée dans une espérance de paix sociale, ils obligent les travailleurs à entrer en lutte pour défendre leurs droits. Qu'on n'accuse pas les travailleurs organisés d'avoir fomenté la grève de l'alimentation, les véritables gréviculteurs, ce sont nos députés radicaux. Ne les attaquons donc pas trop. Ils nous ont montré, avec beaucoup de bonne foi, ce qu'il faut attendre des lois dites sociales, dans une société bourgeoise, et ils ont rappelé aux travailleurs qu'il leur faut compter avant tout sur leur propre effort.

Georges FRÉVILLE

LES MINEURS DU MONDE

D'après l'ensemble des statistiques sur les industries minières, il y avait en 1904, 3.644.396 mineurs contre 3.487.083 en 1903. Ils se répartissaient de la manière suivante entre les différents pays :

Grande-Bretagne et Irlande.	974.634	France	322.536
Allemagne	814.352	Autriche-Hongrie	225.371
États-Unis d'Amérique	607.069	Japon	163.530
Russie	344.255	Autres pays	192.669

LE MOUVEMENT OUVRIER EN GRANDE-BRETAGNE

L'année actuelle trouve le mouvement ouvrier dans une situation bien plus forte, soit industrielle soit politique, que celle qu'il a jamais occupée dans les années antérieures. Le succès des élections générales a eu pour effet d'affranchir les trade-unions des liens restrictifs qui limitèrent leur activité pendant les quatre ou cinq dernières années. Les décisions légales, qui, dans le passé, paralysèrent leur pouvoir, ont été renversées par une législation constitutionnelle, due avant tout à la nouvelle force politique que le travail organisé, avec l'appui de ses alliés socialistes, a acquise au sein de la Chambre des Communes. Outre cette réforme de grande portée dans le régime industriel, les députés ouvriers ont pris une grande part à l'accroissement des avantages et des bénéfices du Bill de compensation des ouvriers, proposé par le gouvernement libéral ; et, dans beaucoup de domaines, les prolétaires ont éprouvé l'utilité et l'avantage de l'action politique indépendante.

Dès lors, il était naturel que le Congrès du parti ouvrier, tenu à Belfast, la veille de l'ouverture de la nouvelle session parlementaire, tînt une place éminente dans les préoccupations de la presse et du public, et fût classé comme un des événements politiques les plus importants. Le nouveau parti a apporté dans la vie politique anglaise un sens de réalité dont on avait fort besoin, et il attire à présent l'attention de la nation, alors que jusqu'ici on l'avait regardé avec une indifférence étudiée ou avec mépris.

Il est intéressant de noter que, dès le début, le Congrès fit entendre la note internationale et adopta avec enthousiasme une résolution envoyant ses fraternels compliments aux partis socialistes et ouvriers, alors en pleines luttes électorales, en Russie et en Allemagne. Dans aucun pays peut-être, la nouvelle des victoires russes ne fut reçue avec un plus grand plaisir et celle des pertes allemandes avec plus de regret.

La force actuelle du mouvement britannique est d'environ un million de membres : 175 trade-unions représentant 980.000 membres ; le Parti ouvrier indépendant et la Société Fabienne (groupes socialistes) représentant le reste. 83 Trades Councils et Comités locaux, et deux Sociétés coopératives sont également affiliés. Depuis les trois dernières années une caisse parlementaire a fonctionné, grâce à une contribution annuelle de 1 penny par membre, dans le but de maintenir les membres du Parti à la Chambre des Communes. Cependant, l'élection de trente membres qui reçoivent chacun 200 livres sterling par an nécessite un revenu plus considérable que celui que fournit cette souscription, et on peut citer, comme le signe encourageant d'une appréciation exacte du travail du parti, le fait que la décision de doubler la cotisation fut votée à l'unanimité sans un mot de discussion.

Le débat le plus intéressant peut-être, à un point de vue général, fut celui que provoqua la motion de proclamer l'idéal socialiste dans la constitution du Parti, et de rendre ainsi obligatoire la qualité de socialiste, pour tous les candidats présentés par le Parti. La motion fut repoussée par 835.000 membres contre 98.000, la grande masse des délégués, et d'ailleurs de leurs commettants, reconnaissant que le mouvement consiste en une alliance entre les socialistes et les trade-unionistes, et que pour le moment il n'est pas à souhaiter que l'une ou l'autre fraction s'efforce d'imposer ses principes. L'union de ces deux facteurs — l'expérience industrielle des trade-unions, et l'ardeur, l'enthousiasme politique des organisations socialistes — a eu comme résultat un immense avantage pour les deux sections, et l'impression générale était que toute tentative de rompre les relations cordiales qui animent l'organisation entière, devait rencontrer une forte résistance. L'anxiété avec laquelle la presse capitaliste surveillait la discussion et les faux rapports qui s'ensuivirent justifièrent pleinement la continuité d'une politique qui a fondé la plus grande organisation ouvrière politique que le pays ait jamais vue jusqu'à ce jour.

De même, une autre résolution tendant à forcer tous les membres socialistes du parlement, candidats et délégués, à être porteurs d'une carte de trade-union, fut rejetée. Le fait est que presque tous, sans exception, participent au mouvement syndical et, comme membres, ont la carte de leur Union, mais l'idée d'obliger tels de nos fonctionnaires, comme par exemple, Ramsay Macdonald, Philip Snowden et autres professionnels à adhérer à des organisations comme l'Union des travailleurs du gaz ou l'Union des travailleurs des Docks, prouve tout le ridicule de la proposition. Le travail que ces hommes ont accompli au profit des trade-unions devrait être, et, je suis heureux de le dire, est une garantie suffisante de leur loyauté aux principes trade-unionistes.

Des résolutions énumérant différentes réformes plus ou moins pressantes furent discutées et votées. L'ordinaire débat sur la question du suffrage se termina encore par le rejet de la proposition d'affranchir les femmes et de leur donner les mêmes droits qu'aux hommes. Un amendement en faveur du suffrage universel pour les adultes fut adopté par une majorité de 377.000 votes.

Un trait du Congrès particulièrement intéressant fut le bon accueil fait aux délégués à l'occasion de leur première visite en Irlande. Belfast, en des années qui ne sont pas très éloignées, a été le théâtre de la lutte la plus sauvage entre les communautés catholiques et protestantes, et nulle part dans l'Empire britannique les dissensions religieuses n'ont donné lieu à plus d'excès et de douleurs. Aujourd'hui, cependant, la vieille lutte s'apaise sous l'influence d'une vigoureuse propagande socialiste et trade-unioniste ; les anciens adhérents de la bigotterie religieuse oublient leurs dissensions et unissent leur force pour répandre le nouvel évangile de l'émancipation de la classe ouvrière. La conséquence est qu'ici, comme en Angleterre et en Ecosse, on a tendance désormais à combiner les deux vieux partis politiques pour combattre le mouvement ouvrier et socialiste. Lentement, mais sûrement, les intérêts capitalistes font passer au second plan les prédilections politiques des patrons, et la naissance du nouveau parti hâte les événements.

Au Parlement, les succès du parti pendant la dernière session sont connus de tous ; il a exercé une influence remarquable, surtout si on songe au nombre restreint de ses membres.

A la première assemblée du Parti, tous les anciens fonctionnaires ont été réélus, Keir Hardie a été, à l'unanimité, réélu à la présidence, D.-J. Schackleton, des tisseurs, à la vice-présidence ; J. Ramsay Macdonald, tout récemment revenu d'un voyage à travers le Canada et les colonies australiennes où il étudia la législation ouvrière, reste secrétaire, cependant que Henderson et Roberts sont nommés contrôleurs.

Le Parti a décidé de présenter le Bill des huit heures pour les mineurs en avril, car il a été considéré comme sage d'introduire le Bill rédigé par eux, malgré la promesse faite par le gouvernement de faire voter une mesure similaire quelconque. L'expérience des promesses et des actions libérales dans le cas du Bill trade-unioniste de la dernière session a rendu les membres du Parti ouvrier plus circonspects que jamais, et à moins que le gouvernement ne soit préparé à faire face à la demande des mineurs, qui a été réitérée à la Chambre des Communes pendant plus d'années que beaucoup de politiciens ne se soucient de se le rappeler, il y aura à la Chambre des discussions aussi passionnées que celles qui marquèrent les récentes séances.

A la dernière session, le Parti réussit à faire passer dans la loi le Bill permettant aux autorités chargées de l'éducation en Angleterre et en pays de Galles, de nourrir les enfants nécessiteux, la Haute Assemblée étendant, au dernier moment, l'application du Bill à l'Ecosse. Récemment, Ramsay Macdonald a obtenu la seconde lecture d'un Bill qui complète le travail de l'an passé et il y a peu de doute qu'avant plusieurs semaines les autorités écossaises ne soient en mesure de fournir les repas aux écoliers indigents. Le Parti fait aussi de sérieuses tentatives pour réduire le mal du sweating par les méthodes législatives et il est probable aussi qu'une petite mesure exigeant la pesée des matériaux bruts et des produits dans les travaux en fer, en acier et en ciment, etc..., sera votée sur son initiative. Le procédé de la pesée est une habitude répandue dans l'industrie charbonnière anglaise, et ses effets bienfaisants font grand défaut dans plusieurs autres industries.

Des discussions importantes se sont engagées pendant les quelques derniers jours à propos de l'omission sur le programme législatif du gouvernement, d'un système quelconque de retraite de vieillesse et de secours contre le chômage. Pour ce qui est de la première proposition, le Parti attend le budget du ministre des finances, et s'il n'y a encore rien de prévu pour les vétérans de l'industrie, les membres de la classe ouvrière sont prêts à dénoncer cette situation au pays. Des mesures sont également prises pour forcer à une solution pratique du problème des chômeurs une Chambre des Communes indifférente.

En général, la situation en Angleterre est meilleure et plus brillante qu'elle n'a été depuis longtemps, et c'est un agréable contraste avec les jours sombres de réaction politique et d'indifférence d'il y a cinq ans. Les bienfaits de l'activité politique se traduisent non seulement dans les décrets législatifs, mais ont un effet marqué sur les succès des trade-unions. Le nombre de leurs membres s'accroît, de même que celui des groupements socialistes ; leur influence et leur propagande augmentent. Grâce à la solidarité de ces deux forces sociale et industrielle, l'Angleterre peut enfin se placer sur le même rang que ses amis et voisins du Continent pour la force et l'avenir de leurs sections du mouvement international.

G.-S. Middleton

SYNDICALISME RUSSE

Le *Correspondenzblatt* des syndicats allemands a récemment publié sur le syndicalisme russe un article du camarade Grimevitch, dont on peut tirer d'intéressantes indications. Au milieu même de leur mouvement révolutionnaire, les ouvriers russes se sont efforcés de fonder des syndicats ayant la même organisation et le même but que les syndicats de l'Europe occidentale.

C'est du mois d'octobre 1905, du moment où furent accordées les premières libertés constitutionnelles, que date la fondation des plus nombreux. La grève générale de décembre et les poursuites qui suivirent furent pour ces jeunes syndicats le baptême du feu. Il y en avait une quarantaine avant décembre. En dépit de toutes les condamnations, 17 à 18 subsistèrent, attestant la profondeur du mouvement.

Au moment de la dissolution de la première Douma, en juillet 1906, il y avait à Pétersbourg 30 syndicats, comptant ensemble plus de 40.000 membres. Les plus forts étaient ceux des métallurgistes (10.000 membres), des ouvriers imprimeurs (7.000 membres), des boulangers et pâtissiers (3.300 membres), des ouvriers du textile (3.500 membres), du bâtiment (3.000 membres), des employés de commerce (3.000 membres), des ouvriers du bois (2.500 membres), etc...

Cependant, l'arbitraire de la police entrave quotidiennement la vie syndicale. Les assemblées sont difficiles à tenir et souvent dissoutes. On y supplée par la diffusion des journaux corporatifs, qui sont extrêmement développés. Tout syndicat un peu important a le sien.

Il y a même, à Pétersbourg, une Union de Syndicats. Cette Union, elle aussi, a son journal : *Le Syndicat*. Sa mission principale est la propagande.

Moscou a aussi son mouvement syndical. On y compte 4.500 métallurgistes organisés, 2.967 tailleurs, 1.467 comptables et employés de commerce, 1.450 pâtissiers, 1.400 ouvriers des magasins de thé, 1.300 ouvriers en tabac, 1.100 ouvriers du service des eaux, 1.000 ouvriers du bois, etc...

TABLE

Mai 1906 — Avril 1907

(1) Dans un tirage à part, en brochure, cet ensemble de réponses se trouve complété par celles
de A. Hueber (Autriche) ; Keir Hardie (Angleterre) et par des articles de A. Quist (Allemagne),
de G.-S. Middleton (Angleterre), de Carlo dell Avalle (Italie), sur les décisions des plus récents
Congrès corporatifs sur la question.

reculé. La fidélité de nombreux abonnés, l'attachement qu'ils manifestent à l'œuvre de notre Revue, les encouragements qu'ils nous donnent, en un mot l'action utile qui nous semble dès maintenant exercée par notre publication, ne peut être aussi délibérément sacrifiée. Nous demanderons à nos amis de nous aider une troisième année. La continuité de notre progrès nous permet encore d'espérer que, dans douze mois, nous pourrions, comme on dit, « être à flot ». Il suffira pour cela d'un bon effort de propagande.

Nous sommes, en effet, chaque jour plus convaincus de l'utilité de notre tâche. Au lendemain du Congrès de Bourges, à quoi bon le nier? au moment où nous fondions la *Revue,* on a vivement discuté de son orientation. Certains eussent souhaité une vive lutte contre les leaders confédéraux. Et combien de fois, depuis, n'avons-nous pas entendu le reproche que la *Revue* n'était pas assez agressive, qu'il ne s'y trouvait pas assez de polémique, etc... ? — Peu à peu, et surtout dans cette deuxième année, au milieu de toutes nos divergences personnelles, notre attitude générale, nos tendances communes se sont mieux définies. Nous avons contribué à dégager de l'équivoque les conceptions du « syndicalisme révolutionnaire » et de « l'action directe » ; nous avons dit comment, plus précises et mieux définies, elles nous semblaient propres à rallier, comme à Amiens, l'ensemble des organisations confédérées, l'ensemble de la classe ouvrière ; nous avons, pour ainsi dire, replacé dans le courant général du syndicalisme français, nos préoccupations professionnelles, corporatives, syndicales, au sens ancien et toujours vrai du mot, préoccupations évidemment trop oubliées de nombreux camarades, mais qui ne sont pas, qui ne peuvent pas être contradictoires à l'esprit d'émancipation prolétarienne, qui anime ces mêmes camarades.

Est-ce à l'heure où notre tâche se trouve ainsi précisée, à l'heure où notre travail peut devenir fécond, que nous serons contraints de l'abandonner ? Est-ce au moment où le champ amélioré par nos efforts passés va porter d'abondantes récoltes, que nous l'allons laisser en friche ? Nous ne pouvons nous y résigner.

Nous comptons sur tous nos amis pour assurer notre existence.

Quand le présent numéro aura été envoyé, nous adresserons à tous ceux dont l'abonnement expire, l'avis de renouvellement. Nous leur demandons de faire bon accueil à notre créance. Nous leur demandons surtout, une fois encore, de se doubler, de trouver, à côté d'eux, un camarade, un ami, sympathique à nos idées et qui ne reculera point devant un sacrifice de 2 fr. 40 !

L'Administrateur-délégué.

Le mois syndical

Mois d'activité, mois de lutte que celui qui vient de s'écouler. Grève de dockers à Nantes, grève des usines Darblay à Essonnes, grève générale de l'alimentation, grèves partielles et conflits dans la plupart des corporations : toujours, à l'approche de mai, après les sombres heures de l'hiver, quand les métiers saisonniers reprennent, quand le travail humain se fait partout plus intense, comme le travail de la nature entière, le sang bat plus fort dans les veines ouvrières et la condition présente semble plus intolérable. Le phénomène est connu de ceux qui étudient les statistiques de grève : mars, avril et mai attestent toujours une reprise du mouvement ouvrier. La date du 1er mai, pour l'affirmation des volontés ouvrières, trouve là sa justification profonde.

Naturellement, les réacteurs sociaux s'effarent encore une fois. L'année dernière, c'était la grève des mineurs qui les épouvantait ; et M. Clémenceau préparait le coup du complot. Cette année, c'est le prolétariat de l'Etat qui fait les frais des mesures réactionnaires. Nègre va être frappé ; Janvion l'a été... Il faudra beaucoup de luttes avant que même des hommes comme M. Clémenceau aient compris comment la puissance publique, sous le coup de l'évolution économique, est contrainte de se transformer. Il y a des incompréhensions qui suffisent à déshonorer. Mais M. Clémenceau a mieux encore à son actif : l'homme qui protesta si vivement contre la théorie infâme de la raison d'Etat, commet aujourd'hui des actes que seule la raison d'Etat peut légitimer. Les citoyens Yvetot et Marck viennent d'être arrêtés au moment même où nous écrivons.

A la protestation commune, nous joignons la nôtre. Mais n'est-il pas navrant de voir tout un peuple, malgré de rudes et éclatantes leçons, demeurer indifférent à ces procédés de raison d'Etat ? Est-il donc vrai que la peur de la révolution sociale obnubile ainsi des consciences qui passaient hier pour les plus lucides ? Quel énorme effort faudra-t-il encore dépenser, pour permettre seulement à la classe ouvrière de poursuivre librement son travail d'organisation ?

Deux points de vue

Sur l'exercice de leur droit de grève par les travailleurs assurant un service public et sur la question jamais tranchée de l'action directe. Ce sont Griffuelhes et Keufer qui discutent dans les numéros du 24-31 mars et du 14-21 avril de la *Voix du Peuple*. Point tout à fait d'accord avec notre ami Keufer sur le *devoir* des travailleurs de se mettre d'accord avec l'Etat ou les administrations, autrement que par la grève. Mais sa définition sans équivoque de l'action directe ou des actions directes est celle que nous avons donnée à bien des reprises ici même. C'est dire comme elle nous a plu.

Question toujours pendante

Naturellement l'année ne s'est point passée sans que nous ayons eu notre petite polémique sur les résultats comparés des grèves dans notre France révolutionnaire et dans les pays « platement réformistes », comme on dit à la *Guerre sociale*. Naguère, c'était Griffuelhes ou Delesalle qui nous contredisaient. Cette fois c'est Pouget qui s'est attiré une réplique du camarade allemand Josef Steiner, lequel, à son tour, reçoit une réponse de Cornelissen (*Voix du Peuple*, 14-21 avril). L'article de Cornelissen marque bien les points faibles du débat. Nous sommes loin d'interpréter comme lui les faits et les chiffres ; il a noté pourtant l'inexactitude fatale des comparaisons. C'est un pas de fait. Mais toute la question est à reprendre.

Le Gérant : L. GERVAISE  Imp. coopérative ouvrière de Villeneuve-St-Georges (S.-et-O.)